谨以此书献给我的父亲涂怀田

本书系教育部人文社会科学研究青年基金项目
『明代老学史研究』（项目批准号：19YJC770043）研究成果

明代老学研究

涂立贤 著

SSAP
社会科学文献出版社
SOCIAL SCIENCES ACADEMIC PRESS (CHINA)

序

华中师范大学具有研究道家文化的学术传统，老一辈著名学者张舜徽、钱基博、詹剑峰等都十分重视道家思想与文化的研究，张舜徽先生的《周秦道论发微》（含《老子疏证》《管子四篇疏证》），钱基博先生的《老子道德经解题及读法》《读庄子天下篇疏记》，詹剑峰先生的《老子其人其书及其道论》等著作均是道家学术领域的经典之作。此后业师熊铁基先生数十年倡导道家文化研究，撰写了《秦汉新道家》《中国老学史》《中国庄学史》等重要论著，创建华中师范大学道家道教研究中心，其中老庄学研究已形成自己的特色与优势，得到了学界的认可，产生了较大的学术影响，道教研究也在快速发展。在老学研究方面，我们既重视文献整理，如编纂出版《老子集成》，也注重理论研究，如通史性的研究，专题的和断代的研究等。对于中国老学的发展历史，过去学术界认为明清老学成就不高，故不太重视。随着学术界对明清思想史的重新认识，以及编纂《老子集成》时对明清老学文献的新发现，明清老学发展的成就及其在中国古代思想学术史上的历史地位也需要重新评价。目前关于明清老学的研究已取得了不少有价值的成果，既有通论性的著作，也有专题、个案的研究，明清老学的真实面貌逐渐被揭示出来。实际上，明清时期大量《老子》注疏的学术水平很高，对《老子》的哲学、政治、宗教、文学等方面的诠释都有新的特色与成就，在思想上具有创造性，并呈现出新的时代特点。个人认为，明清老学的理论贡献至少表现在三方面：其一，对老子思想政治功能的阐述达到了新的高度；其二，推动了儒、道、释三教关系的进一步发展；其三，扩大了老子思想在民间社会的影响。

就明代老学而言，不仅明太祖朱元璋亲自注解《老子》，发君术之微，还出现了官员群体解《老》的现象。据本书作者涂立贤统计，见诸史志和各类目录著录的明代注《老》者共164家，其中官员身份者有112人，官员成为明代老学发展的主力。代表性的注本有黎尧卿《老子纂要》、张邦奇《释老子》、薛蕙《老子集解》、王道《老子亿》、杨慎《老子疏》、朱得之《老子通义》、邓球《老子注》、赵统《老子断注》、李贽《老子解》、沈一贯《老子通》、焦竑《老子翼》、徐学谟《老子解》、张位《道德经注解》、孙鑛《评王弼注老子》、郭子章《老解》、周如砥《道德经集义》、周宗建《道德经解》等。这些注者大都为进士出身，多人官至尚书之位，不乏著名将领。如黎尧卿为兵部尚书，张邦奇官至礼部尚书、兵部尚书，沈一贯官至礼部尚书兼东阁大学士、吏部尚书，徐学谟为礼部尚书，孙鑛官至太子少保、兵部尚书，郭子章官至兵部尚书等。他们的解释虽各有异同，但注重阐明老子思想的政治价值则是一致的。明代官员群体注《老》是老学史上一个十分突出的现象，也是明代老学发展的一个明显特点。

涂立贤的博士学位论文即是对明代官员群体注《老》进行的专门研究，博士学位论文答辩顺利通过以后，她又花了不少的精力对论文进行了修改、补充、完善，并更名为《明代老学研究》，研究的视野更加开阔了。

该书认为，从纵向发展来看，明代老学可划分为前、中、后三个阶段。明前期虽有朱元璋《御注道德真经》对老子修身治国思想的高度评价，但研究《老子》者还是不多，老学发展处于相对沉寂之中。明中期，政治环境、社会经济、士人心态都发生了变化，特别是王阳明及其弟子在阐明其学说时，吸收了道家思想及其思辨方式，而一些阳明弟子注解《老子》时，将心学思想引入其中，借老学以阐明师说，老学也随之迅速发展。明后期，政治环境日趋复杂，士人在现实与理想之间寻求平衡，更为重视个体思想和情感的表达，加之宗教的世俗化、科举的推动，明末形成了官员、学者、僧道共同关注《老子》的盛况，老学迎来了发展的繁荣期。从老学主旨来看，心性论、经世思想仍然是老学研究的重点，但又显示出明代的特色，即对老子经世思想的重视。而对《老子》修身治国思想的重点阐发，与明代注《老》者的身份密切相关。明代注《老》者中，身份为官员者占比超过三分之二，且每一时期官员占比都在一半以上，这在老学史上是空前的。官员的特殊身份，使得他们在注解《老子》时更为关注其经世思想。即便是被程朱学派讥为“虚无”的心学众人，他们解《老》也并非单纯地阐发心性思想，而是以“体用一源”的良知学说将老学的落脚点放在了经世治国之上。总之，修身治国是明代老学的主旨。

该书在文献资料的收集整理方面用功颇深，并力求做到文献考辨与思想分析的统一。注重思想史与学术史相结合的研究方法，使相关问题的分析具有一定的深度。全书条理清晰，表达规范，并提出了不少新的见解，不仅深化了明代老学的研究，对整个中国老学史的研究亦有所推进。

涂立贤硕士、博士均就读于华中师范大学历史文化学院，学习勤奋，善于思考，基础扎实，德业兼修。她不仅出色地完成了博士学位论文的写作，还参加了本人主持的国家社科基金重大项目《中国老学通史·明清卷》的撰写，学术能力不断增进。本人作为她的硕士、博士导师，为她的著作即将正式出版而感到欣慰。希望她在今后的学术道路上能够继续努力，学思并重，取得更大的成绩。

刘固盛

2023 年元旦于武昌桂子山

目　录

前　言

一　明代老学研究的意义

《老子》是中国文化原典之一，自其产生之后就受到了人们的重视，最早的解《老》著作当推韩非子的《解老》《喻老》。自韩非子以后，历代都不乏注解者，但各时代的注者并非只关注《老子》原意的阐发，更重要的是借注解《老子》阐发己意，宋元之际的高道李道纯在其解《老》著作《道德会元》自序中指出：

> 所见不同，各执一端耳。……得之于治道者执于治道，得之于丹道者执于丹道，得之于兵机者执于兵机，得之于禅机者执于禅机。[①]

而且个体生活于具体的时代之中，其《老子》注不可避免地会打上时代的印记，以致形成了各具时代特色的“老子”，正如元杜道坚所言：

> 道与世降，时有不同，注者多随时代所尚，各自其成心而师之。故汉人注者为汉《老子》，晋人注者为晋《老子》，唐人、宋人注者为唐《老子》、宋《老子》。[②]

---

① （元）李道纯：《道德会元》，载熊铁基、陈红星主编《老子集成》第 5 卷，宗教文化出版社，2011，第 2 页。后引此处略注。

② （元）杜道坚：《道德玄经原旨》，《老子集成》第 5 卷，第 534 页。

对老子其人其书及其各时代的解《老》著作进行研究构成了老学研究的核心内容。20世纪80年代，在王明、汤一介、陈鼓应、熊铁基、卿希泰等一批学者的倡导下，学术界掀起了道家道教研究的热潮。《老子》作为道家道教的最高经典，自然成为研究的重点。汤一介先生曾说："注重历代对《老子》、《庄子》的注释，是全面了解中国哲学发展的至关重要问题（当然对儒家和佛教的注解同样也应注意）。"[①] 在此背景下，熊铁基先生主持撰写了中国第一本老学专著——《中国老学史》，"使学术思想史上的一片空白得以填补"[②]。《中国老学史》的"结束语"对以后老学研究的方向进行了展望：

> 对于老学史的研究，还可以从更广阔的方面展开。例如：分专题对老子思想进行阐释，如政治的、哲学的、伦理的等方面的专题；分宗派研究老学史，如道家、儒家、佛家对老子思想的不同解释，以及老子思想与三教思想的汇通、与三教人士的关系，在道家文化中的地位等；也可以断代进行研究，侧重阐明老子思想与不同时代的社会、老子思想与社会现实的关系等等；还可以断代与专题结合研究，如唐、宋、明、清四皇帝的《老子注》就是一个题目；此外，《老子》书的文献学的研究，也是不可忽视的课题，如《老子》的版本、校勘、训诂、考证等研究。总之，深入全面的进行老学研究，是大有可为的。[③]

此后《汉魏六朝老学研究》[④]、《唐代老学：重玄思辨中的理身理国之道》[⑤]、《宋元老学研究》[⑥]、《北宋〈老子〉注研究》[⑦]、《明代老学研究》[⑧]、

① 汤一介：《非实非虚集》，华文出版社，1999，第160页。
② 王葆玹：《读〈中国老学史〉》，《中国哲学史》1996年第3期。
③ 熊铁基、马良怀、刘韶军：《中国老学史》，福建人民出版社，2005，第518页。
④ 刘玲娣：《汉魏六朝老学研究》，华中师范大学出版社，2012。
⑤ 董恩林：《唐代老学：重玄思辨中的理身理国之道》，中国社会科学出版社，2002。
⑥ 刘固盛：《宋元老学研究》，巴蜀书社，2001。
⑦ 尹志华：《北宋〈老子〉注研究》，巴蜀书社，2004。
⑧ 韦东超：《明代老学研究》，华中师范大学博士学位论文，2004。

《二十世纪中国老学》[1]、《近代中国老庄学》[2]、《清代老学研究》[3] 先后出版，至此，中国老学的断代史研究基本涵盖了中国历史的各个时期。除断代老学外，《唐玄宗　宋徽宗　明太祖　清世祖〈老子〉御批点评》[4]、《宋元时期的老学与理学》[5]、《道教老学史》[6] 则从专题、宗派的角度深化了老学史的研究内容。《日本现代老子研究》[7]、《英语世界老学研究》[8] 的完成，使得老学研究突破了中国的范围，开始关注《老子》在世界的传播与影响。

这些研究成果的问世对于我们了解老学的发展脉络及文化意义具有重要的作用，然而老学的研究远没有完成，挖掘《老子》的学术、思想、文化及现实意义，我们还需要更细致的研究，正如董恩林所言："如果希望在现有老学研究成果基础上取得对道家道教和老学思想更加全面而深入的了解，在初步的开拓性的研究完成了揭示概貌、构建体系的任务之后，进一步的目标应该是对历代《老子》注疏一部一部地、一个时代一个时代地进行竭泽而渔式的深入探讨，以期全面而准确地描绘历代'老学历史的和逻辑的发展进程'，真正弄清道家、道教、佛教与《老子》之道的相互融摄的轨迹。"[9] 只有进行"竭泽而渔式的深入探讨"，我们才能对每个时代、对同一个时代的不同时期的老学发展状况与特点有更加清楚的把握，对老学在中国传统文化中的定位、在每一时期的社会思想中所扮演的角色有更加深入的了解。[10]

就明代的老学研究而言，虽然目前明代的断代老学史和个案研究已经起步，但对于整个明代老学而言还远远不够。学术界对明代老学的整体评

---

① 熊铁基等：《二十世纪中国老学》，福建人民出版社，2002。

② 刘固盛、刘韶军、肖海燕：《近代中国老庄学》，福建人民出版社，2014。

③ 王闯：《清代老学研究》，华中师范大学出版社，2016。

④ 刘韶军：《唐玄宗　宋徽宗　明太祖　清世祖〈老子〉御批点评》，湖南人民出版社，1997。

⑤ 刘固盛：《宋元时期的老学与理学》，陕西人民出版社，2002。

⑥ 刘固盛：《道教老学史》，华中师范大学出版社，2008。

⑦ 刘韶军：《日本现代老子研究》，福建人民出版社，2008。

⑧ 吴雪萌：《英语世界老学研究》，华中师范大学博士学位论文，2011。

⑨ 董恩林：《唐代老学研究——以成玄英、李荣、唐玄宗、杜光庭〈道德经〉注疏为个案》，华中师范大学博士学位论文，2001，第 2 页。

⑩ 参见涂立贤《王道〈老子亿〉研究——兼与陆西星〈老子道德经玄览〉比较》，华中师范大学硕士学位论文，2013，第 2 页。

价还存在争议；明代老学的专题研究有待开发；明代老学的文献梳理也尚有可为；明代老学的个案研究还有待完善与深化。总之，明代老学研究中还存在许多亟待解决的问题。

明代老学中还存在着一个很突出的现象，那就是官员群体性注解《老子》。《老子》中包含了丰富的治国思想。《老子》作者李聃本人就是周王室守藏吏，见周衰而离去，借著书以阐发其救世之意。战国中后期形成的黄老学，就是《老子》思想与政治结合的产物。西汉初期，统治者将黄老思想付诸政治实践，创造了后世津津乐道的“文景之治”。东汉时班固在《汉书·艺文志·诸子略》中对《老子》的治国思想有过寻本探源的论断：“道家者流，盖出于史官，历记成败存亡祸福古今之道，然后知秉要执本，清虚以自守，卑弱以自持，此君人南面之术也。”[①] 此后统治者对于《老子》治国思想的探索与实践一直没有中断过。

官员注解《老子》，历代不乏其人。在老学发展过程中，官员在注《老》者中所占的比重有一个很明显的变化过程。注解《老子》的官员最早可推溯到战国时期韩国贵族韩非子，韩非子的《解老》《喻老》以法家思想解读《老子》。两汉时期有记载的《老子》注不多，且注者大都身份不明，可确定为官员者唯有西汉的刘向，但这并不能说明两汉时期统治者不重视《老子》，相反，两汉“是老学发展的一个重要阶段。因为先秦的两派道家（老庄和黄老——作者按），虽未离开《老子》的基本思想，但都着重在发挥他们各自的思想和主张，有意无意地忽略了《老子》本身。在汉代，则在某种意义上是人们对《老子》本身的重新学习和研究”[②]。故两汉时期《老子》注疏相较而言比较少，“当时人仍主要是读《老子》原文（当然是有许多不同的抄本）”[③]。因此我们能在汉代史料中见到许多读《老子》、学《老子》的记载，如《史记》中记载的“窦太后好黄帝、老子言，帝及太子诸窦不得不读《黄帝》、《老子》，尊其术”[④]。魏晋六朝时期，玄学勃兴，《老子》作为三玄之一，受到人们的重视，为《老子》做注者显著增

① （汉）班固：《汉书》第6册，中华书局，1964，第1732页。

② 熊铁基、马良怀、刘韶军：《中国老学史》，第134页。

③ 熊铁基、马良怀、刘韶军：《中国老学史》，第147页。

④ （汉）司马迁：《史记》卷49，中华书局，1959，第1975页。

加，既有梁简文帝、梁武帝这样的统治者，也有何晏、王弼等位列高官的玄学家，此外还有钟会、羊祜、王尚述、程韶、孙登、袁真、张凭、王玄载、卢景裕、李轨、梁旷、刘遗民等，《隋书·经籍志》中记录魏晋南北朝时期的《老子》注疏有38家41本，其中确定为官员者已达16家，占注《老》者总数的42%。唐代的《老子》注疏据杜光庭《道德真经广圣义·序》中记录有30家35本，唐玄宗身为皇帝，亲自为《道德经》做注，又为注进行疏解；身份为官员者有傅奕、魏徵、尹愔、何思远、杨上善、贾至、王光庭、王真，共8家，官员在注《老》者中的比重较之魏晋六朝要少很多；剩下的注者中道士有16人，占了唐代注《老》者的53%。孙亦平在对杜光庭《道德真经广圣义·序》中所提到的汉唐时期六十余家《老子》注者的身份进行分析后发现，其中有三分之二是道士，余下的三分之一有隐士，有佛僧，有玄学家，有官吏，有帝王，因此孙亦平认为“推动汉唐老学思想发展的主力是道教学者”[①]。宋元时期的注《老》者，据《中国老学史》所提供的“宋金元时期《老子》研究状况简表”[②] 分析，共109家，身份为道士的占26位，将身份不明者的33人除去，则道士在整个注者中所占的比重为34.21%，较之汉唐时期已经下降许多。而官员却有27位，官员的数目超过了道士。及至明代，道士的数量骤然下降，目前所知明代注《老》者中身份可以确定为道士的只有何道全、陆西星、王嘉春、王一清、程以宁、白云霁6人而已，而身份为官员者却占了整个注《老》者总数的三分之二，甚至更多，这和汉唐时期的情况完全相反了，也远远超过了魏晋六朝的比重。

由华中师范大学道家道教研究中心整理编纂的《老子集成》“收集、标点整理了自战国至民国时期265种历代的《老子》注疏”[③]，而在这265种文献中，明代部分占了54种，在54种明代注《老》文献中，著者为官员的有37种，占整个文献比重的68.5%。而据笔者整理的明代注《老》文献

---

① 孙亦平：《汉唐〈道德经〉注疏与老学思想的发展——以杜光庭〈道德真经广圣义·序〉为中心》，《中国哲学史》2002年第4期。

② 熊铁基、马良怀、刘韶军：《中国老学史》，第318页。

③ 刘固盛：《熊铁基先生的道家研究》，载赵国华、刘固盛主编《熊铁基八十华诞纪念文集》，华中师范大学出版社，2012，第24页。

目录[①]统计，明代注《老》者目前可知者有164人，其中注者身份可确定为官员者有112人，其中包括明开国皇帝朱元璋及两位藩王。而官员中上至内阁首辅，下至县丞、教谕，一一涵盖。此外身份信息不足，只能确定为进士，或者举人、贡生者尚有9人，身份不明者有18位，其余有儒生、学者、道士、僧人等。显而易见，明代存留注《老》著作者以官员为主体，约占现知注《老》者总数的68.29%。明代为何会出现官员群体注解《老子》的现象？明代官员注解《老子》有何特点？明代官员注解《老子》和其他时代官员注《老》相比有何异同？这些都是很值得关注的问题。

对明代老学进行研究，具有重要的学术价值。其一，研究明代老学，特别是明代老学中的官员群体注解《老子》现象，有助于深化明代老学研究。明代老学的断代史研究目前只有韦东超的《明代老学研究》，日本李庆的《明代的老子研究》[②]，《中国老学史》作为通史性老学著作，只在其明清部分中涉及了明代老学。王重民的《老子考》[③]、严灵峰的《周秦汉魏诸子知见书目》[④] 中明代部分对明代的老学文献进行了梳理。明代老学的专题性研究目前只有刘固盛教授的《道教老学史》中的明清部分。在上述成果之外，多是个案研究。综观老学研究现状，对于明代老学的研究处于一个被轻视甚至忽略的地位，刘固盛教授在展望老学研究前景时曾指出："从现有的情况来看，明清老学研究是相对薄弱的环节，并且对其评价存在偏颇之处。"[⑤] 相对薄弱是指相对于其他时间段的老学研究，明代老学无论是从广度还是深度来说，都还处于待开发阶段，正是因为这个原因，目前对明代老学还没有形成一个客观、可信的评价，更遑论对明代官员群体注《老》现象的研究。

研究明代老学，无论是纵向的断代史挖掘，还是横向的专题式研究，都还留有很大的空白。张广保教授指出，深化老学研究"除了文献资料丰

① 表格见本书第一章表1-1。

② 〔日〕李庆：《明代的老子研究》，《金沢大学外语研究论丛》1997年第1辑。

③ 王重民：《老子考》，中华图书馆协会，1927。

④ 严灵峰编著《周秦汉魏诸子知见书目》第1卷，正中书局，1975。

⑤ 刘固盛：《中国老学研究的回顾与展望》，《华中师范大学学报》（人文社会科学版）2015年第5期。

富这个必要条件之外，贯通式探索还必须以深入细致的‘断代’式和‘专题’式研究为前提”[①]。刘固盛教授在《中国老学研究的回顾与展望》一文中对未来老学的研究重点提出期望，其中的一点就是希望加强对老学横通面的研究：

> 所谓“横通”，指对中国老学涉及的主要问题的逻辑演变、前后发展进行综合考察。老学发展既有自古至今的连续性、贯通性，但在每一个特定的历史阶段又具有鲜明的时代性，即不同时代有不同的“老子”，各个时代的老子研究者总是根据政治、道德、思想领域的时代变化，不断地对《老子》做出符合时代要求的新解释，由此体现出老学思想内容的丰富性和复杂性，因此老学研究还要做到“横通”。[②]

官员群体作为统治阶层，他们对《老子》思想的发掘必然带有更鲜明的身份印记，对明代官员群体注解《老子》的现象及其注解文本进行研究，既有助于从纵向加深对明代老学的认识，又有利于从横向理解儒家的老学思想及《老子》的政治意义。

其二，有助于深化明代社会史、思想史研究。对群体进行研究是社会史研究的重要视点，特别是明清时期，群体研究在社会史研究中更显必要。“明清两代，由于社会交往和交流的扩大与频繁，群体辈出，并体现出鲜明的时代特征。群体之间产生了更为广泛的互动关系，群体与社会紧密关联。因此，明清时期任何一个群体都是我们考察社会变动与发展、社会内部的结构性变化的有力视点。”[③] 吴琦指出，社会史研究目前存在着一个误区，学者在关注传统史学鲜有注重的社会下层群体、弱势群体和边缘群体的同时，又存在矫枉过正之弊，忽视了对社会上层的研究，社会作为一个整体，任何偏颇的研究都会导致认识的不足甚至形成错误的认识。任何一个社会群体与社会都构成相互作用的互动关系，因而都应是我们考察社会时不能

---

① 郝日虹：《绘制中国老学研究“地形图”》，《中国社会科学报》，2014 年 12 月 8 日。

② 刘固盛：《中国老学研究的回顾与展望》，《华中师范大学学报》（人文社会科学版）2015 年第 5 期。

③ 吴琦主编《明清社会群体研究》，中国社会科学出版社，2009，“序言”，第 2 页。

离弃的研究对象。明清时期，上层群体无一不与社会的变动紧密关联，皇帝、朝廷百官、各级地方官员、高层士人，等等，都是根植于社会的土壤之中，围绕他们所形成的现象、事件、问题，无不透露大量的社会信息，无不与社会紧密地联系在一起。历代注《老》者生活在一定的社会环境之中，他们的思想必然会打上时代的印记，这也是"汉《老子》""唐《老子》""宋《老子》"等形成的原因，这表明老学研究不能脱离社会史、思想史。老学史与社会史、思想史相结合不仅可以深化老学研究，更为社会史、思想史研究提供了新的材料与视角。

二　相关概念界定

（一）明代的分期

目前，学术界对明代的历史分期尚未形成统一的认识，学者根据其研究对象的不同将明代历史分为二段、三段、四段甚至还有五段、六段、七段、八段等[①]，其中使用比较多的是明前期与明后期的二分法，明前、中、后三期的三分法与明前、中、后、末四期的四分法，但即使使用相同的分段方法，每一时段的上下节点也有所不同，如对于明前期，有以洪武朝为界[②]，有以天顺元年（1457）为界[③]，有以成化末年（1487）为界[④]，等等，

① 《中国古代文学通论》中对明代诗歌的二分法至八分法的历史分期进行了概述，参见郭英德主编《中国古代文学通论》（明代卷），辽宁人民出版社，2004，第22~24页。

② "明代的政治体制自始至终处于连续不断的变化之中，其中洪武时期制度处于反复修订实施确立的过程，永乐以后则是对洪武制度的名义上推崇继承、实际上深刻改变的时期。更加重视永乐时期的观点，甚至认为洪武时期是元明时期的一段插曲，永乐时期的演变趋势与元朝衔接，其制度更张与洪武时期同等重要，此后的时代是被笼罩在两大遗产的阴影下的。综合两者的合理性，'洪武及其变迁'这个连续过程，就需要时时区别洪武、永乐和永乐以后等三个阶段。"参见李新峰《论元明之间的变革》，载陈支平、万明主编《明朝在中国史上的地位》，天津古籍出版社，2011，第55页。

③ "明前期的时间大致为洪武元年到天顺元年之间（按：1368~1457），此一时期，士大夫因明代皇权的强化而改变宋元以来的生存状态，逐渐展现出差异化的精神面貌，但是仍保持了清晰的主体意识。"参见王伟《明前期士大夫主体意识研究（1368-1457）》，东北师范大学博士学位论文，2011，第1页。

④ "此处所谓的'明前期'是指从洪武元年至成化末年（1368~1487）约一百二十年的历史时期。此期既是朱明王朝的肇始阶段，也是有明一代的官僚体制、经济文化政策、思想道德范式的确立时期。"参见史小军著，陈桐生、刘怀荣主编《复古与新变——明代文人心态史》，河北教育出版社，2001，第1页。

本书以明代老学为研究对象，采用老学史与社会史、思想史相结合的研究方法，故在进行历史分期时必然要考虑到明代社会、思想的变迁，同时官员作为社会的一个特殊群体，他们本身既是明代政治生活的一部分，又是明代老学发展的主力，故明代老学研究还要兼顾明代政治的发展变化。

明代思想文化发生转折的时间，学术界比较认可的是成化至正德年间，李洵先生也认为："中国封建社会开始发生新的也是重大的变化大约在 15 世纪中叶以后。这个变化是伴随着明皇朝的衰弱开始的。"[①] 15 世纪中叶以后正是成化、弘治年间。陈宝良根据明代社会、文化的变化趋势，以正德皇帝作为明前期与中期的分界点，将明前期定为 1368～1506 年，这是明初社会、文化保守期。

> 就明初文化而言，由于朱元璋一统天下，重新建立了统治全国的专制主义的中央集权，对思想文化的钳制极为严厉。与这种严密的政治统治相适应，在思想文化领域内，学术上承袭元代，尊崇程朱理学，处于一种"述朱"时期，毫无个人的新颖发挥。[②]

陈宝良先生对明中后期的划分并没有以皇位更替为标准，而是以文化发展的具体形势，将明中期定为 1506～1602 年，正德元年到万历三十年，这一时期商品经济发展，城市生活繁华，思想、文化方面人文主义思潮兴起，商业文化兴盛。明后期为 1602～1644 年，1602 年李贽去世之后，人文主义思潮逐渐衰落，"实学"与儒家士大夫的自我批判思潮兴起。[③]

笔者研究明代老学文献，发现正德以前注《老》者寥寥无几，其注《老》旨趣不外乎修身治国。而正嘉年间，注解者数量开始增多，注《老》旨趣与新出现的心学思想相呼应，老学思想趋于义理化。自万历年间开始，老学更为繁荣，注《老》思想趋于多元化。故本书以正德之前为明前期（1368～1505），正德至隆庆为明中期（1506～1572），万历至崇祯（1573～1644）为

① 李洵：《正德皇帝大传》，中国社会出版社，2008，第 4 页。

② 陈宝良：《明代社会转型与文化变迁》，重庆大学出版社，2014，第 3 页。

③ 陈宝良：《明代社会转型与文化变迁》，第 6～8 页。

明后期。

以 1644 年崇祯皇帝煤山自缢、清军入关，作为明代灭亡的时间点，这一观点实际并不准确，司徒琳在《南明史》开篇即自问自答曰："明王朝究竟终于何时？那是个颇有哲学意味的历史问题，任何答案都或多或少带有某种随意性。……可是，严格地说，一六四四年并非明亡清兴的分界线。满洲领袖皇太极，还在一六三六年，就做了国号为清的新王朝皇帝了；而永历帝，明朝最后一名自称君临全中国的亲王，却到一六六二年才被灭。"[①] 以 1644 年作为分界线只是"出于中国通史叙事的方便"[②]，当时无论是清人还是明末之人都不承认这一时间。本书为研究方便，仍采用 1644 年作为最终时间节点，清军入关只剩下南明偏安一地，惶惶不可终日，这一时期仍有士人注解《老子》，但已经可以看作为对明亡的反思，不再归为本书的研究范围。

（二）老学

"老学"作为本书的研究目标，有必要对其进行界定，以更清楚地理解本书研究的内容。熊铁基先生等认为：

> 一部《老子》，字不过五千，却拥有一个博大精深的理论体系，其内容涉及到自然、社会、人事、政治、经济、文化等各个方面，故历来受到社会的重视。人们从不同的角度去探讨、研究、注释、阐发，由此形成一个庞大且悠长的学术流派，同时也构成了一部老子学说史。……既然是老学史，主要内容自然是讲历代文化人物对老子思想的理解和阐发。[③]

这里所界定的"老学史"主要指历代人物对《老子》思想的理解和阐发。这一界定是将"老学"的范围界定在义理层面，即侧重对《老子》原

---

① 〔美〕司徒琳著，李荣庆等译，严寿澂校订《南明史（1644—1662）》，上海古籍出版社，1992，"引言"，第 1 页。

② 赵世瑜：《"不清不明"与"无明不清"——明清易代的区域社会史解释》，载陈支平、万明主编《明朝在中国史上的地位》，第 34 页。

③ 熊铁基、马良怀、刘韶军：《中国老学史》，"前言"，第 1~2 页。

有思想及其注释文本的思想解读。随着老学研究的深入，其研究范围也在扩大，老学研究不仅包括《老子》原有思想体系及注释文本，同时也要兼顾老学与各时代思想文化的互动，因此，笔者认为刘玲娣对“老学”的定义更为全面。

> 从狭义的角度看，老学或老学史是指围绕《老子》及其注疏文本所作的多方面研究。而从广义的角度看，老学或老学史可以泛指历史上与老子其人其书相关的所有学问，不仅仅局限于《老子》之经传。无论是狭义的老学，还是广义的老学史，研究又包含两个从属的层面，一是指从文献学的角度对《老子》及其注疏文本的研究，其中《老子》文本是重点。……二是利用现存的《老子》注疏文本，研究后人是如何对《老子》进行不断诠释、创新和运用的，即后人是如何解释、阐发、发挥甚至篡改《老子》的，这个层面的研究可以称为学术史、思想史的老学研究。①

本书对明代老学进行研究，以对明代《老子》注本的解读为中心，旁及无专门注本的学者对老子其人其书的观点，以期尽可能全面地理解明代老学思想。对文本的解读是本书研究第一个层面，第二层面要研究明代老学与当时社会、思想的互动，揭示明代官员群体老学产生的原因及影响，以达到知其然并知其所以然的目的。

---

① 刘玲娣：《汉魏六朝老学研究》，第 4~5 页。

第一章

明代老学文献研究

研究明代老学，有必要对明代老学文献及注《老》者身份进行全面的整理与考证，这样一方面是为明代老学研究做好文献准备，另一方面可以清楚地展现明代老学的群体特征，是进行明代老学研究的必要前提。

第一节　明代老学文献目录

目前学术界对明代老学文献的收集、整理成果丰富。从论著形式看，可分为两类：第一类是老学文献的汇编类著作。这类成果有严灵峰编《无求备斋老子集成初编》[①]、《无求备斋老子集成续编》[②]，熊铁基等主编《老子集成》[③] 第六、七、八卷，方勇主编《子藏·道家部·老子卷》[④]。《无求备斋老子集成初编》中去除同一著作的不同版本，共计收录明代老学文献45种，《无求备斋老子集成续编》中收录4种；《老子集成》收录明代老学文献52种，并首次对收录文献进行点校。《子藏·道家部·老子卷》共收录明代文献77种，其中包括苏园《老子》、崔虚纯《道德真经注释讲义》等多本首次收录的老学文献。第二类是目录性论著。这类成果有清黄虞稷

① 严灵峰编《无求备斋老子集成初编》，艺文印书馆，1965。

② 严灵峰编《无求备斋老子集成续编》，艺文印书馆，1972。

③ 熊铁基、陈红星主编《老子集成》，宗教文化出版社，2011。

④ 方勇编纂《子藏·道家部·老子卷》，国家图书馆出版社，2018。

的《千顷堂书目》[1]，收录明代老学文献书目41种；王重民的《老子考》[2]，收录明代老学文献57种；严灵峰编《周秦汉魏诸子知见书目》[3]，收录明代老学文献150余种；日本李庆的论文《明代的老子研究》[4]，统计明代老学文献106种；熊铁基等著《中国老学史》[5]，统计有104种；韦东超的博士学位论文《明代老学研究》[6]，统计为105种；戴美芝的《老子学考》[7]，收录103种。本书对明代老学文献的考证以《周秦汉魏诸子知见书目》为主，同时参考《千顷堂书目》《老子考》《中国老学史》《老子集成》，并对注《老》者身份、成书时间及注书的存佚状况进行研究，以期准确反映明代老学文献全貌，下文将以表格的形式进行展示。

① （清）黄虞稷撰，瞿凤起、潘景郑整理《千顷堂书目》（附索引），上海古籍出版社，2001。

② 王重民：《老子考》，中华图书馆协会，1927。

③ 严灵峰编著《周秦汉魏诸子知见书目》第1卷，正中书局，1975。

④ 〔日〕李庆：《明代的老子研究》，《金沢大学外语研究中心论丛》1997年第1辑。

⑤ 熊铁基、马良怀、刘韶军：《中国老学史》，福建人民出版社，2005。

⑥ 韦东超：《明代老学研究》，华中师范大学博士学位论文，2004。

⑦ 戴美芝：《老子学考》，载潘美月、杜洁祥主编《古典文献研究辑刊》（第二编），第13册，花木兰文化出版社，2006。

一 明前期老学文献

表 1-1 明前期老学文献一览

书名	作者	籍贯	身份	生卒年	成书时间	《千顷堂书目》	《老子考》	《周秦汉魏诸子知见书目》	《中国老学史》	《老子集成》	存佚
《道德经解注》[①]	赵友钦	江西德兴	天文学家	元末明初[②]	—	未录	未录	录	录	未录	佚
《老子旁注》	朱升	安徽休宁	翰林学士	1299~1370	—	录	录	录	录	未录	佚
《太上老子道德经》	何道全[③]	浙江宁波	道士	1319~1399	—	未录	未录	录	录	录	存
《道德经注》	赵汸	安徽休宁	学者	1319~1369	—	未录	未录	录	录	未录	佚
《御注道德真经》	朱元璋	安徽凤阳	皇帝	1328~1398	洪武七年（1374）	录	录	录	录	录	存
《老子注》	何心山[④]	—	—	元后期	—	未录	录	录	未录	未录	佚
《道德经注》	吴宣	浙江嘉善	—	元末[⑤]	—	未录	未录	录	未录	未录	佚
《道德真经集义》	危大有	江西盱江	盱江道纪	—	洪武二十年（1387）	未录	录	录	录	录	存
《道德真经解》[⑥]	无名氏	—	—	—	—	未录	录	录	录	录	存
《道德真经次解》[⑦]	无名氏	—	—	—	—	未录	录	录	录	录	存
《道德经附注》	黄润玉	浙江鄞县	按察司佥事	1389~1477	正统十二年（1447）	录	录	录	录	录	存
《校正老子道德经》	黄懋	河北元氏	福建布政使	1390~1455	—	未录	未录	未录	录	未录	佚

续表

书名	作者	籍贯	身份	生卒年	成书时间	《千顷堂书目》	《老子考》	《周秦汉魏诸子知见书目》	《中国老学史》	《老子集成》	存佚
《道德经正解》[⑧]	郑瓘	浙江兰溪	楚雄通判	弘治三年（1490）进士[⑨]	—	录	录	录	录[⑩]	未录	佚
《老子纂要》[⑪]	黎尧卿	重庆忠州	兵部尚书	1457～?	弘治六年（1493）	录	未录	录	未录	未录	存

注：①为了后续书写方便，本书中古籍文献名称里的《老子》《道德经》不再添加单书名号。

②赵友钦生卒年不详，目前学术界对其生活年代主要有三种说法：宋末元初，元中叶，元末明初。参见《江西省人物志》编纂委员会编《江西省志·江西省人物志》“赵友钦”条（方志出版社，2007，第146页）、陈久金《中国古代天文学家》“赵友钦”条（中国科学技术出版社，2013，第438～440页）、（清）赵之谦等撰《江西通志》卷180，第8册，（台北京华书局，1967，第3854～3855页），《周秦汉魏诸子知见书目》将其归为元代，而《中国老学史》则将其归为明代。

③《周秦汉魏诸子知见书目》《中国老学史》都将何道全归为元代。

④何心山，生平不详，其《老子注》赖明危大有《道德真经集义》得以保存部分，危大有《道德真经集义》中所集诸家多为宋代注《老》著作，故《老子集注·道德真经集义》的点校说明中将何心山归为宋代。元书法家赵孟頫于大德四年（1300）书《洛神赋》一篇送友人（现藏天津艺术博物馆），篇末有何心山的跋，其文曰：“子昂笔法妙一时，复书此纸，与子敬炳辉前后。逸民此兴不凡，视如褚遂良家藏王帖，余嘉其俱以韵胜而神遇也。何幸与寓目焉！因识以左云。大德庚子仲秋之七日，何心山。”（任道斌：《赵孟頫系年》，河南人民出版社，1984，第95页）赵孟頫时年47岁，何心山若与其相交，并为其书写跋文，则年龄不会相差太多，故何心山为元末更为合理。

⑤清光绪江峰青修《嘉善县志》卷22记载：“吴宣，字泰然。……元季苗兵压境，将屠其民，宣杖策叩军门，乞贷民命。主帅怜之，乃获已。……有《道德经注》、《子午流注通论》等书行于世。”［政协嘉善县委会文史资料研究委员会编《嘉善文史资料》第五辑（内部资料），1990，第9页］

⑥对于此书的卷数及著作时代尚存有争议，《老子考》《中国老学史》“明清时期《老子》研究状况简表”记为二卷，并将其归为明代著作；而《周秦汉魏诸子知见书目》《老子集成》则记为三卷，且将其归为宋代。且《中国老学史》中“宋元时期《老子》研究状况简表”中也出现了无名氏著《道德真经解》上、中、下卷，当是重复录入。

⑦此书著作时代存有争议，《周秦汉魏诸子知见书目》将其归为元代，《老子考》《中国老学史》将其归为明代，《老子集成》则将其归为唐代。且《中国老学史》中“宋元时期《老子》研究状况简表”中也出现了无名氏著《道德真经次解》上、下卷，当是重复录入。在《道德真经次解序》中有言：“先者经过遂州，见龙兴观石碑上镌《道德》二经，细而览之，与今本又别。”（无名氏：《道德真经次解序》，载《老子集成》第1卷，第514页）据王重民先生考证此遂州即唐遂州，作者或为唐人：“按遂州于古有二：一为元置，唐属易州；一为唐置，属剑南道，宋以后改称遂宁。序称‘经过遂州’云云，

似著者为元人，遂州即属易州者也；但吾尝以易州景龙景福二碑与‘次解’经文相较，其异同甚多，因知非是；然此遂州或即剑南唐置之遂州，著者所称旧名也。”（上海书画出版社编《二十世纪书法研究丛书·考识辨异篇》，上海书画出版社，2008，第33~34页）

⑧《晁氏宝文堂书目》中亦著录有《道德经正解》一书（晁瑮：《晁氏宝文堂书目》，上海文学出版社，1957，第221页），没有注者姓名，严灵峰怀疑此即郑瓘之《道德经正解》（严灵峰编著《周秦汉魏诸子知见书目》第1卷，第158页），故此处不再单列此书。

⑨严灵峰在记叙郑瓘生平时言其为“成化庚戌进士”，后又备注“《浙江通志》作‘弘治进士’”。（严灵峰编《周秦汉魏诸子知见书目》第1卷，第158页）其实，成化年间（1465~1487）没有庚戌年，应为弘治庚戌年，即弘治三年（1490）。《明诗纪事》记载其生平：“瓘字温卿，兰溪人，弘治庚戌进士，授邹平知县。改长洲，再改楚雄判官。有《蛙鸣集》。”［（清）陈田：《明诗纪事》丁签卷6，第2册，上海古籍出版社，1993，第1213页］

⑩《中国老学史》“明清时期《老子》研究状况简表”中记录有郑梾，著有《道德经正解》，疑郑梾即郑瓘。

⑪《老子纂要》乃黎尧卿所著《诸子纂要》中的一卷，《千顷堂书目》将《诸子纂要》整本录入，故将《诸子纂要》归入“杂家类”，《周秦汉魏诸子知见书目》则将《诸子纂要》中的《老子纂要》析出，单做一书。

二　明中期老学文献

表 1-2　明中期老学文献一览

书名	作者	籍贯	身份	生卒年	成书时间	《千顷堂书目》	《老子考》	《周秦汉魏诸子知见书目》	《中国老学史》	《老子集成》	存佚
《道德经注》	汪旦	福建晋江	金溪县知县	嘉靖十四年（1535）进士	—	未录	未录	录	未录	未录	佚
《非老子问答》	湛若水	广东增城	南京兵部尚书	1466~1560	嘉靖二十八年（1549）	未录	未录	录	未录	未录	存
《老子摘抄》①	方鹏	江苏昆山	南京太常寺卿	1470~1540	—	未录	未录	录	未录	未录	佚
《释老子》	张邦奇	浙江鄞县	礼部尚书	1484~1544	—	未录	未录	录	录	录	存
《老子通义》	朱得之	江苏靖江	江西新城县丞	1485~？	嘉靖四十四年（1565）	录	录	录	录	录	存

续表

书名	作者	籍贯	身份	生卒年	成书时间	《千顷堂书目》	《老子考》	《周秦汉魏诸子知见书目》	《中国老学史》	《老子集成》	存佚
《老子亿》	王道	山东武城	吏部侍郎	1487～1547	—	录	录	录	录	录	存
《老子疏》	杨慎	四川新都	翰林院修撰	1488～1559	—	未录	未录	录	未录	未录	佚
《衍韩非解老》						未录	未录	录	未录	未录	佚
《老子难字》[②]						未录	未录	录	未录	未录	存
《老子集解》	薛蕙	安徽亳州	吏部考功司郎中	1489～1541	嘉靖九年（1530）	录	录	录	录	录	存
《老子道德经玉略》	黄省曾	江苏吴县	举人	1490～1546[③]	嘉靖十七年（1538）[④]	录	录	录	录	未录	佚
《校刊老子道德经》	许宗鲁	湖北咸宁	都察院右副都御史	1490～1560	—	未录	未录	录	录	未录	存[⑤]
《老子类纂》	沈津	浙江慈溪	含山县教谕	嘉靖隆庆年间人	隆庆元年（1567）	未录	未录	录	录	录	存
《校王弼注老子》	张之象	上海	浙江按察司知事	1496～1577	—	未录	未录	录	未录	未录	存[⑥]
《道德经解》	薛甲	江苏江阴	江西按察司副使	1498～1572[⑦]	—	未录	未录	录	未录	未录	佚
《道德经赘言》[⑧]	万表	浙江鄞县	南京中军都督府佥书	1498～1556	嘉靖三十一年（1552）	录	录	录	录	未录	存
《老子经徽》	周良相	湖南道州	扬州同知	嘉靖七年（1528）举人	—	未录	未录	录	未录	未录	佚
《老子解》	张时彻	浙江鄞县	兵部尚书	1500～1577	—	录	录	录	录	未录	佚

续表

书名	作者	籍贯	身份	生卒年	成书时间	《千顷堂书目》	《老子考》	《周秦汉魏诸子知见书目》	《中国老学史》	《老子集成》	存佚
《道德经辑解》	皇甫濂	江苏苏州	工部都水主事	1508~1564	—	录	录	录	录	未录	佚
《老子本义》	李先芳	河南濮州	尚宝司少卿	1510~1594	—	录	录	录	录	未录	佚
《老子汇注》	邵弁	江苏太仓	医生、学者	1511~1598	—	录	录	录	录	未录	佚
《老子注》	赵恒[9]	福建晋江	姚安知府	1511~1604	—	未录	未录	录	录	未录	佚
《太上道德经集解》	马自强	陕西同州	礼部尚书	1513~1578	—	未录	未录	录	录	未录	存[10]
《道德附言》	沈宗沛[11]	—	—	万历年间	—	未录	未录	录	录	未录	佚
《道德经解》[12]	许岳	浙江杭州	广东按察副使	1518~？	—	未录	未录	录	未录	未录	佚
《老子玄览》	陆西星	江苏扬州	道士	1520~1606/1601	嘉靖四十五年（1566）	录	录	录	录	录	存
《老子疏述》	陈嘉谟	江西庐陵	四川按察副使	1521~1603	—	录	录	录	录	未录	佚
《老子指玄》	田艺蘅	浙江杭州	安徽歙县教谕	1524~？[13]	嘉靖三十三年（1554）	录	录	录	录	录	存
《道德经解》	吕炯[14]	浙江嘉兴	泰兴知县	嘉靖三十四年（1555）举人	—	未录	未录	录	未录	未录	佚
《老子隽语》[15]	穆文熙	河南东明	广东副使	1528~1591	—	未录	未录	录	未录	未录	存[16]
《玄谷子解老》	林楚[17]	福建漳浦	雷州通判	嘉靖三十七年（1558）举人	—	未录	未录	录	未录	未录	佚

续表

书名	作者	籍贯	身份	生卒年	成书时间	《千顷堂书目》	《老子考》	《周秦汉魏诸子知见书目》	《中国老学史》	《老子集成》	存佚
《道德要览》	钟继元	浙江桐乡	岭南佥事	1529[⑱]～?	—	录	录	录	录	未录	佚
《老子约荃》	李登	江苏南京	新野县丞	嘉靖四十年（1561）贡生	—	录	录	录	录	未录	佚
《篆文道德经》						录	录	录	录	未录	佚
《老子解》	黄乔栋	福建晋江	临安知府	1531～1605	—	未录	未录	录	未录	未录	佚
《道德经解》	陈荣祖	福建同安	德庆知州	1533～1596[⑲]	—	未录	未录	录	未录	未录	佚
《老子解》	陈荣选	福建同安	广州府同知	1536～1599[⑳]	—	未录	未录	录	未录	未录	佚
《老子臆解》[㉑]	王世懋	江苏太仓	太常寺少卿	1536～1588	—	未录	未录	录	录	未录	存
《道德经注》	朱东光	福建浦城	广东布政司参政	隆庆二年（1568）进士	—	未录	未录	录	未录	未录	佚
《道德经解》	曾如春	江西临川	工部右侍郎	1538～1603	—	录	录	录	录	未录	佚
《老子辑注》[㉒]	袁一虬	江苏吴县	浙江布政司参政	隆庆二年（1568）进士	—	未录	录	录	录	未录	佚
《老子道德经摘粹》	刘伯渊	浙江慈溪	江西按察使	1538～1640	—	未录	未录	录	未录	未录	存[㉓]
《老子奇评》[㉔]	祝世禄	江西鄱阳	尚宝司卿	1539～1610	—	未录	未录	录	未录	未录	存
	苏濬	福建晋江	广西布政司参政	万历五年（1577）进士							

注：①此书乃是从方鹏所辑《六子摘抄》中析出关于《老子》部分。

②此书乃是从杨慎所著《经子难字》中析出关于《老子》部分，今存于《四库全书存目丛书·经部》第189册。[（明）杨慎：《经子难字》，载《四库全书存目丛书·经部》第189册，齐鲁书社，1995]

③王成娟：《黄省曾研究》，浙江大学硕士学位论文，2007，第16页。

④黄省曾在《老子道德经玉略序》中写道："乃于戊戌之春，遵彼青山，撰兹玉略。"［（明）黄省曾撰《五岳山人集》卷24《老子道德经玉略序》，载《四库全书存目丛书·集部》第94册，第720页］

⑤《无求备斋老子集成初编》收录。

⑥现《四库全书》中所收王弼《老子注》即基于张之象本。"钱曾《读书敏求记》谓弼注《老子》已不传，然明万历中华亭张之象实有刻本，证以《经典释文》及《永乐大典》所载，一一相符。……此本即从张氏《三经晋注》中录出，亦不免于脱讹，而大致尚可辨别。"［（清）永瑢等纂《四库全书总目提要》卷146，载王云五主编《万有文库》（第一集），第28册，商务印书馆，1929（后文中略注），第40页］

⑦陈玉兰、胡吉省撰《中国学术编年·明代卷》（上），华东师范大学出版社，2013，第550页。

⑧《晁氏宝文堂书目》中亦著录有《道经赘言》一书（晁瑮：《晁氏宝文堂书目》，上海文学出版社，1957，第228页），没有注者姓名，严灵峰怀疑此即万表之《道德经赘言》（严灵峰编著《周秦汉魏诸子知见书目》第1卷，第166页），故此处不再单列此书。

⑨严灵峰误将此书归为元末，且以作者名为赵特峰，其实赵恒为明朝人，特峰为其号。乾隆《泉州府志》卷43有赵恒传曰："赵恒，字志贞，号特峰，晋江人。……嘉靖甲午荐乡试第五，……戊戌成进士。"［（清）怀荫布修，黄任、郭庚武纂乾隆《泉州府志》（二），载《中国地方志集成·福建府县志集》第23册，上海书店出版社，2000，第372页］黄凤祥《中宪大夫云南姚安知府特峰赵先生暨配赠恭人王氏合葬墓志铭》云："是岁万历甲辰五月三日，先生以寿终。"［（明）黄凤翔：《田亭草》卷13，载《续修四库全书》第1356册，上海古籍出版社，1995，第255页］由上可知赵特峰生卒年为1511~1604年。

⑩严灵峰言未曾见过，但知"日本福井安次郎《老子集成校定书目》（后简称《校定书目》）著录。清顺治十六年刊本。（日本桂五十郎家藏）"。（严灵峰编著《周秦汉魏诸子知见书目》第1卷，第180页）

⑪沈宗沛，生平不详，在《湖南图书馆古籍线装书目录》中收录有沈宗沛的著作："《华隐梦谈二卷》；《微心百问》一卷/（明）沈宗沛撰·——明万历二十七年（1599）刻本·一册·一八行十八字，白口，四周双边。钤有'佐伯文库'、'佐伯侯'等。"（姜彦稚主编，宁阳编《湖南图书馆古籍线装书目录·子部》，线装书局，2007，第1644页）未知是否一人。

⑫严灵峰将许岳记于崇祯末年，实许岳为嘉靖、万历年间人。许岳，嘉靖二十九年（1550）进士，时年三十二，可知许岳生于正德十三年（1518）。［参见陈文新主编《明代科举与文学编年》（中），武汉大学出版社，2009，第2164页］万历十六年（1588），张翰、许岳等致仕缙绅十余人，在杭州创立怡老会，张翰将集会创作诗文辑为册，是为《武林怡老会诗集》，在《武林怡老会诗集》前面有入社会员的简介，其中有许岳的简介："公名岳，字子峻，仕为南京工部主事，历员外郎中，直隶常州、广西柳州、梧州三府知府，广东按察司副使致仕，时年七十一。"［（明）张翰编《武林怡老会诗集》，载《丛书集成续编》第114册，新文丰出版公司，1988，第652页］

⑬据考证，目前可查关于田艺蘅最晚的记载是在万历十一年（1583）。（王宁：《田艺蘅研究》，浙江大学硕士学位论文，2007，第15页）

⑭吕炯资料依据（明）屠隆《栖真馆集》卷21《吕心文传》，载《续修四库全书》第1360册，第603~605页。

⑮不是专门的解《老》著作，乃是穆文熙所著《诸子僞语》中的关于《老子》的部分。且对于穆文熙的籍贯尚有争议，有说东明属于今山东，有说属于河南，上文定为河南，依据于吕有仁主编《中州文献总录》（上），中州古籍出版社，2002，第732页。

⑯方勇编纂《子藏·道家部·老子卷》第48册收录此书。

⑰林楚（1509~1589），字德春，号春斋，别号玄谷老人，福建漳浦人，林士章堂兄。嘉靖三十七年（1558）举人，官至广东雷州通判。雷州有珠池，林楚一无所取，以清廉而受到时人的赞誉。他精研理学，勤于著述，既崇信王阳明，又尊敬程颐，他学问渊深，知识广博，时称林春斋先生，万历十七年（1589）卒于家，死后获祀漳浦县理学乡贤。他的著作丰富，有《衍书旨》《四书剩语》《玄谷子解老》《原儒释》等。（方荣和主编，漳浦县地方志编纂委员会编《漳浦县志》，方志出版社，1998，第1109页）

⑱“钟继元，贯浙江嘉兴府桐乡县，民籍，国子生，治《书经》。字仁卿，行一，年三十三，十二月十五日生。曾祖鼎。祖云，县丞。父德，训导。母赵氏，继母施氏。慈侍下。弟继亨、继和。娶章氏。浙江乡试第五十六名，会试第六十二名。”［陈文新主编《明代科举与文学编年》（下），第2403页］钟继元乃嘉靖四十一年（1562）进士，故推其生年为1529年。

⑲中国人民政治协商会议厦门市同安区委员会文史资料委员会编《同安文史资料》（第24辑），内部资料，2006，第38页。

⑳《同安文史资料》（第24辑），第38页。

㉑不是专门的解《老》著作，乃是王世懋所著《经子臆解》中的关于《老子》的部分。

㉒原为《老庄辑注》，此为析出其中《老子》注部分。

㉓“香港大学冯平山图书馆藏。”（严灵峰编著《周秦汉魏诸子知见书目》第1卷，第178页）

㉔祝世禄《三子奇评》中关于《老子》部分，《三子奇评》今藏于台湾“国立中央图书馆”。（严灵峰编著《周秦汉魏诸子知见书目》第1卷，第195页）

三　明后期老学文献

表1-3　明后期老学文献一览

书名	作者	籍贯	身份	生卒年	成书时间	《千顷堂书目》	《老子考》	《周秦汉魏诸子知见书目》	《中国老学史》	《老子集成》	存佚
《老子道德经白文》①	施尧臣	安徽青阳	顺天府尹	1493~1583	万历五年（1577）	未录	未录	录	录	未录	存
《老子断注》	赵统	陕西新丰	户部郎中	1499~?②	万历七年（1579）	未录	未录	录	录	录	存
《道德经释略》	林兆恩	福建莆田	学者	1517~1598	万历十六年（1588）	录	录	录	录	录	存

续表

书名	作者	籍贯	身份	生卒年	成书时间	《千顷堂书目》	《老子考》	《周秦汉魏诸子知见书目》	《中国老学史》	《老子集成》	存佚
《老子品节》[3]	陈深	浙江长兴	雷州府推官	嘉靖二十八年（1549）举人[4]	万历十九年（1591）	未录	未录	录	录	录	存
《老子解》	王樵	江苏金坛	山东按察佥事	1521～1599	万历二十一年（1593）[5]	录	录	录	录	录	存
《老子解》	徐学谟	上海	礼部尚书	1522～1593	万历十八年（1590）	录	录	录	录	录	存
《老子注》	邓球[6]	湖南祁阳	户部郎中	1525～1595	万历五年前（1577）[7]	未录	未录	录	未录	未录	存
《苏辙道德经解评》	李贽	福建晋江	姚安知府	1527～1602	万历二年（1574）	未录	未录	录	未录	未录	存[8]
《老子解》					万历九年[9]（1581）	录	录	录	录	录	存
《校老子》	谢汝韶	福建长乐	吉府长吏	嘉靖三十七年（1558）举人	万历六年（1578）	未录	未录	录	录	未录	存[10]
《老子通》	沈一贯	浙江鄞县	内阁首辅	1531～1615	万历十五年（1587）	录	录	录	录	录	存
《张洪阳道德经解》	张位	江西新建	吏部尚书	1533[11]～1612[12]	万历十九年（1591）	录	录	录	录	录	存
《老子要语》[13]	桂天祥	江西临川	顺德知府	嘉靖四十四年（1565）进士	万历四年（1576）	未录	未录	录	未录	未录	存

续表

书名	作者	籍贯	身份	生卒年	成书时间	《千顷堂书目》	《老子考》	《周秦汉魏诸子知见书目》	《中国老学史》	《老子集成》	存佚
《老子要语》[14]	陈文灵	江西临川	杭州府学教授	1537~?	万历九年（1581）	未录	未录	未录	未录	未录	存
《老子翼》附《老子考异》	焦竑	山东日照	翰林院修撰	1540~1620	万历十五年（1587）	录	录	录	录	录	存
《太上老子道德经注释评林》[15]	焦竑	山东日照	翰林院修撰	1540~1620	万历十五年（1587）	未录	未录	录	未录	未录	存
《注释老子》[16]	焦竑	山东日照	翰林院修撰	1540~1620	万历十五年（1587）	未录	未录	录	未录	未录	存
《老子品汇释评》[17]	焦竑	山东日照	翰林院修撰	1540~1620	万历十五年（1587）	未录	未录	录	未录	未录	存
《老子道德经补注》	方壶谁之子	—	—	—	—	未录	未录	录	未录	未录	存[18]
《道德经集注》	贺沚	安徽合肥	苏州府同知	隆庆四年（1570）举人	—	未录	录	录	未录	未录	佚
《老子解》	郭宗磐	福建晋江	广西按察副使	1541~1607	—	未录	未录	录	未录	未录	佚
《老子玄言评苑》[19]	李廷机	福建晋江	礼部尚书	1541~1616	—	未录	未录	录	未录	未录	存[20]
	陆可教	浙江兰溪	右宗伯	万历五年（1577）进士							
《老子解》	黄洪宪	浙江秀水	少詹事	1541~1600	—	录	录	录	录	未录	佚
《老子评注》	孙鑛[21]	浙江余姚	南京兵部尚书	1542~1613	—	未录	未录	录	录	录	存
《老子古今本考正》	孙鑛[21]	浙江余姚	南京兵部尚书	1542~1613	—	未录	未录	录	未录	未录	存[22]

续表

书名	作者	籍贯	身份	生卒年	成书时间	《千顷堂书目》	《老子考》	《周秦汉魏诸子知见书目》	《中国老学史》	《老子集成》	存佚
《老子道德经注释摘锦》[23]	苏浚	福建晋江	礼部主事	1542～1599	万历二年（1574）	未录	未录	未录	未录	未录	存
《老解》	郭子章	江西泰和	兵部尚书	1543～1618	万历四十三年（1615）	录	录	录	录	录	存
《道德经解》	释德清	安徽全椒	僧人	1546～1623	万历二十一年（1593）	录	录	录	录	录	存
《观老庄影响论》					万历二十六年（1598）	未录	录	录[24]	未录	未录	存
《道德经集解》	释镇澄[25]	北京	僧人	1545～1617	万历三十四年（1606）	未录	未录	未录	未录	录	存
《老子大意》	李杜	河北广平	江西布政使	万历五年（1577）进士	—	未录	未录	录	未录	未录	佚
《道德经品节》[26]	杨起元	广东惠州	吏部左侍郎	1547～1599	—	未录	未录	录	录	录	存
《道德经本文》	李维桢[27]	湖北京山	礼部尚书	1547～1626	—	未录	未录	录	未录	未录	佚
《校老子道德经》	冯梦祯	浙江嘉兴	国子监祭酒	1548～1605	—	未录	未录	录	录	未录	存[28]
《老子疏略》	龚锡爵[29]	上海嘉定	广西布政使	1550～1617	—	录	录	录	录	未录	存[30]
《道德经集义》	周如砥	山东即墨	国子监祭酒	1550～1615	—	未录	录	录[31]	录	录	存
《道德经疏》	周光德	湖北蕲水	渠县知县	万历十年（1582）举人[32]	—	未录	未录	录	未录	未录	佚
《老子道德经参补》	张登云	山东宁阳	陕西布政副使	1553～1639	万历七年（1579）	未录	未录	录	录	录	存

续表

书名	作者	籍贯	身份	生卒年	成书时间	《千顷堂书目》	《老子考》	《周秦汉魏诸子知见书目》	《中国老学史》	《老子集成》	存佚
《道德经摘解》	朱理尧	山西长治	明藩王沈王	万历十年（1582）袭封	—	未录	未录	录	未录	未录	佚
《道德真经注释讲义》[33]	崔虚纯	—	—	—	万历十年（1582）	未录	未录	未录	未录	未录	存
《道德经注》[34]	彭好古	湖北麻城	御史佥事	万历十四年（1586）进士	—	未录	未录	录	录	录	存
《重校道德真经口义》	程兆莘	陕西商阳	—	—	万历十四年（1586）刊[35]	未录	未录	录	未录	未录	佚
《道德经测旨》	张正学	四川三台	吏科给事中	万历十四年（1586）进士	—	录	录	录	录	未录	佚
《老子句解》	蒋祺[36]	山东青州	齐东训导	—	—	未录	未录	录	未录	未录	佚
《老子隽》/《老子辩》	陈继儒[37]	上海松江	学者	1558～1639	—	未录	未录	录	录	录	存
《宝颜堂订正道德宝章》						未录	未录	录	未录	未录	存
《老子粹言》						未录	未录	录	未录	未录	存
《老子类语》						未录	未录	录	未录	未录	存
《老子类函》[38]	叶向高	福建福清	内阁首辅	1559～1627	—	未录	未录	录	录	未录	存
《道德经解》	洪其道	河南商城	刑部主事	万历十七年（1589）进士	万历四十六年（1618）	未录	未录	未录	未录	录	存
《道德经注》	王嘉春[39]	浙江永嘉	道士	—	—	未录	未录	录	未录	未录	佚

续表

书名	作者	籍贯	身份	生卒年	成书时间	《千顷堂书目》	《老子考》	《周秦汉魏诸子知见书目》	《中国老学史》	《老子集成》	存佚
《老子或问》	龚修默[40]	江苏武进	郡守[41]	—	—	未录	未录	录	录	录	存
《道德经疏义》	玉枢子	—	—	—	—	未录	未录	录	录	未录	佚
《校正老子道德经》	王懋明	江苏长洲	学者	嘉靖年间人	—	未录	未录	录	未录	未录	佚
《太上道德宝章翼》	程以宁	安徽新安	道士	—	—	未录	录	录	录	录	存
《老子解》	盛祥[42]	福建邵武	泉州府学教授	万历初年贡生	—	未录	未录	录	未录	未录	佚
《道德经释辞》	王一清	—	道士	—	—	未录	录	录	录	录	存
《批点老子道德经》	凌稚隆	浙江湖州	鸿胪寺左寺丞	万历年间	—	未录	未录	录	录	录	存
《老子疏略》	吴汝纪[43]	安徽新安	福建正理问	万历年间	有万历三十二年（1604）刊本	录	录	录	录	未录	存[44]
《诸名家评点老子晋注》[45]	卢复	—	—	万历年间	—	未录	未录	录	未录	未录	存
《老子类编》[46]	李元珍	江西豫章	—	万历年间	—	未录	未录	录	未录	未录	存[47]
《解老悟道篇》	诸万里	浙江绍兴	佛学研究者	万历年间	—	录	录	录	录	未录	佚
《道德经旁注》[48]	石鸡山房主人	—	—	—	万历年间	未录	未录	录	录	未录	存
《老子尺木会旨》	涂国柱（印玄散人）[49]	江西宜黄	学者	万历年间	—	未录	录	录	录	录	存

续表

书名	作者	籍贯	身份	生卒年	成书时间	《千顷堂书目》	《老子考》	《周秦汉魏诸子知见书目》	《中国老学史》	《老子集成》	存佚
《道德经荃解》	郭良翰	福建莆田	太仆寺寺丞	万历、天启年间	天启六年（1626）	未录	未录	录	录	录	存
《解老》[50]	陶望龄	浙江绍兴	国子监祭酒	1562～1609	—	录	录	录	录	录	存
《道德经注解》	马应龙	山东安丘	礼部郎中	万历二十年（1592）进士	—	未录	录	录	录	未录	佚
《老子注》	袁崇友[51]	广东东莞	尚宝司丞	万历二十三年（1595）进士	—	未录	录	录	录	未录	佚
《老子解》	郑圭	浙江钱塘[52]	平乐县知县	1566～1630[53]	—	录	录	录	录	未录	佚
《老子品粹》	汤宾尹	安徽宣城	南京国子监祭酒	1568～？	—	未录	未录	录	未录	未录	存[54]
《道德经说奥》[55]	朱孟尝	湖北蕲春	明樊山王	万历二十八年（1600）袭封	—	未录	录	录	录	未录	佚
《老子台悬》[56]	吴伯敬	江苏延陵	进士	？～1607[57]	—	录	录	录	录	未录	存[58]
《道德经精解》	陈懿典	浙江秀水	翰林院编修	1573～1657[59]	万历二十二年（1594）	未录	未录	录	录	录	存
《道德经评注》	归有光	江苏昆山	南京太仆寺丞	1506～1571	天启四年（1624）	未录	录	录	录	录	存
《老子汇函》[60]	文震孟	江苏吴县	礼部左侍郎	1574～1636	天启五年（1625）	未录	未录	录	未录	未录	存
《老子嫏嬛》[61]	钟惺	湖北天门	福建提学佥事	1574～1625	—	未录	未录	录	录	未录	存
《老子文归》[62]						未录	未录	录	录	未录	存

续表

书名	作者	籍贯	身份	生卒年	成书时间	《千顷堂书目》	《老子考》	《周秦汉魏诸子知见书目》	《中国老学史》	《老子集成》	存佚
《老子解说》	璩光岳	江西新城	兵部职方司员外郎	万历三十二年（1604）进士	—	未录	录	录	录	未录	佚
《老子奇赏》	陈仁锡	江苏苏州	南京国子监祭酒	1579~1636	天启六年（1626）	未录	未录	录	录	录	存
《老子音义》	闵齐伋	浙江湖州	刻书家	1580~1662[63]	—	未录	未录	录	录	录	存
《道德经印》	陶崇道	浙江绍兴	兵科给事中	万历三十八年（1610）进士	—	未录	未录	未录	未录	录	存
《道德经解》	周宗建	江苏吴江	监察御史	1582~1625	天启三年（1623）	未录	未录	录	未录	录	存
《道德经希言》[64]	释大香[65]	江苏苏州	僧人	1582~1636	—	未录	未录	录	录	未录	佚
《老氏解》	高宏图[66]	山东胶州	南京户部尚书	1583~1645	—	未录	未录	录	未录	未录	佚
《道德经测》	洪应绍	安徽歙县	昆山教谕	万历四十年（1612）举人	万历四十六年（1618）	未录	未录	录	录	录	存
《道德经因然》[67]	吴伯与	安徽宣城	广东按察司副使	万历四十一年（1613）进士	—	录	录	录	录	未录	佚
《老子赘言》	李燧庭	河北广平	山东胶莱运判	其父李杜	—	未录	未录	录	未录	未录	佚
《道藏目录详注》[68]	白云霁	江苏南京	南京朝天宫道士	约1586~1666[69]	天启六年（1626）	未录	未录	录	未录	未录	存
《老子拔萃》[70]	李云翔[71]	江苏扬州	诸生	—	—	未录	未录	录	未录	未录	存

续表

书名	作者	籍贯	身份	生卒年	成书时间	《千顷堂书目》	《老子考》	《周秦汉魏诸子知见书目》	《中国老学史》	《老子集成》	存佚
《道德经集注》	潘基庆	浙江乌程	贡生	万历四十六年（1618）贡生	—	录	录	录	录	录	存
《老子翼评点》	董懋策	浙江绍兴	学者	？~1613	—	未录	录	录	录	录	存
《道德经解》[72]	纯阳道人	—	—	—	—	未录	未录	录	录	录	存
《老子玄解》	李邦梁	浙江缙云	九江府教授	天启三年（1623）岁贡[73]	—	未录	未录	录	未录	未录	佚
《道德经解》	顾锡畴	江苏昆山	礼部尚书	？~1645	—	未录	未录	录	录	录	存
《老子节阅》	薛宏绎	浙江杭州	举人	天启七年（1627）举人[74]	—	未录	未录	录	未录	未录	存[75]
《老子解》	刘廷元[76]	浙江平湖	兵部尚书	1597~1630	—	未录	未录	录	未录	未录	佚
《老子知常》	黄文焕	福建福州	左春坊左中允	1598~1667	—	未录	未录	录	录	未录	佚
《老子解》	马权奇[77]	浙江会稽	工部主事	崇祯四年（1631）进士	—	未录	未录	录	未录	未录	佚
《原老》	沈幾[78]	江苏苏州	福宁知州	崇祯四年（1631）进士	—	未录	未录	录	未录	未录	佚
《道德经颂》	汪沐日	安徽歙县	兵部武选司主事	1605~1679	—	未录	未录	录	未录	未录	佚
《老子私笺》	傅占衡	江西临川	诸生	1608~1660	崇祯九年（1636）[79]	未录	录	录	录	未录	佚

续表

书名	作者	籍贯	身份	生卒年	成书时间	《千顷堂书目》	《老子考》	《周秦汉魏诸子知见书目》	《中国老学史》	《老子集成》	存佚
《道德经注》	周金汤	福建莆田	中军都督	崇祯十三年（1640）进士	—	未录	未录	录	未录	未录	佚
《老子略》[80]	归起先	江苏常熟	刑部主事	崇祯十六年（1643）进士	—	录	录	录	录	未录	佚
《老子道德真经奇赏》[81]	金堡	浙江杭州	礼部给事中	1614～1680	—	未录	未录	录	录	未录	存
	范方	福建同安	户部员外郎	？～1644							
《老子解》	任道正[82]	—	—	明末	—	未录	未录	录	未录	未录	佚
《道德经注》	郑宇明	福建泉州	学者	明末清初[83]	—	未录	未录	录	未录	未录	佚
《老子参同》[84]	陈骝	浙江归安	儒生	明末清初	—	未录	未录	录	未录	未录	佚
《老子绎》	金邦柱[85]	—	—	明末之人	—	未录	未录	录	录	未录	佚
《道德经荃解》	无名氏	—	—	—	—	未录	未录	录	录	未录	佚
《道德经颂赞》	何星文	云南洱源	崇祯间岁贡生	明末清初	—	未录	未录	录	未录	未录	佚
《老子真荃》	吴德明	—	—	未知[86]	—	录	录	录	录	未录	佚
《道德经注疏》	周士窦	江西吉水	—	明末清初[87]	—	未录	录	录	录	未录	佚
《道德经诸家疏》（六十六本）[88]	无名氏	—	—	—	—	未录	未录	录	未录	未录	佚
《老子褒异》	汪定国	浙江海宁	—	明末清初	—	未录	未录	录	录	未录	存[89]
《太上道德经解》	八洞仙祖	—	—	—	—	未录	未录	录	录[90]	录	存
《道德经解》	云门鲁史	—	—	—	—	未录	未录	录	录	录	存

续表

书名	作者	籍贯	身份	生卒年	成书时间	《千顷堂书目》	《老子考》	《周秦汉魏诸子知见书目》	《中国老学史》	《老子集成》	存佚
《道德经解》[⑨]	刘贞远	—	—	—	—	未录	未录	未录	录	未录	佚

注：①《无求备斋老子集成初编》收录，对河上公《道德真经注》进行校对，无注。

②赵统乃嘉靖十四年（1535）进士，据《嘉靖十四年进士登科录》记载："赵统，贯陕西西安府临潼县，军籍，府学生，治《礼记》。字伯一，行一，年三十六。十月初七日生。"［陈文新主编《明代科举与文学编年》（中），第1860页］可知赵统生于弘治十二年（1499），卒年不可考。

③非为专门的解《老》著作，乃于陈深《诸子品节》中析出。

④方勇：《庄子学史》第2册，人民出版社，2008，第671页。

⑤《老子解》收录于王樵《方麓集》中，《方麓集》刊刻于万历二十一年（1593）。（杭义梅：《王樵及其〈方麓集〉研究》，扬州大学硕士学位论文，2015，第30页）

⑥"邓球，字应明，湖南祁阳人。年十四，以试雍齿先侯论得名，嘉靖己未（公元1559年）进士，知宜兴弋阳县，升户部郎中。时乡有官都御使者，为张居正私人兼掌选事，球薄之，丐外补铜仁知府，数月告归，于理学有心得，人称来溪先生。（《湖南志》）"（贵州省文史研究馆点校《贵州通志·宦迹志》，贵阳人民出版社，2004，第273页）其中"应明"应为"应鸣"之误。蒋炼、蒋民主《三吾文化精粹》中介绍邓球，字应鸣，生卒年为"1525～1595"，（蒋炼、蒋民主：《三吾文化精粹》，中国社会科学出版社，2012，第113页）《明代科举与文学编年》中言邓球，字应鸣，会试时年三十三［陈文新主编《明代科举与文学编年》（下），第2347页］，嘉靖三十八年（1559）进士，则其生于1525年可信。至于其卒年，未详。

⑦因邓球《老子注》今存于《闲适剧谈》中，《闲适剧谈》书目开头有小引，文后题"万历丁丑（1577）除夕"，故此书当作于万历五年前后。［（明）邓球：《闲适剧谈》，载《四库全书存目丛书·子部》第84册，第429页］

⑧严灵峰言此书尚存于世，《江苏采辑遗书目录简目》中收录此书。（严灵峰编著《周秦汉魏诸子知见书目》第1卷，第176页）

⑨陈来胜、许建平：《李贽〈老子解〉、〈庄子解〉写作时间考》，载《泉州市李贽思想学术研讨会论文集》，2004，第145～160页。

⑩《无求备斋老子集成初编》收录。

⑪汤显祖《玉茗堂全集》卷一《张洪阳相公七十寿序（代）》中称："今上御历之三十一春王正月之元旬，是为洪阳张老先生诞辰也。"御历三十一年指万历三十一年（1603），时张位七十岁，可知张位生于嘉靖十三年（1534）。［（明）汤显祖著，徐朔方笺校《汤显祖诗文集》（下）卷28《张洪阳相公七十寿序（代）》，上海书店出版社，1982，第999页］

⑫黄芝冈考证张位去世在万历四十年（1612）正月前后。（黄芝冈：《汤显祖编年评传》，文化艺术出版社，2014，第280～281页）

⑬不是专门的解《老》著作，乃是桂天祥"节录《老子》书中要语，删削注文而成。在《六子要语》内。万历四年自序。"（严灵峰编著《周秦汉魏诸子知见书目》第1卷，第176页）；方勇编纂《子藏·道家部·老子卷》第56册收录。

⑭陈文炅，江西临川人，万历二年（1574）甲戌科进士。《老子要语》为明万历九年（1581）刊《六子要语》本中《老子》部分，今收录于方勇主

编《子藏·道家部·老子卷》第63册。

⑮此书以何道全注书为底本，附以眉评，因所采诸家注疏颇为驳杂，严灵峰怀疑此书乃书贾冒名为之。（严灵峰编著《周秦汉魏诸子知见书目》第1卷，第185页）

⑯书首题“翰林漪园焦竑注释，翰林青阳、翁正春评林”，此书存于《新锲二太史汇选注释九子全书正集》内，现藏于清华大学图书馆、美国普林斯顿大学图书馆。（严灵峰编著《周秦汉魏诸子知见书目》第1卷，第186页）

⑰此书以河上公本为底本，引多家注疏作为眉评，内多错字，严灵峰怀疑此书乃书贾由《新锲二太史汇选注释九子全书正集》删削而成，另取名为《新锲翰林三状元会选二十九子品汇释评》，所谓“三状元”乃是指焦竑、翁正春、朱之蕃。（严灵峰编著《周秦汉魏诸子知见书目》第1卷，第186页）

⑱严灵峰言此书现存于日本国立公文书馆，此书“大抵抄袭何道全本诸注，由‘谁之子’补注。有李九我眉评，并属焦竑、王元贞之名校订。题《道德真经注释评苑》。当系书贾托名牟利”。（严灵峰编著《周秦汉魏诸子知见书目》第1卷，第198页）因不知注者信息，姑附于焦竑之后。

⑲非专门的注《老》著作，乃于陆可教选、李廷机订之《诸子玄言评苑》中析出。

⑳方勇编纂《子藏·道家部·老子卷》第52册收录。

㉑严灵峰在孙鑛条下录有三本《老子》注：一为《老子评注》，二为《老子古今本考正》，三为孙鑛、钟惺合评《老子道德经》。严灵峰言《老子评注》“依王注本老子，眉栏采各家说，并简评”。（严灵峰编著《周秦汉魏诸子知见书目》第1卷，第199页）孙鑛、钟惺合评之《老子道德经》亦是以王弼注本为底本，“前有钟惺《老庄合刻序》。河上公序、晁说之旧跋。简略《音义》二篇，在《老庄合刻》内”。（严灵峰编著《周秦汉魏诸子知见书目》第1卷，第200页）《老子评注》乃孙鑛《老庄合刻》中析出关于《老子》部分，查《老子集成》第7卷所收孙鑛《评王弼注老子》，文前没有钟惺《老庄合刻序》，而加之以熊克谨序，河上公序、晁说之旧跋、《音义》则都收录其中，两本书疑为同一本，只是后者添加了钟惺的名字，故本表不再专列孙鑛、钟惺合评本。

㉒卢复《诸名家评点老子晋注》后附录《老子古今本考正》，即为此书，今存北京大学图书馆。

㉓现藏于哈佛大学燕京图书馆，此书乃是《新刊六子全书注释摘锦》中的《老子》部分，选取《老子》中与修身治国相关者共三十九章，并附以简评。（沈津：《美国哈佛大学哈佛燕京图书馆中文善本书志》，上海辞书出版社，1999，第275页）

㉔附于《无求备斋老子集成初编》中收录的释德清《道德经解》卷首。

㉕释镇澄，字空印，俗姓李，北京人，十五岁时出家西山广应寺，精研《华严经》。万历十年（1582）与憨山德清“结隐五台”，此后三十五年一直居于五台山，万历四十五年（1617）圆寂，寿七十一。著有《楞严正观》《金刚正眼》《清凉山志》等。（参见蓝吉富主编《大藏经补编》第27册，华宇出版社，1985，第87~88页。

㉖在杨起元编《诸经品节》内。

㉗严灵峰据顾如华《深远集》中引李维桢《大泌山房集》中《老子合易解序》将《老子合易解》寄于李维桢名下，实为未见《老子合易解序》全文之误。《老子合易解》为明道士王家春所作，李维桢为其作序。“王涵虚，旧志名家春，字九灵，永嘉人，潜心《老》、《易》，为应道观道士，居无几遂，遍游五岳，禁足武当，注《道德经》，李本宁为之序。”[（清）李琬修、齐召南、汪沆纂乾隆《温州府志》卷26，《中国地方志集成·浙江府县志辑》第58册，上海书店出版社，1993，第519页]《老子合易解序》中亦言：“东嘉王幼潜读《老子》，而以其理合于《易》，因用《易》释之，八十一章皆然。”

［（明）李维桢：《大泌山房集》卷8，载《四库全书存目丛书·集部》第150册，第474页］李维桢在《题王逸士相册》中再次言明："东嘉王涵虚道人，绝意婚宦，专精《老》、《易》，……余尝读其《易粹编》、《道德经合易解》，与之上下论议，悉其生平贞白，《淮南鸿宝》之诀，太乙遁甲之书，九章历象之术，太仓素问之方，靡不精诣。"［（明）李维桢：《大泌山房集》卷130，载《四库全书存目丛书·集部》第153册，第659页］可见《老子合易解》实为王嘉春所著。

㉘严灵峰编著《无求备斋老子集成初编》收录。

㉙龚锡爵，字儒修，万历二年（1574）进士，知永新知县，擢都水司主事，支持工部尚书潘季驯治理黄河的方案，卓有成效，迁广东参政，历按察使、广西布政使，皆有惠政，后为强宗所中，罢归，居石冈园，自号石岩，万历四十五年卒。［（清）赵昕修，苏渊等纂康熙《嘉定县志》卷16，《中国地方志集成·上海府县志集》第7册，上海书店出版社，2010，第732~733页］

㉚据《北京人文科学研究所藏书简明目录》记载"《老子疏略》，明龚锡爵疏，明万历间刊本"。（北京人文科学研究所编《北京人文科学研究所藏书简明目录·子部·道家类》，北京人文科学研究所，1938，第34页）今未见。

㉛严灵峰言未见此书，《老子集成》卷7收录此书。

㉜严灵峰言周光德是万历壬午（1582）进士，查《蕲水县志》发现，周光德并非进士，而是举人。《蕲水县志》卷7《选举》将周光德列于"举人"栏，并注"周光德，治《易》，四川渠县知县，有传《文苑》"。在《蕲水县志》卷9《文苑》中记载周光德生平曰："周光德，字翼明。明万历壬午举于乡，授章邱谕，所识拔俱捷南宫。"［（清）徐养忠等修《蕲水县志》（乾隆五十九年）卷7，载故宫博物院编《故宫珍本丛刊·湖北府州县志》第136册，海南出版社，2001，第146页及同书卷9，第173页］

㉝崔虚纯，生平不详，此书前老学文献中未见收录，今收录于方勇主编《子藏·道家部·老子卷》第63、64册。

㉞此书乃彭好古注，吴勉学校。吴勉学，安徽歙县人，万历年间著名刻书家，万历中辑《二十子》刊行，此书即其中之一。《中国老学史》中"明清时期老子研究状况简表"将此书误做两本，一本为彭好古注本，一本为吴勉学刊刻本。《周秦汉魏诸子知见书目》在"彭好古、吴勉学"条后又录有两条，一条为彭好古集、黄之采校刊《道德经》二卷，但严灵峰怀疑此书乃彭好古注、吴勉学校本"版归黄氏后，重刊者"。后一条为黄之采校刊《道德经》，又"疑系前书改函装订者"。（严灵峰编著《周秦汉魏诸子知见书目》第1卷，第192页）另，周勋初在《〈韩非子〉札记》中考察《韩非子》的版本时指出，《韩非子》中的黄之采本和吴勉学本实为一本，"万历中期吴勉学刻有'二十子全书'。……传世者还有所谓黄之采的'二十子全书'（一称为"十九子全书"）本。把两种'二十子全书'本比较，就可发现二者实为一物，只是前书署'明新安吴勉学校'，后者署'明新安黄之采校'。大约吴氏原刻板片后为黄氏所得，黄氏利用旧板重印，而将'吴勉学'三字剜去，补入'黄之采'三字，后代一些藏书家不加细究，也就误认为是《韩非子》的两种不同版本了。"（周勋初：《〈韩非子〉札记》，江苏人民出版社，1980，第9页）由此，所谓黄之采校刊的两本《道德经》就是彭好古注，吴勉学校本，为避免重复，此处不录《周秦汉魏诸子知见书目》中黄之采校本及《老子集成》中吴勉学校本。

㉟此书前有万历十四年新都程涓所著序文，此书现存本有万历十四年刊本，可知此书成于万历十四年。

㊱"蒋祺，青州人，贡生，家境贫寒，但十分孝顺父母。曾任武清、齐东二县训导。终生研究儒学，著述颇多，年80岁，仍然笔耕不辍。除《礼经解说》外，还有《道德句解》、《纲鉴论》、《白云谱》诸书。"（王立胜主编《青州通史》第4册，中国文史出版社，2008，第192页）

㊲《宝颜堂订正道德宝章》《老子粹言》《老子类语》皆为陈继儒校订，《宝颜堂订正道德宝章》以白玉蟾《道德宝章》为底本加以校订。《老子粹

言》选录《老子》中重要语句，收录于《古今粹言》之中。《老子类语》收录《老子》语句，分类编目，收录于明王横辑《新刊王太史汇选诸子类语》内。（严灵峰编《周秦汉魏诸子知见书目》第1卷，第181~183页）方勇编纂《子藏·道教部·老子卷》第53册收录有《老子粹言》《老子隽》《观老庄影响论》。

㊳严灵峰考证后认为此书乃是书商盗版沈津《百家类纂》："窃沈津《百家类纂》旧版，括去'家'字，改作'子'字；'纂'字，改为'函'字。题《百子类函》，并改名'叶向高'，增李廷机、汤显祖、叶向高各《序》。题《叶相国选订》，金陵万卷楼刊。当系书贾盗板牟利。"（严灵峰编著《周秦汉魏诸子知见书目》第1卷，第174页）《叶相国选订百子类函》共四十卷现存于北京图书馆、美国国会图书馆。（俞达珠编著《论向高》，海潮摄影艺术出版社，2008，第186~188页）

㊴"王涵虚，旧志名家春，字九灵，永嘉人，潜心《老》、《易》，为应道观道士，居无几遂，遍游五岳，禁足武当，注《道德经》，李本宁为之序。寻复著《太极图说》、《易粹篇》、注《参同契》、《悟真篇》、《阴符经》、《维教正论》，晚年归欧，朱之蕃赠诗云：'五岳归来云满袖，九山高卧雪盈巅。'后《道德经》板散逸，永嘉令韩则愈补而梓之。"［（清）李琬修、齐召南、汪沆纂乾隆《温州府志》卷26，载《中国地方志集成·浙江府县志辑》第58册，第519页］何白在《丹阳舟中别王涵虚北上》诗中注："王君以甲午岁往武当，注《道德经》。"［（明）何白撰，沈洪保点校《何白集》，上海社会科学院出版社，2006，第211页］注解完成后，李维桢为其作序，嘉靖甲午年（1534）时李维桢还未出生，故只能是万历甲午年（1594），时李维桢47岁，故王涵虚应为嘉靖、万历年间人。

㊵"龚公讳道立，号修默，吴之昆陵人。"［赣州地区志编纂委员会：《同治赣州府志》（上），1987，第517页］"万历十四年进士，授户部主事。有儒帅求内徙，废帅谋起用，各挟重赂以请，道立拒斥之。出知建宁府，日与士子讲学，入觐，鬻产资行李，中道心悸，驰归，母方弥留，握手永诀。服阕补河南按察副使，历江西布政司参议，与邹元标根究性命，剖析疑义，吏治悉本经术。晋湖广按察使。归十五年，杜门著书。"著有《白鹭洲答问》，佚；《金刚经注》1卷，佚；《清静经评》1卷，佚；《紫芝草》《绿云集》，佚；《杜律心解》，存。［（清）王具淦、吴康寿修，汤成烈等纂《光绪武进阳湖县志》卷23，载《中国地方志集成·江苏府县志集》第37册，第583页。及同书卷28，第722~734页］

㊶（明）龚修默：《老子或问》，载《老子集成》第8卷，第187页。

㊷"盛祥，字凤卿。嘉靖间，以明经授浙江新城县儒学训导，再补泉州府学致仕。"［（清）朱彝尊撰，林庆彰等主编《经义考新校》卷248，第9册，上海古籍出版社，2010，第4471页］

㊸吴汝纪，字肃卿，安徽新安人，太学生，曾任福建正理问，万历三十一年（1603）刊刻焦竑所校《陶靖节先生集》。

㊹方勇编纂《子藏·道家部·老子卷》第55册收录。

㊺于卢复《诸名家评点三经晋注》中析出关于《老子》部分。三经者，指王弼注之《易经》、《道德经》及郭象注之《庄子》，方勇编纂《子藏·道家部·老子卷》第57、58册收录此书。

㊻于李元珍《诸子纲目》中析出。《诸子纲目》中节录《老子》原文，分类寄于各纲目之下，并附以旁注。因李元珍生卒年不详，仅知其是豫章人，字光垣。在《诸子纲目》前有雍丘侯应琛、关中李一鳌所作序言，侯应琛为万历四十一年（1613）进士，李一鳌为万历三十八年（1610）进士，李元珍与侯、李相交，故将其列为万历年间人。

㊼（明）李元珍辑《诸子纲目类编》，载故宫博物院编《故宫珍本丛刊》第501册。

⑱《道德经旁注》乃明世德堂刊《二经旁注评林》中的《老子》部分，注文开头题有“石鸡山房主人纂补，世德堂主人校勒”字样。石鸡山房主人，不知何许人也，世德堂主人或即唐晟。世德堂乃明万历年间金陵人唐晟字伯晟、唐杲字叔永的书坊名。刻印过《二经旁注评林》（《老子》2卷，《庄子》5卷）7卷。（瞿冕良编著《中国古籍版刻辞典》，苏州大学出版社，2009，第134页）故将此书成书时间置于万历年间。严灵峰因资料所限，未见此书，今此书收录于故宫博物院编《故宫珍本丛刊》第523册。

㊾万历二十七年（1599），永平太守徐准欲修《永平府志》，“乃憋神揉思，损旧益新，且求海内多闻有道术者，得江右隐君涂公国柱，振缨高谈，卒卒语合，遂董其事”。[（明）徐准修，涂国柱纂万历《永平府志》，“白瑜序”，载董耀会主编《秦皇岛历代志书校注》，中国审计出版社，2001，第11页］涂国柱即涂印玄，徐准在《永平府志》的序中言其邀涂国柱撰修志书的缘起曰：“适豫章涂印玄来登碣石谒孤竹，有子长风，予爱其手注，会旨刻之，因榷郡志。涂子曰：‘《春秋》详内而略外，义精而体当。若后世之书有简有博，简者阙，博者繁；阙则失义，繁则伤体；义失鲜史学，体伤乏史才，此《春秋》之为绝笔也。’予嘉其议而属之志。”（明）徐准修，涂国柱纂万历《永平府志》，“徐准序”，载（董耀会主编《秦皇岛历代志书校注》，第10页）明郭子章《老解》引《老子尺木会旨》称“涂印玄曰”，可见涂国柱即印玄散人也。著有《汉唐宋后三代书》、《皇鉴通记》（江西宜黄县志编纂委员会总编《宜黄县志》，新华出版社，1993，第661页）、《古文裒异》（张德意、李洪编《江西古今书目》，江西人民出版社，1996，第200页。然此书将涂国柱归入元朝，是为误）。明茅坤著《茅坤集》中收录有两首赠涂印玄的诗，一为《赠堪舆涂印玄》，一为《再赠堪舆家涂印玄》[（明）茅坤著，张梦新、张大芝点校《茅坤集》第4册，浙江古籍出版社，2012，第1163~1171页]，茅坤生卒年为1512~1601年，可见涂国柱主要活动时间在万历（1573~1620）年间。

㊿于陶望龄《老庄合解》中析出。

51袁崇友，字伯益，万历二十三年（1595）进士，历官福建南安令、望江令，南京户部主事，后又授南昌知府、尚宝司丞，皆辞不受。著有《读老二十四章》、《读书十五则》、《春草堂文集》若干卷。（参见陈伯陶等纂修民国《东莞县志》卷60，载《中国地方志集成·广东府县志辑》第19册，第585~586页）

52《江西通志》言其为“浙江仁和人”。[（清）谢启昆修，胡虔纂《广西通志》第9册，广西人民出版社，1988，第6408页］

53郑圭在为明净慈寺主持大壑的《净慈寺志》所作的序文中称“公年少予十岁”，[（明）释大壑撰，刘士化、袁令兰标点《南屏净慈寺志》，杭州出版社，2006，第5页］大壑的生卒年为1576~1627年（张志哲主编《中华佛教人物大辞典》，黄山书社，2006，第639页），则郑圭的生年应为1566年。光绪《浙江通志》言郑圭“天启三年知平乐县，莅任七载”。（嵇曾筠：《浙江通志》卷167，商务印书馆，1934，第2936页）因政绩卓著，擢升为左州知州。[（明）龚立本撰《烟艇永怀》，周骏富辑《明代传记人物丛刊·综录类》第34册，明文书局，1991，第49页］可知郑圭至少1630年尚在人世。

54存于汤宾尹辑《诸子品粹》中，今藏于中国社会科学院文学研究所。（谭家健：《先秦散文艺术新探》，齐鲁书社，2007，第620页）

55《四库全书总目提要》曰：“《道德经说奥》，二卷（两江总督采进本）旧本题朱孟尝撰。附刻朱翊鉝《广宴堂集》后。明宗室命名，每府以二十字为次，其下一字，则偏旁取五行相生。此曰孟尝，盖其字号。惟未审即翊鉝作，或其子孙所作耳。其书于每章之后寥寥各赘数言，殊未尽老氏之旨。”[（清）永瑢等纂《四库全书总目提要》卷147，载王云五主编《万有文库》（第一集），第28册，第71页］陈仕猛在《明樊山王朱翊鉝字号及著述考——兼谈康熙〈蕲州志〉中一处错误》（《蕲春文化研究》2010年第1期）、《〈四库全书〉中的蕲春人著作》（《蕲春文化研究》2010年第2期）两文中论证了朱翊鉝即朱孟尝，孟尝为其字，《道德经说奥》即为朱翊鉝所作。

(56)原书为《老庄台悬》，此为析出部分。

(57)吴伯敬妾王氏，“王氏，明万历癸卯举人吴伯敬妾，敬亡，王年二十六，所生子寻殇，其嫡子士赤礼事之。顺治甲午年七十三卒。”[（清）蒋廷锡等编《历代闺媛逸事》（下）卷163，上海文艺出版社，1993]据此推算，吴伯敬为万历三十一年（1603）举人，卒于1607年。

(58)方勇编纂《子藏·道家部·老子卷》第54册存。

(59)钱茂伟：《明人史著编年考补》，载中国历史文献研究会编《中国历史文献研究会成立30周年纪念集》，华东师范大学出版社，2009，第491页。

(60)于归有光《诸子汇函》中析出《老子》部分。

(61)于钟惺《诸子嫏嬛》中析出，严灵峰编《无求备斋老子集成初编》收录。

(62)于钟惺《诸子文归》中析出，严灵峰编《无求备斋老子集成初编》收录。有学者指出，《诸子文归》虽题有“竟陵钟惺伯敬选”字样，然“是书迨明季书贾所伪托者”。《诸子文归》《老子文归》：“此二书若无有力证据，恐系出自他人之手，因钟谭（钟惺、谭元春——笔者按）仅《诗归》用此‘归’字，他书不会自蹈其辙的。”（李先耕：《钟惺著述考》，黑龙江大学出版社，2008，第88页）

(63)姚伯岳：《燕北书城困学集》，岳麓书社，2010，第105页。

(64)《中国老学史》中“明清时期《老子》研究状况简表”记有《道德经希言》二卷，无名氏著，疑即此书。

(65)严灵峰言《道德经希言》为云外道人，号大香者所著，实则为明末僧人释大香所著。释大香，人称唵囕香公，“唵囕香公者，吴之诗人吴鼎芳，字凝父者也。世居洞庭之武山。年未三十，生四子。一夕梦大士告曰：‘偕尔佛子传佛慧命。’因展两手，先作布满空界，反照身心，瞿然而寤。遂断绝妻子缘，入云栖，祝发莲池大师像前。因名大香。年已四十矣。……崇祯丙子九月八日，结跏而寂。徒众瘗之如其言。世寿五十五，僧腊一十六。著《云外集》、《经律集录》十余种。”[（清）钱谦益著《列朝诗集小传》（下），上海古籍出版社，2008，第717页]其所著《云外录》现有崇祯间德清夏元彬刊，清顺治乙亥修补本，明文书局《禅门逸书初编》第8册收录，《云外录》卷16有《道德经希言序》，可知《道德经希言》实为释大香所著。[（明）释大香撰《云外录》，载《禅门逸书初编》第8册，明文书局，1981，第131页]

(66)高宏图，原名高弘图，因避乾隆帝讳，改称高宏图。

(67)原书为《老庄因然》，此为析出部分。方勇编纂《子藏·道家部·庄子卷》第70册录有吴伯与《南华经因然》6卷。

(68)非专门的解《老》著作，“以《道藏》全部道家著述，用《千字文》分门编次，在每书目下，详列卷数，并简注内容，以为解题”。（严灵峰编著《周秦汉魏诸子知见书目》第1卷，第208页）

(69)申畅等编《中国目录学家辞典》，河南人民出版社，1988，第112页。

(70)非为专门的解《老》著作，“仅节录《老子》河上公本‘体道’、‘偃武’二章，无所发明。在《诸子拔萃》内”。（严灵峰编著《周秦汉魏诸子知见书目》第1卷，第209页）

(71)“李云翔（生卒年不详），字为霖。明江都人。诸生。留心兵家史地之学。天启七年（1627）纂《诸子拔萃》8卷。参订潘光祖《汇辑舆图备考全书》18卷，潘氏汇辑此书，未竟而卒，云翔继成其业，于清顺治七年（1650）刻印，为明代采集广博，内容完备的历史地理著作。”（王澄主编《扬州历史人物辞典》，江苏古籍出版社，2001，第342页）

(72)此书开头题“唐贞元纯阳道人注，学道弟子味玄、虞都杨宗业熏沐校”，吕岩字洞宾，号纯阳子，即世传“八仙”之吕洞宾，故严灵峰认为“所注

疑系伪托”。（严灵峰编著《周秦汉魏诸子知见书目》第1卷，第523页）

⑬“邦梁，字紫卿，缙云人。天启癸亥岁贡，官至九江教授，《缙志·文苑》有传。”（浙江省通志馆编《重修浙江通志稿》第5册，方志出版社，2010，第4460页）查光绪《缙云县志》卷8《文苑》载：“李邦梁，字紫卿，天分高爽，见理精确，博洽群书，辨晰大义，不屑屑于章句补辑之学，由岁贡授台州府学训导……再转九江府教授，告归。”［（清）何乃容等修，潘树堂等纂光绪《缙云县志》卷8《文苑》，载《中国方志丛书·华中地方》第81号，成文出版社，1970，第931页］

⑭（清）嵇曾筠等修《浙江通志》卷141，第2册，商务印书馆，1934，第2489页。

⑮《老子节阅》在《诸子近编正集》内，《诸子近编正集》现藏于日本尊经阁文库。（严灵峰编著《周秦汉魏诸子知见书目》第1卷，第214页）

⑯刘廷元生平参见陈心蓉《嘉兴刻书史》，黄山书社，2013，第123页。另：《周秦汉魏诸子知见书目》在“刘廷元”条前有“陆文远”条，据《重修浙江通志稿》记载：“《老子解》无卷数，宋·陆文远撰。”（浙江省通志馆编《重修浙江通志稿》第56册，方志出版社，2010，第4871页）查《平湖县志》记载，陆姓，乃平湖大姓之一，其祖乃唐中书侍郎平章事陆贽后裔，原籍嘉兴，支系繁多，其中一支传至南宋，“有哲学家陆九渊，原籍江西金溪，其玄孙陆启桢，宋理宗时任嘉兴路巡检，后迁平湖”。（庄文生主编《浙江省平湖县志》，上海人民出版社，1993，第144页）而“陆启桢，宋末官至都巡检，居齐景乡。著《老子解》、《离骚解》、《皇极大衍数》、《大乐书》”，（庄文生主编《浙江省平湖县志》，第823页）则知陆文远为宋末之人。

⑰《浙江通志》引《会稽县志》言：“马权奇，字巽倩。崇祯辛未进士，工部主事，司琉璃厂。与阉忤，为所中，事白归。不事家人生产，饮酒读书，手丹铅不辍。避兵死于田间。著有《易经解诗》、《经志》、《麟经志》、《老子解》、《名臣言行录》诸书。”（浙江省地方志编纂委员会编《浙江通志》卷180，第10册，中华书局，2001，第5110页）

⑱沈幾，字去疑，号大谷居士，江南长洲人，天启七年（1627）乡试解元，崇祯四年（1631）进士，官福宁知州，明天启、崇祯间著名文士，著有《原老》《原易》《原庄》等。［陆林：《〈小题才子书〉所涉金圣叹交游考》，载《中国典籍与文化论丛》第15辑，凤凰出版社，2013，第235~237页］

⑲傅占衡在《书〈老子私笺〉后》言：“衡昔以丙子冬，疟余善怒，自录老氏书良多已，寻以老解老，稍注隙纸，号为私笺。”［（清）傅占衡：《湖湘堂集》卷5，载《清代诗文集汇编》第27册，上海古籍出版社，2010，第46页］然因其以老解老，怕抵牾孔子之意，放置箧中十余年，直到看到明太祖御制《三教论》中称《老子》非金丹黄白之术，乃是治国治家者不可或缺者也，遂豁然开朗，遂成此序。

⑳原书为《老庄略》，此为析出部分。

㉑严灵峰在此书之下记曰：“据王弼注本，加以眉评并圈点。首题：‘晋王弼注释，金堡卫公校阅，范方介卿评次。’”（严灵峰编著《周秦汉魏诸子知见书目》第1卷，第212页）指此书乃是金堡、范方合注。《中国老学史》中“明清时期《老子》研究状况简表”则将其记为两本书，一为金堡《校阅老子道德经奇赏》，一为范方《评次老子道德经奇赏》。严灵峰《无求备斋老子集成初编》、方勇《子藏·道家部·老子卷》收录此书。

㉒任道正，生平不可考，《四川通志》卷185《经籍志》中记录任道正著有《老子解》，未有其他记录，因其《老子解》与《四川通志》中记载的明末著作放在一起，故将任道正及其《老子解》置于明末。［（清）常明等纂修《四川通志》卷185，第47册，扬州古籍书店，1986）

㉓据乾隆《泉州府志》记载：郑宇明“顺治初年犹存，殁时年八十四”。［（清）怀荫布修，黄任、郭庚武纂乾隆《泉州府志》（三），载《中国地方志集成·福建府县志辑》（第24册），第99页］

㉔原书为《老庄参同》，此为析出部分。

⑧5金邦柱，“字道隆，吴江人。万历三十七年举于乡。历邵武知县、兵马指挥、职方主事”。（钱海岳撰《南明史》卷31，第5册，中华书局，2006，第1583页）在杨守敬编《增订丛书举要》卷七中载有“金邦柱《残明册府拾遗》”。[（明）杨守敬编，曾梦阳、丁晓山整理《增订丛书举要》，谢承仁编《杨守敬集》第7册，湖北人民出版社，1988，第124页]

⑧6《千顷堂书目》著录。

⑧7周士窦，周瑞豹之子，“周瑞豹，字元淑。明天启二年（1622）进士，知宁乡，历兵科佥事、行司副。甲申之变，痛哭失明，杜门不出，被逮入章门，死于狱”。周士窦“与父同被逮，得释，遂弃举子业，肆力于经史百家”。著有《道德经注》《瞻阕浅言》。（陈阜东主编《吉安地区志》第5卷，复旦大学出版社，2010，第3561~3562页）

⑧8此书《傅是楼书目》著录，“未著撰人姓名。疑系合各家《老子》注疏汇集而成，非专著”。（严灵峰编著《周秦汉魏诸子知见书目》第1卷，第213页）

⑧9（明）汪定国辑《诸子褒异》，载《四库全书存目丛书·子部》第153册，1995。

⑨0《中国老学史》中“明清时期《老子》研究状况简表”记有无名氏著《太上道德经解》不分卷，即此书也。

⑨1出自刘贞远辑《道贯》，“《道贯》四卷，东莞鲁史刘贞远辑。顺治间然藜阁刊。卷一《阴符经》，附《玉诀道德经》。卷二《清静经》、《心印经》、《黄庭经》。卷三《性理玄歌四百字注》、《还源篇》、《复命篇》、《翠虚篇》、《大成篇》、《金液琼丹篇》。卷四《妙用大要》、《须知大要》、《中和集》、《致一篇》”。（孙殿起：《贩书偶记》卷12《道家类》，上海古籍出版社，1999，第313页）

表 1-1～表 1-3 相关情况说明：

1. 以注者生年先后为序，注者之生卒年不可考者，以其生平主要活动时间为限。不知生卒年者，以其科考时间为标准，上推 30 年作为其生年。①

2. 对于元、明与明、清易代之际的注《老》文献，以通行之明朝存灭时间（1368～1644）为上下限，成书时间在此范围内者收录。成书时间不可考，而《千顷堂书目》《老子考》《周秦汉魏诸子知见书目》《中国老学史》《老子集成》于明代部分收录者，姑列而存疑。

3. 《千顷堂书目》《老子考》《周秦汉魏诸子知见书目》中对注者生平记录不详者，在脚注部分予以补充。

4. 注书的成书时间不可考者，以序文或跋文时间为准；序文、跋文时间不明者，以其初次刊刻时间为准。

5. 为求全面展现明代老学文献全貌，凡属明代《老子》注书，无论存、残、佚者皆录入其中。

通过表 1-1～表 1-3 可知，明代各时期注《老》人数中，前期为 14 人（年代存疑者也暂列其中），中期为 41 人，后期为 106 人，呈现出明显的上升趋势。再对注《老》者身份进行统计，明前期 14 人中注者身份为官员者 7 人（包括皇帝 1 人），明中期 41 人中官员有 37 人，明后期 109 人中官员有 68 人，每一时期官员都超过了注者总数的一半，就整体而言，注《老》者共 164 人，官员有 112 人，官员占注老者总数的 68.29%。这里所统计的官员人数是指能查到其具体为官的史料，而身份为进士、举人、贡生、诸生者，没有查到其为官的具体史料，未计算在内。可见，官员成为明代老学发展的主力。明代老学发展呈现的阶段性和群体性特点背后蕴藏着老学与明代思想、社会的交涉，也体现出明代老学的独特性。

① 此处年龄依据陈长文的研究成果。陈长文在《明代科举中的“官年”现象》一文中对万历五年（1577）的 301 名进士的年龄进行分析后发现：“特别集中的年龄段是 26～35 岁，10 岁之间有进士 252 人，占进士总数 301 人的 83.72%；40 岁以上的占 2.33%；38 岁以上的（含 38 岁）占进士总数的 5.65%。因为 40 岁以下可以参加翰林院庶吉士的遴选，38 岁以下可以参加考选六科给事中或监察御史。”（陈长文：《明代科举文献研究》，山东大学出版社，2008，第 199 页）故这些进士的年龄可能存在谎报的情况，陈长文接着又对明代从洪武朝到崇祯朝的 45 科考试中的 1203 名进士年龄进行了考证，发现可能谎报年龄的有 371 人，“占可考人数的 30.84%，平均少报年龄为 5.05 岁”。（陈长文：《明代科举文献研究》，第 203 页）故笔者选择 26～35 岁的中间年龄 30 岁作为参照值。

第二节　明代老学文献考辨

一　明代老学文献中的“侵权”现象

明代部分《老子》注本，存在篡改引文或引文不标出处的现象。明后期老学文献数量增多，与前、中期相比，这一时期的《老子》注本中的“侵权”现象尤为突出。这种引文不规范的现象以现代人的眼光看，可以定义为“剽窃”，但我们不能以现代人的标准要求古人，明代出现这种现象有其特殊的社会、思想背景。

顾炎武对明人著述尤其是明中期的著作非常鄙薄，其曰：

> 晋以下人则有以他人之书而窃为己作，郭象《庄子注》、何法盛《晋中兴书》之类是也。若有明一代之人，其所著书无非盗窃而已。……吾读有明弘治以后经解之书，皆隐没古人名字将为己说者也。①

明后期城市经济繁荣，对图书的市场需求大，文人亦乐于刊书以彰己见，迅速扩大的市场促成了明后期图书出版业的发达，而这一时期，图书著述与出版还没有形成严格的规范，或者伪冒他人之名，或者直接引用、篡改他人著作，这些“侵权”现象的出现既有经济利益的刺激，亦与当时的文化版权意识有关。

从经济利益而言，明后期私人书坊大量涌现，书坊之间为了争夺市场，竞争十分激烈，盗版现象严重，如署名叶向高的《百子类函》，严灵峰先生考证后认为此书乃是书商盗版沈津《百家类纂》：“窃沈津《百家类纂》旧版，括去‘家’字，改作‘子’字；‘纂’字，改为‘函’字。题《百子类函》，并改名‘叶向高’，增李廷机、汤显祖、叶向高各《序》。题《叶

① （清）顾炎武著，黄汝成集释《日知录集释》（中）卷18《窃书》，上海古籍出版社，2006，第1073～1074页。

相国选订》，金陵万卷楼刊。当系书贾盗板牟利。”[①] 除这种不正当竞争手段外，书坊要在图书市场立于不败之地，必须要注重选题，以此来吸引读者。如万历十九年（1591）万卷楼刊刻《三国志通俗演义》的评点本，当时评点之风盛行，杨慎、李贽、钟惺、孙鑛等名家纷纷批点经史子书，大量批点本涌入市场，批点本在市场中取胜的关键就是名人效应，万卷楼刊刻的《三国志通俗演义》直接在封面标明：“是书也刻已数种，悉皆伪舛，辄购求古本，敦请名士，按鉴参考再三雠校，俾句读有圈点，难字有音注，地理有释义，典故有考证，缺略有增补，节目有全像。”[②] 这一广告语中最重要的就是“敦请名士”：

> 名家的评点对于作品的解读和销售意义重大，正因为评点具备市场价值和市场利益，故而消费文化也刺激评点的繁荣，明清时期几乎所有的作家甚至书商都与“评点”有关，其繁盛程度与消费利润关系重大。[③]

有些书商为达到销售目的，假名人之名招揽顾客，李贽、钟惺、焦竑等当世名流尤为书商所喜，冒充其名的著作不知凡几；或者直接在评点本中采用张冠李戴的方法，将他人注解冠以名人之名，甚至随意拼接语句，这些现象在老学评点文献中都有表现。如归有光《老子汇函》第三“能为”章眉评曰：“王阳明曰：抱一句，意亦甚隐，正要人自参自悟。下数句皆设问之语，若曰‘抱一能无离乎’，数句皆然。”[④] 此话与林希逸《老子鬳斋口义》注解内容相似：“此六字意亦甚隐，正要人自参自悟也。……此老子设问之语也，盖曰人能如此乎，此下数句皆然。”[⑤] 但此书坊陋本与部分学者有选择地进行摘抄、增益，以表达自己思想的著作不同，如朱得之、陆

---

① 严灵峰编著《周秦汉魏诸子知见书目》第1卷，第174页。

② 转引自吴作奎《古代文学批评文体研究》，武汉大学出版社，2014，第214页。

③ 邱江宁：《明清江南消费文化与文体演变研究》，上海三联书店，2009，第20~21页。

④ （明）归有光辑《诸子汇函》卷2《老子》，载《四库全书存目丛书·子部》第126册，第74页。

⑤ （宋）林希逸：《老子鬳斋口义》，载《老子集成》第4卷，第500页。

西星、杨起元之《老子》注。

朱得之在《老子通义》中解释其引用原则时曰："凡注采诸家之善者，直标姓氏，见其造诣之所及也。其与鄙见同者，参错成章，不复识别。其或稍落意见者，不录。亦区区尚论尚友之意。"① 朱得之采诸家之注，对于他认为注解特别好的，就标注姓名，以彰显其造诣；对于与自己见解相同者，就不再标注著者姓名，直接融入其注解中。这样的引用方式也体现在陆西星对王道《老子亿》的引用。② 杨起元的《老子品节》则汇集多人注解，稍有增改以明己意。

杨起元（1547~1599），字贞复，号复所，广东归善人（今惠阳），万历五年（1577）进士，选庶吉士，官至吏部左侍郎。万历五年的科举考试中，杨起元首先将禅宗学说引入其中，并高中二甲第五名，以致此后科举中引用佛道思想成了风尚。杨起元注解《道德经》采用随文注释，文后附以简评的方式。其注释与评注都是引用他人著作，主要有陆希声《道德真经传》、吕惠卿《道德真经传》、李嘉谋《道德真经义解》、林希逸《老子鬳斋口义》、陈深《老子品节》、陆西星《老子道德经玄览》、焦竑《老子翼》等。但杨起元很少直接引用原文，而是对注文进行精简或转述，经常在一章注解中引用多家注解，如《道德经品节》第一章引用了李嘉谋《道德真经义解》、陈深《老子品节》、吕惠卿《道德真经传》三种注解。这里杨起元并非全然直接引用，而是在引文中加入一些内容，我们可以从这些内容中窥见他的思想倾向。如第二章的注文乃是引林希逸《老子鬳斋口义》及吕惠卿《道德真经传》，但杨起元在注文中增添了两句话，使得注文具有了他本人的思想特色。

美恶皆生于情，以适情为美为善，逆情为恶为不善。有美则有恶，有善则有不善，美而不知其美，善而不知其善，则无恶无不善矣。言物生于有，有生于无也。难作于易，易由于难，是相成也。以长临之则为

① （明）朱得之：《老子通义凡例》，载《老子集成》第6卷，第378页。

② 参见涂立贤《王道〈老子亿〉研究——兼与陆西星〈老子道德经玄览〉比较》，华中师范大学硕士学位论文，2013。

短，以短临之则为长，是相形也。以高为是，而百谷为□□□□□下；以下属是，而川渎为谷下□□□□是相倾也。黄钟为君，余律和之。余律为君，黄钟和之。自秋冬而望春夏，则春夏前而秋冬后；自春夏而望秋冬，则秋冬前而春夏后，是相随也。六者当其时，适其情，谓之美也，善也；不当其时，不适其情，谓之恶也，不善也。二者迭相往来，□□□□□。以常道处事，而事出乎无为，为而未尝为也。以常名行教，而教出乎不言，言而未尝言也。万物各遂其性，不见其作与作之者，不见其生与生之者，不见其为与为之者，吾何辞何有何恃哉？所以功成而不居，不与天下争功也。居则去之矣。不居，则有其有者不能有，无其有者能有之。即此离此，去小常而得大常也。①

杨起元所加的话为开头第一句："美恶皆生于情，以适情为美为善，逆情为恶为不善。"在解释"万物做焉而不辞，生而不有，为而不恃，功成不居"句时，以"万物各遂其性"替代了吕注中的无为之意，杨起元以"遂性"为无为，反映了他对性命思想的关注。第五章评论曰："此自无恩而大恩生，发众说者不察其旨，至谓土芥斯民，且曰申韩之惨刻原于刍狗百姓之意，可发一大笑。"② 林希逸曰："此章大旨不过曰天地无容心于生物，圣人无容心于养民。却如此下语，涉于奇怪，而读者不精，遂有深弊。故曰申韩之惨刻，原于刍狗百姓之意，虽老子亦不容辞其责矣。"③ 林希逸认为老子被世人误会，是因其言语奇怪，虽有后人理解不精之过，但老子也要负一定的责任。杨起元则直接嘲讽误解者，可见杨起元对"申韩之惨刻原于老子"的观点持坚决反对态度。

朱得之、杨起元、陆西星等人虽引用他人著作，但并非简单地原文照抄，而是有选择地进行摘抄、增益，这一现象与明代版权观念、引用习惯及士人对知识的特殊态度有关。

古人在引用他人著作时，一般标注很简略，或标书名，或人名，人名

① （明）杨起元：《道德经品节》，载《老子集成》第7卷，第323~324页。
② （明）杨起元：《道德经品节》，载《老子集成》第7卷，第324页。
③ （宋）林希逸：《老子鬳斋口义》，载《老子集成》第4卷，第499页。

有时还以某某氏代替，更有甚者，书名、人名都不标。以现代版权意识而言，这种现象是引文不规范，甚至可以“剽窃”视之，但是我们不能以现代人的眼光来看待古人，尤其对于思想史研究，更是要抱着同情、了解的态度：“在尝试这样一种探索中，最好采用马克斯·韦伯的‘设想参与’的办法，即努力设想自己处在儒家的文人学士的地位，弄清楚儒家思想作为富有活力的个人信仰在实践中向他们提出的那些问题。”① 那么，那时候的人究竟是怎么看待版权的呢？

虽然目前为止关于中国古代是否有版权还存在争论，但是如果抛开版权的严格定义，只从人们对自己著作的保护意识而言，那么可以说自春秋战国时期人们在自己的著作上署名开始就产生了著作权意识，明朝时期，特别是中后期，私人出版业发达，在书中开始出现“版权所有，不得翻印”的声明，那这是不是说人们对版权已经十分看重了呢？据《四友斋丛说》记载，文徵明善书画，尤善鉴别，然而如果别人请他鉴别真假，他则无论真假都说真，因为他觉得买书画的必是有钱人，而卖假画的一定是经济困难，何苦为了自己的名声而让穷困的卖者难受呢？即使别人拿着仿冒他的画来请他题名，他也欣然同意。② 不唯文徵明，另一位大画家董其昌亦是如此。为什么在已经出现著作权意识的情况下还会出现这种与之矛盾的现象呢？这只能从中国社会的特点以及当时人对待知识、学术的思想观念方面寻求答案。

中国专制主义中央集权社会一直以儒家思想作为官方意识形态，而儒家思想中有一种向后看的历史传统：“儒家的保守性培育了一种乐于复古的文化传统，因此作者对于他人的模仿不会反感，也不会产生禁止他人模仿的权利要求。”③因为“这种在我们看来是盗用的借用，在传统取向的社会里是一种表达尊敬杰出先人的尊敬的方式。这种社会更可能向后寻找一个黄金时代、而不是向前寻找一个因为进步而变得光明的未来，所以更可能想

---

① 〔美〕张灏著，崔志海、葛夫平译《梁启超与中国思想的过渡（1890-1907）》，新星出版社，2006，“前言”，第2~3页。

② （明）何良俊撰《四友斋丛说》卷15，中华书局，1997，第130~131页。

③ 李琛：《关于“中国古代因何无版权”研究的几点反思》，《法学家》2010年第1期。

同过去保持连续性、而不是想为了未来而同过去决裂”①。而对于学术、知识，中国的知识分子的一贯态度是“学术乃天下公器”，无人可得而私，且后人对自己著作的增损，只要是与道有增，就是对的。王阳明直接说：

> 夫道，天下之公道也；学，天下之公学也，非朱子可得而私也，非孔子可得而私也。天下之公也，公言之而已矣。故言之而是，虽异于己，乃益于己也；言之而非，虽同于己，适损于己也。益于己者，己必喜之；损于己者，己必恶之。②

清朝的李渔也是抱着相同的态度：

> 以我论之：文章者，天下之公器，非我之所能私；是非者，千古之定评，岂人之所能倒？不若出我所有，公之于人，收天下后世之名贤悉为同调。胜我者我师之，仍不失为起予之高足；类我者我友之，亦不愧为攻玉之他山。持此为心，遂不觉以生平底里，和盘托出，并前人已传之书，亦为取长弃短，别出瑕瑜，使人知所从违，而不为诵读所误。知我，罪我，怜我，杀我，悉听世人，不复能顾其后矣。但恐我所言者，自以为是而未必果是；人所趋者，我以为非而未必尽非。但矢一字之公，可谢千秋之罚。噫！元人可作，当必贳予。③

秉持学术为天下公器的态度，古人并没有现代人那么强的著作权意识，所以引述他人的观点也不会要求一一注明出处了。曹之先生指出，引文之标明出处其实可以追溯到先秦，如《论语》《左传》对《诗经》的引用，但是西汉之前，引文之例还非常少，直到西汉后期之后才慢慢多起来。至

---

① 〔美〕理查德·A. 波斯纳著，李国庆译《法律与文学》，中国政法大学出版社，2002，第532页。

② （明）王守仁撰，吴光等编校《王阳明全集》卷2《答罗整庵书》，上海古籍出版社，1992，第78页。后文中略注。

③ （清）李渔：《闲情偶寄》卷1《结构第一》，载《李渔全集》第3卷，浙江古籍出版社，1991，第3~4页。

唐代就更为频繁了，但是唐人标注有两大缺点：其一，标注并非完全忠实于原文，多撮其大意而引之。其二，引文出处标注格式没有统一标准，书名及其作者名前后不一，或者干脆只标其一，甚至会弄错作者或书名。宋人不同于唐人，对引文非常重视，多会标明出处，但唐人出现的问题，宋人并非就没有了。元人则遵循从简原则，引文出处只标著者或书名，而且还是简称，如晁公武标为“晁氏”，《隋书·经籍志》则标为《隋志》。明人引书最为混乱，表现在两个方面：“第一，引文大多不标明出处……第二，为我所用，窜改引文。”[①] 显然，不重视引文标注是我国古人著书的一个特点，是习以为常的现象，明代则更加突出，虽然现在我们也许可称之为缺陷，但如果以今律古，必将有诬古人。[②]

二 明代部分老学文献辨伪

明中后期出现大量“侵权”著作，有著作权意识不强的时代原因，我们不能将此类书籍一概以伪书视之，可将此作为一种文化现象加以研究，但涉及具体研究运用时，史料真伪不可不辨，下面对明代《老子》注本中真伪存疑之书进行考辨。

（一）归有光评，文震孟订《道德经评注》《老子汇函》

明代中后期出现了大量打着名人旗号出版的评注类著作。归有光（1507~1571）生前文名不显，后得公安派袁宗道、袁宏道兄弟，特别是士林领袖钱谦益的推崇，启祯年间，声名隆起。[③] 文震孟（1574~1636）与归有光相距将近70年，然作为天启二年（1622）的状元、文徵明的曾孙，文震孟颇受出版商青睐。天启年间出现了两种托名归有光评、文震孟订的《老子》评注本，分别为《道德南华二经评注》中的《道德经评注》和《诸子汇函》中的《老子》部分（以下称《老子汇函》）。《道德南华二经评注》中的《南华真经评注》，刘海涛对其编纂、众名家批语的来源进行了

① 曹之：《中国古籍编撰史》，武汉大学出版社，2006，第510页。

② 参见涂立贤《陆西星〈老子玄览〉剽窃了王道〈老子亿〉吗？——与山浦秀一先生商榷》，《学术界》2014年第5期。

③ 贝京：《归有光研究》，商务印书馆，2008，第20~21页。

考证，论证其为伪书，其中署名归有光的评语也是托名而已。[①]《道德经评注》则尚未有详细考证，《诸子汇函》因书中存在大量张冠李戴、改易书名的情况而被四库馆臣定为伪书[②]，但因缺少详细考证，两书的版本、著者、评语来源问题都没有厘清，造成两书多次被收录于相关研究丛书之中，或作为归有光研究的史料来源，影响了研究的可信度，下文即对两书的版本及著者问题进行考证。

1.《道德经评注》《老子汇函》版本相关问题考证

（1）《道德经评注》

《道德经评注》卷首题归有光批阅，文震孟订正，分上、下两卷，以河上公《道德真经注》为底本，对《老子》八十一章进行点评，此书主要有三个版本，分别为天启四年（1624）文氏竺坞刊《道德南华二经评注》本、明末文氏竺坞版、清王子兴本。

严灵峰《无求备斋老子集成初编》[③]、熊铁基等《老子集成》[④]、方勇《子藏·道家部·老子卷》[⑤]收录的都是天启四年文氏竺坞刊本，三套书中的《道德经评注》正文内容相同，正文前的内容名目或排序略有差异。《无求备斋老子集成初编》本（以下简称《无求备斋》本）正文前内容依次为朱元璋《高皇帝御制道德真经序》《高皇帝御制老子赞》，秦继宗《老庄评注序》，诸家评《老》汇总之《老子总论》，司马迁《老子列传》，以及《别史·老子志略》《道德经评注目录》《道德南华二经评注合刻凡例》，河上公《道德经评注序》《法轮经·老子谱略》，薛道衡《老子庙碑》。文末有苏辙《〈老子解〉跋》，李贽《〈老子解〉序》[⑥]。其实所谓河上公《道德经评注序》乃是托名河上公所作，此序《道德经评注》之前未见，此后出

① 刘海涛：《〈南华真经评注〉伪书相关问题考论》，《图书馆理论与实践》2014 年第 2 期，第 61~64 页。

② "是编以自周至明子书，每人采录数条，多有非本子书而摘录他书数语称以子书者。且改易名目，诡怪不经：如屈原谓之玉虚子，宋玉谓之鹿溪子，江乙谓之嚣嚣子……皆荒唐鄙诞，莫可究诘，有光亦何至于是也。"［（清）永瑢等纂《四库全书总目提要》卷 131，载王云五主编《万有文库》（第一集），第 25 册，第 71 页］

③ 严灵峰编著《无求备斋老子集成初编》。

④ 熊铁基、陈红星主编《老子集成》。

⑤ 方勇编纂《子藏·道家部·老子卷》。

⑥ 严灵峰编著《无求备斋老子集成初编》第 115 册。

现在多本《老子》注解中,[①] 有学者误将其看作河上公序加以引用。[②] 所谓《法轮经·老子谱略》《别史·老子志略》皆出自王世贞《弇州山人四部丛稿》,王世贞在文后标注"见《法轮经·老子史略》"[③]。《老子集成》本相较于《无求备斋》本,正文前没有《道德南华二经评注合刻凡例》。《子藏》本正文前内容相对于前两个版本,没有司马迁《老子列传》,且内容顺序与前两本也不同,依次为《高皇帝御制道德真经序》《高皇帝御制老子赞》《老庄评注序》《道德南华二经评注合刻凡例》《道德经评注序》《老子谱略》《老子庙碑》《老子总论》《老子志略》《道德经评注目录》。[④]

《中华续道藏》中所收版本为"明末文氏竺坞刊《道德南华二经评注》本"[⑤],相比于天启四年本,明末版本正文前顺序不同,且正文前没有《高皇帝御制道德真经序》《高皇帝御制老子赞》和秦继宗的"序",其余正文内容、版式则相同。

根据以上内容和秦继宗的"序"可以推断《道德南华二经评注》的刊刻过程。秦继宗,蕲水人,字敬伯,号西汀,万历三十八年(1610)进士,官至南京户部郎中,著有《礼记疏义》《书经汇解》。秦氏序言分为两部分,上半部分秦继宗自言少时即钦佩归有光学问,并读过归有光的多部著作,当听说归有光《老庄评注》出版,多方筹谋,终得阅览此书,并大为赞叹:

---

① 查《老子集成》,各注本中收录此序的《老子》注本有(明)孙鑛《评王弼注老子》(第7卷,第470页),(明)凌稚隆《批点老子道德经》(第7卷,第569页),(明)潘基庆《道德经集注》(第8卷,第3页),(明)陈仁锡《老子奇赏》(第8卷,第321页),(清)颜如华、孙承泽《道德经参补注释》(序后标明:"见陈明卿选《诸子奇赏》。"第8卷,第1页),(清)裕英《道德经浅解》(第11卷,第274页)。此外,(清)托名纯阳真人释义,牟目源订《道德经释义》(溆珠岗纯阳观版)中亦收录此文。

② 黄宾虹在论述《山水画与〈道德经〉》时引用此序,说明《道德经》的主旨。(黄宾虹:《琴书都在翠微中——黄宾虹自述》,文化艺术出版社,2015,第55页)。张剑伟以此序论证老子哲学的政治色彩(《论老子哲学的当代化》,《岭南师范学院学报》2021年第1期),其引用文献就出自归有光《道德经评注》。

③ (明)王世贞:《弇州山人四部稿》卷172《宛委余编(十七)》,伟文图书出版社有限公司,1976,第7833~7836页。

④ (明)归有光:《道德经评注》,载方勇编纂《子藏·道家部·老子卷》第45册。

⑤ 龚鹏程:《〈中华续道藏〉初辑第八册解题》,载龚鹏程、陈廖安主编《中华续道藏》初辑,第8册,新文丰出版公司,1999。

> 客有传其批点《老》《庄》至者，握算之余，受而卒业焉。因叹曰：自昔阅老庄者夥矣，尽沿其肤泽耳。千年灵腕，得太仆之指，勾、点、画皆臻化境。……亟命侍史录写成帙，并识是语于首。[①]

时为万历四十四年（1616），秦继宗读归有光《老庄评注》后私下为之作序一篇。第二篇序写于天启四年（1624），秦继宗从书商那里得到《老庄合刻》付梓的消息："走童子贩书吴市，知《老庄评注》业已授梓。文太史公特为订正。"[②] 文震孟《药园文集》中收录有《庄子评注序》[③] 一篇，没有记载日期，《中华续道藏》中文氏序虽缺少开头一部分，但序末明确标注"甲子七夕药园逸史文震孟题"[④]，证明文氏竺坞天启四年确实刊刻了此书，但秦继宗并没有亲见文氏竺坞刊刻的《道德南华二经评注》，只是根据万历年间所见归有光评点及对文震孟学问的推崇，又写了一篇序文，连前序文一起寄给书商："余喜不能禁，遂椷寄序言，以问书贾，倘谓余为知言，或并刻之，以窃附太史公之文末。"[⑤] 因此天启四年文氏竺坞刊刻《道德南华二经评注》时，并没有秦继宗之序。秦继宗将序言所托书贾，应该不是文氏竺坞，否则序言中会明说。由此推测可能是文氏竺坞刊刻《道德南华二经评注》后，大受欢迎，市场中出现了"盗版仿刻"。"盗版"是明中后期书贾常用的作伪方法，甚至盗版比正版发行得更快更广，苏州作为当时刻书业中心之一，盗版更加猖獗，时人冯梦龙曰："吴中镂书多利，而甚苦翻版。"[⑥] 书商翻刻时以秦序替代了文震孟的序，并借用秦继宗之口既说明了此版与原版不同之原因，又借机为书打了广告。《无求备斋》本、《老子集成》本、《子藏》本、《中华续道藏》本正文前内容稍有差异，但全书版式、正文内容相同的情况，据上文推断，《中华续道藏》所收录应是

① （明）归有光：《道德经评注》，"秦继宗序"，载《老子集成》第 6 卷，第 446 页。
② （明）归有光：《道德经评注》，"秦继宗序"，载《老子集成》第 6 卷，第 446 页。
③ （明）文震孟：《药园文集》卷 11《庄子评注序》，《罗氏雪堂藏书遗珍》第 11 册，载王荣国、王清原编《中国公共图书馆古籍文献珍本汇刊·丛部》，全国图书馆文献缩微复制中心，2001，第 413~414 页。后文中略注。
④ （明）文震孟：《道德经评注序》，载龚鹏程、陈廖安主编《中华续道藏》初辑，第 8 册。
⑤ （明）归有光：《道德经评注》，"秦继宗序"，载《老子集成》第 6 卷，第 446 页。
⑥ （明）冯梦龙编著，栾保群、吕宗力校注《智囊全集》卷 28《唐类函》，中华书局，2007，第 700 页。

原刻本，《无求备斋》本、《老子集成》本、《子藏》本所收则是翻刻本。

王子兴本有两个版本，分别为嘉庆九年（1804）姑苏聚文堂刊的《九子全书》本及《十子全书》本，因两书皆为王子兴辑，且两本所选《道德经版本》相同，故统称为“王子兴本”。《九子全书》所收子书有明归有光评，文震孟订《老子评注》二卷；清胡文英评，武启图订《庄子独见》三十三卷；晋张湛注，唐殷敬释文《列子注》八卷；晋李轨，唐柳宗元，宋宋咸、吴祕、司马光《新纂门目五臣音注扬子法言》十卷；宋陆佃解，明王宇评《鹖冠子》三卷；宋阮逸注《中说》十卷；唐杨倞注，清卢文弨、谢墉校《荀子》二十卷校勘补遗一卷；汉高诱注，清庄逵吉校《淮南子》二十一卷；唐房玄龄注释，明刘绩增注，沈鼎新、朱养纯参订《管子》二十四卷。[①]《十子全书》在《九子全书》的基础上，将胡文英《庄子独见》换为晋郭象注，唐陆德明音义《南华真经》，并增加了《韩非子》二十卷。[②] 两套书中的《老子评注》唯一的差别在于《十子全书》前多出洪亮吉、黄丕烈两序。黄丕烈在序中交代写作缘起：“今得王君子兴，有九子之刻，其本所由来，非取向日之旧梓，即收近日之佳刻。介友人求序于余，余嘉其志之足以有成也，因举其目，列之如前。”[③] 可见黄序当为《九子全书》而作，奇怪的是天津图书馆藏《九子全书》前并没有此序。洪亮吉序则曰：“今王君性嗜古，尤留意周秦诸子，因先求河上公《老子章句》、郭象《庄子注》善本合刊之。书成，乞为之叙。”[④] 此序《庄子》为郭象注本，应是为《十子全书》而作。洪序末标注时间为“丁卯三月下浣洪亮吉叙”[⑤]，黄序标注为“嘉庆岁在丁卯夏六月读未见书斋主人黄丕烈”[⑥]，两序都成于嘉庆十二年（1807），然《九子全书》《十子全书》封面所刻时间皆为

① 参见（清）王子兴辑《九子全书》，嘉庆九年（1804）姑苏聚文堂刻本，天津图书馆藏。

② 中国古籍总目编纂委员会编《中国古籍总目·子部》第1册，中华书局，2012，第16页。

③（清）黄丕烈撰，余鸣鸿、占旭东点校《黄丕烈藏书题跋集》（下）附录一《荛圃刻书题识·王刻九子序》，上海古籍出版社，2013，第695页。

④（清）洪亮吉撰，刘德权点校《更生斋文续集》卷2《合刻河上公老子章句郭象庄子注序》，载《洪亮吉集》第3册，中华书局，2001，第1153页。

⑤（清）洪亮吉撰《合刻河上公老子章句郭象庄子注叙》，载方勇编纂《子藏·道家部·老子卷》第46册《道德经评注》，第47页。

⑥（清）黄丕烈：《老子评注序》，载方勇编纂《子藏·道家部·老子卷》第46册《道德经评注》，第50页。

"嘉庆甲子重镌"，推测可能是两书刊刻时间较长，从嘉庆九年开始，一直到嘉庆十二年方才完工，因此洪亮吉序中言王子兴先是为河上公《老子章句》、郭象《庄子注》合刊而求序。聚文堂同一时间刻两套如此相似之书，未知是何原因，此后《九子全书》流传不广，多数文献中记录王子兴聚文堂版都是指《十子全书》而言。《十子全书》本目前可查有三个版本，分别为姑苏聚文堂版、宝庆经纶堂版、爱日堂版。

王子兴本与天启四年本、天启末年本在版式上有较大差别。天启年诸版皆采用眉栏评语、正文经解、下栏音义训诂的版式，王子兴本去掉了下栏，并下栏中的内容也取消了，只保留了眉评与正文经解。《十子全书》虽然多次重刻，但是当时学者评价并不高，郭象升评论："《十子全书》是坊人所凑，更不足道，然所据多明清刻本，亦颇有佳者。"① 钱基博也认为："《十子全书》本非佳刻；其中惟《荀子》用谢墉本，《淮南子》用庄逵吉本，尚不乖大雅。"② 可见其主要价值在于版本保存之功。

（2）《老子汇函》

《诸子汇函》卷首题"昆山归有光熙甫蒐辑　长洲文震孟文起参订"，共二十六卷，收录先秦以来子书凡九十四家。其中《老子》部分选用河上公《道德真经注》进行点评，但并非全本，只选取了其中十四章进行评点。《诸子汇函》存世版本较多，王勇在《明刻〈诸子汇函〉版本小识》③ 一文中，对《诸子汇函》的诸版本进行考订后认为《诸子汇函》主要版本有以下几种：一是国家图书馆等藏天启六年（1626）本，此为原刻本；二是《四库全书存目丛书·子部》第126册收录的天启五年（1625）刻本，这一版本是由原刻本篡改而来；三是天启五年本之翻刻本，目前所见有立达堂刻本、华东师范大学图书馆藏本④；四是北京大学图书馆藏达古堂本，此版

① 山西省图书馆编《郭象升藏书题跋》，山西古籍出版社，2007，第66页。

② 钱基博：《钱基博：国学要籍》，当代世界出版社，2017，第61~62页。

③ 王勇：《明刻〈诸子汇函〉版本小识》，载王承略《汉籍与汉学》第1期，山东人民出版社，2017，第94~102页。

④ 另，美国加利福尼亚大学伯克利分校藏有一部《诸子汇函》天启五年本，24册，典藏号为1060/2449/v.1-24，此本封面右上顶格"太仆归震川先生合诸名家评辑"，中栏顶格大字《百子汇函全书》，下小字题"聚英堂藏板"。此本正文前内容与华东师范大学藏书一致，也可归入此系统。

实与立达堂本同一板片，封面略异；五是北京大学图书馆藏立达堂之翻刻本。

上述版本以天启六年本与天启五年本为中心，其他皆是在此基础上的翻刻或篡改。天启六年本与天启五年本正文内容相同，主要区别在于正文之前的篇目顺序、版心样式、序文三个方面。天启六年本卷首依次为文震孟《诸子汇函序》、姚希孟《诸子汇函序》，以及《诸子总目》《诸子汇函凡例》《诸子汇函谈薮》《诸子汇函目次》《诸子评林姓氏》。天启五年本正文前的内容顺序则为文震孟《诸子汇函序》，后接《诸子汇函凡例》《诸子总目》《诸子评林姓氏》《诸子汇函目次》。版心样式方面，天启六年本正文前的部分版心处为字数，而天启五年本版心处则为页码。序文方面，天启六年本有文震孟、姚希孟两序，而天启五年刻本只有文震孟序，且与天启六年文氏序内容完全不同。

《道德南华二经评注》天启四年文氏竺坞刊，前文已论述其编纂过程，文震孟《庄子评注序》中说明了此书编订缘起及方法：

> 归震川先生，方内文章家也。其阅《庄》也，亦以文章阅之已矣。庄非为清谈设，而清谈可焉，尤非为文章设，而文章可焉，此乃所以耳。若夫取古人已陈之言而标一名姓于侧，以为是博古者流，此则市贾之陋习，余甚厌之而不能禁也。彼且为婴儿，亦与之为婴儿，是则余之以不解《庄》者夫。[①]

文震孟表示他反对“郭象注庄子”式注解，故对于《庄子》，他读《庄》而不解《庄》，只是就归有光之注予以编订，《庄子评注》应该是为《道德南华二经评注》而作，证明文震孟订正刊刻《道德经评注》确有其事。至于《诸子汇函》，《药园文集》中也收录有《诸子汇函序》一篇，[②]与天启六年本序内容一致，且文震孟日记中也明确记载《诸子汇函序》作于天启六年三月八日：“八日，天雨，作《诸子汇函序》。”[③] 这与天启六年

① （明）文震孟：《药园文集》卷 11《庄子评注序》，第 414 页。

② （明）文震孟：《药园文集》卷 11《诸子汇函序》，第 415~417 页。

③ （明）文震孟：《文肃公日记》，载《北京图书馆古籍珍本丛刊》第 20 册，书目文献出版社，1987，第 513 页。

序末“丙寅春日竺坞山樵文震孟题”相合，则天启六年序为文氏所作无疑。《诸子汇函序》中言：“盖太仆先生文家宗匠，志在博古，而余乃欲通经于子，羽翼微言，迂拙可笑，尚谓有丹铅而无褒弹，庶得密迩自娱之义，亦检乐和陶之旨也。”[①]“有丹铅而无褒弹”与“不解《庄》者夫”观念一致，再次说明了文震孟编订《道德南华二经评注》《诸子汇函》的真实性。

至于天启五年《诸子汇函序》，虽然极力向“真实”靠拢，但是考察当时文震孟的处境，可能性很小。天启五年本文氏“序”曰：

> 震川归先生慨慕荆州，志起八代之衰，自许一生得力尽在诸子，其读子故有心法，气听神视，意色俱忘，居平披览子集亡虑百家，朱绿玄黄，终始互易见者，莫测其津涯。有渊博家竞觅刻本，对简摹临，而书种不周，徒兴浩叹。昨岁贾人先行《老》《庄》合刻，举世争嗜，如饮醍醐，则诸子之散见者何可弗合？喜先生于《老》《庄》全帜辉煌，而诸子专以篇法赏其奇，就先生所玩味者汇录成函，奚囊簇锦，不亦快乎！此余夙愿，而贾人领之，遍购先生所评阅诸子，托诸副墨，俾余得纵观焉。[②]

文震孟见书市中常有归有光评点诸子之书，可惜书册不全，天启四年（1624），有书贾将归有光评点《老》《庄》之文合刊，大受读者欢迎。文震孟受此启发，遂于次年汇总归有光所评诸子之文，修订出版，是为《诸子汇函》，序末题曰：“天启乙丑冬日药园逸史文震孟题”。

此序疑点有二。第一，天启四年，文氏竺坞已经刊刻了归有光的《道德南华二经评注》，而序言中以“书贾”称之，他仿佛不知道此事，反而言受此启发，次年又刊刻归有光《诸子汇函》，此疑点之一。第二，天启五年序中表现出的恬淡心境与文氏当时处境不符。天启五年时，文震孟的处境并不安稳。《明史》记载：“（文震孟）天启二年，殿试第一，授修撰。时魏忠贤渐用事，外廷应之，数斥逐大臣。震孟愤，于是冬十月上《勤政讲学

① （明）文震孟：《药园文集》卷11《诸子汇函序》，第417页。

② （明）归有光：《诸子汇函序》，载《四库全书存目丛书·子部》第126册，第1~3页。

疏》。”此举得罪魏忠贤，他幸得同僚相救，免于廷杖，被贬外地，“震孟亦不赴调而归”，直至“崇祯元年以侍读召”。[①] 在居家这几年间，他表面上悠游山水，师友唱和，但因得罪魏忠贤，又被视为东林党成员，过得如履薄冰，文震孟甚至一度做好了自杀的准备。从天启三年至天启六年间，文震孟描述自己的处境曰：“三年以来，忧谗畏讥。林樾之中，日虞矰戈。幽居苦趣，备尝略尽。”[②] 这与天启六年序中记载的心态一致：

林居多暇，欲稍寘力于七略四部，表里经术，为有用之文章，而骨懒质昏，未遑删定。架头得归太仆《汇函》，聊为标显。就其叙次，因其选择，或略或庞，非余本怀。然亦足称人文钜丽伟观矣。迟余三年，更出所纂辑者，与学士大夫共之。[③]

上文中言“林樾之中”的三年，日夜忧惧，虽幽居药圃，难解愁绪，此处言“林居多暇……而骨懒质昏”，故“迟余三年”方编订成书，心境相似，可以佐证天启六年序确为文震孟所作，而天启五年序应为伪作，天启五年《诸子汇函》应是一本盗版仿刻之书。

2.《道德经评注》《老子汇函》著者相关问题考证

《道德经评注》与《老子汇函》都以河上公《道德真经注》为底本，前者是对河上本全本进行点评，后者却只选取了第一章“体道”、第二章“养身”、第十章“能为”、第十三章“厌耻”、第十五章“显德”、第二十章“异俗”、第二十五章“象元”、第二十七章“巧用”、第二十八章“反朴”、第三十一章“偃武”、第三十八章“论德”、第四十一章“同异”、第五十七章“淳风”、第六十四章“守微”共十四章进行评点，并对部分章名进行了改动，将第十三章“厌耻”改为“宠辱”，第十五章“显德”改为“为士”，第二十章“异俗”改为“绝学”，第三十一章“偃武”改为“佳兵”，第四十一章“同异”改为“闻道”，第五十七章“淳风”改为“正

① （清）张廷玉等撰《明史》卷251《文震孟》，第21册，第6495~6497页。

② （明）文震孟：《药园文集》卷11《跋先太史归去来辞》，第646页。

③ （明）文震孟：《药园文集》卷11《诸子汇函序》，第417页。

治"，其余章名相同。

任意篡改经书，为明刻假冒伪劣书籍通病之一，除篇名外，《道德经评注》与《老子汇函》还有大量张冠李戴、改窜增删的内容，如《道德经评注》第八章评语曰：

> 苏东坡曰：避高趋下，未尝有所逆，善地也。空虚静默，深不可测，善渊也。利泽万物，施而不求报，善仁也。圆必旋，方必折，塞必止，决必流，善信也。洗涤群秽，平准高下，善治也。遇物赋形，而不流于一，善能也。冬凝春泮，盈涸不失节，善时也。[①]

其实此注解出自苏辙《道德真经注》，而非苏东坡之言。第三十三章后的评语曰："陆农师曰：观听之臣不明于下，则闭塞之识归于君。闭塞之识归于君，则忠良之士弃于野。"[②] 此话非为陆佃所言，而是陆贾《新语》中的语句："观听之臣不明于下，则闭塞之讥归于君；闭塞之讥归于君，则忠贤之士弃于野。"[③] 第七十一章后评语曰："韩退之曰：内刚不可屈，而外能处之以和者，所济多矣。"[④] 此句非为韩愈之言，而是韩琦之言："公尝曰：内刚不可屈，而外能处之以和者，所济多矣。"[⑤] 第七十九章后的评语曰："薛君采曰：夫解杂乱纠纷者不控卷，救斗者不搏撠，批亢捣虚，形格势禁，则自为解耳。"[⑥] 此句非为薛蕙之言，而是孙膑之言："夫解杂乱纷纠者不控捲，救斗者不搏撠，批亢捣虚，形格势禁，则自为解耳。"[⑦] 此种问题甚多，不一一列举。

再看《老子汇函》。先看眉评，"体道"章曰："焦弱侯曰：晏子，徼也者，德之归。列子，死也者，德之徼，皆指尽处而言。"[⑧] 此句将焦竑的注

---

① （明）归有光：《道德经评注》，载《老子集成》第6卷，第456页。
② （明）归有光：《道德经评注》，载《老子集成》第6卷，第465页。
③ 姜爱林编译《新语今译》，国家行政学院出版社，2015，第174页。
④ （明）归有光：《道德经评注》，载《老子集成》第6卷，第478页。
⑤ 郭旭东主编《韩琦传略》附录《韩魏公别录》，新华出版社，2003，第340页。
⑥ （明）归有光：《道德经评注》，载《老子集成》第6卷，第480页。
⑦ （汉）司马迁：《史记》卷65，第2163页。
⑧ （明）归有光辑《诸子汇函》卷2《老子》，载《四库全书存目丛书·子部》第126册，第72页。

解删改得语句不通，原句为：“徼读如边徼之徼，言物之尽处也。晏子曰：徼也者，德之归也。列子曰：死者，德之徼。皆指尽处而言。”[①]“象玄”章曰：“王凤洲曰：盖言人居天地之间，但知有王之为大，而不知王之上，其大者又有三焉。”[②] 此句实与林希逸《道德真经口义》中的注解一模一样。[③] 剩下章节的评语中也都有这种随意删节或张冠李戴的现象。再看尾注。尾注基本出自林希逸《老子鬳斋口义》与陈深《老子品节》，但只有“体道”“养身”“能为”“佳兵”四章标明撰者为林希逸，其他章节都是张冠李戴，“象玄”“巧用”章托名杨慎，“正治”章托名洪实夫，其实都出自陈深《老子品节》。剩下章节托名各异，其实都出自林希逸《道德真经口义》。

改易书名，或者假托名人，是明后期书籍出版的常用手法，凭此并不能断定此书全伪，或认定此书全无价值，如《诸子汇函》收录诸家书目与宋明时名家评语，许多亡佚书目或评语因此得以保存，具有一定的文献价值，但是两本书毕竟都存在上述问题，怎么证明其中标明归有光评语的真伪呢？

将《道德经评注》与《老子汇函》的署名归有光的评语进行对比，《道德经评注》中标明归有光的评语有 11 条，《老子汇函》有 4 条。《诸子汇函》中归有光的第一条评语为：“归震川曰：《清静经》云：大道无形，运行日月，大道无名，长养万物，吾不知其名，强名曰道，即此道也。”[④]《道德经评注》中此条前并无“归震川曰”，其余 3 条则与《评注》本相同。这 3 条分别为第二章评语：“归震川曰：每用结句，一发千钧。弗居，诸家作不居。”[⑤] 第二十八章评语：“归震川曰：复归于朴，损之又损，以至于无。无名，天地之始也。朴散为器，自无为有。有名，万物之母也。”[⑥] 第三十八章评语：“归震川曰：以衰世论之，则斯言未过。”[⑦]

再看《老子汇函》本无而《道德经评注》中却出现的归有光评语，分

---

① （明）焦竑：《老子翼》，载《老子集成》第 6 卷，第 634 页。

② （明）归有光辑《诸子汇函》卷 2《老子》，载《四库全书存目丛书·子部》第 126 册，第 77 页。

③ （宋）林希逸：《道德真经口义》，载《老子集成》第 4 卷，第 506 页。

④ （明）归有光辑《诸子汇函》卷 2《老子》，载《四库全书存目丛书·子部》第 126 册，第 72 页。

⑤ （明）归有光：《道德经评注》，载《老子集成》第 6 卷，第 454 页。

⑥ （明）归有光：《道德经评注》，载《老子集成》第 6 卷，第 463 页。

⑦ （明）归有光：《道德经评注》，载《老子集成》第 6 卷，第 468 页。

别为第四章曰："归震川曰：心之至微至妙。惟无始之始，可以名。"[①] 第六章曰："归震川曰：伊川深服此章，称不置口。"[②] 第八章曰："归震川曰：老氏教此章，发露已尽。"[③] 第九章曰："归震川曰：此章损之又损。"[④] 第十一章曰："归震川曰：老氏以无为宗，总发无字之妙。"[⑤] 第十九章曰："归震川曰：圣知、仁义、巧利，正指末世烦文而言。"[⑥] 第二十九章曰："归震川曰：取，如左氏取我田畴而伍之。《史记》取高帝约束纷更之取。"[⑦] 第三十六章曰："归震川曰：消息盈虚，相因之理。"[⑧]

两书中署名归有光的评语共 12 条，《老子汇函》中第一条只是引用《清静经》的内容，可以忽略不计，剩下的 11 条评语除第二十九章、第三十六章，其余都出现在陈深《老子品节》[⑨]、凌稚隆《批点老子道德经》[⑩]同一章节中。考察《老子品节》，可以证明陈深原作者的身份。从内容上看，陈深《老子品节》全书共 35 条评语，《道经》20 条，《德经》15 条，各评语基本都是对《老子》文本或文意的补充与注解，如第一章评语曰："诸家皆于无名有名读，又于有欲无欲读，又以徼为窍，误矣，误矣。"[⑪] 这与陈深的注文是一致的，陈深在注解中是从"有""无"断句。第八章"上善若水"章的注解中，陈深对"居善地"等句解释简略，只言"下文七善字，皆言自卑自下，如水之善"。在评语中，陈深再次解释曰："居善地等句，言随去处而皆善，虽众人所恶，亦以为善。若有所择取，曰其善其不善，则是争也，便不似水之上善不争矣。"[⑫] 陈深注解与评语的一致性证明其为原作者的可能性很大。但归有光本人亦对《老》《庄》很熟悉，人生失意之

① （明）归有光：《道德经评注》，载《老子集成》第 6 卷，第 454 页。
② （明）归有光：《道德经评注》，载《老子集成》第 6 卷，第 455 页。
③ （明）归有光：《道德经评注》，载《老子集成》第 6 卷，第 456 页。
④ （明）归有光：《道德经评注》，载《老子集成》第 6 卷，第 456 页。
⑤ （明）归有光：《道德经评注》，载《老子集成》第 6 卷，第 457 页。
⑥ （明）归有光：《道德经评注》，载《老子集成》第 6 卷，第 459 页。
⑦ （明）归有光：《道德经评注》，载《老子集成》第 6 卷，第 464 页。
⑧ （明）归有光：《道德经评注》，载《老子集成》第 6 卷，第 466 页。
⑨ （明）陈深：《老子品节》，载《老子集成》第 7 卷。
⑩ （明）凌稚隆：《批点老子道德经》，载《老子集成》第 7 卷。
⑪ （明）陈深：《老子品节》，载《老子集成》第 7 卷，第 127 页。
⑫ （明）陈深：《老子品节》，载《老子集成》第 7 卷，第 129 页。

时也曾反复吟咏以自娱，且陈深《诸子品节》刊于万历十九年（1591），而归有光卒于隆庆五年（1571），归有光显然不可能引用陈深的注解，那么也有可能是陈深借鉴了归有光的评语，并以之注解《老子》。归有光的评语，皆是简短之语，并没有对一章的完整论述，这和陈深《老子品节》的注解手法完全不同，且《道德经评注》中引用《老子品节》的部分章节，文震孟也标明“陈子渊曰”[①]，由此可知，两本署名归有光的评注，上述11条评语可能出自归有光本人，陈深《老子品节》借鉴了归有光的评语，文震孟在订正出版时，又增加了新的内容，而凌稚隆注本中的评语又抄袭自陈深《老子品节》，后文将详论。至于《老子品节》中没有《道德经评注》第二十九章、第三十六章评语，是因为这两章评语乃是《道德经评注》张冠李戴之语，第二十九章评语实出自焦竑《老子翼》：“取如左氏取我田畴而伍之，《史记》取高帝约束纷更之之取。”[②] 第三十六章评语出自董思靖《道德真经集解》：“所谓必固云者，犹言物之将歙，必是本来已张，然后歙者随之，此消息盈虚相固之理也。”[③]

文震孟为一代名士，刊刻、参订《道德经评注》与《老子汇函》在明代的出版环境下也不是“出格”之事。苏州是明代刻书业的中心之一，成化之后，私家藏书刻书之风日炽，万历年间达到高潮。刻书对士人而言，一者，可以获取名声；二者，士人日常交际，流行送“一书一帕”以示博雅；三者，可以获取经济利益；四者，当时士人版权意识不强，“著作”“辑集”不分，将喜欢的文章抄在一起，也算作自己的著作，因此明代一些大名鼎鼎的文人，一方面自己的名字被盗用，另一方面自己也会做“剽窃”之事。文震孟生活于当时的环境下，虽然在序言里标明自己只是参订，没有亲自注解《老子》《庄子》，但还是受环境影响，对书籍质量并没有严格要求。

归有光在启祯年间因为钱谦益的极力推崇，文名甚高：“启、祯之交，海内望祀先生，如五纬在天，芒寒色正，其端亦自余发之。”[④] 文震孟亦是

① （明）归有光：《道德经评注》，载《老子集成》第6卷，第458页。

② （明）焦竑：《老子翼》，载《老子集成》第6卷，第649页。

③ （宋）董思靖：《道德真经集解》，载《老子集成》第4卷，第371页。

④ （清）钱谦益著，（清）钱曾笺注，钱仲联标校《牧斋有学集（中）》卷16《新刻震川先生集序》，上海古籍出版社，1996，第730页。

当时名士，因此这一时期署名归有光、文震孟的评注大盛，多次出版也就可以理解了。

（二）焦竑《新刊太上老子道德经注解评林》《新锲二太史汇选注释九子全书评林》《新锲翰林三状元会选二十九子品汇释评》

焦竑科举成功，文名又高，尤为书商所喜，托名焦竑的各类书籍不胜枚举，仅《老子》类，目前所查就有《新刊太上老子道德经注解评林》《新锲二太史汇选注释九子全书评林》《新锲翰林三状元会选二十九子品汇释评》三本，下面分别予以考证。

1.《新刊太上老子道德经注解评林》

《新刊太上老子道德经注解评林》四卷，署名无垢子何道全述注，状元从吾焦竑评选①。此书以何道全注为底本，附以眉评，因所采诸家注疏颇为驳杂，严灵峰先生怀疑此书乃书贾冒名为之。②

研究此书评注内容，表面上广采诸家之注，实为将陈深《老子品节》之注、评冠以他人之名。陈深，生卒年不详，嘉靖二十八年（1549）举人，隆庆五年（1571）任归州知县，后又任雷州府推官，明代著名点评家。《老子品节》是其《诸子品节》卷之一。《诸子品节》前有陈深万历十九年（1591）的序文③，可知其刊刻于万历十九年。

《新刊太上老子道德经注解评林》刊刻时间不明，但题为状元从吾焦竑评选，焦竑万历十七年殿试第一，则此书应刊刻于万历十七年（1589）之后。从时间上难以判断焦竑与陈深谁为原作者，然比较《新刊太上老子道德经注解评林》与《老子品节》的评注内容，可以证明此书绝非焦竑之作。考察《新刊太上老子道德经注解评林》，第一章有两条眉评，一为“唐荆川评：诸家皆于无名有名读，又于有欲无欲读，又以徼为窍，误矣，误矣”；一为“《庄子》称之曰：建之以常无有，主之以太一”。④ 此两条评语与陈

① （明）焦竑：《新刊太上老子道德经注解评林》第1章，载龚鹏程、陈廖安主编《中华续道藏》初辑，第8册。以下文中略注。

② 严灵峰编著《周秦汉魏诸子知见书目》第1卷，第185页。

③ （明）陈深：《诸子品节》，载《四库全书存目丛书·子部》第122册，第249页。

④ （明）焦竑：《新刊太上老子道德经注解评林》第1章，载龚鹏程，陈廖安主编《中华续道藏》初辑，第8册。

深《老子品节》第一章后的眉评相同，只是在评语前加上了“唐荆川评”四字。[①] 但是何道全《太上老子道德经》第一章却是从“有名”“无名”“有欲”“无欲”处断句，其曰：“天地之始者，太极未判之时也。若在人心，即是一念不生、寂然不动之地。天地未分，岂有名相之说？人心未动，焉有善恶之称？”“无欲者，思虑未起，一念不生之时也。”“有欲者，有心应事于此，则见其徼不能观其妙。”[②] 评语内容与注释内容自相矛盾。

第二章眉评曰：

> 茅鹿门评：天下有美则有恶，有善则有不善，如有无、难易、长短、高下、音声、前后，相寻而不离也。若但知美之为美，便有不美者在。但知善之为善，便有不善之在。是以圣人处无为之事，行不言之教，功成而不居。如天地之作成万物，生而不有，为而不恃，然后为至美至善也。夫惟不居其功，则天下莫与争功，是以不去。结句妙奇有味。[③]

此评语内容与陈深《老子品节》第二章注释内容相同。[④] 后面各章评注亦是出自陈深《老子品节》评语或注文，只是将评论者托名为唐顺之（号荆川）、袁黄（号了凡）、钱岱（号秀峰）、郭子章（号青螺）、袁宗道（号玉蟠）等人，全书无一句焦竑评语，则此书的真伪性不辩自明了。

2.《新锲二太史汇选注释九子全书评林》《新锲翰林三状元会选二十九子品汇释评》

《新锲二太史汇选注释九子全书评林》十四卷首一卷及《续九种》十卷，共八册，天津图书馆藏，前五册为《新锲二太史汇选注释九子全书评林》，包括老子一卷，庄子五卷，吕子一卷，淮南子一卷，荀子三卷，韩非子一卷，列子一卷，扬子一卷，文中子一卷。后三册为《新锲焦状元汇选

---

① （明）陈深：《老子品节》，载《老子集成》第7卷，第127页。

② （元）何道全：《太上老子道德经》，载《老子集成》第6卷，第132页。

③ （明）焦竑：《新刊太上老子道德经注解评林》第2章，载龚鹏程、陈廖安主编《中华续道藏》初辑，第8册。

④ （明）陈深：《老子品节》，载《老子集成》第7卷，第127~128页。

注释续九子全书评林》，包括屈子一卷，鹖冠子一卷，抱朴子二卷，刘子一卷，郁离子一卷，管子一卷，关尹子一卷，谭子一卷，韩子一卷。[①]

《山东通志艺文志订补》则将两书看作一书，都寄于焦竑《九子全书》目下："《九子全书》十四卷，焦竑编。见《传是楼书目》。九子：老、庄、吕、淮南、荀、韩、列、扬、文。（订补）现存：①明万历二十二年书林詹圣泽刻本（作《新锲二太史汇选注释九子全书评林》十四卷首一卷），见《清华善》、《浙善》。②明詹霖宇静观室刻本（作《新锲焦状元汇选注释续九子全书评林》十卷，六册），见《浙善》。"[②]《传是楼书目》中仅记载《九子全书》，并未记录续集："《九子全书》老子、庄子、吕子、淮南子、荀子、韩子、列子、扬子、文中子。明焦竑。"[③]《浙江图书馆古籍善本书目》也明确将两书分别记录，其中《九子全书评林》五册，续集六册，明显是两部书。[④] 这应是作者考察之误。

《新锲翰林三状元会选二十九子品汇释评》题"从吾焦竑校正，青阳翁正春参阅，兰隅朱之蕃同点"[⑤]，"三状元"指焦竑、翁正春、朱之蕃，三人分别为万历十七年（1589）、万历二十三年（1595）、万历二十年（1592）殿试第一。此书有万历四十四年（1616）宝善堂刻本，全书共二十卷，"二十九子"按《四库存目》本目录顺序分别为老子、庄子、列子、荀子、淮南子、吕子春秋、韩非子、尉缭子、屈子、扬子、墨子、鹖冠子、陆子、管子、晏子、文中子、韩子（婴）、关尹子、谭子、抱朴子、刘子、尹文子、适一子、子华子、孔丛子、桓子、鬼谷子、孙武子、郁离子。[⑥] 钱新祖先生言此书是在《新锲二太史汇选注释九子全书评林》《新锲焦状元汇选注

① （明）焦竑等辑《新锲二太史汇选注释九子全书评林·续九种》，万历建邑书林詹氏静观堂刻本，天津图书馆藏。

② 徐泳：《山东通志艺文志订补》第 5 册，山东人民出版社，2016，第 169 页。

③ （清）徐乾学：《徐乾学集》，载曾学文、徐大军主编《清人著述丛刊》（第 1 辑），第 9 册，广陵书社，2019，第 116 页。

④ 浙江图书馆古籍部编《浙江图书馆古籍善本书目》，浙江教育出版社，2002，第 344~345 页。

⑤ （明）焦竑等辑《新锲翰林三状元会选二十九子品汇释评》，载《四库全书存目丛书·子部》第 133 册，第 252 页。

⑥ （明）焦竑等辑《新锲翰林三状元会选二十九子品汇释评》，载《四库全书存目丛书·子部》第 133 册，第 242~250 页。

释九子全书评林》基础上，又增选十一子而成，包括尉缭子、墨子、颜子。[①]《四库存目》本未见颜子，不知钱先生所据何本。有研究言："该书（《新锲二太史汇选注释九子全书评林》）体例仿《二十九子品汇》，盖为《二十九子品汇》改编本。"[②] 根据出版时间，当以钱先生所言为准。

对于《新锲翰林三状元会选二十九子品汇释评》，历来评价不高，《四库全书总目提要》曰："其书杂取诸子，毫无伦次，评语亦皆托名，谬陋不可言状，盖坊贾射利之本，不足以当指摘者也。"[③] 耿振东在研究其中的《〈管子〉品汇释评》评注后，亦认为此书"是书坊滥刊的样品"[④]。下面以《新锲翰林三状元会选老子品汇释评》为例进行考证。

《新锲翰林三状元会选老子品汇释评》（以下简称《老子释评》）以河上公《道德真经注》为底本，眉栏附以各家点评，然此书目录、注解内容、评语错漏颇多，评语更是张冠李戴现象严重，准确者寥寥无几。

首先看目录，单看前文所列全书目录，排序杂乱，编者在《凡例》中言此乃有意为之："老、庄文章鼻祖，故居首，列其余诸子，联次不甚相拘，有年相近者，有文类相似者，或有关系于世道者，读时止以意求之，就篇探颐，融会贯通，下笔如驾轻车就熟路，王良造父为之后先矣。"[⑤] 既称老子文章鼻祖，其文也被任意裁剪，篡改。河上公本《道德经》共 81 章，《老子释评》目录称"上下篇"全，然实际只录了 63 章，以河上公本目录顺序为准，[⑥] 其中第八章"易性"、第十一章"无用"、第二十一章"虚心"、第二十五章"象元"、第三十三章"辩德"、第三十四章"仁成"、第三十五章"仁德"、第五十一章"养德"、第五十二章"归元"、第五十三章"益证"、第五十四章"修观"、第五十五章"玄符"、第五十六章

① 钱新祖著，宋家复译《焦竑与晚明新儒思想的重构》，东方出版中心，2017，第 283 页。

② 杨昶、史振卿：《焦竑著述考》，载周国林编《历史文献研究》（第 26 辑），华中师范大学出版社，2007，第 192 页。

③ （清）永瑢等纂《四库全书总目提要》卷 132，载王云五主编《万有文库》（第一集），第 25 册，第 77 页。

④ 耿振东：《〈管子〉学史》，商务印书馆，2018，第 1017 页。

⑤ （明）焦竑等辑《新锲翰林三状元会选二十九子品汇释评》，载《四库全书存目丛书·子部》第 133 册，第 251 页。

⑥ （汉）河上公：《道德真经注》，载《老子集成》第 1 卷，第 137～176 页。

“玄德”、第五十九章“守道”、第六十章“居位”、第六十三章“恩始”、第七十九章“任契”、第八十一章“显质”共18章未录。章节名亦有错误，第四十八章“忘知”刻为“志知”、第六十六章“后己”刻为“复己”。[①]（后面提到章节次序为方便标注，亦以河上公本为准）

其次，所据底本刊刻亦有错误。此书虽以河上公《道德真经注》为底本，但并未严格保持底本的准确性，而是对河本进行增删篡改，甚至夹杂他人之注。如第一章，河上公注解为：“谓经术政教之道也，非自然长生之道也。常道当以无为养神，无事安民，含光藏辉，灭迹匿端，不可称道也。”[②]《老子释评》则解曰：“夫道者，一元之至理，有经术政教之道，有自然长生之道。常道当以无为养神，无事安民，含光藏辉，灭迹匿端，不可称道。”[③] 更改了河上公注中“道”之主旨。第四章注解“挫其锐，解其纷，和其光，同其尘”句，河上公注曰：“锐，进也。人欲锐情进取功名，当挫止之，法道不自见也。纷，结恨也。当念道无为以解释。言虽有独见之明，当知暗昧，不当以曜乱人也。当与众庶同，不当自别殊。”[④]《老子释评》则曰：“挫其锐，进释其纷结，俾道之自然，□吾光明，混彼清浊，同其尘垢，不自殊别。”[⑤] 后面的注解内容也基本都是这样节选。在第二章注解中，还掺入了林希逸《道德真经口义》的内容：

> 以道而治故无为，以身而教故不言，万有之物各自动也，不辞谢而逆止，享元气生万物而不有其功，言道之所施为，不恃望其报，功成事就退避不居其位，惟功成不居其位，是以福德常在，不去其身。故圣人以无为而为，以不言而言，但成功而不居耳。如天地之生万物，千变万化，相寻不已，何尝辞其劳。万物之化，盈于天地，而天地何尝

① （明）焦竑等辑《新锲翰林三状元会选二十九子品汇释评》，载《四库全书存目丛书·子部》第133册，第242~243页。

② （汉）河上公：《道德真经注》，载《老子集成》第1卷，第137页。

③ （明）焦竑等辑《新锲翰林三状元会选二十九子品汇释评》卷1，载《四库全书存目丛书·子部》第133册，第252页。

④ （汉）河上公：《道德真经注》，载《老子集成》第1卷，第139页。

⑤ （明）焦竑等辑《新锲翰林三状元会选二十九子品汇释评》卷1，载《四库全书存目丛书·子部》第133册，第252页。

以为有。如为春为夏为生为杀，造化何尝恃之以为能。故曰生而不有，为而不恃。其意只在于功成而不居，政而以万物作焉而不辞，明之也。[①]

上述注文，自“以道而治故无为”至“是以福德常在，不去其身”与河上公注基本一致[②]，后半部分则与林希逸《道德真经口义》第二章的注解相似，只在“以不言而言”句后少了一句“何尝以空寂为事，何尝以多事为畏”[③]。这样随意增删篡改原文，无怪乎后世批评明刻本慨曰：“明人习气好做聪明，变乱旧章，是谓刻书而书亡。”[④]

最后，眉评内容基本张冠李戴，姑举几例。

第一章“体道”评语：

陈象古曰：老子著五千之文，将以示天下，迪后世，盖非退于道冥而独于己者，故其发言之始以为可道之道可名之名者，五千文之所具也。若夫千圣之所不传者，不可得而言也。[⑤]

其实此段出自程俱《老子论》，个别字词有异。[⑥]

第三章“安民”曰：

王纯甫曰：圣人之知，混混沌沌，无有知也，无有欲也，纵有聪明知识者出，欲有所作为而自不敢，则天下皆归于无为矣。[⑦]

---

① （明）焦竑等辑《新锲翰林三状元会选二十九子品汇释评》卷 1，载《四库全书存目丛书·子部》第 133 册，第 252 页。

② （汉）河上公：《道德真经注》，载《老子集成》第 1 卷，第 138 页。

③ （宋）林希逸撰《道德真经口义》，载《老子集成》第 4 卷，第 498 页。

④ （清）严可均著，孙宝点校《严可均集》卷 8《书北堂书钞原本后》，浙江古籍出版社，2013，第 272 页。

⑤ （明）焦竑等辑《新锲翰林三状元会选二十九子品汇释评》卷 1，载《四库全书存目丛书·子部》第 133 册，第 252 页。

⑥ （宋）程俱著，徐裕敏点校《北山小集》卷 13《老子论一》，人民文学出版社，2018，第 254 页。

⑦ （明）焦竑等辑《新锲翰林三状元会选二十九子品汇释评》卷 1，载《四库全书存目丛书·子部》第 133 册，第 252 页。

此句语意不通，实是对李贽《老子解》的删改所致，李贽原解为："太上则不然，常使民混混沌沌，无有知也，无有欲也，纵有聪明知识者出，而欲有作为，而自不敢，则天下皆归于无为矣。"[①]

第四章"无源"："北原坚曰：有吾有知有谁而道隐矣，吾不知谁，则亦不知吾矣，此真道之所自出也。"[②] 此句出自吕惠卿《道德真经传》[③]。第五章"虚用"："薛君采曰：后世学者，不得于刍狗百姓之言，而遂疑其有土芥斯民之意，且曰申韩之惨刻原于道德也，此则多穷数言之一验，老子盖预知之矣。"[④] 此段前后语意不搭，其实是对王道《老子亿》进行了删减拼凑[⑤]。开篇几章即明晃晃的张冠李戴，可见此书刊刻者之肆无忌惮。

即便是署名焦竑的评语亦不能免，如第七十八章"任信"曰："焦弱侯曰：正言而言曰受国之垢与不祥，故曰正言若反。汤武之言曰：万方有罪，在予一人。此知以国之垢与不祥，而受之者也。"[⑥] 此句实出自吕惠卿《道德真经传》[⑦]。第十九章"还淳"[⑧] 则将焦竑《老子翼》[⑨] 之评语寄于李道纯名下。

在张冠李戴之外，还有五章的评语直接取自河上公《道德真经注》，不标评论者，如第二十三章"需无"："不能久，天地至神，合为飘风暴雨，尚不能使从朝至暮，何况于人欲为暴卒乎？□□□朝暮也。"[⑩] 这一节选将正文"天地尚不能久"与注解混为一体，这句注解实为"而况于人"的句解："天地至神，合为飘风暴雨，尚不能使从朝至暮，何况于人而欲慕卒

① （明）李贽：《老子解》，载《老子集成》第 6 卷，第 617 页。

② （明）焦竑等辑《新锲翰林三状元会选二十九子品汇释评》卷 1，载《四库全书存目丛书·子部》第 133 册，第 252 页。

③ （宋）吕惠卿：《道德真经传》，载《老子集成》第 2 卷，第 656 页。

④ （明）焦竑等辑《新锲翰林三状元会选二十九子品汇释评》卷 1，载《四库全书存目丛书·子部》第 133 册，第 252 页。

⑤ （明）王道：《老子亿》，载《老子集成》第 6 卷，第 228 页。

⑥ （明）焦竑等辑《新锲翰林三状元会选二十九子品汇释评》卷 1，载《四库全书存目丛书·子部》第 133 册，第 262 页。

⑦ （宋）吕惠卿：《道德真经传》，载《老子集成》第 2 卷，第 690 页。

⑧ （明）焦竑等辑《新锲翰林三状元会选二十九子品汇释评》卷 1，载《四库全书存目丛书·子部》第 133 册，第 254 页。

⑨ （明）焦竑著，黄曙辉点校《老子翼》，华东师范大学出版社，2009，第 48 页。

⑩ （明）焦竑等辑《新锲翰林三状元会选二十九子品汇释评》卷 1，载《四库全书存目丛书·子部》第 133 册，第 255 页。

乎？"[①] 此外，第二十四章"苦恩"、第六十七章"三宝"、第七十章"知难"、第七十四章"制惑"亦是这一情况。

当然，评语里也有三章评语准确，分别为第十六章"归根"[②]、第三十九章"法本"[③]、第四十一章"同异"[④]，但仅凭这三条评语并不足以使《老子释评》摆脱"滥刊"之作的性质，《新锲二太史汇选注释九子全书评林》与《新锲翰林三状元会选二十九子品汇释评》的关系，也使得其所录《老子》评注的伪冒性不证自明。

（三）陈懿典《道德经精解》

陈懿典（1573～1657），字孟常，号如刚，浙江秀水人，万历二十年（1592）进士，选庶吉士，授编修。因当年会试主考官为焦竑，陈懿典登第之后，在京师居住十余年，与焦竑师生相交，关系密切。万历三十三年（1605）请假归乡修筑父母墓地，后以身体患病为由，未再出仕。陈懿典藏书丰富，著作纵贯经史子集，据学者考证，有"《陈孟常学士初集》三十六卷、《老庄二经精解全篇》三十三卷、《锲南华真经三注大全》二十一卷、《玉堂校传如刚陈先生二经精解全篇》九卷、《读史漫笔》、《读左漫笔》、《左陛纪略》十卷、《论孟贯义》二卷、《七太子传古搜》二十卷、《今宜》二十卷、《广檇李往哲传》十卷、《同姓诸王传》二十卷、《吏隐斋集》三十六卷、《圣政》《圣学》等"[⑤]。《道德经精解》即上述《老庄二经精解全篇》中的《老子》部分，其中《庄子精解》《锲南华真经三注大全》已有学者考证为伪书[⑥]，综观陈懿典的老子观及《道德经精解》的内容可以发现，此书亦经不起推敲。

---

① （汉）河上公：《道德真经注》，载《老子集成》第1卷，第149页。此处"慕"应为"暴"。——笔者注

② （明）焦竑等辑《新锲翰林三状元会选二十九子品汇释评》卷1，载《四库全书存目丛书·子部》第133册，第254页。

③ （明）焦竑等辑《新锲翰林三状元会选二十九子品汇释评》卷1，载《四库全书存目丛书·子部》第133册，第257～258页。

④ （明）焦竑等辑《新锲翰林三状元会选二十九子品汇释评》卷1，载《四库全书存目丛书·子部》第133册，第258页。

⑤ 丁辉、陈心蓉：《中国进士藏书家考略》，黄山书社，2017，第132页。

⑥ 刘海涛：《明代庄子学著述伪书相关问题考论》，《中华文化论坛》2014年第10期，第136～140页。

首先，从陈懿典的老子观来看，陈懿典对老子是持批判态度的，特别是老子的“无为”思想尤为其所不喜。陈懿典在《拟明学术正人心疏》中写道：

> 晚近缙绅厌薄经术，好搜苛僻，其弊大约有二：修词者盟坛于北地，渔猎渐广，浸淫及于稗杂之家。明理者假笺于新建，研析渐深，浸假入于竺乾之指，迨至今日，汲冢竹书、申商名法、长短农墨，一切伪托杂反之书兴，夫龙藏、贝叶、临济、曹洞，诸凡依托虚恢之籍，无不杀青。丹铅与六经四子争道而驰。……陛下罢《贞观政要》而讲《礼经》，又诏刊《十三经注疏》，颁举业正式于天下，天下亦稍稍洒心易虑，期以应通经学古之诏，然卒未观尊经明道之实效者，则以所进用者未必尽经明行修之士，而好称引百家，泛滥二氏者，世犹有以为才而收之也。学者见所令之如此，而所取之若彼，又焉能舍山珍海错之好而反之于太羹玄酒也。臣愿陛下明诏中外学士儒绅，洗心更化，一以孔孟六经之学相为倡和。[①]

有学者考证这一奏疏写于万历二十年（1592）到万历三十三年（1605）之间，这一时期，陈懿典“经世之心颇勇”[②]，他对佛道的看法是倾向于出世消极的，而且他站在儒家正统的立场，对于当时士儒偏离正道，推崇心学、释、道等稗杂之家，甚至科举中也大量掺杂佛道之语的情况大为忧虑，认为此举有害于世道人心，故上疏万历皇帝请倡六经，使儒士“洗心更化”。

其实陈懿典“经世之心颇勇”在其入仕期间是具有持续性的。还未入仕时，陈懿典对民生疾苦、朝政大事已非常关心，当时他与汤显祖有数次书信往来，每次都不忘关心时政民生。[③] 万历十七年（1589），陈懿典会试落第，在这样的情况下，他在给汤显祖的信中，既为有负汤显祖教诲而愧

① （明）陈懿典：《陈学士先生初集》卷20《拟明学术正人心疏》，载《四库禁毁书丛刊》第202册，北京出版社，1997，第365页。下文中略注。

② 白静：《下学上达，学以复性——焦竑思想研究》，中国传媒大学出版社，2014，第91页。

③ 汪超宏：《陈懿典与汤显祖书六通考述》，《文献》2005年第3期，第158~167页。

疚，但更为关注的却是浙西大旱，期待时任南京礼部祭祀司主事的汤显祖能为之请命，以免酿成大祸。

自谓颇籍余灵，不难释此敝褐。而数奇运阨，又复报闻，徒负国士之知耳！……今岁浙西之旱，乃百年未有之灾，赤地千里，河流尽涸，若非大为蠲赈，冬春之间，事有不可知者。闻贵省大穰，或可借以济乎？门下悯时悼俗，必有擘画以佐主计者。惟不惜鼎力为东南请命，近著幸有以教之。①

万历二十年，陈懿典登第，选庶吉士，授翰林院编修，他对汤显祖指斥皇帝、弹劾首辅申时行及吏、礼二科都给事中杨文举、胡汝宁任私不法的行为大加赞赏；面对倭寇犯边、国本未定的大事，他期待朝廷能尽快召还因直言敢谏被贬为徐闻典吏的汤显祖。

门下抗疏，不但直声镇世，两黄门卒挂吏议，则当世重衮钺之言如鼎吕可知矣。方今海警未息，国本未定，举朝借箸伏阙，纷纷未已，门下深于忧国，定有石画忠谟，则不佞所望赐环之速者，又非止于世俗尊膴之荣而已也。②

焦竑持三教会通的思想，对佛道思想不仅深有研究，而且这一思想对其行为也影响颇深，陈懿典对此多次予以劝诫。万历二十五年（1597），焦竑主持顺天府乡试，因录取举子中有九人被举报“多险诞语”③，焦竑被贬为福宁同知，岁末考核中再次被贬，焦竑遂弃官居家，与朋友悠游林下，陈懿典专门写信给老师，鼓励老师重新振作。

---

① （明）陈懿典：《陈学士先生初集》卷 35《汤若士》，载《四库禁毁书丛刊》第 202 册，第 625 页。

② （明）陈懿典：《陈学士先生初集》卷 32《与汤义仍》，载《四库禁毁书丛刊》第 202 册，第 575 页。

③ （清）张廷玉等撰《明史》卷 288《焦竑》，第 24 册，第 7393 页。

> 每从南来者，询知老师屏绝尘嚣，逍遥杖履，惟与同志谈道于禅林古刹中，令人做天际真人想，独念当今世运正否泰剥复之交，士风因激甚而成偷，人心因巧极而至悍，乃老师补天作用，竟令闲而不用，无以挽回颓靡，此则不但门墙之浩叹耳。[①]

万历二十八年（1600），是明历史上的多事之秋，明王朝取得播州之役的胜利，“万历三大征”结束，表面上看边疆稳固，实则因连年战争，国库消耗巨大。《明史》记载：“宁夏用兵，费帑金二百余万。其冬，朝鲜用兵，首尾八年，费帑金七百余万。二十七年，播州用兵，又费帑金二三百万。三大征踵接，国用大匮。”[②] 内有连年征派引起的流民起义，外有崛起的女真族虎视眈眈，隐患重重，面对这种情况，陈懿典希望老师能关心时局，不要沉溺于佛道。

> 某固陋之性，观世路险巇，胸怀如刺，庚子之事，颇费调停，丁酉诸君子倘得同之，固日夕所乞竢，风云之会有期。惟老师观化因应以需之，勿烟霞为癖也。[③]

万历三十七年（1609）[④]，焦竑七十大寿，陈懿典作《寿尊师焦先生七十叙》为老师贺寿，陈懿典对焦竑甚为敬重，但是涉及老子，他却不顾焦竑三教会通的态度，在序文中直白地批判老子之无为为“术家之偏旨”，对持三教会通思想者指斥其“不恒其德”。

> 尝读《易》，首曰：“天行健，君子以自强不息。”知乾体惟刚，故健，健故可久。千古圣学所以立命，而用乾者，惟其阳刚不屈，随潜

① （明）陈懿典：《陈学士先生初集》卷 33《寄焦老师》，载《四库禁毁书丛刊》第 202 册，第 595 页。

② （清）张廷玉等撰《明史》卷 305《陈增》，第 26 册，第 7805 页。

③ （明）陈懿典：《陈学士先生初集》卷 33《寄焦老师》，载《四库禁毁书丛刊》第 202 册，第 595 页。

④ 容肇祖：《焦竑及其思想》，载《容肇祖集》，齐鲁书社，1989，第 424 页。

见飞跃，皆龙德而中正也。若老氏所云，用柔常存，固术家之偏旨，非乾体，非圣派，其流且至于与时变化，俯仰媕婀，乌足述乎？……世之所称通儒，往往若此，所谓变蹇，所谓不恒其德，乌能自强以希天之健也。而乃别求方术，以固其阴柔转换之躯，即令长生久视，亦不过幸生之。①

陈懿典对老子反对之激烈由此可见。《道德经精解》与其《南华真经精解》一起收录于万历二十二年（1594）熊云滨刻本《玉堂校传如岗陈先生二经精解全编》中，此一时期，陈懿典既不赞同道家思想里的出世成分，也没有"以儒解道"，会通儒家经世思想与老子无为之道的想法，故这一时期陈懿典评注《老子》的概率很小。

其次，《道德经精解》的注解内容与陈懿典的老学观完全相反。《道德经精解》采用每句做注，章后附各家注解的评注方式，然其句解内容来自林希逸《道德真经口义》、吴澄《道德真经注》、陈深《老子品节》及焦竑《老子翼》，其中引用最多者为林希逸《道德真经口义》，全文并无自己的发挥。章后注也是引苏辙、吕惠卿、李嘉谋、王道、焦竑、李贽等人的注解，并无陈懿典个人观点。第一章文中注解内容与陈深《老子品节》一样，因篇幅较长，取第二章为例，《道德经精解》曰：

但之美之为美，便有不美者在。但之善之为善，便有不善者在。盖天下之事有有则有无。有难则有易。有长则有短。有高则有下。有音则有声。有前则有后。相生相成以下六句，皆喻上面美恶善不善之意。故圣人以无为而为，以不言而言。何尝以空寂为事，何尝以多事为畏。但成功而不居耳。如天地之生成万物，千变万化，相寻不已，何尝辞其劳。如万物之生盈于天地，而天地何尝以为用。如为春为夏，为生为杀，造化何尝侍之以为能。即至于有功而不自以为功也，夫惟

① （明）陈懿典：《陈学士先生初集》卷5《寿尊师焦先生七十叙》，载《四库禁毁书丛刊》第202册，第28页。

不居其功，则天下莫与争功，是以不去。[①]

这一注解内容与林希逸《道德真经口义》基本一致[②]，第二章后注解则引用了苏辙《道德经解》、陆佃《道德经注》的内容，并无自己发挥。第三、四、五、六章句解亦是来自林希逸注，第七章出自焦竑《老子翼》，第八章则杂糅了林希逸注、吴澄注、苏辙注，后面注解也大都类似，不再一一标举。

通观全文，《道德经精解》不仅毫无陈懿典本人观点，且所引注者的老学观与陈懿典的老学观是完全相反的，从宋代之苏辙、林希逸、陆佃、吕惠卿到元代之吴澄，明代之王道、焦竑、李贽等人，都在其《老子》注中持三教会通的观点，援儒入老，孔老协同，阐发修身治国主张。如苏辙论述其注解《道德经》的缘由直接言："天下故无二道，而所以治人则异。"[③]林希逸直接指出孔老之言虽异而道同："若老子所谓无为而自化，不争而善胜，皆不畔于吾书。其所异者，特矫世愤俗之辞，时有太过耳。"[④] 王道认为所谓儒释道者，不过是后世末流不明大道之全，各执一偏，互相攻讦："尝读至此，而慨然深叹道术之裂也。盖老子之明自然也如此，而世儒乃以为劳攘；老子之贵诚信也如此，而世儒乃以为阴谋。匪直不得于言已也。盖先横不然之念，而有意以诬之矣。况望其能虚心体究，以会古人之大体也耶？呜呼，悠悠千古，向谁晤语？"[⑤]李贽对于《老子》无为而治的治国思想深有理解："夫老子者，非能治之而不治，乃不治而治之者也。"[⑥] 焦竑亦言："《老子》，明道之书也。"[⑦] 其所引用者与其思想皆异，这一矛盾现象亦可佐证《道德经精解》并非陈懿典之作。

（四）凌稚隆《批点老子道德经》

凌稚隆（1535~1600），浙江乌程晟舍镇人。原名遇知，字稚隆，后以

① （明）陈懿典：《道德经精解》，载《老子集成》第7卷，第197页。
② （宋）林希逸撰《道德真经口义》，载《老子集成》第4卷，第497~498页。
③ （宋）苏辙：《道德真经注》，载《老子集成》第3卷，第32页。
④ （宋）林希逸：《道德真经口义发题》，载《老子集成》第4卷，第496页。
⑤ （明）王道：《老子亿》，载《老子集成》第6卷，第241页。
⑥ （明）李贽：《老子解序》，载龚鹏程、陈廖安主编《老子集成》第6卷，第615页。
⑦ （明）焦竑：《老子翼》，载龚鹏程、陈廖安主编《中华续道藏》初辑，第8册。

稚隆为名，改字以栋，号磊泉。为邑庠生，入太学，授北直隶鸿胪寺左寺丞。凌稚隆平生好班、马二史，著有《史记评林》《汉书评林》《春秋左传评注测义》等。[①]

《批点老子道德经》（以下简称《批点》）四卷，以苏辙《道德真经注》为底本，每章后附以河上公、严遵、司马光、李贽、王道、王畿、杨慎、徐学谟、焦竑等名人注解或相关典籍，并杂以评论[②]，然考察其底本、注解、评论各有问题。

首先，此书所选底本为苏辙《道德真经注》，但每章标题却与苏辙注不同，苏辙以《道德经》每章开头几字为题，如第一章为“道可道”，而《批点》却以河上公《道德真经注》章名为题，第一章为名为“体道第一”。[③]

其次，文中所引各家注解小问题不少。《批点》中注解，与署名焦竑的《老子》注相比，张冠李戴的现象较少，但也存在，如其中“杨用修曰：将飞者伏翼，将奋者足蹈，将噬者爪缩，将文者且朴”[④]，这是中国古代谚语，钟惺《诗归》中有收录[⑤]。还有“杨用修曰：一人之心即天地之心，一物之理即万物之理，一日之运即一岁之运”[⑥]，此话乃是二程所言[⑦]。此外还存在同一人称呼不一的问题，如注解中多次引用杨慎之言，但有的章节曰“杨升庵曰”，如上经第十三[⑧]，有的章节曰“杨用修曰”，如上文两条。第三十五章中引用李道纯之语，但是在标记作者时将其别号“莹蟾子”刻为“蟾子”。[⑨] 引用严遵《老子注》时，大部分标为“严君平曰”，也有章节标为“君平曰”，如下经第二十二、下经第二十四都标为“君平曰”。[⑩]

再次，评论内容与陈深《老子品节》相似。陈深《老子品节》第一章

---

① 徐永斌：《凌濛初考证》，江苏人民出版社，2010，第 15 页。

② （明）凌稚隆：《批点老子道德经》，载《老子集成》第 7 卷，第 568~622 页。

③ （明）凌稚隆：《批点老子道德经》，载《老子集成》第 7 卷，第 574 页。

④ （明）凌稚隆：《批点老子道德经》，载《老子集成》第 7 卷，第 589 页。

⑤ （明）钟惺、（明）谭元春选评，张国光点校《诗归》卷 2《古谚古语》，湖北人民出版社，1985，第 42 页。

⑥ （明）凌稚隆：《批点老子道德经》，载《老子集成》第 7 卷，第 602 页。

⑦ （宋）程颢、程颐著，王孝鱼点校《二程集》第 1 册，中华书局，1981，第 13 页。

⑧ （明）凌稚隆：《批点老子道德经》，载《老子集成》第 7 卷，第 581 页。

⑨ （明）凌稚隆：《批点老子道德经》，载《老子集成》第 7 卷，第 595 页。

⑩ （明）凌稚隆：《批点老子道德经》，载《老子集成》第 7 卷，第 607~608 页。

的评语曰："诸家皆于无名有名读，又于有欲无欲读，又以徼为窍，误矣，误矣。"[①]《批点》曰："诸家皆于无名、有名读，又于有欲、无欲读，又以徼为窍，误矣。"[②] 陈注第二章评曰："此老每用结句，一发千钧，气雄力省。"[③]《批点》曰："每用结句，一发千钧，气雄力省。"[④] 陈注第三章评曰："势有难易，道无古今。真人立言，岂为诬世。"[⑤] 凌注与此相同。《批点》第四章甚至一连三条评语[⑥]都出自陈深《老子品节》第四章的注解[⑦]。第五章陈深评曰："首四句意平而辞怪。"[⑧]《批点》本漏掉开头"首"字，意义不通。后面的章节评语与此相同，且引用他人之注大都标明出处，惟陈深评语与注解不标出处。

凌稚隆与陈深主要活动时间有重叠，是否存在陈深引用凌稚隆注解的情况呢？陈深于《老子品节》的原创性前已证明，再者，从刊刻时间看，《老子品节》刊刻于万历十九年（1591），《批点老子道德经》未知刊刻时间，但书中引用有杨起元《道德经品节》。杨起元（1547～1599），字贞复，号复所，广东归善人（今惠阳），万历五年（1577）进士，选庶吉士，官至吏部左侍郎。杨起元学问广博，儒、释、道都有涉猎。《惠州志·艺文卷》中曰："《诸经品节》，明杨起元撰。万历十九年（1591）刊本，二十卷，日本国立国会图书馆和美国国会图书馆有藏。"[⑨] 而《日本见藏中国丛书目初编》中记录："《诸经品节》，明杨起元评注，明万历二十二年（1594）序刊本，国会。"[⑩]《日本所存朝鲜旧藏中国古籍之研究——以成篑堂文库藏书为中心》所记条目亦曰："（杨太史注评）《诸经品节》，杨起元注，二十卷，十五册，万历二十二年刊。朝鲜封面，鲜人批。'苏峰学人京城所获'

① （明）陈深：《老子品节》，《老子集成》第7卷，第127页。
② （明）凌稚隆：《批点老子道德经》，载《老子集成》第7卷，第575页。
③ （明）陈深：《老子品节》，载《老子集成》第7卷，第128页。
④ （明）凌稚隆：《批点老子道德经》，载《老子集成》第7卷，第576页。
⑤ （明）陈深：《老子品节》，载《老子集成》第7卷，第128页。
⑥ （明）凌稚隆：《批点老子道德经》，载《老子集成》第7卷，第577页。
⑦ （明）陈深：《老子品节》，载《老子集成》第7卷，第128页。
⑧ （明）陈深：《老子品节》，载《老子集成》第7卷，第128页。
⑨ 惠州市惠城区地方志编纂委员会编《惠州志·艺文卷》，中华书局，2004，第753页。
⑩ 李锐清编著《日本见藏中国丛书目初编》，杭州大学出版社，1999，第444页。

印。”[①]《国立北京大学图书馆善本书目》中记有“万历二十二年刻杨起元评注《诸经品节》二十卷（不全）”。[②] 可见《诸经品节》有万历十九年与万历二十二年两个刊本，则《批点老子道德经》应该刊刻于万历十九年之后，从时间上看，陈深应为原作者。

又次，附录部分与焦竑《老子翼》类似。《批点》后附有《老子考异》，与焦竑《老子翼》后附录之《老子考异》相比，只改了标题而已，焦竑本每章前曰“第某某章”，而凌本以河上公《道德真经注》每章章名列于前。焦竑《老子翼》刊刻于万历十六年（1588）[③]，《批点》的抄袭明显可见。

最后，凌稚隆是明后期的著名评点家，他的评点著作何至于完全引用他人注解，且有学者考证凌稚隆的著作，有记录可查者有《春秋左传评注测义》、《五车韵端》、《史记评林》、《汉书评林》、《史记纂》、《汉书纂》、分校《唐荆川稗编》、《春秋评林》、《文选评林》、《三才统志》、《皇朝名臣言行录》，[④] 其中并没有《老子道德经评点》，故可断定《批点老子道德经》并非出自凌稚隆之手，而系书坊托名之作。

明代的出版环境造就了大批所谓名家编选、巨公校订的著作，《老子》评注只是其中一部分。对于这类书籍，不能将其一概视为伪书，弃之不用。学者刘勇关注到《四书》类读物挂名焦竑者至少有八种，他认为这类读物是否由焦竑亲自著撰、选编，或者曾以“校”“订”“阅”等方式介入生产既难以证实，亦不易证伪，因此他采取的处理策略为：“不把研究任务设定为论证这些书籍与焦竑的具体关系，而是将关注重心放在流行读物所反映的社会情状上。”[⑤] 这不失为发挥此类著作文献价值的方法之一。在老学方面，明后期出现了大量点评《老子》的著作，如祝世禄编，苏濬注的《三子奇评》；陈深的《诸子品节》；杨起元的《诸经品节》；孙鑛的《评王弼注老子》；彭好古的《道德经注》；董懋策的《老子翼评点》；陈仁锡的

① 金程宇：《东亚汉文学论考》，凤凰出版社，2013，第112页。

② 柳存仁：《和风堂文集》（下），上海古籍出版社，1991，第1803~1804页。

③ 许建平：《明清文学论稿》（上），河南人民出版社，2017，第135页。

④ 徐永斌：《凌濛初考证》，第15~16页。

⑤ 刘勇：《变动不居的经典：明代〈大学〉改本研究》，生活·读书·新知三联书店，2016，第269页。

《诸子奇赏前集》等。明后期《老子》注评本大量出版、流行，推动了明后期老学的繁荣，这一繁荣不仅表现在数量上，更表现为注《老》者、关注《老子》者的社会覆盖面扩大，参与其中者有官员、僧人、道士、学者、商人等，还有托名吕祖者，明后期老学的繁荣是社会多阶层参与的结果。出现这一局面，与明后期谈禅论道之风盛行关系密切。谈禅论道之风盛行，则是明代中后期社会意识形态、政治环境、士人心态的转变、纠葛的体现。将这类著作作为整体进行研究自然可以发挥其史料价值，但当涉及个体及其著作时，辨别真伪的工作就很有必要了，如《中华续道藏》收录《道德经评注》，并高度赞扬："盖明人评点老学之佳作，不惟可洞悉古人作文之法，亦可藉此深探道德之微止。"[①]《归有光评传·年谱》将《诸子汇函》《道德南华二经评注》作为研究归有光佛道思想的史料[②]。《新刊太上老子道德经注解评林》被收入《中华续道藏》[③]；丁辉、陈心蓉将《道德经精解》列入陈懿典著作[④]，可见对此类著作进行真伪辨别工作也是很有必要的。

---

① 龚鹏程：《中华续道藏初辑第八册解题》，载龚鹏程、陈廖安主编《中华续道藏》初辑，第8册。

② 沈新林：《归有光评传·年谱》，安徽文艺出版社，2000，第105页。

③ （明）焦竑：《新刊太上老子道德经注解评林》，载龚鹏程、陈廖安主编《中华续道藏》初辑，第8册。

④ 丁辉、陈心蓉：《中国进士藏书家考略》，第132页。

第二章

明前期老学的沉寂

明前期属于老学的沉寂期，虽然朱元璋以帝王之尊亲自注解《老子》，对《老子》评价极高，称之为“王者之上师，臣民之极宝”，但朱元璋的三教并立政策毕竟是以儒学为主，释、道为辅，故仍以《四书》《五经》和程朱思想作为官方统治思想。明成祖尊崇程朱思想的力度更甚于其父，他编辑《四书五经大全》《性理大全》，正式确定了程朱思想的权威地位，并摘取程朱以老子为异端的观点，将其收入《性理大全》。太祖、成祖截然相反的态度，使得明前期老学呈现出前后矛盾的特点，成祖之前重在阐发《老子》的修身治国之术，成祖之后则视老子为异端。

第一节　王者之上师，臣民之极宝

朱元璋（1328~1398），原名朱重八（或称朱八八），后改名兴宗、元璋，字国瑞，今安徽凤阳人，明朝开国皇帝。朱元璋出身寒微，没有接受系统的教育，但在戎马倥偬、国事繁忙之际仍时刻不忘读书。朱元璋在为吴王时就“尝命有司访求古今书籍，藏之秘府，以资览阅”[①]。明朝建立之后，朱元璋亦时时翻阅先圣典籍，故其身后留下了大批御制文集，《御注道德真经》即是其中一本。

① （明）余继登撰，顾思点校《典故纪闻》卷1，中华书局，1981，第10页。

一　朱元璋《御注道德真经》中的为君之道

中国老学史上以皇帝之尊注解《老子》并有注本传世的皇帝有四位：唐玄宗《御注道德真经》《御制道德真经疏》[①]，宋徽宗《御解道德真经》，明太祖《大明太祖高皇帝御注道德真经》（简称《御注道德真经》）以及清世祖《御注道德经》[②]。比较四位皇帝的注解，明太祖的注解虽在义理、文采方面无法与另外三位相提并论，但仍然有其独特之处。朱元璋纯粹站在统治者的立场注解《老子》，本着实用的原则，着重挖掘《老子》中的修身治国思想，并将《老子》思想定性为“王者之上师，臣民之极宝，非金丹之术”[③]，这一观点影响了整个明代老学的发展。

（一）“老子之阴骘大焉”

《御注道德真经》（以下简称《御注》）成书于洪武七年（1374），次年与《玄教仪》共同颁行天下[④]。对于注《老》的原因，朱元璋在《御注》完成后曾表明注解《老子》是为统一世人对老子及其思想的看法。

> 《御注道德经》成，上对儒臣举老子所谓“五色令人目盲，五音令人耳聋”与“圣人去甚、去奢、去泰”之类，曰：“老子此语，岂徒托之空言？于养生治国之道，亦有助也。但诸家之注，各有异见，朕因为注，以发其义。”[⑤]

---

① 两书著者尚有争议，有学者指出唐玄宗《御注道德真经》并非唐玄宗所著，因为注书中很多注文“旨为劝君，不似君王君临天下的语气”。唐玄宗《御制道德真经疏》亦非唐玄宗亲注：“《唐玄宗御制道德真经疏》在每一章之首，均有‘解题’，对一章经文之旨趣进行综述，如教科书般，这等文风和文体，也不似出于君王之手。但《真经疏》释文水平远超《四卷》本，其逻辑远较《四卷》本严密，完全是用‘重玄学’理论解老，同样很少直接谈论‘治道’，很可能出自于一个重玄学理论家之手。”［参见周德全《唐玄宗、宋徽宗、明太祖与清世祖御注〈道德经〉及其“政道”观研究》，《四川大学学报》（哲学社会科学版）2010 年第 1 期］

② 有研究认为清世祖《御注道德经》并非顺治所著，而是大学士成克巩纂，再由顺治帝“钦定”，并颁行全国。（王闯：《清代老学史》，华中师范大学出版社，2016，第 97~98 页）

③ （明）朱元璋：《大明太祖高皇帝御注道德真经》，载《老子集成》第 6 卷，第 2 页。

④ 《明太祖实录》卷 99，洪武八年四月辛卯，载《明实录》第 1 册，“中央研究院”历史语言研究所，1962，第 1679 页。

⑤ 《明太祖实录》卷 95，洪武七年十二月甲辰，载《明实录》第 1 册，第 1644 页。

朱元璋并不完全否认鬼神，但作为统治者，他更加关注各种思想的实用性，对儒释道三教，朱元璋明确表示："天下无二道，圣人无两心。三教之立，虽持身荣俭之不同，其所济给之理一。然于斯世之愚人，于斯三教，有不可缺者。"① 承认其作用，允许三教并行，但并非任其发展，他一方面设置专门机构，加强对释道二教的管理；另一方面注解释道经典，积极发掘、改造经典，以统一认识。朱元璋曾命僧宗泐注解《心经》《楞伽经》《金刚经》，又撰写《释道论》《三教论》《宦释论》《鬼神有无论》等一系列文章作为其崇道的理论依据，并亲自注解《道德经》，发掘其有益于治道的思想。

对于老子，朱元璋在《三教论》中就大力推崇其修身治国思想，反对将其视作神仙之术："孰不知老子之道，非金丹黄冠之术，乃有国有家者日用常行有不可阙者是也。"② 在《御注》中，朱元璋也极力挖掘老子的修身治国思想。

"道"是道家思想的核心，在道家思想体系中，道既是万物的本原，亦是万物产生的依据，具有本体论与生存论的双重内涵。朱元璋在注解《道德经》时，有意摒弃了"道"的哲学含义，只是进行一些常规解释，如"道之幽微，静无名而动有益，即无极而太极是也"。③ "道之理幽微而深长，用之而无尽，息之则无形"。④ "言理道之幽微如是也。所谓视之不见，言道；听之不闻，言理；博之不得，言气。曰夷曰希曰微，言平淡无见也"。⑤ 可见朱元璋并不关心"道"的义理思想，对"道之理""道之幽微"处并无发挥，对《老子》之"道"，朱元璋的解释方式在于将其神格化，使其具有赏善罚恶的功能，由此来论证君权的合法性。

朱元璋起家与宗教有关，在论证君权合法性时，自然引入了"君权神授""天人感应"的思想。朱元璋自视为道在人间的化身，他说："朴散而

---

① （明）姚士观等编校《明太祖文集》卷10《三教论》，载《景印文渊阁四库全书》第1223册，商务印书馆，1986，第108页。后文略注。

② （明）姚士观等编校《明太祖文集》卷10《三教论》，载《景印文渊阁四库全书》第1223册，第108页。

③ （明）朱元璋：《大明太祖高皇帝御注道德真经》，载《老子集成》第6卷，第2页。

④ （明）朱元璋：《大明太祖高皇帝御注道德真经》，载《老子集成》第6卷，第4页。

⑤ （明）朱元璋：《大明太祖高皇帝御注道德真经》，载《老子集成》第6卷，第7页。

为器，则圣人用之。朴，道未行也，散而为器，道布也。圣人用之，则为官长，非官长也，云人主是也。”[①] 道散而为器，圣人得此而为君主，君主如果无德，上天会降下各种征兆以资警诫，君主如果执迷不悟，天命就会转移。

盖谓鬼本不神，因时君无道，故依草附木，共兴为怪，以兆将来，亦有戒焉。时君若知怪非常，能革非心，以正道心，则天意可招回焉。不然则天虽不叙，必假手于可命者，则社稷移而民有他从，不可留也。[②]

君主得天下乃是顺应天命，君臣名分亦是天定，若不安本分，只会自取灭亡。不唯有自取灭亡的臣子，君主失天命也会败亡。

老子云：吾将取天下而将行，又且不行，云何？盖天下国家，神器也。神器者何？上天后土，主之者国家也。所以不敢取，乃曰我见谋人之国，未尝不败，然此见主者尚有败者，所以天命也。老子云：若吾为之，惟天命归而不得已，吾方为之。[③]

朱元璋在宣扬“君权神授”的同时，并没有无限放纵君权。道既然具有赏善罚恶的功能，那么君臣都应处于道的威慑之下。《老子》第一章历来被视为“提纲挈领”的章节，在此章开头，朱元璋直接表示君臣都“行道”。

上至天子，下及臣庶，若有志于行道者，当行过常人所行之道，即非常道。道犹路也，凡人律身行事，心无他欲，执此而行之，心即路也，路即心也，能执而不改，非常道也。[④]

他认为道即为路，路即为心，则道就是心，人能够律身行己，心无他

① （明）朱元璋：《大明太祖高皇帝御注道德真经》，载《老子集成》第6卷，第13页。
② （明）朱元璋：《大明太祖高皇帝御注道德真经》，载《老子集成》第6卷，第24页。
③ （明）朱元璋：《大明太祖高皇帝御注道德真经》，载《老子集成》第6卷，第13页。
④ （明）朱元璋：《大明太祖高皇帝御注道德真经》，载《老子集成》第6卷，第2页。

欲就是行道。朱元璋作为开国之君，此处自律之要求，不仅是对臣子而言，也包含着对统治者的告诫，但对臣子的防范才是重点，他甚至引入了“还报”思想对臣子进行告诫。朱元璋征战半生，对战争之苦体会深刻：“盖为凡国家用兵，或转输边境，转输则民疲用乏，是有凶年。或境内相争，言境内相争，农废耕植，田野荒芜，所以荆棘生焉。皆乏用，是为凶年。”①他着重指出，在战争问题上，臣子辅佐人主，要依道而行，既不可鼓动人主尚战，也不可当发兵时却犹豫不决，以致君主失去先机，这些都会招致“还报”。

> 夫为人臣者，不务以道佐人主，乃务尚兵强，丧人主也。当可发兵而犹豫，致君不发，亦亡君也。云其事好还者，乃非理之为，神天不许也。若有此无故损伤物命，非身即子孙报之，理有不可免者。②

朱元璋极力维护政权的稳固，为防臣民有二心，他告诫臣子忠于君主乃是天理，若有违背，必有“还报”殃及自身或后世子孙。《老子》中凡是涉及天下不可强取之意的章节，朱元璋都予以大力称赞。如“将欲取天下而为之，吾见其不得已。天下神器也，不可为也。为者败之，执者失之”句，朱元璋赞曰：“朕于斯经乃知老子大道焉。”③“以道佐人主者，不以兵强天下，其事好还”句，朱元璋赞曰：“朕观老子之为圣人也，亘古今而无双，夫何故？以其阴骘大焉。”④ 在后面的注解中，朱元璋还多次强调这两种思想。如在“名与身孰亲”章中，朱元璋再次重申天命思想：

> 噫！深哉意奥，愚人将以为老子不贵天爵乎？非也。其戒禁贪婪之徒，特以甚多二字，承其上文，又以二知字收之，再以长久示之，吾故比云。且国之大职，王之下冢宰之官极位，若非天命，弃其此而爱王位，可乎？六卿非君命而谗居相位，可乎？以次序校之，诸职事

① （明）朱元璋：《大明太祖高皇帝御注道德真经》，载《老子集成》第6卷，第13页。
② （明）朱元璋：《大明太祖高皇帝御注道德真经》，载《老子集成》第6卷，第13页。
③ （明）朱元璋：《大明太祖高皇帝御注道德真经》，载《老子集成》第6卷，第13页。
④ （明）朱元璋：《大明太祖高皇帝御注道德真经》，载《老子集成》第6卷，第13页。

皆然。……君子之亲，日亲于道，多多于道。小人之病，病不务学道，贪非理之名，多藏货物。其非理之名易夺，货藏多而必恃，故厚亡。君子守有命之名，藏合得之物，是谓知足不辱，知止不殆，可以长久，云永不坏也。①

如在“出生入死”章中，朱元璋再次提到“还报”思想：

又如天道好还，如小人务尚奸邪，动辄致人于死地，所以好还者，彼虽避兕虎而入兕虎中，彼虽远兵甲，而由兵甲而死。其还也如是，其得也必然，此皆动之死地耳。②

朱元璋虽极力宣扬“君权神授”，但对宗教又保持着清醒的认识，更加关注现实。他反对祈福于上天，在朱元璋看来，严刑峻法会导致人民的反抗，祈福于天也会招致祸殃，相反，“若能治人省苛，事天祀以理，广德以安民，则其德厚矣。虽不祈于天福，乃天福也”③。祈福于天不若施惠于民。朱元璋并不迷信宗教，但这并不妨碍他本着政治实用的目的利用宗教维护其统治。他起家与明教关系密切，但建国之后就下令禁止明教流传。他虽然提倡三教并立，但其对佛、道二教也没有偏爱，只将它们看作“阴翊王纲”的手段。陈国全在《明太祖的宗教政策》中说道：

又太祖虽礼信沙门，崇重黄老，僧道入仕，几成国初常例；唯其对二教之制约，即未稍放松，僧道录司之沿置，周知册之颁行，均清楚显示其严束释道之意向。至于假释老内典以护王纲，宣扬君权至上，则其利用佛道以申王权之手段也甚明耳。④

“假释老内典以护王纲”很准确地揭示了朱元璋注解《道德经》的目

① （明）朱元璋：《大明太祖高皇帝御注道德真经》，载《老子集成》第6卷，第18页。

② （明）朱元璋：《大明太祖高皇帝御注道德真经》，载《老子集成》第6卷，第20页。

③ （明）朱元璋：《大明太祖高皇帝御注道德真经》，载《老子集成》第6卷，第24页。

④ 陈国全：《明太祖的宗教政策》，香港大学硕士学位论文，1991，第1页。

的：挖掘其中的治国思想，并发挥有利于其统治的部分，加以扩大甚至是曲解。因此，朱元璋在注解《老子》时借神仙“还报”思想宣扬其统治乃是顺应天命也就可以理解了。

（二）“君乃时或妄为，则民祸矣”

朱元璋作为开国之君，元朝灭亡的教训就在眼前，创业不易，守业更难，朱元璋对此有清醒的认识。他在马上得天下后，并没有耽于享乐，反而以身作则，数十年如一日，勤于政事，生活节俭，他的身上有很浓厚的务实精神，对君主的责任、百姓之苦、统治者无道之害深有体会，因此在“君权神授”外，对君主的无上权力尤其警惕，他认为君主亦要律身行己，不可妄为。

> 此以君之身为天下国家万姓，以君之神气为国王，王有道不死，万姓咸安。又以身为天地，其气不妄为，常存于中，是谓天地根。若有所养，则绵绵不绝，常存理用，则不乏矣。①

朱元璋对君主要求尤高，甚至可以说在《御注》中，朱元璋发挥老子的修身之道，主要就是针对君主而言。作为君主，以道自律，就要时刻心存善政，利济万物。

> 道之幽微，静无名而动有益，即无极而太极是也。且如吾为天下君，善政之机日存于心而未发，孰知何名？才施行则有赏罚焉。不但君心有赏罚，贤人君子有志，则皆能利济万物，所以无名天地之始，即君子仁心蓄之于衷，发而济万物，则有名矣，岂不万物之母云？②

朱元璋认为君主施政当效法大道，“静无名而动有益”，当道隐而不显之时，无名无象；一旦大道运行，则成就万物，是为万物之母。正如人主治国，要时刻心怀百姓。当其执政方针未实施时，只存于己心；一旦施之

① （明）朱元璋：《大明太祖高皇帝御注道德真经》，载《老子集成》第6卷，第4页。
② （明）朱元璋：《大明太祖高皇帝御注道德真经》，载《老子集成》第6卷，第2页。

于世，赏善罚恶，则能泽被世人。此即老子所言“常无欲以观其妙，常有欲以观其徼”。

> 无欲观其妙，谓道既行，而不求他誉，以己诚察于真理，故云：常无欲以观其妙。又常有欲以观其徼，非他欲也，乃欲善事之周备耳。虑恐不备，而又欲之，非声色财利之所欲。①

君主一言一行关系甚大，故其言行尤当谨慎，以适度为原则，行道不求他誉，施政不自居功，不要做“道上加道，善上加善”之事，否则过犹不及，欲求利反受害，不若无为而治。

> 国王及臣庶，有能行道者，笃能行斯大道，勿于道上加道焉，善上更加善焉。凡以巧上此二事者，美则美矣，不过一时而已，又非常道也。故美尽而恶来，善穷而不善至矣。若治天下者，务使百姓安，不知君德之何如，即古野老云：帝力于我何有哉?②

朱元璋此处的“无为”并非什么都不做，而是侧重于要求君主不妄为。君主作为一国之主，治国理民犹要警醒，不可任意而为：“君为民之主，君乃时或妄为，则民祸矣。民疲则国亡，信哉!”③ 须知君主乃万民之表率，君主为善则人民善，君主为恶则人民恶，“不欲身民如是，务秉之以道，常以心似乎小儿之无知，特守无为之道，故天下安”。④ 君主手握天下，要达到无为的境界，必然要经历一番“损”之功夫。对《老子》中“为学日益，为道日损，损之又损，以至于无为”句，朱元璋有意将第一个“为”字理解为“因为”之意，以此解释君主时刻自律，不可妄为。

> 圣人有志学道，道乃日积。日积日益也，久日道备，将欲作为其

① （明）朱元璋：《大明太祖高皇帝御注道德真经》，载《老子集成》第 6 卷，第 3 页。
② （明）朱元璋：《大明太祖高皇帝御注道德真经》，载《老子集成》第 6 卷，第 3 页。
③ （明）朱元璋：《大明太祖高皇帝御注道德真经》，载《老子集成》第 6 卷，第 5 页。
④ （明）朱元璋：《大明太祖高皇帝御注道德真经》，载《老子集成》第 6 卷，第 20 页。

道，圣人虑恐道行未稳，以此宵衣旰食，苦心焦思，致使神疲心倦，即是损之又损。然后道布天下，被及万物，民安物阜，天下贞。是以圣人无为，又无为而无不为矣，岂不先苦而后乐乎?①

圣人有志学道，日积月累，愈与道合，将欲行道，仍担心道行不稳，宵衣旰食，苦心焦思，不敢懈怠，致使神疲心倦，身心损之又损。圣人身心疲惫，换来的是百姓安居乐业。这样的解释自然是错误的，但朱元璋此解有自己的目的，那就是借此警诫为君者要修身不怠，勤于政事，为君者对民无为，对己则有为，只有君主严格要求自己，才能避免妄为，以此达到朱元璋君有为而民无为的治国目标："诸事先有勤劳，而合理尽为之矣。既已措安，乃无为矣。"②

在《御注》中，朱元璋强调的君主之不妄为表现在以下两个方面：首先，君主要以清净为念，不能随意变更各项前人的规矩。

清静为天下正，此言理道之守甚严，谓君天下者既措安之后，当坚守其定归，勿妄为。妄为，或改前人之理道是也。改则乱，不改则天下平，是谓正。③

其次，为君者要厉行节俭。朱元璋在《御注》中反复强调修身之道要在清廉绝奢。他对"虚其心"注解曰："是以圣人常自清薄，不丰其身。"④他在"天长地久"章中再次强调"后其身者，俭素绝奢"，"外其身者，以其不丰美其身，使不自安而身存，乃先苦而后乐也"。⑤若不听此劝，迷于声色财物，取之无道，用非其理，反而会身被物伤。故有道君子，需谨记立身行道要合乎天理。

朱元璋强调节俭，要求王者要起到率先垂范的作用："谓为王者，身先

① （明）朱元璋：《大明太祖高皇帝御注道德真经》，载《老子集成》第6卷，第19页。
② （明）朱元璋：《大明太祖高皇帝御注道德真经》，载《老子集成》第6卷，第3页。
③ （明）朱元璋：《大明太祖高皇帝御注道德真经》，载《老子集成》第6卷，第19页。
④ （明）朱元璋：《大明太祖高皇帝御注道德真经》，载《老子集成》第6卷，第3页。
⑤ （明）朱元璋：《大明太祖高皇帝御注道德真经》，载《老子集成》第6卷，第4~5页。

俭之，以使上行下效，不致纵欲是也。”[①] 因为王者一旦纵欲，必将劳民伤财，以致民乏国危，故朱元璋赞同《老子》中“治大国若烹小鲜”的告诫。

> 善治天下者，务不奢侈，以废民财，而劳其力焉。若奢侈者，必宫室台榭诸等徭役并兴擅动，生民农业废，而乏用国危，故设以烹小鲜之喻，为王者驭天下之式。[②]

在实际生活中，朱元璋确实在践行着节俭的原则。在王朝建立之初，朱元璋就禁止臣下进献珍奇宝物，甚至宫殿墙上的装饰都摒弃了浮华无用的雕饰而刻以《大学衍义》。对民间，也以法令的形式规定四民各安其业：“朕思足食在于禁末作，足衣在于禁华靡，宜令天下四民，各守其业，不许游食，庶民之家不许衣锦绣。”[③] 朱元璋反对物质之乐，提倡修道行道之乐。在朱元璋看来，物质只能带来一时的快乐，而体道之乐则无穷也：“盖谓学道与物乐不同也。所以不同者，道乃无形之理，善用无乏焉，故盈之而弗厌。其游赏宴乐，乃用物而骄盈也。既盈而有亏，以荡志而用物过也。”[④]

朱元璋能对君主严格要求，固然有维护统治的意思在其中，但其爱民之心亦于此而见，以不妄为之心安民，朱元璋的爱民思想亦是其不妄为思想的具体表现。

（三）“治国务欲民实”

朱元璋起于寒微，对于民众疾苦有深刻的认识，故其执政举措，非常重视安定百姓，在《御注》中，朱元璋着重发挥了藏富于民的安民之道。朱元璋在注解“不尚贤”章时，对吴澄的注解表示了赞赏。吴澄认为使百姓无知无欲，就是要不使其存争名夺利之心，那么统治者就要不推崇贤名，以免世人逐名而忘实；不贵难得之物，以免世人逐利而为盗。圣人之治，要让百姓丰衣足食，身体强壮，但不存名利之心，不存争名夺利之志。而朱元璋对此章的解释与吴澄之意大致相同，但是他作为统治者，考虑事情

---

① （明）朱元璋：《大明太祖高皇帝御注道德真经》，载《老子集成》第6卷，第16页。
② （明）朱元璋：《大明太祖高皇帝御注道德真经》，载《老子集成》第6卷，第24页。
③ （明）朱元璋：《明太祖宝训》卷3《勤民》，中国友谊出版公司，2023，第137页。
④ （明）朱元璋：《大明太祖高皇帝御注道德真经》，载《老子集成》第6卷，第9页。

的角度不一样，这表现在对虚心、实腹、弱志、强骨的解释上，朱元璋曰：

是以圣人常自清薄，不丰其身。使民富乃实腹也，民富则国之大本固矣。然更不恃民富而国壮，他生事焉。是为实腹弱志强骨也。[①]

朱元璋实行富民政策的根本目的是巩固统治。“水能载舟，亦能覆舟”，朱元璋起于寒微，以武力反抗元朝暴政而登上帝位，对于君与臣民的关系，朱元璋体会得更加深切。

又云治家者以道律身，以礼役奴仆，则奴仆驱劳而治家者安。木枯根而深固，枝叶荣矣，则干全而永年。岂不知诸事先理道而后成？故奴仆驱而主逸，枝叶繁而干盛，皆抚绥乘气之至也。故奴仆营而资给于家，枝叶繁而招雨露于干，其理势之必然。[②]

君主好比大树的树干，臣民就是枝叶，枝叶繁盛，大树才能富有生机，故统治者治理臣民，要修道律身，以礼待下。臣民因为君主的不恣意妄为，生活富裕，感激君恩，自然也不会生出反叛之心。君臣上下等级有序，海内晏安，是为天下王。故朱元璋虽然实行重典治吏，但对于百姓则主张实行仁政，他曾对大臣说：“仁义者，养民之膏粱也。刑罚者，惩恶之药石也。舍仁义而专用刑罚，是以药石养人，岂得谓善治乎？”[③] 富民思想正是朱元璋仁政的表现之一。

洪武元年（1368），朱元璋向刘基请教生息之道，刘基只言“宽仁”，而朱元璋则将宽仁具体化。

上曰：“不施实惠，而概言宽仁，亦无益耳。以朕观之，宽民必当阜民之财，息民之力，不节用则民财竭，不省役则民力困，不明教化

① （明）朱元璋：《大明太祖高皇帝御注道德真经》，载《老子集成》第6卷，第3页。
② （明）朱元璋：《大明太祖高皇帝御注道德真经》，载《老子集成》第6卷，第29页。
③ （清）张廷玉等撰《明史》卷94《刑法二》，第8册，第2319页。

则民不知礼义，不禁贪暴则无以遂其生。”基顿首曰：“此所谓以仁心行仁政也。”①

在《御注》中，朱元璋仍然坚持富民思想，反对重敛厚科。

治国务欲民实，无得重敛而厚科，若重敛而厚科，则民乏用矣。民既乏用，则盗贼之心萌，盗贼之心既萌，将必持戈矛而互相戕，是谓难治。为天下君，勿过为。过为者何？五荒是也。若有为此者，民多失养，既多失养，无所不为，尤其难治。②

他很清楚地认识到百姓富裕才是政权稳固的根本，为君者不可与民争利：“与民休息，使积蓄之，是谓生之蓄之。君不轻取，是谓不有。天下措安，君不自逞其能，是谓不恃。生齿之繁，君不专长，百职以理之。是谓长而不宰。”③ 民穷则思变，民富又可能萌生反叛之心，作为统治者既要使人民富裕，又要防范他们因富而生反叛之心，故要弱其志。如何弱其志？这就涉及朱元璋的“愚民”思想。朱元璋认为“愚民”不是使民无知，而是使臣民遵守君君臣臣父父子子之道，各安其分，臣尊其君，民安本业，上下秩序井然，淳朴之治得也：

上古圣君，道治天下，安民而已。岂有将货财声色奇巧以示天下，使民明知？若民明知货财声色奇巧，君好甚笃，则争浮利，尚奇巧之徒盈市朝朝，皆弃本以逐末矣。所以有德之君，绝奇巧，却异财，而远声色，则民不争浮华之利，奇巧无所施其工，皆罢虚务而敦实业，不数年淳风大作，此老子云愚民之本意也，非实痴民。老子言大道之理，务欲使人君君臣臣父父子子，彝伦攸叙。实教民愚，罔知上下，果圣人欤？④

① （清）谷应泰撰《明史纪事本末》卷14《开国规模》，中华书局，1977，第195~196页。
② （明）朱元璋：《大明太祖高皇帝御注道德真经》，载《老子集成》第6卷，第28页。
③ （明）朱元璋：《大明太祖高皇帝御注道德真经》，载《老子集成》第6卷，第6页。
④ （明）朱元璋：《大明太祖高皇帝御注道德真经》，载《老子集成》第6卷，第26页。

朱元璋一再强调君主行道不妄为，其实君主所行之道就是儒家之仁义礼智信而已，归根到底，朱元璋虽然称赞《老子》为“王者之上师，臣民之极宝”，不过是因为老子之道有助于他达成儒家君贤民朴的圣人之治而已。

> 大道果何？曰仁、曰义、曰礼、曰智、曰信，此五者，道之化而行也。君天下者，行此守此，则安天下。臣守此，而名贤天下，家乃昌。庶民守此，而邻里睦，六亲和，兴家不犯刑宪，日贞郡里称良。①

综上，朱元璋注解《老子》之道不涉及形上哲学，完全从统治者的立场出发，将老子形上之道发挥为君主修身治国之道，他能以君主之尊，对自身严格要求，这是很难能可贵的。尹振环认为唐玄宗对《道德经》的注疏有两大负面影响：其一，“用行政力量固定了《老子》颠倒的结构布局与一些错误的文字”；其二，“将《老子》进言对象由‘侯王’转向臣民，由‘南面术’转向‘人生哲学’、‘生命智慧’”②。以“负面影响”评价唐玄宗的注老旨趣，言之过重，《老子》中本就包含丰富的哲学、政治思想，每个注解者都可以从不同的方面进行发挥，这样才构成绵延不绝、各具特色的老学史。如果说唐玄宗注疏是将《老子》由“南面术”转为“人生哲学”“生命智慧”，那么朱元璋《御注》则是将《老子》又拉回到“南面术”。

朱元璋《御注》颁行之后，明代注《老》者从官员到学者、道士，都受其思想影响，如薛蕙在《老子集解》中引用了朱元璋《御注》中对《老子》的评价，称赞曰：“于戏！我太祖盖天纵大圣人者，故聪明睿智，知言之矣，如此亶聪明作元后，太祖之谓矣。”③ 学者如印玄散人涂国柱，他在《老子尺木会旨》自序中言：“我高祖皇帝序《道德经》曰：朕知斯经乃万

---

① （明）朱元璋：《大明太祖高皇帝御注道德真经》，载《老子集成》第6卷，第21页。

② 尹振环：《帝王文化与〈老子〉——唐玄宗变〈老子〉南面术为人生哲学》，《中州学刊》2008年第1期。

③ （明）薛蕙：《老子集解》，载《老子集成》第6卷，第319页。

物之至根，王者之上师，臣民之极宝，非金丹之旨也。”① 道士如正一派第四十三代天师张宇初在为危大有《道德真经集义》所作的序文中开篇即言：“太上《道德》上下篇，凡五千余言，内而葆炼存养之道，外而修齐治平之事，无不备焉，此所谓内圣外王之学也。”② 朱元璋对《老子》的评价一再被后来者所引用，明末社会危机爆发，《老子》又成为士人探寻救世之道的理论来源之一，亦是对朱元璋评价的认同。朱元璋的《御注》影响了整个明代老学发展，为明代老学确立了发展基调。

二 宋濂的老学观

宋濂（1310~1381），初名寿，字景濂，号潜溪，别号龙门子、玄真遁叟等，今浙江义乌人，被朱元璋视为“开国文臣之首”。宋濂本人熟稔儒家经典，推崇程朱思想：“自孟子之殁，大道晦冥，世人擿埴而索途者，千又余载。天生濂、洛、关、闽四夫子，始揭白日于中天，万象森列，无不毕见，其功固伟矣！而集其大成者，唯考亭子朱子而已。”③ 但宋濂并没有因此而诋訾释道，他曾自谓曰：“予，儒家之流也。四库书册，粗尝校阅；三藏玄文，颇亦玩索。”④ 多方“玩索”后宋濂认为：“天生东鲁、西竺二圣人，化导蒸民，虽设教不同，其使人趋于善道，则一而已。”⑤宋濂对道家亦多有赞扬，洪武六年（1373），浦阳混成道院建成，请宋濂为之作“记”，宋濂在《混成道院记》中曰：

> 道家者流，秉要执本，清虚以自守，卑弱以自持，实有合于《书》之“克让”，《易》之“谦谦”，可以修己，可以治人，是故老子、伊尹、太公、辛甲、鬻子、管子、蜎子与夫兵谋之书，咸属焉。⑥

---

① （明）印玄散人：《老子尺木会旨》，载《老子集成》第7卷，第346页。

② （明）危大有：《道德真经集义》，载《老子集成》第6卷，第31页。

③ （明）宋濂著，黄灵庚编辑点校《宋濂全集》卷30《理学纂言序》，人民文学出版社，2014，第637页。此后文中略注。

④ （明）宋濂著，黄灵庚编辑点校《宋濂全集》卷25《璞原师还越中序》，第517~518页。

⑤ （明）宋濂著，黄灵庚编辑点校《宋濂全集》卷27《夹注辅教编序》，第563页。

⑥ （明）宋濂著，黄灵庚编辑点校《宋濂全集》卷8《混成道院记》，第162页。

宋濂对《老子》清静无为思想是很赞同的。宋濂于元至正十八年（1358）作《诸子辩》,[①] 当时宋濂还没有受明太祖征召，独居无事，作此书。对于《老子》一书之主旨，宋濂曰："聃书所言，大抵敛守退藏，不为物先，而一返于自然。由其所该者甚广，故后世多尊之行之。"[②] 可见，宋濂对《老子》的看法是一以贯之的，他认为《老子》之道本为无为自然，然因其思想博大，涵盖面甚广，道家、神仙家、兵家、申韩、庄列、张良、曹参者皆祖而用之。对于后世将老子与神仙家、虚无联系起来，宋濂是不赞同的，尤其是道教徒舍《老子》而效佛经，经书中还掺入符咒、法箓、丹药、方技之类，殊失《老子》本意。

> 聃亦豪杰士哉！伤其本之未正，而末流之弊至贻士君子有"虚玄长而晋室乱"之言，虽聃立言之时，亦不自知其祸若斯之惨也。呜呼？此姑置之。道家宗黄、老，黄帝书已不传，而老聃亦仅有此五千言，为其徒者，乃弃而不习，反依仿释氏经教以成书。开元所列《三洞琼纲》固多亡缺，而祥符《宝文统传》所记，若《大洞真》，若《灵宝洞元》，若《太上洞神》，若《太真》，若《太平》，若《太清》，若《正一》诸部，总四千三百五十九卷，又多杂以符咒、法箓、丹药、方技之属，皆老氏所不道，米巫祭酒之流，犹自号诸人曰"吾盖道家"、"吾盖道家"云。[③]

宋濂虽然反对道教之符箓、丹鼎，但对于其固精养神之说，却"心常艳之"。他在《混成道院记》中说道：

> 予闻神仙家之说葆精啬神，冥合太虚，倏然玄览，却立垢氛之外，下上星辰，呼吸阴阳，超无有而独存，心颇艳之。迩年以来，刊落世婴，外物之为羁靮者，皆释然谢去，思欲排空御气，神游八极之表，

① 徐永明：《文臣之首：宋濂传》，浙江人民出版社，2007，第 334 页。

② （明）宋濂著，黄灵庚辑《宋濂全集》卷 79《诸子辩·老子》，第 1897 页。

③ （明）宋濂著，黄灵庚辑《宋濂全集》卷 79《诸子辩·老子》，第 1897~1898 页。

俯瞰仙华，而时一下之。[①]

可见，明朝建立之后，宋濂出于政治需要，大力推崇程朱思想，对佛道的关注重点也落在“化导蒸民”、修己治人方面，这与朱元璋“三教并立”的政策是一致的。

三　一位道官的老学思想

危大有，生平不详，应为元、明间人。正一派第43代天师张宇初在为危大有《道德真经集义》所作的序文中称“盱江道纪危大有”[②]。《道德真经集义》作于洪武二十年（1387），汇集了河上公、何心山、吕知常、李道纯、刘师立、林希逸、董思靖、柴元皋、倪思、苏辙、晁迥、吴澄十二家注。危大有在序言中说：“于是将河上公及何心山等十余家注解，取其训释详明，理长意同而不牵强者，集成一部。”[③] 而危大有所谓“意同”即是指以《老子》之道为修身治国之道：“太上《道德经》，乃吾道经之祖也，以无为自然为体，以谦退慈俭为用，以致修齐治平之道，靡不具焉。”[④] 然危大有在发挥《老子》中的性命双修及无为思想之外，又以一位官员的身份注解“道散为器”，宣扬君主乃是受命于天。

（一）性命双修

危大有的性命论保持了道教老学的特色，主张性命双修。他认为道乃是虚无之元炁。危大有对“道可道”句的解释主要采用了何心山与李道纯的注解。何心山身份不详，李道纯则是南宋高道，他们都将“道”解释为先天之炁。何心山认为：“夫道者，元炁虚无，混沌自然，二仪从之而生，万有资之而形，不可得而名，强为之名曰道。”[⑤] 李道纯曰：“元始祖炁，化生诸天，随时应变道也。”[⑥] 人之生得之于先天母炁，“盖神是气之子，而气

① （明）宋濂著，黄灵庚辑《宋濂全集》卷8《混成道院记》，第162~163页。
② （明）危大有：《道德真经集义》，载《老子集成》第6卷，第31页。
③ （明）危大有：《道德真经集义》，载《老子集成》第6卷，第32页。
④ （明）危大有：《道德真经集义》，载《老子集成》第6卷，第32页。
⑤ （明）危大有：《道德真经集义》，载《老子集成》第6卷，第32页。
⑥ （明）危大有：《道德真经集义》，载《老子集成》第6卷，第33页。

是神之母也”[1]，危大有的性命双修之道就落实为守气养气。

在道教内丹学中，性指神，命指形体，神是命之主宰，命是神之体现，危大有认为性命双修，不可偏废。

> 魂强者生之徒，魄壮者死之徒，盖魂者属于阳而喜于清虚，魄者属于阴而好营扰，盖魄者阳之贼也，且魄之为物，喜人耽于声色，尚于浮华，迷于昏寐，驰骋游走，耗人精气，使人趋于死地，形谢之后，得以享其祭祀也。是以圣人以神御炁，以形制魄，法地之用，安静厚载，镇以不动，阴魄虽欲营营，动我念虑，其可得乎。[2]

魂为阳，好虚静；魄为阴，好营扰。魄动则气散，气散则形消，此为趋死地也，故要以神御气，以形制魄。“以神御气”是指修性而言，“以形制魄”是指修命，修性修命各有关节。修性之要在于养神。《老子》言：“谷神不死，是谓玄牝”，危大有此处采用了吕知常的解释，“谷神”为元神的居所，其空如谷而元神居之，故又称为谷神。谷神主宰人的生死，若神不安于居，游离居所，则人死矣。人若要长生，全靠玄牝之互动。玄乃天，阳气也；牝乃地，阴气也。“二炁升降于呼吸之间，有法以制之，逆其所顺，使阴不得而长，还其所生，使阳不得而微，以无为有。易有为无，以坤元谷实之气，升而出之，以天元虚无之炁，降而归之。天炁既归于身，则阴滓自然荡尽，复为纯阳之人矣。”[3] 故养神就是养气。

如何养气？《老子》言“多言数穷，不如守中”，危大有采用吕知常的观点，将“中”理解为“中宫”，中宫乃原始母炁之居所，老子此言正是告诉世人治气之要在于“守中”。

> 陆氏释屈作竭，文始妙道真人问老子曰：道德修身至要，在于何章？老子曰：在于守中抱一，深根固蒂。曰：何谓守中？老子曰：中

① （明）危大有：《道德真经集义》，载《老子集成》第 6 卷，第 105 页。
② （明）危大有：《道德真经集义》，载《老子集成》第 6 卷，第 43 页。
③ （明）危大有：《道德真经集义》，载《老子集成》第 6 卷，第 39 页。

者中宫也。原夫赤子在母腹中，脐蒂与母脐蒂相连，暗注母炁，母呼亦呼，母吸亦吸，绵绵十月，气足神备，脱蒂而生，亦犹果之受气既足，脱蒂而下也。脐间深入三寸谓之中宫，亦曰黄庭，男子谓之气海，女人谓之子宫，吾昔受太上道君诀曰：勤守中，莫放逸，外不入，内不出，还本元，万事毕。勤守中者，一意以守元海也。不出入者，令往来之息兀然注于中宫气海，勿使息之出入也。还本元者，脐间乃一万二千五百息之源，五脏六腑生气之本，以息还归本源，以神御之，使息定息住也。①

可见守中就是使外气不入，内气不逸，复归于元始母炁，《老子》言“致虚极，守静笃”，正是告诉世人返本还原之功夫：“虚之又虚，神得其居，静之又静，神得其正。”虚者，“外物不入乎内也”；静者，“内心不出乎外也”②。若驰心于外，精神耗散，神舍不虚，神不安于居，只能自蹈死地。故曰“人能积虚以通神，致静以养真，则玄牝不死之道得矣”③。

修命之要在于无身。长生成仙是道教的根本追求，但危大有认为长生是指精神的永存，人之生也，乃炁所化，肉体不过是道的居所，身体的死亡就如蝉蜕，身死而道不亡。

圣人之道，传诸万世，布在方策，后世尊之师之，其人虽亡，其政若存。有道之士，以生为寄，以死为归，其生也识趣圆明，与道合真，其死也脱胎神化，如蝉蜕焉。身虽死而真身不亡，寿与二仪齐其绵邈，故曰死而不亡者寿。④

故修命者不是厚养形体，而是养气：“或仙术延生而失宜，或炼药卫生而过剂，其意正欲趋生而返于死地者，为其求生之心太重，而不顺乎自然

① （明）危大有：《道德真经集义》，载《老子集成》第6卷，第39页。
② （明）危大有：《道德真经集义》，载《老子集成》第6卷，第51页。
③ （明）危大有：《道德真经集义》，载《老子集成》第6卷，第40页。
④ （明）危大有：《道德真经集义》，载《老子集成》第6卷，第73页。

也。"[①] 人若过于沉迷外物，就会陷入患得患失、进退两难的境地，人为物役，精气耗散，神气外逸，欲求长生反趋死地也："圣人以身为国，以心为君，精气为民，民安国泰，民散国虚，心无为则气和，气和则万宝结，心有为则气乱，气乱则英华散矣。"[②] 故圣人之养生，为内不为外，"为内"者养其精神，"不为外"者淡泊无欲，方能复归生命之原，圣人将修身之道推之于治国，即要保持虚静之心，无为而治。

（二）有无相生，不可缺一

危大有身为道士，但其无为而治的思想并没有流于虚无高远，相反，他认为老子将有无并举，对两者都很重视，并非专尚无。常无、常有皆非暂无、暂有，而是自古固然，无时不然，故以"常"字名之。有无就是"道"的两种形态："无与有，皆道之常，常无，道之未形者也，常有，道之已著者也。道常无亦常有，有无相生，不可缺一。"故曰，此两者本同而名异，同谓之"玄"，"世谓老子专言无不言有，以此首章，有无并举，未尝偏有所取舍也"。[③] 所以，老子的无为并非什么都不做，而是指行为要顺应事物发展规律，"如水行用舟，山行用欙，因高为田，因下为池"[④]，以收到事少功多、似无为而实无所不为的目的，"此无为之所以贵，若止于无为，不能无所不为，则涉于虚无，非所谓道也"。[⑤] 有无并举，要求君主不能妄为，更不能不为，由此，危大有在承认君主受命于天的基础上，又对君主提出了要求。

危大有认为君主之位乃是天命所归，民心所向，而非君主恃智尚力所能得，危大有引用何心山的观点说：

> 经中言天下之戒者三，欲革千万世乱臣贼子之心，所谓昧于权利，越次妄据，外不量力，内不知命，自取丧灭者，示其祸戒也。故曰以无事取天下，不可萌一毫有为之心，天下大物曰神器，非人力可觊觎

① （明）危大有：《道德真经集义》，载《老子集成》第 6 卷，第 93 页。
② （明）危大有：《道德真经集义》，载《老子集成》第 6 卷，第 44 页。
③ （明）危大有：《道德真经集义》，载《老子集成》第 6 卷，第 33 页。
④ （明）危大有：《道德真经集义》，载《老子集成》第 6 卷，第 86 页。
⑤ （明）危大有：《道德真经集义》，载《老子集成》第 6 卷，第 90 页。

也，如文王三分天下有其二，何尝有为之之心。尧之黄屋非心，舜禹有天下而不与，何尝有执之之心。圣人无为故无败，无执故无失，事事物物，莫不皆然，一以无心处之，况天下之大，神明之祚，其可以智力求哉。①

圣人受命于天，名既立，上下尊卑已然确定，若失其本分，不知足知止，则会陷入危殆之中。

时逐岁行，物因事显，散朴为器，因器制名，名分既立，尊卑是陈，不可越于上下，若不知止，徇名忘朴，弃本逐末，则失其根本矣。其知止者，既明且哲，自足于内，无求于外，岂有危殆乎。②

故圣人要以无为治国。以无为之道治民，就要以百姓心为心，不自矜自伐，强以己意施之百姓："随机应变，不逆民物之情，故百姓遵圣人之言，行圣人之行，从圣人之化，天下同一心也。"③ 在上者不妄为，百姓保持淳朴之心，上下相安于无为也。

而对于不得不为之事，要以无为之心处之。危大有认为战争劳民伤财，本不可取，倘若君主有兴兵之意，臣子应该极力劝阻，但是战争作为一种禁暴御乱的手段，又不可废止。对待敌人，不可恃强凌弱，要先礼后兵，若礼义不可化，才思兴兵以阻之。

兵固有道者不取，然天生五材亦不可去，譬水火焉，在乎善用，惟以止暴济难，则果决于理而已。凡理义之在我，则所守者不屈矣。《春秋传》曰：杀敌为果，言杀敌者令不相侵而已，何敢取强于天下哉。果以理胜，强以力胜，惟果则隐然有必克之势，初非恃力好战，故临事而惧，好谋而成，不得已而后应之，勿强而已。④

---

① （明）危大有：《道德真经集义》，载《老子集成》第6卷，第67页。

② （明）危大有：《道德真经集义》，载《老子集成》第6卷，第72页。

③ （明）危大有：《道德真经集义》，载《老子集成》第6卷，第90页。

④ （明）危大有：《道德真经集义》，载《老子集成》第6卷，第69~70页。

兴兵作战乃是不得已之选择，既兴兵，不可恋战。须知国家久战，上违天时，下伤民力，以致雨旸失时，疵疠灾害，故不得已而发动战争，不可留恋不去，应迅速结束战争。

综上，危大有的注解虽然保持了道教性命双修的内丹特色，但其对《老子》治国思想的发挥，亦可看出朱元璋《御注》的影子。

第二节　程朱思想笼罩下的老学

一　科举指导思想的确立

朱元璋为吴王时已经开始重视程朱思想，至正二十四年（1364）设立南都太学,[①] 即以程朱之学为正宗。“首立太学，命许存仁为祭酒，一宗朱氏之学，令学者非五经、孔孟之书不读，非濂洛关闽之学不讲。”[②] 明朝建立后，朱元璋继续这一方针，及至明成祖时，正式确立了程朱思想的官方正统地位。为推广、维护程朱思想的权威，统治者一方面以利禄导之，将程朱思想与科举结合，以程朱思想作为取士标准；另一方面则采用强硬手段推广程朱思想，凡违背程朱思想者，则有破身亡家之祸。程朱思想的权威地位由此确立起来。

明代科举与程朱思想的结合始于明太祖。洪武三年（1370），明太祖开科取士，规定了命题范围：

> 第一场试《五经》义，各试本经一道，不拘旧格，惟务经旨通畅，限五百字以上。《易》程朱氏注、古注疏，《书》蔡氏传、古注疏，《诗》朱氏传、古注疏，《春秋》左氏、公羊、穀梁、胡氏、张洽传，《礼记》

---

① 王勇：《四库提要丛订》，齐鲁书社，2018，第 147～148 页。

② （清）陈鼎辑《东林列传》卷 2《高攀龙传》，载周骏富辑《明代传记丛刊》第 5 册，明文书局，1991，第 135～136 页。后文中略注。

古注疏。《四书》义一道，限三百字以上。①

洪武六年（1373），明太祖认为科举所选之人文才有余而政治实践能力欠缺，不能满足国家的用人需求，遂下令停止科举，改用察举制，直至洪武十五年（1382），才恢复科举，并在洪武十七年（1384）制定了严格的科举程序，其中对所试科目的规定较之洪武三年，不仅试题数目增加，考试参照注疏范围更加狭小。

初场试《四书》义三道，经义四道。《四书》主朱子《集注》，《易》主程《传》、朱子《本义》，《书》主蔡氏《传》及古注疏，《诗》主朱子《集传》，《春秋》主左氏、公羊、穀梁三传及胡安国、张洽《传》，《礼记》主古注疏。②

朱元璋先将考试科目限定在《四书》《五经》范围内，又进一步将《四书》《五经》的疏解缩小在程朱及程朱派学者的注疏中，《易》《诗》古注疏皆弃去。明成祖即位，正式确定程朱思想为科举的指导思想。永乐十二年（1414），明成祖令翰林学士胡广等辑宋儒"四书""五经"传注，名为《四书大全》《五经大全》，又辑宋儒关于性理的言论中有羽翼经书者，汇为一编，名为《性理大全》，永乐十三年（1415）书成，朱棣亲自为之作序。

所谓道者，人伦日用之理，初非有待于外也。厥初圣人未生，道在天地；圣人既生，道在圣人；圣人已往，道在六经。六经者，圣人为治之迹也。六经之道明，则天地人心可见，而至治之功可成。六经之道不明，则人之心术不正，而邪说暴行侵寻蠹害，欲求善治，乌可得乎？朕为此惧，乃者命儒臣编修《五经》、《四书》，集诸家传注而为《大全》。③

① （明）王世贞撰，魏连科点校《弇山堂别集》卷81，第4册，中华书局，1985，第1540页。

② （清）张廷玉等撰《明史》卷70《选举二》，第6册，第1694页。

③ （明）胡广等纂修，周群、王玉琴校注《四书大全校注》（上），武汉大学出版社，2009，第8页。

明成祖表面上是希望借助六经教化之力实现正人心之目的，其最终目的不过是为了统一思想而已："永乐间，颁《四书五经大全》，废注疏不用。其后，《春秋》亦不用张洽《传》，《礼记》止用陈澔《集说》。"① 书成之后，朱棣将其颁给官学，成为官方指定科举用书。朱氏父子的这一政策，桎梏了士人的思想，也限制了经学的发展，谈迁感慨曰："明兴，高皇帝立教著政，因文见道，使天下之士一尊朱氏为功令。士之防闲于道域而优游于德囿者，非朱氏之言不尊。故当时有质行之士，而无同异之说；有共学之方，而无专门之教。"② 士子思想被限定在《大全》范围之内，其他学说皆被视为异端，在社会上形成了"言不合朱子，率鸣鼓而攻之"③ 的专制文化氛围。《罪惟录》中徐左达、顾巽的传记正反映了程朱思想权威地位确立前后思想界的变动。

> 徐左达，字良夫，受《易》鄱阳之邵弘道，又受《书》于董仲仁，乐与诸儒辩难。洪武初，辟署东瓯守。时有林大同，亦号通经。时尚未专用朱熹氏学，故家有各经疏义。荐授大梁博士，予告，荐不起。④
>
> 顾巽，字顺中，长洲人。洪武中，以《易》教授于乡，自巽始。时方统一经传，敦尚教化，除去异议，辄以非圣罪之，于是靡然向风。⑤

洪武初年，各家疏义尚可与程朱思想并存，林大同方可学习各家经义，及至顾巽时，其以《易》教授于乡，与程朱思想不合，被以"非圣"罪之。永乐时期，思想控制愈益严厉。永乐二年（1404），"饶州儒士朱季友诣阙上书，专诋周、程、张、朱之说。上览怒曰：'此儒之贼也是。'命有司声

① （清）张廷玉等撰《明史》卷 70《选举二》，第 6 册，第 1694 页。

② （明）何乔远：《名山藏列传》（四），载周骏富辑《明代传记丛刊》第 77 册，第 603～604 页。

③ （清）朱彝尊：《曝书亭集》卷 35《道传录序》，载《清代诗文集汇编》第 116 册，上海古籍出版社，2010，第 296 页。

④ （清）查继佐：《罪惟录·传》卷 18《徐左达》，浙江古籍出版社，1986，第 2295 页。

⑤ （清）查继佐：《罪惟录·传》卷 18《顾巽》，第 2294 页。

罪杖遣，悉焚其所著书，曰：‘毋误后人。’于是邪说屏息”。[①] 三部《大全》颁布之后，敢质疑、删改、妄解经书者，轻则毁书，重则被治罪、申斥、罢官。《万历野获编》中“献书被斥”条专门记载此类事件，其中记载明前期的案例如下：朱季友案，正统七年（1442），东昌府通判傅宽进《太极图说》，被斥“僻谬悖理”。天顺二年（1458），布衣陈真晟献“程朱正学”，不报。成化二十年（1486），无锡处士陈公懋删改《四书》《朱子集注》，书被毁，人下有司治罪。陈公懋不服，弘治元年（1488）新皇即位，再次上所著《尚书》《周易》《大学》《中庸》之注，结局仍是“上命焚所著书，押遣还乡”。同年，徽州教授周成进呈《治安备览》，“还其书，置不问”[②]。嘉靖年间，此类记载更多。相比于清朝的文字狱，明代的文字狱相对宽松一些，只是禁止“异端”书籍的刊刻、流布，对官员有杖责、罢官等处罚，并不杀人，“引导与处罚结合、打与拉结合的结果，‘靡然向风’，全国士人趋向统一，建构起一体化思想的社会”[③]。

在明统治者的文化专制政策下，《明史》描述明初思想界的状况时曰：“原夫明初诸儒，皆朱子门人之支流余裔，师承有自，矩矱秩然。曹端、胡居仁笃践履，谨绳墨，守先儒之正传，无敢改错。”[④] 曹端、胡居仁都是明初大儒的代表。当时北方大儒以曹端、薛瑄为代表。曹端被视为朱子之后接续儒学道统者，黄宗羲称赞曰：“斯道之绝而复续者，实赖有先生一人。”[⑤] 薛瑄开创“河东之学”，在山西、河南、关陇一带传播很广，声势甚大，及至其四传弟子吕柟，甚至形成了与阳明之学相抗衡的“关中之学”。薛瑄之学“一本程、朱，其修己教人，以复性为主，充养邃密，言动咸可法。尝曰：‘自考亭以还，斯道已大明，无烦著作，直须躬行耳。’”[⑥] 南方代表由吴与弼开其端，胡居仁师承吴与弼，黄宗羲秉持推崇心学的态度，

① （清）陈鼎辑《东林列传》卷2《高攀龙传》，载周骏富辑《明代传记丛刊》第5册，第136页。

② （明）沈德符：《万历野获编》（中）卷25《献书被斥》，中华书局，1959，第633~634页。

③ 钱茂伟：《国家、科举与社会——以明代为中心的考察》，北京图书馆出版社，2004，第35页。

④ （清）张廷玉等撰《明史》卷282《儒林一》，第24册，第7222页。

⑤ （清）黄宗羲著，沈芝盈点校《明儒学案》“师说”《曹月川端》，中华书局，1986，第2页。

⑥ （清）张廷玉等撰《明史》卷282《儒林一》，第24册，第7229页。

将吴与弼及其开创的“崇仁学派”列为《明儒学案》第一，意在表彰吴与弼在明代理学发展中的贡献，但他同时也没有否认吴与弼对程朱思想的忠实继承与遵循。

> 康斋倡道小陂，一禀宋人成说。言心，则以知觉而与理为二，言工夫，则静时存养，动时省察。故必敬义夹持，明诚两进，而后为学问之全功。其相传一派，虽一斋、庄渠稍为转手，终不敢离此矩矱也。……椎轮为大辂之始，增冰为积水所成，微康斋，焉得有后时之盛哉！①

胡居仁从学于吴与弼，“得其笃志力行，遂启余干之学”②，其学以居敬穷理为要，以躬行实践为本，后学娄谅、魏校亦延此进路。明初大儒如此态度，可见当时程朱思想在思想界的独尊地位。以程朱思想为正学，与之相对，则有“异端”之学，老学就是当时“异端”之一，这使得老子在科举指导用书《性理大全》及明前期科场中都处于被批判的地位。

二 《性理大全》中的“异端”

永乐十年（1412），明成祖令大臣胡广辑宋儒《四书》《五经》传注，名为《四书五经大全》，又辑诸儒言论中有羽翼经书者，汇为一编，名为《性理大全》。《性理大全》卷五十七《老子》汇集了程子、朱熹、李衡、魏了翁、陈埴、许衡、吴澄七人对关于《老子》的言论，代表了当时官方的老学观。

《性理大全》在收录朱熹关于老子的言论时，包含朱熹对老子思想的肯定方面，如：

> 老子之术，谦冲俭啬，全不肯役精神。③
>
> 老子之学，只要退步柔伏，不与你争。才有一毫主张计较思虑之

① （清）黄宗羲著，沈芝盈点校《明儒学案》卷1《崇仁学案》，第14页。

② （清）永瑢等纂《四库全书总目提要》卷170，载王云五主编《万有文库》（第一集），第33册，第66页。

③ （明）胡广：《性理大全》卷57《老子》，载《景印文渊阁四库全书》第711册，第257页。

心，这气便粗了。故曰："致虚极，守静笃。"①

多藏必厚亡，老子也是说得好。②

俭德极好，凡事俭则鲜失，老子言："治人事天莫若啬，夫惟啬，是谓早服，早服是谓重积德。"被他说得曲尽。③

问老子"道可道"章，或欲以"常无"、"常有"为句读，而"欲"字属下句者，如何？曰："先儒亦有如此做句者，不妥帖，不若只做常'有欲'、'无欲'点。"问"道可道"如何解？曰："道而可道，则非常道，名而可名，则非常名。"④

这些思想所提倡的节俭、不争、寡欲，因利于专制统治而被保留，除此之外，其所收录程子、朱熹、李衡、魏了翁、陈埴、许衡、吴澄七人关于《老子》的言论多是对老子的批判，或者以儒解老，详细论述，可分为以下四个方面：

其一，批判《老子》乃权诈之术，申韩之惨刻皆原于《老子》。《老子》中"将欲歙之，必固张之""知其白，守其黑"之言，多被宋儒看作老子的心机之论。

程子曰："老氏之言杂权诈，秦愚黔首，其术盖有所自。老子语道德而杂权诈，本末舛矣。申韩苏张皆其流之弊也，申韩原道德之意而为刑名，后世犹或师之，苏张得权诈之说而为纵横，其失益远矣，是以无传焉。"⑤

程子认为绝圣弃智导致了秦的愚民政策，将欲必固，知白守黑，更是以退为进的手段。申韩、苏张之流，习老子之权术，为刑名、纵横之论，申韩流于惨刻少恩，苏秦以言论鼓动天下，皆老子之过也。即使对老子思

① （明）胡广：《性理大全》卷 57《老子》，载《景印文渊阁四库全书》第 711 册，第 257 页。
② （明）胡广：《性理大全》卷 57《老子》，载《景印文渊阁四库全书》第 711 册，第 261 页。
③ （明）胡广：《性理大全》卷 57《老子》，载《景印文渊阁四库全书》第 711 册，第 261 页。
④ （明）胡广：《性理大全》卷 57《老子》，载《景印文渊阁四库全书》第 711 册，第 259 页。
⑤ （明）胡广：《性理大全》卷 57《老子》，载《景印文渊阁四库全书》第 711 册，第 256 页。

想态度比较客观的朱熹，亦持此观点。

> 问“反者，道之动；弱者，道之用”。曰：“老子说话都是这样意思。缘他看得天下事变熟了，都于反处做起。且如人刚强咆哮跳踯之不已，其势必有时而屈。故他只务为弱。人才弱时，却蓄得那精刚完全；及其发也，自然不可当。故张文潜说老子惟静故能知变，然其势必至于忍心无情，视天下之人皆如土偶尔。其心都冷冰冰地了，便是杀人也不卹，故其流多入于变诈刑名。太史公将他与申韩同传，非是强安排，其源流实是如此。”①

陈埴（生卒年不详），字器之，号木钟，人称潜室先生，先师叶适，后从学于朱熹，成为朱门高徒之一，从其学者数百人，《宋元学案》专列“木钟学案”以记其学。关于老子与申韩的关系，陈埴与其师朱熹的观点保持一致。当有人问他：“或问黄老清净无为之学也，申韩之学出于黄老，流入于刑名惨刻，前辈谓无情之极，至于无恩，然否?”陈埴答：“才无情便无恩，意脉如此。”② 许衡为元代大儒，推崇理学，被誉为“朱子之后第一人”，他亦批判老子为权诈之术：“老氏言道德仁义礼智与吾儒全别，故其为教大异，多隐伏退缩不肯光明正大做得去。吾道大公至正，以天下公道大义行之，故其法度森然，明以示人。”③

其二，否定儒道相通。《老子》一书尊道贵德，却又有“绝仁弃义”“绝圣弃智”“礼者忠信之薄而乱之首”等言，这使得儒者解读《老子》时，既可找出儒道相通处，又可批判老子离道背德。朱熹等认为，儒道两家在生成论与本体论上已然不同。老子言天下万物生于有，有生于无，朱熹则认为万物生于理和气，有理就不可言无，故万物非生于无：“无者，无物却有此理，有此理则有矣，老氏乃云‘物生于有，有生于无’，和理也无，便错

① （明）胡广：《性理大全》卷57《老子》，载《景印文渊阁四库全书》第711册，第260～261页。

② （明）胡广：《性理大全》卷57《老子》，载《景印文渊阁四库全书》第711册，第262页。

③ （明）胡广：《性理大全》卷57《老子》，载《景印文渊阁四库全书》第711册，第262页。

了。”[①] 邵雍曾言老氏得易之体，孟子得易之用，朱熹反驳曰：“老子自有老子之体用，孟子自有孟子之体用，将欲取之，必固与之，此老子之体用也。存心养性，充广其四端，此孟子之体用也。”[②] 老子之体在于无，其发用处流于权诈；孟子之体在于人，以存心养性，广其四端为用。故孟子对老子亦是排斥的，朱熹认为虽然孟子文中只提到了杨朱，不及于老子，然杨朱学于老子，排杨朱就是排老子。《性理大全》又收录吴澄之言，再申此意。

> 老子云：“天下万物生于有，有生于无。”万物者指动植之类而言，有字指阴阳之气而言，无字指无形之道体而言，此老子本旨也。理在气中，元不相离，老子以为先有理而后有气，横渠张子诋其有生于无之非，晦庵先生诋其有无为二之非，其无字是说理字，有字是说气字。[③]

朱熹、吴澄批判角度不同，但以理为本的立场是一致的。本体不同，其道之发用处自然不同，但关于老子对礼的批判，朱熹的解释又温和很多。

> 问：他云“礼，忠信之薄而乱之首”，孔子又却问礼于他，不知何故？曰：“他晓得礼之曲折。只是他说，这是个无紧要底物事，不将为事。某初间疑有两个老聃，横渠亦意其如此。今看得来不是如此。他曾为柱下史，于礼自是理会得，所以与孔子说得如此好。只是他又说，这个物事不用得亦可，一似圣人用礼时反若多事，所以如此说。”[④]

朱熹起初也怀疑孔子问礼之老子与著《道德经》之老子是不同的两个人，但后来思考之后认为，两者应为同一人。老子曾为周之柱下史，对于礼自然是精通的，孔子向他问礼是没有问题的，但是相对于礼，老子更为重视道，当达到与道合一的圣人境界时，不用礼亦可。朱熹此处赞同老子，

① （明）胡广：《性理大全》卷 57《老子》，载《景印文渊阁四库全书》第 711 册，第 258 页。
② （明）胡广：《性理大全》卷 57《老子》，载《景印文渊阁四库全书》第 711 册，第 258 页。
③ （明）胡广：《性理大全》卷 57《老子》，载《景印文渊阁四库全书》第 711 册，第 262 页。
④ （明）胡广：《性理大全》卷 57《老子》，载《景印文渊阁四库全书》第 711 册，第 260 页。

并非背离儒家，而是与孔子重礼之内涵甚于外在仪式的思想一脉相承。

其三，《老子》外人伦，易导人入神仙荒诞之术。朱子曰："问老子与乡原如何？曰老子是出人理之外，不好声，不好色，又不做官，然害伦理，乡原犹在人伦中，只是个无见识的好人。"① 只因为老子思想有教人出世之意，于儒家所重视的人伦有害，朱熹将此作为老子第一大罪："佛老之学，不待深辨而明。只是废三纲五常，这一事已是极大罪名！其他更不消说。"② 在朱熹看来，老子在道德上连言行不一的伪君子都不如，朱子如此严厉，其实是对道教之老子的不满，非道家之老子。对于道家之老子，朱熹还是持尊重态度的，从朱熹对"孔子是否问礼于老子"这个问题的解答可以窥见。

魏了翁也对道家虚无之弊及道教的神仙长生之术持批判态度。魏了翁（1178~1237），字华父，号鹤山，承继濂洛治学，在蜀中传播程朱理学，形成了"鹤山学派"。他以儒学为"圣学"，而其他诸子、辞章之学在他看来皆是有害于道、惑乱人心之术。

> 况众言淆乱，始以春秋战国之坏制，衷以秦、汉、晋、魏之杂仪，终以郑、王诸儒之臆说，学者之耳目肺肠为其所摇惑，而不得以自信，于是根本不立，而异端得以乘之，利禄得以移之，文词得以溺之，则有口道六经而心是佛老，笃信而实践者矣。则有心是圣学而辑为文词，随世以就功名者矣。③

魏了翁对佛老之学的批判主要集中在其虚无之弊："虚无，道之害也，今又非佛老之初而梵呗土木矣。"④ 魏了翁认为道家思想创立之初，其本意在于恬淡自养以独善其身，后之学者不知其精髓，而使其流入神仙荒诞之术。

---

① （明）胡广：《性理大全》卷57《老子》，载《景印文渊阁四库全书》第711册，第258页。

② （宋）黎靖德编，王星贤点校《朱子语类》卷126，第8册，中华书局，1999，第3014页。后文中略注。

③ （宋）魏了翁：《鹤山集》卷49，载《景印文渊阁四库全书》第1172册，第554页。

④ （宋）魏了翁：《鹤山集》卷43，载《景印文渊阁四库全书》第1172册，第492页。

道家者流，其始不见于圣人之经，自老聃氏为周柱下史，著书以自明其说，亦不过恬养虚应以自淑其身者之所为尔。世有为老氏而不至者，初无得于其约，而徒有慕乎其高，直欲垢浊斯世，妄意于六合之外，求其所谓道者，于是神仙荒诞之术或得以乘间抵巇，而荡摇人主之侈心，历世穷年，其说犹未泯也。[①]

其四，以儒解老。李衡（1100～1178），字彦平，号乐庵，平生博通群书，而以儒学为本。他服膺理学，坚信"天下间只有一理"，对于佛道宗教思想，李衡非常排斥，甚至在遗言中告诫子孙，葬礼以儒家礼法，不可请僧道之流："一僧道礼数，虽经疏亦不可受，若欲灵前持讽，则又大不可，但以此示之。""吾既往之后，岁时祭祀，随家丰俭，由礼可也。若斋一员僧，念一声佛，非吾子孙。"[②] 他临终时沐浴戴冠，从容而逝，周必大称赞曰："世谓潜心释氏，乃能达死生，衡非逃儒入释者，而临终超然如此，殆几孔门所谓闻道者欤。"[③] 李衡虽然排斥佛道宗教思想成分，但对于佛道义理思想，他秉持儒家本位的立场，以儒解佛老，观其《语录》，多有会通儒释道之语。

一日召对选德殿，奏事毕，上因与论禅，乃奏云："所谓禅之说，儒家亦有之，但今人只于释氏留意，殊可怪。昔周公亦坐禅，惟孟子能知之。"上愕然，又徐奏曰："周公思兼三王，以施四事，其有不合者，仰而思之，夜以继日，幸而得之，坐以待旦，岂非坐禅乎？天下只有一理，周公平日坐而思之者，无非爱人利物之事，只此便是佛心，何须更问禅上领之。"[④]

老氏言慈故能勇，如舜孳孳为善，想其气象，必是个温良恭顺底人，乃能诛四凶。夫子《乡党》一篇，分明在春风和气中，忽然便去

① （明）胡广：《性理大全》卷 57《老子》，载《景印文渊阁四库全书》第 711 册，第 261～262 页。

② （宋）李衡：《乐庵语录》卷 5，载《景印文渊阁四库全书》第 849 册，第 316 页。

③ （元）脱脱等撰《宋史》卷 390《李衡》，第 34 册，中华书局，1977，第 11948 页。

④ （宋）李衡：《乐庵语录》卷 3，载《景印文渊阁四库全书》第 849 册，第 303 页。

> 诛少正卯，慈而不能勇，只是姑息，不知姑息害事。[1]

吴仁杰在《乐庵语录》后序中称赞李衡之学能够融汇儒释道性命之奥："乐庵先生享年七十有九，阅天下之义理居多，自其中年清修寡欲，不啻如道人、衲子，静极而通，故凡吾儒与佛老二氏所谈性命之奥，心融神会，超然独得。"[2]《性理大全》中收录李衡关于《老子》的言论只有一条，亦是以儒解老。

> 或问："如何是天得一以清?"乐庵李氏曰："夫物不一而各有其一，如日月之照临，星辰之辉粲，风雷之鼓舞，雨露之渗漉，各有其一，而不相乱，天惟得此不一之一，是以清净，无为而化，推此言之，地得一以宁，神得一以灵，谷得一以盈，万物得一以生，侯王得一以为天下正，亦只是这个道理。且如人君治天下，亦何容心哉，公卿大夫各依其等列，士农工商各就其职分，如此则尊卑贵贱不相混淆，好恶取舍不相贸乱，天下自然而治。"[3]

一者，道也，天地得道而日月有序，雨露有时，天地因此而清静。侯王得道，尊卑有序，上下有等，天下无为而大治。这样为王者鼓吹的思想，明成祖君臣自然要将其收录其中，而有意忽略孔老之道的不同处。

明前期，程朱之学与科举联系越来越紧密，随着《四书五经大全》《性理大全》的颁布，程朱之学的正统地位正式确立，而程朱对老子的观点影响了这一时期的老学观，虽然明太祖《御注道德真经》称赞《老子》为"万物之至根，王者之上师，臣民之极宝，非金丹之术也"，[4] 老子思想仍被主流思想界视为权谋诈术、虚无之学，老子也被视为异端。如曹端对释道一概斥之，见其父好释氏，遂劝之曰："佛氏以空为性，非天命之性。老氏

① （宋）李衡：《乐庵语录》卷5，载《景印文渊阁四库全书》第849册，第313页。
② （宋）李衡：《乐庵语录》卷5，载《景印文渊阁四库全书》第849册，第318页。
③ （明）胡广：《性理大全》卷57《老子》，载《景印文渊阁四库全书》第711册，第261页。
④ （明）朱元璋：《大明太祖高皇帝御注道德真经》，载《老子集成》第6卷，第2页。

以虚为道，非率性之道。"[①] 胡居仁以"纯儒"自居，排斥老子尤其激烈，凡与老子思想相近者皆视为异端："愚尝论之，杨、墨、老、佛、庄、列，皆名异端，皆能害圣人之道。"[②] 大儒如此，以《性理大全》作为进取之阶的士子更是如此，这一影响在科场程文中可以明显看出。

三 明前期科举中的老学观

两部《大全》的颁布，标志着程朱思想权威地位正式确立，书成之后，颁发全国，成为官方指定教科书，顾炎武感慨道："自八股行而古学弃，《大全》出而经说亡。"[③] 所谓"八股"是指明代科举文体。明代科举文体比较通俗的称呼是"八股文"，其实正式的八股文至成化年间才形成，八股文不仅对科举文章体式进行规定，对科举内容也有要求。

明初，将科举考试的内容限制在程朱学派所注的《四书》《五经》范围之内，学子谨守义理，不逾程朱之注。文章风格亦要求论理通畅，文质适中，不尚文藻。洪武三年（1370），明朝始开科取士，明太祖在开科取士诏中强调国家所选人才不看辞藻，重在通晓经史，品行端方："自洪武三年八月为始，特设科举，以取怀材抱德之士，务在经明行修，博古通今，文质得中，名实相称。"[④] 在诏书后所列的科考程式中也明确规定："（经义）不拘旧格，惟务经旨通畅，限五百字以上。""（时务策）惟务直述，不尚文藻。"[⑤] 故明初时文不求新奇，但求朴实。永乐后台阁体兴起，其代表人物杨士奇、杨荣、杨溥既是台阁重臣，又是文坛领袖，一时科举文章也沾染了台阁体雍容典雅的风格，但科举重视程朱经传的传统一直未变，清方苞评价明初制艺曰："自洪、永至化、治百余年中，皆恪遵传注，体会语气，谨守绳墨尺寸不逾。"[⑥]

成化年间，八股文体形成，科举体例更加完备，此"完备"一方面是

① （清）张廷玉等撰《明史》卷282《曹端》，第24册，第7238页。

② （明）胡居仁：《胡文敬集》卷2，载《景印文渊阁四库全书》第1260册，第40页。

③ （清）顾炎武著，黄汝成集释《日知录集释》（中）卷18《书传会选》，第1045页。

④ （明）王世贞撰，魏连科点校《弇山堂别集》卷81，第4册，第1539页。

⑤ （明）王世贞撰，魏连科点校《弇山堂别集》卷81，第4册，第1540页。

⑥ （清）梁章钜著，陈居渊校点《制艺丛话》，上海书店出版社，2001，第19页。

指行文框架固定为八股形式。虽然成化以前也有士子作八股体制义，八股体甚至还可以推演到宋代，然成化前八股体制艺对对仗并无一定之规则，起承转合也没有形成固定的格式，直到成化年间，八股文才有了固定的格式，且成为科举考试的固定文体，所以说正式的八股文形成于成化年间，顾炎武对明代八股演变过程及体式有详细论述。

> 经义文，流俗谓之“八股”，盖始于成化以后。股者，对偶之名也。天顺以前，经义之文不过敷衍传注，或对或散初无定式，其单句题亦甚少。成化二十三年会试“乐天下者保天下”文，起讲先提三句，即讲“乐天”四股，中间过接四句，复讲“保天下”四股，复收四句，再作大结。每四股之中，一反一正，一虚一实，一浅一深。其两扇立格，则每扇之中各有四股，其次第之法亦复如之，故今人相传谓之“八股”，若长题则不拘此。①

体例完备的第二个表现是指文章恪守程朱之注，说理平正通达，用典浑厚，忌轻佻趋奇。明末著名的时文选家钱禧评论成弘年间的取士标准为“明经合传”：

> 论文者首成、弘，而当时前后典文如徐时用、丘仲深、吴原博、李宾之、谢千嵩、王济之、张廷祥诸公，有厌古喜新，生心害政之忧。故其取士刊文，必以明经合传为主。所传诸程墨，凡理学题必平正通达，事实题必典则浑厚。明体达用，文质得中，彬彬称绝盛者，诸君子挽回之力也。②

主考官担心应试诸生“厌古喜新”，再次强调科举之文要“文质得中”，这说明当时科举中已经出现了重文轻质的现象，特别是程朱之外的思想开始为科举所接纳，谨守程朱的局面被打破了。查明代《会试录》，从洪武四

① （清）梁章钜著，陈居渊校点《制艺丛话》，第 16 页。

② （清）梁章钜著，陈居渊校点《制艺丛话》，第 57~58 页。

年（1371）明代第一科至正统七年（1442），可以看出这一变化。《会试录》前、后序中一般是考试官对当年科举情况的总结，或对帝王积极求才、文治昌明的歌颂。正统十年（1445），考试官王英在前序中对科举出现的问题提出批判，重申文章去取标准。

> 夫设科以取士也，士之力学明经者，由此而进。考其文艺，具有成法，其命题也本于经史，其措词也必根于实理。今所校阅，务致其严。差缪者黜之，浮冗者斥之，深僻者抑之，好奇以为工者去之。惟平易剀远，不失于理者，取焉。①

所谓“差缪者”“浮冗者”“深僻者”“好奇以为工者”，皆是以是否符合程朱思想为评判标准，此后科举考试又多次重申这一问题，在成化、弘治年间，对此问题申斥尤其频繁。如成化二十三年（1487）会试，考试官赵宽指出首场四书义中出现趋新骛奇现象：“初场之制，本以明经取士。近日作者兢以险怪奇崛相高，而于经义顾无所发明，甚者或离而去之。”② 针对这一问题，考试官吴宽强调文章重道，言理俱佳者取之，理胜于言者取之，言胜于理者黜之，可见思想是否符合程朱之道才是最重要的。

> 夫浮华之言，荡然无益于世。其体裁类俳，足以惑人，是以君子患之。今日所取士，岂亦有是乎？盖言与理俱胜，取之；理胜于言，取之。若夫言胜于理，固所谓浮华者，不能取也。然世亦有善于为言，疑若近于理者，一时亦可以欺有司，要之终身，不可掩焉。③

弘治十二年（1499）会试，王守仁高中第二名，在首场经义考试中，他的《礼记》题“乐者敦和，率神而从天；礼者别宜，居鬼而从地。故圣

① 龚延明主编，闫真真点校《天一阁藏明代科举录选刊·会试录》（上），宁波出版社，2016，第 103 页。后文中略注。

② 龚延明主编，闫真真点校《天一阁藏明代科举录选刊·会试录》（上），第 542 页。

③ 龚延明主编，闫真真点校《天一阁藏明代科举录选刊·会试录》（上），第 564 页。

人作乐以应天，制礼以配地”。第二场“论”，他的《论子中立而不倚》[①]都被选为程文。虽然此时王守仁经历了两次格物，但在其科举文章中，并无逾越程朱之处。如其《礼记》文章论圣人与礼乐之关系：“惟礼乐合造化之妙，故圣人成制作之功。盖礼乐与造化相为流通者也。然非圣人为之制作，抑何以成参赞之功哉？”[②] 这一观点与朱熹的“礼乐自然”论相合，朱熹言：

> 礼乐者，皆天理之自然。节文也是天理自然有底，和乐也是天理自然有底。然这天理本是笼统一直下来，圣人就其中立个界限，分成段子；其本如此，其末亦如此；其外如此，其里亦如此，但不可差其界限耳。才差其界限，则便是不合天理。所谓礼乐，只要合得天理之自然，则无不可行也。[③]

王守仁“论”场文章为《论子中立而不倚》，主考官李东阳对此文章大为赞赏，并借此批判科场文章弊端：“近来士习多厌平易，喜奇怪，论场尤甚。至有泛滥千余言，而终篇不及本题正义者。其所得意，非雕虫之字，则聱牙之句也。沿是以往，亦将何所底极乎？”[④] 可见明前期，虽然科举文风有所变化，但重视程朱经传的传统一直未变。程朱思想在明前期科举考试中一直处于权威地位，与此相应，老子则一直被冠以“异端”的形象。

成化二十年（1484），考试官彭华自矜于明以程朱思想育士、取士，他在《会试录》前序中盛赞明科举取士一依程朱，其余诸子之学一概摒弃，人才由兹而盛。

> 华窃惟古称治，世莫盛于唐虞三代，以其政教出于一故也。三代而下，治则杂矣。我国家列圣相承，纯以尧、舜、禹、汤、文、武、周、孔之道理天下。自国都及郡县，莫不设学以居俊秀之子弟。而学

---

① 龚延明主编，闫真真点校《天一阁藏明代科举录选刊·会试录》（上），第591~592页。
② 龚延明主编，闫真真点校《天一阁藏明代科举录选刊·会试录》（上），第592页。
③ （宋）黎靖德编，王星贤点校《朱子语类》卷87，第6册，第2253页。
④ 龚延明主编，闫真真点校《天一阁藏明代科举录选刊·会试录》（上），第593页。

> 焉者，专之以《易》《书》《诗》《春秋》《礼》《乐》之经，会之以《论语》《大学》《中庸》《孟子》之书，翼之以周、程、张、朱诸大儒之说。秦汉以来，众技百家者流，一切黜而不讲。至于三年一大比，自乡举升于礼部，礼部举而进于大廷，惟经术焉是取。隋唐以来，明法、字算、秀才、童子诸科，诗赋墨帖浮艳浅陋之习，一切罢而不用。夫所以居之者无异，所教之者无异术，取之者无异途，宜乎士有定志而无异业，争自濯磨以待国家之用者，肩相摩踵相接，其威臻兹哉！①

当年策问第三问论及宋儒与老氏之别，周敦颐作《太极图》，张载作《西铭》，有人言周子之学同于老氏宗旨，张子之说同墨子之兼爱，此题要求士子对这种论调予以批判："夫吾儒之于老、墨，不啻于冰炭，毫厘之差，千里之缪。诸士子皆以儒名，其折诸理一一辩之，毋胶于偏见。"② 此题所选程文，谨遵程朱思想，以朱熹批判陆九渊，以驳斥周子之学似老学的论调。

> 周子尝作《太极图》，探无声无臭之妙，以为万化万物之根，盖其言之醇者也。而象山陆氏乃诋其为老氏之宗旨，以无极二字同于老氏之言耳。故朱子累以书辩之，其意以为周子所谓无极者，言无形而有理，而其实则造化之枢纽，品汇之根柢，未尝为真无也，岂可与老氏之徒、虚无之言相并乎？③

又以程颐答杨时之惑，驳斥张子之说同于墨子兼爱的观点：

> 张子尝作《西铭》，推理一分殊之旨，以明事亲事天之道，亦其言之醇者也。而龟山杨氏乃疑其同墨氏之兼爱，以"民胞物与"数言近于墨氏之说耳。故程子特以书晓之其意，以为张子所谓民胞物与者，

① 龚延明主编，闫真真点校《天一阁藏明代科举录选刊·会试录》（上），第484页。
② 龚延明主编，闫真真点校《天一阁藏明代科举录选刊·会试录》（上），第489页。
③ 龚延明主编，闫真真点校《天一阁藏明代科举录选刊·会试录》（上），第517页。

言人物之禀同出乾坤，而其实则人物之生、血脉之属，未尝不分殊也，岂可与墨氏之流、无分之爱相比乎?①

此篇程文，除转述程朱之意外，并无自我观点发挥，然而这样的文章得到科举评阅者的一致赞扬，考试官彭华称赞曰："论宋儒得失，了无凝滞，其深于理者与。"②

弘治三年（1490）会试第一名是钱福，他的会试"论"场文章《圣学以正心为要》被选为程文。钱福在文章中论述儒家圣学以正心为要，而诸子之学只会迷惑人心。

正心以正朝廷，正朝廷以正百官，而天下万民亦莫不一于正，以近而御远，以约而该博，是诚可谓至要而不难矣。自夫刑名功利之学兴，而有以惑其心；自夫神仙释佛之学兴而有以惑其心，自夫黄老清净之学兴而有以蒙其心，又有略知数者之叛于圣人也。③

黎尧卿，弘治六年（1493）进士，所编《诸子纂要》"杂抄诸子之文，以备科举之用"。④ 此书天一阁藏本前有黎尧卿弘治十五年（1502）序，后来正德二年（1507）锦江堂再刊⑤，此书应是黎尧卿登第之后出版的。黎尧卿言："《老子》之书，必隐士嫉乱世而思无事者为之，异端之士私相推尊，过为诬诞。"⑥ 他认为《老子》之书乃是隐士为治理乱世而作，附会于老子的各种神仙传说不过是后世异端之士的诬诞之语，故黎尧卿摘录《老子》中有补于世者，发明《老子》中的治世思想，所摘录者都是《老子》中反

① 龚延明主编，闫真真点校《天一阁藏明代科举录选刊·会试录》（上），第517~518页。
② 龚延明主编，闫真真点校《天一阁藏明代科举录选刊·会试录》（上），第517页。
③ （明）钱福：《钱太师鹤滩稿》卷6《圣学以正心为要》，载《四库全书存目丛书·集部》第46册，第253页。
④ （清）永瑢等纂《四库全书总目提要》卷131，载王云五主编《万有文库》（第一集），第25册，第67页。
⑤ （明）黎尧卿：《新刊诸子纂要大全》，载王国维撰、王亮整理《传书堂藏书志》（中）卷3，上海古籍出版社，2014，第617页。
⑥ （明）黎尧卿：《诸子纂要》卷3《老子》，载《四库全书存目丛书·子部》第122册，第86页。

映自然无为、柔弱谦下、反对战争、知足知止之类思想的语句，并摘录《性理大全》中程朱批判老子乃权诈之术及吴澄批判老子“天下万物生于有，有生于无”的章句，可见黎尧卿论述关于老子的思想仍在《性理大全》的范围中。

弘治十八年（1505）会试，第二场“论”题为《中者，天下之大本》，选取了两篇范文，一篇为董玘之文，一篇为湛若水的文章，两篇文章从程朱中和思想发论，批判释老为虚无，以湛文为例：

> 致中以立大本者，君子之学也。外乎此而为道为学者，皆异端之流耳。……盖吾之所谓性者，冲漠无朕之中，而万理悉具。未应不是先，已应不是后。若老氏之无，释氏之空，则是谓虚静之中无一物矣。此正邪、毫厘之辨得失，天渊之分，学者所当精审也。一言之间而明道术、辟异端，皆□焉。①

湛若水从心之未发、已发论证“中”，批判释老虚无、寂灭之弊：“彼释老之虚无、寂灭，其高过乎中而无实，论天下于□者也。管、商、汉儒之权谋、术数、记诵、词章，其卑不及乎中而无用，滞天下于有者也。”②

由上可见，明前期科举中诸子思想一直处于被批判的地位，老子更是作为“异端”受到士人的排斥，这进而影响到明前期老学的发展，从永乐到正德年间，著述老学文献的只有黄润玉、黄懋、黎尧卿、郑瓘四人而已，其中郑瓘本已不可见，黄懋只是对《老子》文本进行校订，黎尧卿则是截取《老子》中的部分文句以备科举之用，老学发展处于沉寂之中。

第三节　老学沉寂中的变数

柳诒徵论及明前期思想界的变局时曾言：“以帝王科举之力，造成一世之风气，固亦有绝大之关系。而人心之演进，常无一成不变之局，故其趋

---

① 龚延明主编，闫真真点校《天一阁藏明代科举录选刊·会试录》（上），第635页。

② 龚延明主编，闫真真点校《天一阁藏明代科举录选刊·会试录》（上），第637页。

势绝不为最初提倡者所囿。明儒之学之墨守程、朱之传者，固出于科举及‘三大全’之影响，而其后学派一变，有显与朱子背驰者，则非科举及‘三大全’所预必也。”[①] 明成祖君臣视老子之学为异端，又以《四书五经大全》《性理大全》作为科举考试的标准答案，士人囿于程朱之说，既不读汉唐之书，亦不关注宋以后之书，眼界狭小，固于己见，以致正德以前，注《老》者极少，然而思想只可以被禁锢一时，及士人在身心性命之学的思考中开始重视个体人格、个人情感，思想的转变就孕育其中了。

一　程朱思想统治地位的松动

明成祖之后，社会环境渐趋复杂，士人心态发生了改变，程朱思想对思想界的控制开始松动。董其昌（1555~1636）追溯明前期和明中期思想、学术之转变，认为其变者有二。一为文学复古派的兴起，一为阳明学的创立：“成、弘间，师无异道，士无异学，程朱之书立于掌故，称大一统；而修词之家墨守欧、曾，平平尔。时文之变而师古也，自北地始也。理学之变而师心也，自东越始也。北地犹寡和，而东越挟勋名地望以重其一家之言，濂洛、考亭几为摇撼。”[②] 董其昌认为，成化、弘治年间，程朱尚称大一统，自复古派兴起，作为体现程朱思想权威的时文出现复古倾向，而在理学领域，阳明心学的兴起更加动摇了程朱的地位。复古派、阳明心学作为引发明代思想转变的两股思潮，复古派的兴起伴随着台阁体的衰落，而阳明学的兴盛，追溯其源，陈献章功不可没。

自永乐年间开始，以解缙和杨士奇、杨荣、杨溥为代表的台阁体文学长期占据文坛的统治地位，它的产生和明前期的政治、思想环境有关。明前期实行重典治国，太祖、成祖父子以杀立威，官员战战兢兢，如履薄冰，只能谨守矩矱，退缩到统治者划定的范围内，其诗文既不敢描述现实，亦不敢直抒心灵，只能专门为统治者歌功颂德，为文注重雍容典雅，写诗则说理论道，充满理学气味。李贤在为杨溥文集作序时评价其文章：

① 柳诒徵：《中国文化史》（下），中国文史出版社，2015，第728~729页。

② （明）董其昌：《容台文集》卷1《合刻罗纹庄公集序》，载《四库存目丛书·集部》第171册，第260页。

辞惟达意而不以富丽为工，意惟主理不以新奇为尚，言必有补于世而不为无用之赘言，论必有合于道而不为无定之荒论，有温柔敦厚之旨趣，有严重老成之规模，真所谓台阁之气象也。①

“富丽”“主理”“严重老成”正是台阁体文学的真实写照，台阁体的流行，使诗歌流于“极鄙极靡，极卑极滥”的境地。然而台阁体赖以存在的社会、政治环境在正统年间逐渐发生了变化。

明初，战乱方平息，经济亟待恢复，百废待兴，明太祖起于寒微，以身作则，提倡节俭，对衣食住行都有严格的等级规定，上行下效，明初社会生活以质朴为特色。明初人生活的节俭从江西俗语中可见一斑。

江西民俗勤俭，每事各有节制之法，然亦各有一名。如吃饭，先一碗不许吃菜，第二碗才以菜助之，名曰“斋打底”。馔品好买猪杂脏，名曰“狗静坐”，以其无骨可遗也。劝酒果品，以木雕刻彩色饰之，中惟时果一品可食，名曰“子孙果盒”。献神牲品，赁于食店，献毕还之，名曰“人没分”。节俭至此，可谓极矣。学生读书，人各独坐一木榻，不许设长凳，恐其睡也，名曰“没得睡”。②

及成化、弘治年间，社会风气趋于奢侈，成化六年（1470），户科给事中丘弘等上言：“近来风俗尚侈，亡论贵贱，服饰概用织金、宝石，饮宴皆簇盘、糖缠。上下仿效，习以成风。”③ 弘治十八年（1505），正德皇帝刚刚即位十一日，礼科都给事中周玺（1461～1507）即上《论治化疏》，陈述当前治国要务，第一条就是“昭俭德”，周玺描述当时社会奢侈之现象曰：

中外臣僚士庶之家，靡丽奢华，彼此相尚，而借贷费用，习以为

① （明）徐纮撰《皇明名臣琬琰录》（2）《后集》卷1《少保文定杨公言行录》，载《元明史料丛编》第三辑，文海出版社，1970，第860页。

② （明）陆容撰，佚之点校《菽园杂记》卷3，中华书局，1985，第28～29页。

③ （明）谈迁著，张宗祥校点《国榷》卷36，中华书局，1958，第2293页。

常。居室则一概雕画，首饰则滥用金宝，倡优下贱以绫缎为袴，市井光棍以锦绣绫袜，工匠技艺之人任意制造，殊不畏惮，虽蒙朝廷禁止之诏屡下，而民间僭用之俗自如。①

然而，与嘉靖、隆庆及此后的社会风气相比，此时的社会还可称为“淳朴”。

人言成化、弘治之间，俗尚勤俭，民多殷富，男务耕读，女务蚕桑，服以木绵，屋蔽风雨，虽大族巨商婚不论财，速客以八簋为上，酌以大斗，三行五行即止，是以民无游食，官多远久。②

《雄乘》刊刻于嘉靖十六年（1537），是河北雄县（今河北保定雄县）第一部地方志，当时华北平原的人对成化、弘治年间社会风气的感受是相似的，与雄县相隔不远的赵州（今石家庄赵县）对当时民风亦有相似记载：“闻诸父老言，成化、弘治间，俗尚勤俭，民多殷富。男务耕读，女务蚕桑，服蔽身体，屋蔽风雨，婚不论财，不尚华，妆亦甚朴素，是以民无游食。”③ 此“淳朴”印象是与嘉靖年间习俗相比而得出的，处于经济发达地区的苏州人对成化、弘治年间的印象就大不一样：“余尝闻故老言，成、弘间，网疏民富，素封侠游，往往盛舆马，广田宅，以侈靡相尚。”④ 即便同处北方的宁夏，当时人的感受也是由俭变奢：“宁夏自正德迄今，服食以糜丽相竞，财用以浮费渐耗。”⑤ 中国地域广阔，每个地区发展程度不一，对奢靡的理解也不尽相同，但在成化、弘治前后，大部分地区都感受到了社会风气的巨大转变：“两种不同社会风气的并存，恰恰凸显了成化、弘治时

① （明）周玺：《垂光集》卷1《论治化疏》，载《景印文渊阁四库全书》第429册，第272页。

② （明）王齐纂修嘉靖《雄乘》上卷《俗尚》，载《天一阁藏明代地方志选刊》第7册，上海古籍书店，1981。

③ （明）蔡懋昭：隆庆《赵州志》卷9《风俗》，载《天一阁藏明代地方志选刊》第6册，上海古籍书店，1981。

④ （明）申时行：《赐闲堂集》卷6《题徐氏紫芝园石刻后》，载《四库存目丛书·集部》第134册，第127页。

⑤ （明）杨守礼修，管律纂嘉靖《宁夏新志》卷1《风俗》，载《天一阁藏明代地方志选刊》第68册，上海古籍书店，1981。

期，是整个社会风气开始变化的转折点。”[①] 商品经济的发展带来社会风气的变化，市民阶层的力量也随之发展，并影响到民俗民风、社会思想领域，明初尚质朴的社会环境不复存在，禁欲色彩浓厚的程朱思想也因此受到质疑。

朱熹高悬天理，将天理与个体置于支配与被支配的地位：“说‘非礼勿视’，自是天理付与自家双眼，不曾教自家视非礼，才视非礼，便不是天理；‘非礼勿听’，自是天理付与自家双耳，不曾教自家听非礼，才听非礼，便不是天理。”[②] 个体行为完全受天理支配，个体不必也不能选择，只需依天理而行即可。但朱熹之理又未能将理与心统一起来，道德不能内化为个体自觉，就成为压制个体意愿的桎梏：“朱熹虽然力图以理散为物、物本于理来沟通二者，但由于他一再强调理的超验性，因而始终未能真正在理论上把这二重世界统一起来。正是这一点，在一定意义上构成了朱熹理学体系的致命痼疾。”[③] 程朱思想的权威地位确立之后，理、物二分的矛盾就凸显出来。一面是读书人对程朱思想中理想人格的向往，一面是竞相言利、理物相悖的现实，这一矛盾现象促使读书人开始对程朱思想产生怀疑。罗钦顺在弘治六年（1493）进士及第后发现当时市面上批判宋儒之书竟有十数种：“余自入官后，尝见近时十数种书，于宋诸大儒言论，有明诋者，有暗诋者，直是可怪。”[④] 程朱思想的权威地位开始动摇，程朱思想控制下的禁欲、重理风气逐渐被打破，重视个体自得，重视个体情感、欲望的风气蔓延开来。复古派领袖李梦阳公开宣称人对音色、富贵的追求，只要用之有度，取之有道，都是正常的。

> 五音令人耳聋，五色令人目盲，人自聋自盲耳，音色使之哉？阴阳消长，五行生克，发之声为音，吐其采为色，腾之为气，滋之为味，天以之成，人以之生，贪者戕，淫者荒，音色之罪哉？[⑤]

① 刘婷玉：《成弘之际的“盛”与“变”——作为转折时期的成化、弘治时代》，载陈支平、万明主编《明朝在中国史上的地位》，天津古籍出版社，2011，第 77 页。

② （宋）黎靖德编，王星贤点校《朱子语类》卷 114，第 7 册，第 2760 页。

③ 杨国荣：《王学通论——从王阳明到熊十力》，华东师范大学出版社，2003，第 17 页。

④ （明）罗钦顺著，阎韬点校《困知记·续》卷上，中华书局，2013，第 89 页。后文中略注。

⑤ （明）李梦阳：《空同集》卷 66《论学上篇第五》，载《景印文渊阁四库全书》第 1262 册，第 603 页。

> 孟子论好勇、好货、好色，朱子曰此皆天理之所有而人情之所不能无者。是言也，非浅儒之所识也。空同子曰：此道不明于天下，而人遂不复知理欲同行异情之义。……孔子曰：不义而富且贵，于我如浮云。汉以下儒者只言富贵如浮云，过矣。①

李梦阳此论虽没有超出程朱理学的范畴，但在尚俭朴的社会风气下，此论就具有打破陈风的作用，从正视个体自然本性开始，士人的个体人格的苏醒也在酝酿之中，并最终发展为以王阳明“良知”说、李贽“童心”说为代表的高扬主体性的思想理论。

在政治环境上，内忧外患的政治环境唤起了士人的主体意识。正统七年（1442）浙江爆发叶宗留之乱，直到正统十三年（1448）才得以平定，紧接着，福建邓茂七也发起了叛乱。外有西南麓川宣慰司之乱，北部蒙古也先于正统四年（1439）任瓦剌部太师之后，势力大增，正统十四年（1449），明英宗亲征瓦剌，却落得战败被俘的结局，是为“土木堡之变”。“土木堡之变”打破了文官所津津乐道的“永宣盛世”。多难兴邦，在这样的环境下，统治者又没有明太祖、明成祖的军事才能与开国气魄，只能依赖官员。“土木堡之变”后，郕王下诏勉励群臣曰：

> 国家多难，皆因奸邪专权所致，今已悉准所言，置诸极刑，籍没其家，以谢天人之怒，以慰社稷之灵。尔文武群臣，务须各尽乃职，以辅国家，以济时艰。②

“以辅国家，以济时艰”，这正表明了君臣关系的变化。明成祖之后，政治环境渐趋宽松，文官的地位有所上升。永乐十九年（1421）朱棣北征，遭到大臣反对，户部尚书夏元吉等下狱，却未能阻止朱棣北征。正统十四年（1449），瓦剌寇边，明英宗要求御驾亲征，群臣反对，英宗不听，群臣

---

① （明）李梦阳：《空同集》卷66《论学上篇第五》，载《景印文渊阁四库全书》第1262册，第606～607页。

② 《明英宗实录》卷181，正统十四年八月庚午，载《明实录》第5册，第3525页。

遂任之，但无人因此受罚。成化十六年（1480），礼部右侍郎周洪谟著《疑辨录》三卷呈于上，其书订《朱熹集注》、五经、四书之误，宪宗回复曰："汉唐宋诸儒，《四书》、《五经》注释，各有原委，永乐间，儒臣奉敕纂修考订，悉取其不悖本旨者，录之天下，习学已久。洪谟乃以一己之见纷更，不许行。"① 后周洪谟又多次上疏，皆不获准许。弘治帝方继位，周洪谟上奏的第一件事就是驳御制《太学碑》等诸文字用字讹谬，希望皇帝下令改正，弘治帝令九卿翰林会议后下旨："御制文字，考订不差。洪谟妄肆诋毁，本当重治，姑罚俸三月。"② 本当重治，却只罚俸三月了结此事，其与朱季友的命运截然不同。正德十四年（1519），明武宗要求南巡，群臣极力反对，被下狱、廷杖者数百人，但最终成功阻止武宗南巡，"通过与永乐和正德年间两次士大夫谏阻行为对比，透视出明前期士大夫主体意识逐渐增强、话语权和影响力逐渐彰显"。③

士人主体意识增强，他们开始关注个体意识，尊重自我，重视个性，而非以程朱思想代替自身思考。其表现在文学上，就是从成化到弘治年间，台阁体创作趋于衰落与消退，先有李东阳倡其端，主张诗贵情思："诗有三义，赋止居一，而比兴居其二。所谓比与兴者，皆托物寓情而为之者也。盖正言直述，则易于穷尽，而难于感发。惟有所寓托，形容模写，反复讽咏，以俟人之自得，言有尽而意无穷，则神爽飞动，手舞足蹈而不自觉，此诗之所以贵情思而轻事实也。"④ 后有以李梦阳、何景明为代表的"前七子"复古派兴起，他们针对台阁体空洞无物的弊端，倡言复古。李梦阳批判当时之文感情空洞，不见真人："夫文人学子比兴寡而直率多，何也？出于情寡而工于词多也。"⑤ "宋儒兴而古之文废矣。……考实则无人，抽华则无文。"⑥ 何景明主张文章重在阐发己意："仆观尧舜周孔子思孟氏之

① （明）沈德符：《万历野获编》（中）卷14《科场·减场解元》，第372页。

② （明）沈德符：《万历野获编》（中）卷14《科场·减场解元》，第373页。

③ 王伟：《明前期士大夫主体意识研究（1368~1457）》，东北师范大学博士学位论文，2011，第79页。

④ （明）李东阳著，李庆立校释《怀麓堂诗话校释》，人民文学出版社，2009，第80页。

⑤ （明）李梦阳：《空同集》卷50《诗集自序》，载沈乃文主编《明别集丛刊》（第一辑），第92册，黄山书社，2013，第372~373页。

⑥ （明）李梦阳：《空同集》卷66《杂篇》，载《景印文渊阁四库全书》第1262册，第604页。

书，皆不相沿袭，而相发明，是故德日新而道广。此实圣圣传授之心也。后世俗儒，专守训诂，执其一说，终身弗解。”[①] 李、何的观点得到一批文人的响应，形成了复古运动：“北地（李梦阳）矫之，信阳（何景明）嗣起，昌谷（徐祯卿）上翼，庭实（边贡）下毗。”[②] 清四库馆臣赞扬李梦阳之功曰：“成化以后，安享太平，多台阁雍容之作。愈久愈弊，陈陈相因。啴缓冗沓，千篇一律，梦阳振起痿痹，使天下复知有古书，不可谓之无功。”[③] 复古派的主要文学理论主张就是学古，此“古”是指“诗必汉魏盛唐，或诗必盛唐以上”。[④] 复古派以汉魏盛唐为榜样，认为盛唐以后书不足法，在这一思想的影响下，子学开始复兴：“在不读唐以后书的口号下，开创了读古书的风尚，把束缚在宋学末流的肤陋之弊，予以一次洗刷。”[⑤] 而且这一复古运动前后持续时间很长，在“前七子”之后，有以唐顺之、王慎中为代表的“唐宋派”，以王世贞、李攀龙为代表的“后七子”，以陈子龙为代表的“云间派”，“从正式兴起的弘治年间算起，到余音袅袅的玥末清初，绵延了约一个半世纪”。[⑥]

在理学领域，首先质疑程朱思想，提倡“学贵自得”的是陈献章。陈献章（1428~1500），字公甫，别号石斋，人称“白沙先生”，正统十二年（1447），中乡试第九名，后两次会试落第，遂于景泰五年（1454）从吴与弼学，“其于古圣贤垂训之书，盖无所不讲，然未知入处”。[⑦] 数月后归家专心读书，圣贤典籍、释老、稗官、小说无所不读，久之遂悟“自得”之理：“夫学贵乎自得也。自得之，然后博之以典籍，则典籍之言我之言也；否

① （明）何景明：《大复集》卷32《与李空同论诗书》，载《景印文渊阁四库全书》第1267册，第291页。

② （明）王世贞著，陆洁栋、周明初批注《艺苑卮言》卷5，凤凰出版社，2009，第71页。

③ （清）永瑢等纂《四库全书总目提要》卷171，载王云五主编《万有文库》（第一集），第33册，第81~82页。

④ 廖可斌：《明代文学复古运动研究》，上海古籍出版社，1994，第118页。

⑤ 蒙文通：《嘉靖学术》，载《古史甄微·中国历代农产量的扩大和赋役制度及学术思想的演变》，巴蜀书社，1999，第376页。

⑥ 廖可斌：《明代文学复古运动研究》，“引言”，第2页。

⑦ （明）陈献章撰，黎业明编校《陈献章全集》卷2《复赵提学佥宪》，上海古籍出版社，2019，第195页。

则，典籍自典籍，我自我也。”[①] 所谓自得，即学问思想不求之于外，不求之于耳目闻见，不求之于一切，而专意于自身，重视个体独立性：“自得者，不累于外，不累于耳目，不累于一切，鸢飞鱼跃在我。”主张为“学贵知疑”：“前辈谓：‘学贵知疑，小疑则小进，大疑则大进。’疑者，觉悟之机也。一番觉悟，一番长进。章初学时亦是如此，更无别法也。凡学皆然，不止学诗。”[②] 陈献章以学贵自得的精神开创江门心学，成为明代学术从僵化的程朱之学向心学转变的推动者。明末李廷机总结明代思想变化，以薛瑄、陈献章、王阳明作为转变的关节点，薛瑄引天下之人靡然向道，陈献章则又使天下之人由支离之道反求诸心。

> 国初固多才，然而挺然任圣道者寡矣。自河津薛公起而引圣道为己任，危言细行，必准古遗训而绳之，盖自是天下学道者四起，争自濯磨以承圣范。岂谓尽出河津哉？要之，默自河津启之也。然而士知淳质行己矣，于心犹未有解也。自新会陈公谓“学必有源，静而反观乎此心之体，得其自然而不假人力”，以为至乐具是矣，其于世之荣名若遗也。盖自是天下学道者，浸知厌支离而反求诸心。岂谓尽出新会哉？要之，默自新会启之也。[③]

上述总结对陈献章的评价也得到黄宗羲的认可：“故有明儒者，不失其矩矱者亦多有之，而作圣之功，至先生而始明，至文成而始大。”[④] 陈献章“学贵自得”的主张，一反明初诸儒“淳知行己”的为学方法与目标，以自我个体为中心确立为学目的、为学内容与为学方法，为士人提供了摆脱天理桎梏的进路。

在复古思潮与“学贵自得”风气的影响下，先秦子书又开始受到重视：

---

① （明）徐纮编《皇明名臣琬琰录》（3）《后集》卷22《翰林检讨白沙陈先生行状》，第1489~1490页。

② （明）陈献章撰，黎业明编校《陈献章全集》卷2《与张廷实主事》，第220页。

③ （明）陈献章撰，孙通海点校《陈献章集》附录四《从祀文庙疏议》，中华书局，1987，第927~928页。

④ （清）黄宗羲著，沈芝盈点校《明儒学案》卷5《白沙学案》，第79页。

“明代中后叶，受古学复兴思潮的推动，包括诸子书在内的古书刊刻的数量远迈前代。”① 这一时期的读书人主动迈出程朱思想的牢笼，探寻新的安身立命的学问。如王鏊（1450~1524），成化十一年（1475）进士，官至户部尚书，文渊阁大学士，他曾明确表明自己的复古倾向：“先秦文字，无有不佳，余所尤爱者，乐毅《答燕惠王书》、李斯《上逐客书》、韩非子《说难》，可谓极文之变态也。”② 林俊（1452~1527），成化十四年（1478）进士，官至刑部尚书，他甚至将老庄之文与理学家推崇的《六经》并列：“文章与世道相轩轾，《六经》、《鲁论》浑噩简野，孟氏雄以肆，至战国而极矣。中间老聃、左丘明、韩非、荀卿、列御寇、庄周之文闳深奇诡，并列名家。”③ 祝允明（1460~1526），弘治五年（1492）举人，其为文“所喜者左氏、庄生、班、马数子而已。下视欧、曾诸公，蔑然也”。④ 王世贞总结何景明的文章风格，亦言：“何子为文，刻工左史、韩非、刘向家言。”⑤ 后续兴起的唐宋派领袖唐顺之提倡本色论，他认为先秦诸子的文章皆是保持本色的典范：“秦汉以前，儒家者有儒家本色，至如老庄家有老庄本色，纵横家有纵横本色，名家、墨家、阴阳家皆有本色。虽其为术也驳，而莫不皆有一段千古不可磨灭之见。”⑥ 作为后七子领袖的王世贞也接续了这一传统：“李献吉劝人勿读唐以后文，吾始甚狭之，今乃信其然耳。……自今而后，拟以纯灰三斛，细涤其肠，日取六经、《周礼》、《孟子》、《老》、《庄》、《列》、《荀》、《国语》、《左传》、《战国策》、《韩非子》、《离骚》、《吕氏春秋》、《淮南子》、《史记》，班氏《汉书》，西京以还至六朝及韩柳，便须铨择佳者，熟读涵泳之，令其渐渍汪洋。”⑦ 在长期持续的推崇先秦子书氛围的影响下，诸子学受到重视，《老子》也因此进入读书人的视野，明前期处于沉寂状态的老学开始复苏。

① 张永春：《清代墨学与中国传统思想学术的近代转型》，黄山书社，2014，第 56 页。

② （明）王鏊：《震泽长语》，商务印书馆，1937，第 27 页。

③ （明）林俊：《见素集》卷 1《两汉书疏序》，载《景印文渊阁四库全书》第 1257 册，第 10 页。

④ （明）王锜：《寓圃杂记》卷 5《祝希哲作文》，中华书局，1984，第 37 页。

⑤ （明）何景明：《大复集》，“王世贞序”，载《景印文渊阁四库全书》第 1267 册，第 9 页。

⑥ （明）唐顺之著，马美信、黄毅点校《荆川先生文集》卷 7《答茅鹿门知县二》，浙江古籍出版社，2014，第 295 页。

⑦ （明）王世贞著，陆洁栋、周明初批注《艺苑卮言》卷 1，凤凰出版社，2009，第 14~15 页。

二　黄润玉："尊朱而不尽合于朱"

黄润玉（1389～1477），字孟清，号南山，浙江鄞县（今宁波鄞州区）人。永乐十八年（1420）举顺天乡试，授建昌府学训导，丁父忧后改任南昌，蔚有声绩。后历任交趾道监察御史、广西按察司佥事，因得罪上官，被贬为含山知县，后以老致仕，归家闲居著书，平生著述颇丰，有《礼记戴记附注》《经书补注》《学庸通旨》《宁波简要志》《南山录》《南山稿》等著作，并为《老子》《阴符经》《孙子》作注。①

黄润玉学宗朱子，全祖望将其与南宋黄震、史蒙卿并称为"四明朱学三大家"。全祖望评价黄润玉的学问曰："宗朱而不尽合于朱。"② 黄润玉为浙江鄞县人，作为浙东学派的中心，鄞县自南宋以来即朱陆二派学问并兴，黄润玉生长于此，思想也受到影响，具有合会朱、陆的特点："先生（黄润玉）系吾乡朱学大宗，而其经书补注多有不合，至于《大学》古本以及格物之义，则实开新建之先，以是知人心之各有所见，而所以为朱学之羽翼者，正不再苟同也。"③ 黄润玉"宗朱而不尽合于朱"在其《老子附注》中亦有体现。

《老子附注》前有黄润玉作于正统十二年（1447）的题词，则此书应作于正统十二年或之前。正统年间，程朱思想统治地位稳固，但黄润玉对程朱之学并不盲从，而重自得之学，他在《老子附注》中对于程朱思想既有发挥，亦有反驳。

黄润玉"尊朱"首先表现在对朱子理、气观的认同，以理、气解释《老子》之道。

> 阴牝阳牡而生物，不能无欲，故圣人静以观其生生之理，动以观其生生之感。妙者，物理所以然。徼者，气感所由然。曰妙曰徼，体用一原。两者同出异名，然而同谓之玄者，天体玄默，一理气而已。

① （明）杨守陈：《南山先生墓碣铭》，载张全民、杜建海编注《诗画横溪》，宁波出版社，2004，第236～239页。

② （清）全祖望：《横溪南山书院记》，载张全民、杜建海编注《诗画横溪》，第241页。

③ （清）全祖望：《横溪南山书院记》，载张全民、杜建海编注《诗画横溪》，第241页。

理气流行，生之又生，万物所由出，非众妙之门而何？众妙者，物物一太极，而徼即门也。[①]

朱熹认为理无动静，但理挂搭在气上，气有动静，故理亦有动静，阴阳二气动而化生万物："天道流行，发育万物。其所以为造化者，阴阳五行而已。"[②] 阴阳五行之气聚而成万物之魂魄五脏百骸，而理气不相离，理伴随着气，气凝结物形，理随之而立，故万物生而具理，这就是朱熹的"理一分殊""物物一太极"的思想。物因理生，理因物显，理与物体用一源，显微无间。

"体用一源"者，自理而观，则理为体、象为用，而理中有象，是一源也。"显微无间"者，自象而观，则象为显、理为微，而象中有理，是无间也。[③]

黄润玉认为阴阳二气动而生物，理无动静，故静以观理，气有动静，故动以观气，"妙"为理，"徼"为气，理为道之体，气为道之用，万物因气成形，因理成性，故曰气为所由然，理为所以然，"此两者同出而异名"，正是指理、气而言。

黄润玉"尊朱"的第二个表现在于批判佛、老外人伦之举。黄润玉认为道无名无相，寓于器物，体道不能远器，故言"道无玄妙，只在日用间着实循理而行"[④]。秉持这一观点，黄润玉反对空谈心性的避世行为。

道之得名本指人之所当行者而言，而"当"字即循理也，不当既是非理。佛、老之徒，上不事君王，无忠；中不事父母，无孝；下不

① （明）黄润玉：《道德经附注》，载《老子集成》第 6 卷，第 210~211 页。

② （宋）朱熹：《大学或问》，载（宋）朱熹撰，朱杰人等主编《朱子全书》第 6 册，上海古籍出版社、安徽教育出版社，2002，第 507 页。

③ （宋）朱熹：《晦庵先生朱文公文集》卷 40《答何叔京》，载（宋）朱熹撰，朱杰人等主编《朱子全书》第 22 册，第 1841 页。

④ （明）黄润玉：《海涵万象录》卷 2《道》，载张寿镛编《四明丛书》（第 3 集），第 46 册，扬州古籍刻印社，1935。后文中略注。

育妻子，无慈。然无是事而空，知此理所谓有体无用也。[①]

不唯佛、老二家有此弊端，黄润玉认为当时儒者中也存在一些空谈心性而不将道付之日用常行者，这样的人不能算作识道。

孔门所教所学皆于用处发明，而体在其中，盖理是道之体，事是道之用，然孝弟见于日用，只从仁上发出来，仁是孝弟之理，孝弟是仁之用，如今学者骛于高远，不尽孝弟之事，只是去探高妙，论心、论性，却全不识道。[②]

可见，黄润玉批判老子，并非出于门户之见，而是就事论事。

黄如玉“不合于朱”的表现在于赞同《老子》的自然无为思想，而非如朱熹一般，指责老子之无为为虚无。黄润玉认为无为就是道，无为就是自然。

但执古之无为，以御今之有事。古初为无，道之宗也。[③]

人而行焉，一有作为，非自然也。人而言焉，一弗顺理，非自然也。自然之道，即天道也夫。[④]

以无为治天下，要求在上者应以清净为务，黄润玉认为只有静才可以体会天道，躁动则与道背道而驰，故为君者当以静为本，不朝令夕改，不繁政扰民，“事不轻举，欲不动心”[⑤]，自然可以天下太平：“静以观物理，默以契天运，则天人之道无不明。人或躁动，出行愈远而知愈迷也。故圣人静而知，默而得，笃恭而天下平。”[⑥] 清静之政还要求统治者以百姓之心

① （明）黄润玉：《海涵万象录》卷2《道》，载张寿镛编《四明丛书》（第3集），第46册。
② （明）黄润玉：《海涵万象录》卷3《为学功夫》，载张寿镛编《四明丛书》（第3集），第46册。
③ （明）黄润玉：《道德经附注》，载《老子集成》第6卷，第213页。
④ （明）黄润玉：《道德经附注题辞》，载《老子集成》第6卷，第210页。
⑤ （明）黄润玉：《道德经附注》，载《老子集成》第6卷，第215页。
⑥ （明）黄润玉：《道德经附注》，载《老子集成》第6卷，第218页。

为心："天地任物性之自然，圣人任民性之自然。"① 但是，圣人以无为治民，不是指放任无为，而是以"朴治"为前提。人性趋利避害，好逸恶劳，故圣人需镇之以朴，使民无知无欲："有国者能守无为之道，万民自遂其性。性遂而物欲起，吾则不竞利欲以镇之。惟无欲而镇以静，则天下自定矣。"② 镇之以静就是指在上者不尚圣智、仁义、巧利，故圣人治民，虚其心，实其腹，使民无知无欲，不生贪念，不致妄为："故圣人治人，在虚其心，使民无知；实其腹，使民无欲；使夫民之知者，弱其贪志，而不敢恣欲，则强其骨也。故人人为无为，则无不治。"③ 此即为不言之教，此即为老子无为而无不为之缘由。

> 古者行不言之教，欲民朴也。民巧诈则难治，故以智御民，则奸滋起，为无为，则欲归朴。此两者亦稽古式，是谓不显之德。玄德深远，与用智相反，如此必至天下大顺。④

黄润玉之"无知无欲"，意为弱化百姓的贪念，使其不敢恣意妄为，安于现状，这使他的自然无为思想因此而具有一定的消极意味。有学者认为黄润玉赞同老子自然无为的政府治理方式，这和他的行政思想相一致："在行政精英的录用上，黄润玉在宗法制度约束下，提倡一种自然主义行政观，反对苛法约束官员自主性，特别看重人的积极性，反对当时法规太严。"⑤ 黄润玉的自然无为思想有以上所言的积极一面，但亦有安于现状的保守一面，这从他对朱元璋废除宰相制度的评价就可以看出来。他认为太祖时期废除宰相制度，是任法不任人，这样既可以防止奸臣为乱，也使臣民有法可依，即便君不明，只要遵循祖制，虽然国家缺少活力，但亦不致出现大的动乱。

---

① （明）黄润玉：《道德经附注》，载《老子集成》第6卷，第211页。
② （明）黄润玉：《道德经附注》，载《老子集成》第6卷，第216页。
③ （明）黄润玉：《道德经附注》，载《老子集成》第6卷，第211页。
④ （明）黄润玉：《道德经附注》，载《老子集成》第6卷，第221页。
⑤ 邹建锋：《朱元璋至王阳明时期（1368~1528）中国行政管理思想研究》，社会科学文献出版社，2014，第203页。

> 去宰相而升六部，任法不任人也。任相得人则大治，非其人则大乱。不任相而任法，则循规守矩，扶持以俟圣王出。是任法，虽不甚治，亦不甚乱，此守成之常也。善乎，不改祖宗旧制，虽少有更变，亦不致乱，使民无所措手足也。①

为政之本毕竟在于人，法治也要靠人来实施，若法度不明或不完善，为政者又因循守旧，不知变通，甚至以此为借口互相推诿，反而会酿成更大的弊端。黄润玉自己也明白这一点，故多次感慨任法不任人之弊："为政在人，然作法于凉，其弊尤贪。"②"古者任人不任法，今者任法不任人，故法立而弊生。"③ 黄润玉的担心不无道理，明后来的发展也印证了他的忧虑，江盈科在《雪涛小说》中很形象地描述了明中后期这种因循苟安、互相推诿的状况。

> 天下有百世之计，有一世之计，有不终岁之计。计有久近，而治乱之分数因之。国家自洪武至于今，二百四十年，承平日久，然所以保持承平之计，则日益促。自宗藩、官制、兵戎、财务以及屯田、盐法，率皆敝坏之极，收拾无策，整顿无绪。当其事者，如坐敝船之中，时时虞溺，莫可如何。计日数月，翼幸迁转，以遗后来。后来者又遗后来，人复一人，岁复一岁，而愈敝愈极。虽有豪杰，安所措手？④

无奈"立法易，得人难"⑤，黄润玉只能寄希望于遵守祖制，这样即便人才难寻，然而有法可依，也可无功无过。

黄润玉"尊朱而不尽合于朱"中已经包含了明代思想转向的意蕴，后

---

① （明）黄润玉：《海涵万象录》卷3《用人》，载张寿镛编《四明丛书》（第3集），第46册。

② （明）黄润玉：《海涵万象录》卷3《用人》，载张寿镛编《四明丛书》（第3集），第46册。

③ （明）黄润玉：《海涵万象录》卷3《田赋》，载张寿镛编《四明丛书》（第3集），第46册。

④ （明）江盈科：《雪涛阁集》卷14，载（明）江盈科纂，黄仁生辑校《江盈科集》第1册，岳麓书社，2008，第466~467页。

⑤ （明）黄润玉：《海涵万象录》卷3《用人》，载张寿镛编《四明丛书》（第3集），第46册。

来黎尧卿的《老子纂要》对老子的批判虽然没有越出程朱思想的范畴，但他认为老子部分思想是有治国之用的，只是反对“异端”之士对老子的过分解读使老子思想流入“诬诞”。我们从黄润玉、黎尧卿的老学著作中可以看出，对老子思想的批判正在松动，老学复兴已潜伏其中。

第三章

明中期老学的复兴

明中期老学复兴主要表现在三个方面：首先是从数量上看，相比于前期的注《老》人数，明中期出现了大幅提升，从 14 人增加到 41 人。其次是从注《老》者身份看，41 位注解者中，身份为官员者有 37 人，他们深入阐释《老子》中的修身治国思想，说明当时官方对老子思想的认知发生了改变，不再完全以“异端”视之。最后，从注解质量看，这一时期注解者中不乏学识深厚者，既有学者型官员，也有道教学者，他们深入发掘老子思想，将明代老学推进到一个新的发展阶段。

第一节　批判程朱思潮与老学复兴

一　由文趋道推动下的批判程朱思潮

明正德、嘉靖年间，政治环境渐趋恶劣，士大夫的济世主张与现实环境发生极大矛盾，单纯的辞章复古已不能安慰身心，大批士人由文趋道，寻求新的安身立命之法，以心学为代表的义理思想兴起，《老子》作为官员探求义理的理论依据，受到重视。

正德皇帝即位之后，“耽乐嬉游，昵近群小”[①]，前有刘瑾弄权，后有江彬逞凶，朝臣谏诤，置之不理。正德十六年（1521），正德皇帝去世，因其

① （清）张廷玉等撰《明史》卷 16《武宗本纪》，第 2 册，第 213 页。

生前未立储君，死后亦无子嗣，远在湖北安陆的兴献王长子朱厚熜以外藩身份入继大统，是为嘉靖帝。嘉靖欲尊崇其亲生父母，以杨廷和为首的内阁则上疏嘉靖帝请求以孝宗为皇考，以兴献王为皇叔考，这样嘉靖帝亲生父母就变成了皇叔父、皇叔母，嘉靖帝拒绝接受。围绕着考兴献王还是考孝宗问题，嘉靖帝与朝臣进行了近三十年的斗争，直至嘉靖二十九年（1550），兴献王神主以睿宗的名义入住太庙才算结束。“大礼议”不仅仅是出于嘉靖帝的孝子之情，更成为嘉靖帝检验臣子的试金石。支持嘉靖帝者，如张璁、桂萼等，由南京不受重用的小官一变而成为翰林学士，而在“大礼议”中反对过嘉靖帝的官员，要么被罢官居家，要么终生不受重用，如薛蕙在“大礼议”中没有支持嘉靖帝，就被找借口罢官归家，即便后来冤情大白，亦未再得起用。嘉靖三年（1524），湛若水上《乞谨天戒急亲贤疏》，用词严厉，批评嘉靖帝亲小人而远贤臣，湛若水所说的小人就是张璁、桂萼，因为此疏，湛若水其后的官宦生涯大受影响，虽官位尊崇，却无实权，湛若水去世，未加谥号，未予赠官，连为湛若水说情的官员也受到严惩。“大礼议”事件使得嘉靖帝与臣子处于对立局面，关系紧张，特别是嘉靖三年的“左顺门”事件，对文官的打击尤大。当时嘉靖帝欲尊其生父为“本生皇考恭穆献皇帝”，其生母为“本生圣母章圣皇太后”，很快，又进一步要求删去册文中的“本生”二字，遭到群臣反对，遂发生百官跪哭的“左顺门”事件。参与这次事件的官员，受到夺俸、杖刑等严厉惩罚的数以百计，其中17人因杖刑而死，嘉靖帝虽如愿为其父母尊号去掉“本生”二字，但亦使大批官员对现实失望。

正德年间，刘瑾乱政虽伤害了官员的从政热情，但他们经世理想并没有完全破灭。及至嘉靖年间，君臣关系因为“大礼仪”一开始就处于紧张对立的状态，“大礼议”尚未结束，嘉靖帝又因为沉溺于道教炼丹长生，信任道士、方士，不少官员不得不迎合嘉靖帝，装作信奉道教，以致出现“青词宰相”的闹剧。朝廷乌烟瘴气，使得士人对朝廷日益失望，这表现在思想方面就是文人士大夫纷纷弃文从道。

由于对现实感到失望，士大夫们不得不先后放弃个人与社会、情

与理相统一的理想，转入个人的内心世界，对自我的价值、地位、生命本身的意义等进行理性思考，追求主体精神的独立和人格的完善。①

这一时期，很多士大夫的心境发生了变化，他们认为辞章无益于世，开始探求新的安身立命思想，出现了重道轻文、批判程朱的倾向，如薛蕙、王守仁、王廷相、徐祯卿、郑善夫等，这几人早年都与复古派有交往，但正嘉年间都脱离了文学阵营，转向义理之学。

薛蕙（1489~1541）早年即以诗文闻名，王廷相谪亳州通判时，曾称赞其曰："天下奇才，可继何（何景明）、李（李梦阳）。"② 遂亲自授学。薛蕙中进士之后，与何景明交往密切，有人评价曰："弘嘉之际，三君鼎立。"③ 但薛蕙并不完全赞同前七子的文学主张，复古派多流于对古文形式、创造方法的模仿，而缺乏深度，薛蕙对此是不满的，他强调文学对"道"的追求，嘉靖初年的"大礼议"事件，更促使了薛蕙"弃文从道"。"左顺门"事件前夕，薛蕙已上万言书《为人后解》《为人后辩》，反对嘉靖帝伯孝宗而考兴献的主张，④ 嘉靖帝大怒，将其下镇抚司拷讯，事后又罚俸三月。后来薛蕙又被卷入朝廷政争之中，嘉靖帝借故不听薛蕙辩白，薛蕙遂被解职归家，后来虽得昭雪，但薛蕙已对官场失望，此后再未出仕。经历了这一系列官场纷争，薛蕙的思想开始发生转变，他由注重辞章转而关注性命思想。薛蕙对性命之学的探讨越出儒家经典，求诸佛老之学，著《老子集解》以阐发其性命思想。

王守仁（1472~1529），字伯安，号阳明子，世称阳明先生，弘治十二年（1499）进士，早年曾与何景明、李梦阳相交，弘治十五年（1502）转变思想放弃辞章之学，其言："吾焉能以有限精神为无用之虚文也。"⑤ 在遭遇刘瑾迫害后，以"致良知"之学安顿己身，将"内圣外王"的理想从寄

① 廖可斌：《明代文学复古运动研究》，第 86 页。

② （明）薛蕙：《考功集》附录王廷相《吏部考功郎中西原薛先生行状》，载《景印文渊阁四库全书》第 1272 册，第 123 页。

③ （清）钱谦益：《列朝诗集小传》（上），第 324 页。

④ （清）张廷玉等撰《明史》卷 191《薛蕙》，第 17 册，第 5075~5076 页。

⑤ （明）王守仁著，吴光等编校《王阳明全集》卷 33《年谱一》，第 1225 页。

希望于君主转向自身及普通百姓创立“良知”之学。

成化、弘治年间的复古派干将也纷纷放弃辞章之学，转而服膺阳明心学。徐祯卿（1479～1511），字昌谷，一字昌国，弘治十八年（1505）进士，他耿介不群，仕途不顺，“久之，遂雅意神仙之事，洎遇余姚阳明王公，相与盛谈其学，至有无形气之辩，往复连日，王公笑而不答，君固强起和之，于是语及圣门易简之旨，遂幡然大悟”，[①] 临终，请王守仁为其作墓志铭。郑善夫（1485～1523），字继之，号少谷，弘治十八年进士，曾随何景明学诗，被称为“十才子”之一，结识王阳明后，开始向往王学，正德八年（1513）与王守仁相见于毗陵，“慨然有味乎性命之学”。[②] 此后他多次请求入王阳明门下，病危时仍叹息曰：“诗文小技，害道，而吾为之，吾悔之矣。向非石龙、南洲二公忠诲夹持，吾有出头时耶？”[③]

当时批判程朱，转向义理之学的还有以罗钦顺、王廷相为代表的气论学派。葛荣晋总结气论学派的特点曰：“明代气论学派，主要是由王廷相及其同时代的罗钦顺、崔铣、韩邦奇等人所组成。他们以气学思想为武器，批判宋明理学和佛老‘异端’思想，形成了有声有色的社会批判思潮。”[④] 气论学派不仅批判宋明理学与佛老之学，对阳明心学也持批判的态度，但他们批判理学，不是为了叛出儒学，而是希望通过对程朱理学的修正维护正统儒学。

罗钦顺（1465～1547），字允升，号整庵，弘治六年（1493）高中探花，官至南京吏部尚书，嘉靖六年（1527）辞官居里，专心学术研究。罗钦顺在进学之路上，先后三变：初服膺程朱之学，弘治六年进士及第，被授为翰林院编修后，接触佛学，转而笃信释氏。弘治十五年（1502），调任南京国子监司业，由钦慕禅学转而批判禅学与陆王心学，回归圣贤之学。

---

① （明）宋仪望：《徐迪功祠堂记》，载（清）黄宗羲编《明文海》卷 369《记》，中华书局，1987，第 3801 页。

② （明）郑善夫：《少谷集》卷 23《郑继之先生传》，载《景印文渊阁四库全书》第 1269 册，第 298 页。

③ （明）郑善夫：《少谷集》卷 24《题少谷先生遗稿》，载《景印文渊阁四库全书》第 1269 册，第 305 页。

④ 葛荣晋：《葛荣晋文集》第 11 卷，社会科学文献出版社，2014，第 402 页。

愚自受学以来，知有圣贤之训而已，初不知所谓禅者何也。及官京师，偶逢一老僧，漫问何由成佛，渠亦漫举禅语为答云："佛在庭前柏树子。"愚意其必有所谓，为之精思达旦。揽衣将起，则恍然而悟，不觉流汗通体。既而得禅家《证道歌》一编，读之如合符节，自以为至奇至妙，天下之理莫或加焉。后官南雍，则圣贤之书，未尝一日去手，潜玩久之，渐觉就实。始知前所见者，乃此心虚灵之妙，而非性之理也。①

罗钦顺初与王守仁、湛若水相交时也曾深服其才，深入阅读陆九渊、王阳明的著作后，发现他们的学说肖似禅学，他说："象山之学，吾见得分明是禅。"②"仆与王、湛二子皆相知，盖尝深服其才，而不能不惜其学术之误。其所以安于禅学者，只为寻个理字不着，偶见如来面目，便成富有，而其才辨又足以张大之，遂欲挟此以陵驾古今，殊不知只成就得一团私意而已。"③ 罗钦顺出入儒释，对程朱之学有尊重但也有不满，他承认程朱乃孔孟正传："程朱数君子相继而出，相与推明孔孟之正学，以救当世之沦胥者，亦既淳淳恳恳，而世莫之能用也。直至我朝，其说方盛行于天下，孔孟之道于是复明。"④ 但对于程朱理学中理气二元现象又不赞同，对于程朱理学坚持的理本论、理先气后的观点，他明确指出，"盖通天地，亘古今，无非一气而已。……初非别有一物。依于气而立，附于气以行也"，⑤"理只是气之理，当于气之转折处观之"，⑥"仆从来认理气为一物"。⑦ 程朱一方面将理看作形而上的实体，认为"理与气决是二物"；另一方面又将理看作气之运动的规律。罗钦顺以气为本，气是认识理的基础，有气才有理，理只是气的运动条理，而非气的主宰者，两者只有气是实体。罗钦顺以"理气一物"挑战程朱的理气二元论，发展了理学中的气学思想。在阳明思想

① （明）罗钦顺著，阎韬点校《困知记》卷下，第 44 页。
② （明）罗钦顺著，阎韬点校《困知记》附录《答允恕弟》，第 148 页。
③ （明）罗钦顺著，阎韬点校《困知记》附录《与林次崖佥宪》，第 197 页。
④ （明）罗钦顺著，阎韬点校《困知记·续》卷上，第 87 页。
⑤ （明）罗钦顺著，阎韬点校《困知记》卷上，第 5~6 页。
⑥ （明）罗钦顺著，阎韬点校《困知记·续》卷上，第 89 页。
⑦ （明）罗钦顺著，阎韬点校《困知记》附录《与林次崖佥宪》，第 196 页。

迅速发展之时，罗钦顺以其气本论思想，坚守儒学立场，对阳明心学以心为性为理的观点进行了批判，他认为性与心是体与用的关系，不可混而为一："夫心者，人之神明；性者，人之生理。理之所在谓之心，心之所有谓之性。不可混而为一也。"① "至精者性也，至变者情也，至神者心也。"② "道心，性也；人心，情也。心一也，而两言之者，动静之分，体用之别也。"③ 罗钦顺认为性为本体，静正有常，心为神，是本体的发用，变动不居，故有道心、人心之分。王阳明以心为本体，将格物解释为"格心"，把格物致知的过程解释为"致吾心之良知于事事物物"，这样做的结果就是"局于内而遗其外"，④ 而所谓致良知"则是道理全在人安排出，事物无复本然之则矣"。⑤ 罗钦顺从气一元论入手，批判佛老之学，批判阳明学局内遗外，流于禅学，面对心学盛行的情况，他感慨曰："楼名学古浪标榜，古人实学今谁讲。"⑥

王廷相（1474～1544），字子衡，号浚川，弘治十五年（1502）进士，少有才名，史称："文有英气，继进古文，诗赋雅畅。"任职翰林院期间，与李梦阳、何景明、崔铣并称"四杰"，⑦ 成为复古派"前七子"之一，正德、嘉靖年间他却改向义理之学。

> 仆早岁问学，无所师承，亦随众致力词藻，怅怅贸贸于无益之途，积十余稔。及壮年以来，知自悔悟，回视少年，已自浪过者多，不可一二复追矣。至今恨然！大抵体道之学，缓急有用于世。诗文之学，君子固不可不务，要之辅世建绩寡矣，而不适用也。⑧

王廷相转向义理之学后，批判态度更为激烈、深入，他宣称圣人之道

① （明）罗钦顺著，阎韬点校《困知记》卷上，第1页。
② （明）罗钦顺著，阎韬点校《困知记》卷上，第2页。
③ （明）罗钦顺著，阎韬点校《困知记》卷上，第2页。
④ （明）罗钦顺著，阎韬点校《困知记》附录《与王阳明书》，第143页。
⑤ （明）罗钦顺著，阎韬点校《困知记》附录《答欧阳少司成崇一》，第157页。
⑥ （清）张伯行：《濂洛风雅》卷9《学古楼歌》，商务印书馆，1935，第162页。
⑦ （明）何乔远辑《名山藏列传》（四），载周骏富辑《明代传记丛刊》第77册，第15页。
⑧ （明）王廷相著，王孝鱼点校《王氏家藏集》卷27《答王舜夫》，载《王廷相集》第2册，中华书局，1989，第482页。后文中略注。

当“信而守之”，但“若曰出于先儒之言，皆可以笃信而守之，此又委琐浅陋，无以发挥圣人之蕴者尔，夫何足与议于道哉”[①]。王廷相与罗钦顺一样，转向了气本论，他以气本论思想批判程朱的理气观及“理一分殊”论。针对宋儒以理为本、理能生气的观点，他指出：“天内外皆气，地中亦气，物虚实皆气，通极上下造化之实体也。是故虚受乎气，非能生气也；理载于气，非能始气也。世儒谓‘理能生气’，即老氏道生天地矣。”[②]“虚受乎气”，王廷相改变了宋儒对理、气的定位，以气为实，理为虚，虚不能生有，虚要赖有以存，故理不能生气，若言理在气先，犹如老庄所谓道生一之类。理只是气之条理，气有变化，理亦会随之而变，若言气变理不变，是将理与气分割开来：“元气即道体。有虚即有气，有气即有道。气有变化，是道有变化。气即道，道即气，不得以离合论者。或谓气有变，道一而不变，是道自道，气自气，歧然二物，非一贯之妙也。”[③]气变理亦变，世间不存在一成不变的理，也不存在万物同一的理：“天地之间，一气生生，而常而变，万有不齐，故气一则理一，气万则理万。世儒专言理一而遗万，偏矣。”[④]万物虽由气所化，但气既化成万物，万物各有其理，格物之理自然不能只求普遍之理，而遗落具体之理，王廷相以此不仅反驳了朱熹“理一分殊”论过分强调统一性、普遍性的缺陷，也将格物落实到具体事物：“儒者以虚静清冲养心，此固不可无者，若不于义理、德性、人事，著实处养之，亦徒然无益于学矣。故清心静坐不足以至道，言不以实养也。”[⑤]由此，王廷相重视学以经世，提倡学问应重“自得”“知行并举”，他批判后世之笃守成说者、虚守其心者，都重知而遗落了“行”。

近世学者之弊有二：一则徒为泛然讲说，一则务为虚静以守其心，皆不于实践处用功，人事上体验。往往遇事之来，徒讲说者，多失时

① （明）王廷相著，王孝鱼点校《王氏家藏集》卷28《与彭宪长论学书》，载《王廷相集》第2册，第510页。
② （明）王廷相著，王孝鱼点校《慎言》卷1《道体》，载《王廷相集》第3册，第753页。
③ （明）王廷相著，王孝鱼点校《雅述》上篇，载《王廷相集》第3册，第848页。
④ （明）王廷相著，王孝鱼点校《雅述》上篇，载《王廷相集》第3册，第848页。
⑤ （明）王廷相著，王孝鱼点校《雅述》上篇，载《王廷相集》第3册，第833页。

> 措之宜，盖事变无穷，讲论不能尽故也；徒守心者，茫无作用之妙，盖虚寂寡实，事机不能熟故也。孟子曰：“君子深造之以道，欲其自得之也。自得之则居之安，居之安则资之深，资之深则取之左右逢其原。”此万世学道者之筌蹄也。然谓之“自得”，非契会于身心者不能。谓之“深造”，岂徒泛为讲说，虚守其心，而不于事会以求之哉？谓之“左右逢源”，非实体诸己，恶能有如是妙应？……晚宋以来，徒为讲说，近日学者，崇好虚静，皆于道有害，此不可发后学矣。①

“徒讲说者”指程朱之学，“徒守心者”指阳明心学，程朱学者笃守成说，阳明学者崇虚守静，却都不能解决实际问题，王廷相提出：“学之术有二，曰致知，曰履事，兼之者上也。”② 由此，王廷相从气本论出发，对程朱之学、心学、佛老之学的虚无之弊都予以批判，倡导实学经世：“士惟笃行可以振化矣，士惟实学可以经世矣。”③

在阳明心学、气论学之外，明前期的江门心学在这一时期也得到了发展。弘治十二年（1499），陈献章去世前将江门心学的信物——江门钓台传给湛若水，指定他为江门心学的传人。湛若水弘治五年（1492）中乡试第四名，弘治十年（1497）领会并发展了白沙先生（指陈献章）“静中养出端倪”的学问宗旨，提出“随处体认天理”的观点，得到白沙先生的称许与赞同，成为江门心学的传人。湛若水极为尊重白沙先生，足迹所到之处，必建书院以祭祀之，但是湛若水并没有因此盲从白沙先生，仍然保持自己思想的独立性，对白沙先生的思想有继承、有发展，当然也有批评与修正。后人对白沙之学最大的批评就是指其“主静”之说为禅学，将“静中养出端倪”比作佛教的顿悟。湛若水极力为白沙先生辩护，并以“随处体认天理”将白沙先生的主静方法发展为主敬。湛若水认为天理乃人心所固有，所谓体认天理，就是觉悟到这一点，并自觉地把天理内化于己，用之于生

① （明）王廷相著，王孝鱼点校《王氏家藏集》卷 27《与薛君采二》，载《王廷相集》第 2 册，第 478 页。

② （明）王廷相著，王孝鱼点校《慎言》卷 8《小宗篇》，载《王廷相集》第 3 册，第 788 页。

③ （明）王廷相著，王孝鱼点校《王氏家藏集》卷 22《送泾野吕先生尚宝考绩序》，载《王廷相集》第 2 册，第 419 页。

活中的各个领域，加上“随处”二字，则是为了与老师的“静”区分开来。所谓“随处”即无论动、静，无论知、行：“体认天理，而云随处，则动静心事，皆尽之矣。”① 弘治十八年（1505），湛若水高中进士，正德元年（1506）在京师初识王守仁，两人一见定交，引为知己，大有相见恨晚之意：“（王守仁）语人曰：‘守仁从宦三十年，未见此人。’甘泉子语人亦曰：‘若水泛观于四方，未见此人。’遂相与定交讲学。”② 湛若水一直以江门心学的衣钵传人自居，自步入仕途之后，讲学不辍，从学者甚众，据说有三千九百余人，③《明史》言：“时天下言学者，不归王守仁，则归湛若水。”④ 这一时期阳明学发展迅速，王阳明以其事功、理论吸引了大批追随者，江门心学在这一时期的发展相对较弱，两位一见定交的知己后来也因为观点的不同产生了分歧。

阳明之学与白沙之学相近，然而王阳明生前并无一语言及白沙先生，黄宗羲曾表示过疑惑：“两先生之学，最为相近，不知阳明后来从不说起，其故何也?”⑤ 后人对此多有猜测，耿定向猜测王阳明“养痾阳明洞时，与一布衣许璋者相朝夕，取其资益”，而许璋“曾经事白沙，而先生与之深交，谅亦有私淑之者”。⑥ 顾宪成却认为：“阳明目空千古，直是不数白沙，故生平并无一语及之。”⑦ 近代学者对此也有关注，黎业明总结众说后认为王阳明只是在其最重要的著作《传习录》里面没有提及白沙先生之姓名、字号，但是，对于白沙先生，王阳明并不是从不提起，而是不愿多提而已，至于原因，则是与湛若水有关。

> 正德十五年以前，湛若水与王阳明两人的关系是十分友好的，这时的王阳明，不仅多次提到陈白沙，而且对白沙所强调的“静虚”、“勿忘勿助”等方面的思想，是比较认同的。正德十五年以后，王阳明

① （清）黄宗羲撰，沈芝盈点校《明儒学案》卷37《甘泉学案一》，第904页。

② （明）湛若水：《甘泉文集》卷31《阳明先生王公墓志铭》，同治丙寅资政堂版。

③ （明）罗洪先：《甘泉文集》卷32《湛甘泉先生墓表》，同治丙寅资政堂版。

④ （明）张廷玉等撰《明史》卷282《吕柟》，第24册，第7244页。

⑤ （清）黄宗羲著，沈芝盈点校《明儒学案》卷5《白沙学案上》，第78页。

⑥ （明）耿定向：《先进遗风》卷上，商务印书馆，1936，第18~19页。

⑦ （清）黄宗羲著，沈芝盈点校《明儒学案》卷58《东林学案》，第1391页。

与湛若水不仅在学说宗旨方面各不相同，并因此而展开激烈的争辩，而且两人都希望能争取到更多的人相信自己的学说与观点。……但是，王阳明也不能当着自己朋友湛若水的面，对其老师陈白沙进行批评，以免有失体统。……因此，对于陈白沙，王阳明既不想加以称颂，又不能进行批评，那么最好的方式就是尽可能少提他。①

两人的主要分歧在于对待佛老的态度、对格物致知的理解，且两人为此展开过多次辩论。就两人对佛老的态度而言，王阳明认为佛老与儒学乃是一根别枝，湛若水则以佛老为异端，并一生坚持此观点，在八十三岁高龄还作《非老子》，以驳门生王道在《老子亿》中的三教会通观点。

上述阳明学派、气论学派及江门心学在阐发本派义理思想之时，都主动或被动地谈论佛老思想，《老子》成为他们阐发义理思想的载体，老学也因此而复兴。

二　薛蕙：明中期老学复兴的发端者

薛蕙（1489～1541），字君采，号西原，晚年自称大宁居士，安徽亳州人，正德九年（1514）进士，授刑部主事。嘉靖三年（1524），薛蕙升任吏部考功司郎中，不久因“大礼议”得罪嘉靖帝，下镇抚司狱，后被赦免，但很快又被卷入朝廷争端，遂解职归乡。嘉靖二十年（1541）病逝于家中。著有《考功集》《西言集》《约言》《老子集解》《庄子注》等。《老子集解》作于嘉靖九年（1530），在嘉靖十五年（1536）冬复加删订，第二年才定稿。② 薛蕙在《老子集解》中以性命思想会通儒道，暗里张扬阳明心学。

薛蕙对性命之学的探讨经历了一个逐渐变化的过程。嘉靖六年（1527），王廷相与薛蕙就“性与天道”问题展开争论，王廷相持气本论思想，反对程朱的理本气末的天道论及性、理为一的人性论，而此时“君采之谈性也，

① 黎业明：《明儒思想与文献论集》，商务印书馆，2017，第179～180页。

② 高叔嗣在第二次为《老子集解》所作的序言中说：“考功薛先生既屏居亳一纪，致崇于学，庚寅始注《老子》，号曰《集解》，余为序其书，刊之甚著，先生意未覃尽，时复损益，丁酉乃成视。”［（明）高叔嗣：《苏门集》卷5《再作老子集解序》，载《景印文渊阁四库全书》第1273册，第618页］

一惟主于伊川”[1]。此后几年，薛蕙钻研性命之理，越出程朱，求诸《中庸》《易传》等儒家原典，并证之于佛老。嘉靖九年（1530），薛蕙《老子集解》初稿完成，自言其注解《老子》乃是为了阐发性命思想：“扬摧本指，发挥大义，明圣人之微言，究性命之极致。”[2] 此“圣人”乃是指孔、老而言。薛蕙通过注解《老子》表达的性命思想，可以说是其心性思想的反映。薛蕙在《老子集解》初稿完成之后，曾与好友高叔嗣相互探讨，薛蕙明确表示：“三氏之学，皆心学也，夫心一而已矣；彼三氏者，皆圣人也，学至于圣且弗自知其心乎？苟知其心其理有弗一乎？其理苟一，其言岂有二乎？”[3] 直到嘉靖十六年（1537）才定稿。在嘉靖十四年（1535），薛蕙另一重要哲学著作《约言》完稿，四库馆臣评价曰：“即心即理是姚江良知之宗也，其去濂洛关闽之学固已远矣。”[4]

（一）为老子正名

薛蕙通过注解《老子》阐发其性命思想，首先就要反驳程朱对老子的批评，为老子正名，这是其立论的前提。

薛蕙在文中常引用他人观点，李庆先生对《集解》中的引文进行了分析，将引文分为两大类：一类为经史子集中常见的《易》《诗》《书》《礼》《春秋》《列子》《楚辞》等，一类是前人的解《老》观点。对于第二类引文，李庆进一步分析发现：“薛蕙对这类文献，实际抱有不同的态度，有的是引用以申述己见，有的是聊备一说，有的则引作批评的对象。”[5] 而对于其中引用的程子、朱熹的老学思想是以批评为主：“在对‘道’或义理的探讨中，薛蕙到了晚期，渐渐表现出对当时流行的宋儒‘性理’说批评。在对《老子》作的《集解》中，引程子之说四条，朱子说八条。十二条中，

---

① （明）王廷相著，王孝鱼点校《王氏家藏集》卷28《答薛君采论性书》，载《王廷相集》第2册，第517页。

② （明）薛蕙：《老子集解》，载《老子集成》第6卷，第279页。

③ （明）薛蕙：《西原先生遗书》卷上《与高苏门》，载《四库全书存目丛书·集部》第69册，第382页。

④ （清）永瑢等纂《四库全书总目提要》卷124，载王云五主编《万有文库》（第一集），第24册，第50页。

⑤ 〔日〕李庆：《论薛蕙的〈老子集解〉——明代的老子研究之七》，《阜阳师范学院学报》（社会科学版）2006年第1期，第2页。

除三条外，其余都有批判的内容。反映了他对明初‘天理人欲’两分的反拨。”①

薛蕙对程朱评价老子的一些观点进行了反驳，主要集中在四个方面：

第一，《老子》非窃弄阖辟之术。程子以《老子》为窃弄阖辟之术，特举“是以圣人后其身而身先，外其身而身存，非以其无私也，故能成其私”句及“将欲歙之，必固张之。将欲弱之，必固强之。将欲废之，必固兴之。将欲夺之，必固与之”句为证。薛蕙不同意这一观点。他认为圣人至公无私，其外其身、后其身乃是效法大道之谦弱居下，而非别有居心：“夫圣人之无私，初非有欲成其私之心也。然而私以之成，此自然之道耳。如欲成其私，即有私也。未有有私而能成其私者也。”② 至于后一句，老子不过是就事物物盛而衰、柔弱胜刚强的自然之理而言，并非权谋之术。

第二，杨朱之学不尽合于老子。朱熹认为孟子只排杨朱，不言老子，因为杨朱之学来之于老子，排杨就是排老子。薛蕙认为杨朱只是学到了老子之学的一部分。杨朱重“为我”，老子则言生而不有、为而不恃、常善救人，故无弃人、修德于身、家、乡、邦及天下，绝非“为我”之学。

第三，老子之学非独任虚无而已。薛蕙反对程朱对老子独任虚无的批评，认为“老子之学，非不应事也。静其所以御之者，在不悖其虚无之本耳”。③ 他指出老子之无为，并不是什么都不做，而是指顺万物之性而为之，因其势而导之，此即老子无为易简之道，无为与无不为是老子无为思想的一体两面：“因其势而导之者，易简而理自得也。违其性而为之者，烦劳而物愈扰也。”④ 如世人不守此理，强而为之，最终“以有为治生生愈伤，以有为治人人愈扰”。⑤

薛蕙倾心于佛老之学与阳明心学，但对佛教之空、老子之虚无、阳明后学的空虚之弊，却很警醒。他反对程朱对老子独任虚无的判断，从因循的角度发挥老子的无为思想。对于阳明后学空谈义理，不重实事的弊病，

① 〔日〕李庆：《薛蕙的文学观》，《文学前言》2006 年第 00 期，第 141 页。

② （明）薛蕙：《老子集解》，载《老子集成》第 6 卷，第 283 页。

③ （明）薛蕙：《老子集解》，载《老子集成》第 6 卷，第 286 页。

④ （明）薛蕙：《老子集解》，载《老子集成》第 6 卷，第 296 页。

⑤ （明）薛蕙：《老子集解》，载《老子集成》第 6 卷，第 284 页。

他一再强调于日用常行中探求天道。

天道无穷，其不越于吉凶已，天道幽微，孰谓其易知乎？顺理者吉，逆理者凶，孰谓其难知乎。是故善知天者求诸人事，不善知天者求诸天道。求诸天道，天道未必合，求诸人事，天道不能违。①

六经言天道，必贯之以人事，未有专言天而人不与者，言天而无与于人，非教也。②

在《老子集解》中，薛蕙也贯彻了这一思想。他认为心即理也，理存在于日常人事之中，这是和阳明思想是一致的。王阳明曰："理也者，心之条理也。是理也，发之于亲则为孝，发之于君则为忠，发之于朋友则为信。千变万化，至不可穷竭，而莫非发于吾之一心。"③ 天理内在于人心，于日用常行中自然发出，道德法则与规范出于己，个体的主体性因此而建立。个体成了天理的主宰，天理的发与不发全由自己掌控，故王阳明警诫学者说："今时同志中，虽皆知得良知无所不在，一涉酬应，便又将人情物理与良知看作两件事，此诚不可以不察也。"④ 若将天理与人事分作两途，就会落入湛若水的"随处体认天理"的弊端，甚至可能流入空谈性理，不关实事的境地。薛蕙同样也看到了这一问题，故他非常强调复性与心体发用相结合。

心体不能不发于用，顾用之太过，而不知复反于本，纵其情而害其性，是自遗其身殃也。以感通为斯须之用，以退藏为真常之本，则于内外动静之理得之矣。袭，重也。此日用之常，而复有常道存焉，故曰袭常。⑤

① （明）薛蕙：《约言》，载《四库全书存目丛书·子部》第84册，第270页。

② （明）薛蕙：《约言》，载《四库全书存目丛书·子部》第84册，第271页。

③ （明）王守仁撰，吴光等编校《王阳明全集》卷8《书诸阳伯卷》，第277页。

④ （明）王守仁撰，吴光等编校《王阳明全集》卷6《答魏师说》，第217页。

⑤ （明）薛蕙：《老子集解》，载《老子集成》第6卷，第309页。

世人以老子之无为为虚无，将晋人亡国归咎于《老子》。薛蕙认为晋人之失在于其只见老子“弃仁义”“绝礼学”，而不见其“宗道德”“返忠信”，且晋人之亡国，清谈不过占很小的一部分，晋实际亡于统治阶层溺于安乐、内斗不止。老子言“无为”，晋人误解为“虚无”，老子言“大白若辱”，“少私寡欲”，晋人却反其道而为之，晋人处处不合于老子，后人却将晋亡归咎于老子，老子何辜？

> 如晋人者，吾见其弃仁义矣，未见其宗道德也。吾见其绝礼学矣，未见其反忠信也。自太康之后，讫于江左之亡，士大氐务名高，溺宴安，急权利，好声伎，其贪鄙偷薄极矣，若夫尚清谈，嗜放达，犹其小者耳。晋室之乱，凡以此也。彼《老子》之书，初曷尝有是哉。《老子》之言曰：大白若辱，务名高乎？强行有志，溺宴安乎？少私寡欲，急权利乎？不见可欲，好声伎乎？若畏四邻，嗜放达乎？多言数穷，尚清谈乎？以此观之，则晋人之行，其与《老子》之言，不啻若方圆黑白之相反矣，安在其祖述《老子》之道哉。[①]

第四，申、韩少恩非源于道德之意。[②] 自司马迁在《史记》中将老子与申、韩同列一传，并言其学皆源于道德之意，后人遂将申韩之惨礉少恩也归因于老子，朱熹亦持此观点。薛蕙认可申韩之学源于老子，但是惨礉少恩则是专言韩非子弊，不能将其也归因于老子。“古者刑名之学虽有宗于黄老者，然不过假其一二言之近似，若其大体之驳，岂真出于黄老哉？”[③] 观两者行事，申韩杀人以行法，老子则言此为代大匠斫；申韩携术以御下，老子则反对以智治国，况且申韩所谓的责名实、循势理虽有道教因应之说的痕迹，但观其实则正是老子所反对的察察之政，故申韩之源于黄老也是不准确的。

此外，薛蕙还为老子之道德仁义观辩护。老子言“绝仁弃义”，这是儒

---

① （明）薛蕙：《老子集解》，载《老子集成》第6卷，第302页。

② 江淑君教授的《薛蕙〈老子集解〉对程、朱老学之评议》对此论述甚详。（江淑君：《薛蕙〈老子集解〉对程、朱老学之评议》，《国文学报》2009年第45期）

③ （明）薛蕙：《老子集解》，载《老子集成》第6卷，第312页。

家最不能忍受的。薛蕙认为儒道两家对仁义道德的不同态度源于其思想发端不同。道家崇尚自然无为，此为天之道。儒家崇尚仁义，是为人之道。两家思想的发端不同，道家之道好比太极，仁义就是阴阳，阴阳以道为始，故仁义以道为宗："道者无方无体，无为无名，而无所不为者也。仁义者，有名有迹，各有所宜，而不能相为者也。"① 道和仁义因时制宜，各有擅长，犹如三皇之时，其民无知无欲，故可以无为治之，及五帝之时，其民慈良而正直，民有善与不善之分，故以仁义治之。老子先道德而后仁义，乃是因为世道越发展离道越远，故老子因时制宜，开出不同治世之方，并没有厚此薄彼之意。

（二）以复性为核心的性命论

薛蕙认为性命就是指道，道是天地万物之本，生民所同具。《老子》正是先圣所传下来的性命之说，可惜世人不解其意，使《老子》性命之学不显，末流者更是以《老子》为神仙长生之术，凡此者皆是不明《老子》之道："老子之道，惟导人返其天性，而非异端之流也。"② 这一论断反映出薛蕙解《老》的旨趣是以复性为核心。

性命乃是儒家所强调的概念，宋儒尤其重视"性"与"命"，然而"通观《老子》全书，并无一'性'字出现，'心'字亦仅见数处。主要原因在于老子对于心性主体的自觉性关注明显较少，其着墨较多的是形上思想与政治社会问题的提出与解决"。③ "命"字在《老子》中也仅在"归根曰静，静曰复命，复命曰常"句和"道之尊，德之贵，夫莫之命而常自然"句中出现。薛蕙以性命思想解《老》，首先就要沟通性命与《老子》之道，这一沟通过程是通过《易传》实现的。《易传·系辞上》言："《易》无思也，无为也，寂然不动，感而遂通天下之故。非天下之至神，其孰能与于此。"④薛蕙对于寂感之理非常重视：

> 寂然不动，圣人所以复性也，感而遂通天下之故，圣人所以应事也，

① （明）薛蕙：《老子集解》，载《老子集成》第6卷，第289页。
② （明）薛蕙：《老子集解》，载《老子集成》第6卷，第278页。
③ 江淑君：《薛蕙〈老子集解〉性命思想探析》，《国文学报》2009年第46期，第5页。
④ 周振甫译注《周易译注》，中华书局，1991，第245页。

事不能不异，故圣人之迹有不同，性未始不同，故圣人之德一也。[①]

而薛蕙本人思想中的心学因素亦使其自然地沟通了心与性：

理即此心，此心即理，时寂而藏，其藏若渊而不测其所存，时感而应，其应若响而不知其所由来，善观夫寂感之际者，可以知天，可以知神，可以知无我矣。[②]

心即理也，寂然不动之时，乃是虚静之本体，没有形象，不可捉摸。当理与物接，感物而动，人就可以即物而体察天道。故薛蕙的性命思想也可以说是其心性思想，在《老子集解》中，薛蕙从《老子》之"常道"出发，很自然地提出复性思想："天地之间，惟性命之理为常，自余皆变而不能常者也。"[③] 常乃恒久不变之意，天地之间，惟道为常，《老子》曰"常道""常名"者，正是此意："盖常与妄相反，常则不妄矣，妄则非常矣。一动一静，循天之理，乃其常也。"[④] 道有"常"与"妄"之分，常则为道，妄则非道，薛蕙在注解"常无欲以观其妙，常有欲以观其徼"时，以有欲、无欲断句。他认为性之欲有常与妄之别，常者是指动静符合天理，静则无思无为，动则顺应天道，静为道之体，动乃道之用，静、动都可体察天道。而若人与物接，生出妄念，沉溺于声色耳目之欲，丧失本性，流于人欲，是为性之妄。

常无欲之时，以观察其微妙，盖无思无为，复反无名，是即天地之始也。常有欲之时，以观察其孔窍，盖宇宙在乎手，万化生乎身，是即万物之母也。老子于此，不徒曰无欲、有欲，而曰常无欲、常有欲者，乃其致意之深也。盖常与妄相反，常则不妄矣，妄则非常矣。一动一静，循天之理，乃其常也。若一涉于私意，是则有我之妄心，

① （明）薛蕙：《约言》，载《四库全书存目丛书·子部》第84册，第271页。
② （明）薛蕙：《约言》，载《四库全书存目丛书·子部》第84册，第271页。
③ （明）薛蕙：《老子集解》，载《老子集成》第6卷，第288页。
④ （明）薛蕙：《老子集解》，载《老子集成》第6卷，第280页。

而非真常之谓矣。故无为而顺其常者，至人所以全其天也，有为而益以妄者，众人所以流于人也。[①]

人性本静，老子之所以在“有欲”“无欲”前加一“常”字，正是教人不妄为、守虚静。妄生于私，一涉私心，便生妄念，复性之要在于去除私欲，消除妄念，复归于静。

虚静者，性命之本然也。有生之后，迁于物而背其本，其不虚不静亦甚矣，故为道者必损有以之虚，损动以之静，损之又损，以至于虚静之极，则私欲尽而性可复也。[②]

摒弃外欲，虚其心也，心虚自然静，复性就是复归于静：“静者，性之本，主静者，复性之学也。人心有欲则妄动，妄动则不能主静，惟圣人而能主静者，无欲故也。”[③] 但是此损之功夫并非要人们完全摒弃欲望，而是要有所取舍，薛蕙引《吕氏春秋》中的观点以证其说：“圣人之于声色滋味也，利于性则取之，害于性则舍之。此全性之道也。”[④] 凡扰乱性情者，皆要摒弃之：“除情止念，则垢浊去而天光发，收视返听，则精神定而真气生。”[⑤]

复性是薛蕙心性思想的核心，他说：“学问之术多矣，其归于复性乎。明善明此也，穷理穷此也，敬者敬此也，诚者诚此也，知复性之学者，天下之理举一以蔽之矣。”[⑥] 唯有恢复心性之本体，达到德可配天的境界，生命方可超越生死之限，薛蕙以性命之道为安身立命的依据。他说：

帝王之功，圣人之余事也，有道者功被万物，其神明虚静而不变，虽没身不殆可也。此章之言，盖庄子所称内圣外王之道也。夫语王者

① （明）薛蕙：《老子集解》，载《老子集成》第6卷，第280页。
② （明）薛蕙：《老子集解》，载《老子集成》第6卷，第287页。
③ （明）薛蕙：《约言》，载《四库全书存目丛书·子部》第84册，第271页。
④ （明）薛蕙：《老子集解》，载《老子集成》第6卷，第285页。
⑤ （明）薛蕙：《老子集解》，载《老子集成》第6卷，第287页。
⑥ （明）薛蕙：《约言》，载《四库全书存目丛书·子部》第84册，第285~286页。

之道，其极至于王乃天，天乃道，其道可谓甚大矣。自非闻道之君子，鲜不惊怖其言，或欲为之，莫知所由也。乃若知反其本，固不越虚静而已矣。虚静之学成，则帝王之道备于己，非虚静之外别有余事也。其道复，不亦甚约乎？①

在薛蕙看来，只要恢复心性之本体，自然可以成就王者之业，真正重要的是“复性”之本身。天地之间，惟性为常，一切外物都要经历生死，而性则能超越生死：“得道者，抱神以静，虽死生之大，而不得与之变。以能复其性命之理，是以常也。不能复命，迁化流转，岂有常也？”②

薛蕙对心性思想的重视，正是沿着王阳明开出的内在超越之路，追求精神的长生。文徵明在为薛蕙写的墓志铭中说道，薛蕙晚年转而喜好释道，原因之一就是佛道哲学能够让他看破生死。

晚岁自谓有得于老聃玄默之旨，因注《老子》以自见，词约理明，多前人所未发。又喜观释氏诸书，谓能一生死、外形骸，将掇其腴，以求会于吾儒性命之理。③

薛蕙认为生死乃是“性命精微之理，学者宜致思焉”④。如何看待生死？薛蕙在解释“死而不亡曰寿”时引用了杨时和朱熹的观点，这段话来自朱熹的《中庸或问》，因为薛蕙没有按照原文引用，只取其大意，故此引《中庸或问》原文，以便于理解。

龟山杨氏曰：“颜跖之夭寿不齐，何也？老子曰：‘死而不亡曰寿。’颜虽夭而不亡者，犹在也，非夫知性知天者，其孰能识之？”⑤

---

① （明）薛蕙：《老子集解》，载《老子集成》第6卷，第288页。

② （明）薛蕙：《老子集解》，载《老子集成》第6卷，第288页。

③ （明）薛蕙：《考功集》附录文徵明《吏部郎中西原先生薛君墓志铭》，载《景印文渊阁四库全书》第1272册，第128～129页。

④ （明）薛蕙：《老子集解》，载《老子集成》第6卷，第307页。

⑤ （明）胡广等纂修，周群、王玉琴校注《四书大全校注》（上），第282页。

对于杨时的解释，朱熹表示反对：

> 至于颜、跖寿夭之不齐，则亦不得其常而已。杨氏乃忘其所以论孔子之意，而更援老聃之言，以为颜子虽夭而不亡者存，则反为衍说，而非吾儒之所宜言矣。且其所谓不亡者，果何物哉？若曰天命之性，则是古今圣愚公共之物，而非颜子所能专；若曰气散而其精神魂魄犹有存者，则是物而不化之意，犹有滞于冥漠之间，尤非所以语颜子也。[①]

颜渊作为圣人却英年早逝，盗跖身为强盗却长寿，杨时认为不能单从肉体生命上看，以天道言之，颜渊虽死，他身为圣人所代表的大道却长久存在，这就是《老子》所言的“死而不亡曰寿”。朱熹不赞同这一观点，他认为颜、跖寿夭之不齐，乃是颜渊生不逢时的违反常理之事，杨时言其“死而不亡”，不亡者乃是性，性乃古今圣愚共有之物，怎能独属于颜渊呢？若是不亡者为气，那是说颜渊死后精神魂魄犹在，这又不符合物化之理。薛蕙此处没有直接说赞同谁的观点，只言：“二先生之说，学者之所当辩也。”[②]

在“出生入死”章中，薛蕙再次表明了他的生死观。薛蕙认为生死乃是相对之物，有生必有死，人一出生即开始迈向死亡，可惜“凡人惟欲断死，不知断生，亦犹老子之言是也”。[③]《韩非子·初见秦》曰：“夫断死与断生者不同。”高亨解释“断生”“断死”曰：“断，犹必也。趋难而誓必死，谓之断死，临难而求必生，谓之断生。”[④] 死亡是不可避免之事，故曰：“凡人惟欲断死”，世人皆好生而恶死，故皆向往长生，却往往自蹈死地；“人之贪生者，本欲适生，然辄适于死地者，是何？趋福而反得祸也。盖以其自私自利，过于求生其生，而不知更近于死也”。[⑤] 正确的益生之法在于齐生死，不以生死为念，则不知生，不知死，既无生地，亦无死地，达于

① （明）胡广等纂修，周群、王玉琴校注《四书大全校注》（上），第 282 页。
② （明）薛蕙：《老子集解》，载《老子集成》第 6 卷，第 299 页。
③ （明）薛蕙：《老子集解》，载《老子集成》第 6 卷，第 307 页。
④ 高亨：《诸子新笺》，山东人民出版社，1961，第 192 页。
⑤ （明）薛蕙：《老子集解》，载《老子集成》第 6 卷，第 308 页。

无我之境地。

> 无死地者，由无生也，由无生，斯无死地矣，由无死地，斯物莫之能伤矣。夫至人者，明乎无我，反乎无朕，忘其肝胆，遗其耳目，上与造物者游，下与外死生无终始者友，人但知其无死，不知其本无生也。[①]

薛蕙这里引用《庄子》中“至人”的形象作为其思想的代表，庄子言：“至人无己。”[②] 何谓“无己”？徐复观先生解释曰：“庄子的无己，只是去掉形骸之己，让自己的精神，从形骸中突破出来，而上升到自己与万物相通的根源之地，即是立脚于道的内在化的德、内在化的性；立脚于德与性在人身上发窍处的心。”[③] “即是为天地之主，万物之归；这是对自己生命的扩大，对自己生命主体性的坚强地建立。”[④] 可见薛蕙实际上是赞同杨时的生死观的。

薛蕙以性命之学解《老》，更多地反映出他本人的思想特点，“俾使得老子学说转化成为一种性命哲理的抒发”[⑤]。明前期，老子被视为异端，注《老》者寥寥，特别是明永乐至正德年间，目前可查批注《老子》者，唯有黄润玉、黄懋、郑瓘、黎尧卿四人而已。明中期，阳明学兴起，但王阳明去世之后，政府对阳明学的态度愈益严厉，嘉靖八年（1529），朝廷判定王学为邪说：“都察院仍榜谕天下，敢有踵袭邪说，果于非圣者，重治不饶。”[⑥]《老子集解》著于嘉靖九年（1530），王学刚刚被禁，薛蕙即着手注解《老子》，并多次修订，历经七年方完成，这一举动对明中后期阳明学及老学思想的流行起到了推动作用。《老子集解》之后至万历之前，明中期的注《老》著作达到了 40 本。且薛蕙还是明中期倡导王学并以之注解《老子》

---

① （明）薛蕙：《老子集解》，载《老子集成》第 6 卷，第 308 页。
② 陈鼓应：《庄子今注今译》（上），中华书局，2013，第 18 页。
③ 徐复观：《中国人性论史》（先秦篇），上海三联书店，2001，第 352 页。
④ 徐复观：《中国人性论史》（先秦篇），第 387 页。
⑤ 江淑君：《薛蕙〈老子集解〉性命思想探析》，《国文学报》2009 年第 46 期，第 5 页。
⑥ 《明世宗实录》卷 98，嘉靖八年二月甲戌，载《明实录》第 9 册，第 2300 页。

的第一人。唐顺之在《行状》中论述薛蕙的学术地位曰：

> 呜呼，心学之亡久矣，有一人焉，倡为本心之说，众且哗然老佛而诋之矣，学者避老佛之形而畏其景，虽精微之论出于古圣贤者，且惑而不敢信矣，先生直援世儒之所最诋者，以自信而不惑，其特立者欤！①

日本学者亦评价薛蕙说："取佛老之说并开始承认王阳明之学，且又最早提出此类学说的是薛蕙。薛蕙作为其中的一家不曾被提到名字，因而在历史的大潮流中便也被湮没了。"② 薛蕙在心学发展中的作用可以说被湮没了，但其在老学史上的作用并没有被埋没，后世对《老子集解》的反复引用，如田艺蘅注解《老子》的原因之一在于弥补薛蕙《老子集解》之不足。好友蒋灼解释田艺蘅注解旨趣曰："薛氏之注传矣，然不能通贯也，故多蔽。则吾于玄也，恶得不为之指哉?"③ 沈津的《老子类纂》多采辑自薛蕙《集解》。沈一贯《老子通》亦多次引用薛蕙注解。焦竑《老子翼》收历代注《老》著作 64 家，明代只收了 4 家，薛蕙就是其中之一。四库馆臣亦给予《老子集解》极高的评价，表明了《老子集解》流传之广及后人对其学术思想的认同与肯定。

第二节　阳明学派的老学思想

明中期注《老》者有 41 人，其中有注《老》著作存世者 13 人，分别为张邦奇、薛蕙、王道、湛若水、杨慎、归有光、万表、陆西星、田艺蘅、朱得之、徐宗鲁、张之象、沈津。其中徐宗鲁、张之象只校刊《老子》，陆西星为道教人士，剩下 10 人中，其老学思想或倾向王学，或批判王学，无

① （明）薛蕙：《考功集》附录唐顺之《吏部郎中薛西原先生墓志铭》，载《景印文渊阁四库全书》第 1272 册，第 125 页。

② 〔日〕鹫野正明：《薛蕙的生平、思想及诗歌创作》，载〔日〕增野弘幸等著，李寅生译《日本学者论中国古典文学——村山吉广教授古稀纪念集》，巴蜀书社，2005，第 345 页。

③ （明）蒋灼：《老子指玄叙》，载《老子集成》第 6 卷，第 339 页。

论赞成与否，王学都处于核心地位，可见王学对明中期老学复兴的推动作用。

一　阳明思想中的道家思辨方式

王阳明创立心学，经历了从程朱之学变而为辞章之学，又转向佛老之学，后回归程朱之学，最终创立阳明心学的过程。阳明心学不仅有对程朱思想的批判改进，也有对佛道思想的吸收，这是学术界的共识，如陈来先生认为："在阳明的整个思想中一直有两条线索，一条是从诚意格物到致良知的强化儒家伦理主体性的路线，另一条是如何把佛道的境界与智慧吸收进来，以充实生存的主体性的路线，而这两条线索最后都在'良知'上归宗。"[①] 王阳明创立良知学说，借鉴了道家"体用一源"的思辨方式，建立了其独特的上学下达之路。

湛若水在总结王阳明早期学术经历时，言其经历了"五溺"方才笃志于圣学："初溺于任侠之习；再溺于骑射之习；三溺于辞章之习；四溺于神仙之习；五溺于佛氏之习。正德丙寅，始归于圣贤之学。"[②] 钱德洪将王阳明的学圣经历总结为"三变"："少之时，驰骋于辞章；已而出入二氏；继乃居夷处困，豁然有得于圣贤之旨；是三变而至道也。"[③] 此"五溺""三变"中所言王阳明曾流连于辞章之学，就是指其早年与"前七子"中的何景明、李梦阳相交。王阳明早年谓圣贤可学而至，遂专意于程朱格物之学，结果不仅未能格得天理，反而因过虑成疾。王阳明努力几年，对成圣之道却不得其门，这对他是一个很大的打击，严重动摇了其对"圣贤可学而至"的信心，他甚至认为自己没有成为圣人的潜质，遂选择随波逐流，"乃随世就辞章之学"。[④] 但王阳明很快就认识到辞章之学并不能达成其成圣的理想，遂弃辞章之学继续探求成圣之道，但却苦于找不到良师益友为其指点迷津，只能继续在宋儒成说之中寻求。然而王阳明研究程朱格物之学，始终觉得物理与其心判而为二，程朱之学所宣扬的天理伦常与道德败坏的社会现实

---

① 陈来：《有无之境：王阳明哲学的精神》，人民出版社，1991，第 222 页。

② （明）王守仁撰，吴光等编校《王阳明全集》卷 38《阳明先生墓志铭》，第 1401 页。

③ （明）王守仁撰，吴光等编校《王阳明全集》卷 41《刘文录序说》，第 1574 页。

④ （明）王守仁撰，吴光等编校《王阳明全集》卷 33《年谱一》，第 1223 页。

形成强烈的矛盾，王阳明格不出一个让自己心悦诚服的天理法则，更加怀疑自己成圣的潜质，失望之下，遂寄情于佛老之学，筑室阳明洞，以“遗世入山”来安顿自己的成圣理想，王阳明自述此一时期的心路：“守仁早岁业举，溺志辞章之习，既乃稍知从事正学，而苦于众说之纷挠疲苶，茫无可入，因求诸老、释，欣然有会于心，以为圣人之学在此矣。”[①] 可见，王阳明虽学佛老，但并非为了出世，而是于其中探寻成圣之道，佛老之学的空虚之弊与王阳明的成圣主张格格不入，王阳明遂悟佛老二氏之非。

王阳明思想突破的转机发生在正德年间。正德元年（1506），宦官刘瑾擅权，给事中戴铣等人上疏弹劾刘瑾，结果上疏之人全被逮捕，戴铣被杖责三十。王阳明仗义上疏，为戴铣求情，结果却是戴铣伤重而逝，王阳明亦被杖五十，流放到贵州龙场。在龙场担任驿丞期间，王阳明经历了著名的“龙场悟道”，证得“圣人之道，吾性自足，向之求理于事物者误也”。[②]“龙场悟道”在中国哲学史、思想史上的地位毋庸多言，对王阳明个人而言，此事亦是其人生的一个转折点。王阳明自幼聪慧，十一岁时就认为人生第一等事乃是读书学做圣贤，而非读书登第，然而自王阳明入仕以来，壮志难酬，道义难申，小人当道，君主昏庸，这样的环境如何辅君行道？如何践行其成圣的理想？孔子言：“邦有道，则仕；邦无道，则可卷而怀之。”[③] 王阳明放不下其成圣的理想，“外王”已不可得，只能转向“内圣”了。余英时先生认为“龙场悟道”不能简单地从学理层面理解，对于王阳明而言，这是一次人生道路的抉择。

> 他早年两度困于“心与理如何合一”的问题而不得出，是因为这个问题根本不是在认知层面所能解决的。但经过了入狱、廷杖、贬谪等一连串的巨创深痛之后，他终于发现：尽管他生活在一个“治”无“道”而“君”不体现“理”的世界，他心中的“忠之理”却依然未曾消逝。达到了这一悟境，“理”内在于人之“心”，而不能外求于事

① （明）王守仁撰，吴光等编校《王阳明全集》卷3《朱子晚年定论》，第127页。
② （明）王守仁撰，吴光等编校《王阳明全集》卷33《年谱一》，第1228页。
③ （宋）朱熹：《论语集注》，载《四书章句集注》，中华书局，1983，第163页。

事物物，在他已是体征了的真实，再也无可怀疑了。[①]

在遭遇刘瑾迫害后，王阳明以“良知”之学安顿已身，将知识分子“内圣外王”的理想收缩为“独善其身”，注重个体人格完善和精神满足，张扬个体的价值。在这一部分思想中，王阳明吸收了佛道的思辨方式与人生境界论。

王阳明由佛老之学最终又回归到儒家成圣之学，但早年出入佛老的经历，使他对佛老思想有舍有取，并未一概否定。

> 孟氏患杨、墨，周、程之际，释、老大行。今世学者皆知尊孔、孟，贱杨、墨，摈释、老，圣人之道若大明于世。然吾从而求之，圣人不得而见之矣，其能有若墨氏之兼爱者乎？其能有若杨氏之为我者乎？其能有若老氏之清净自守、释氏之究心性命者者乎？吾何以杨、墨、老、释之思哉？彼于圣人之道异，然犹有自得也。[②]

王阳明认为佛、老虽不同于儒学，但犹有“自得”之处，可资取法。相对于程朱学派强烈的卫道意识，王阳明以“三教一道”“三教一源”的观点对佛、老持包容的态度。

> 道一而已，仁者见之谓之仁，知者见之谓之知。释氏之所以为释，老氏之所以为老，百姓日用而不知，皆是道也，宁有二乎？今古学术之诚伪邪正，何啻碔砆美玉！然有弦惑终身而不能辨者，正以此道之无二，而其变动不拘，充塞无间，纵横颠倒，皆可推之而通。世之儒者，各就其一偏之见，而又饰之以比拟仿像之功，文之以章句假借之训，其为习熟既足以自信，而条目又足以自安，此其所以诳己诳人，终身没溺而不悟焉耳！[③]

---

① 余英时：《宋明理学与政治文化》，吉林出版集团有限责任公司，2008，第 184 页。

② （明）王守仁撰，吴光等编校《王阳明全集》卷 33《年谱一》，第 1234 页。

③ （明）王守仁撰，吴光等编校《王阳明全集》卷 6《寄邹谦之》，第 205~206 页。

王阳明认为道只有一个，只是后人见仁见智，分出儒家、佛教、道家之名，世人各持己见，以己为正，以彼为异端，终身没溺而不悟。王阳明以“一屋三间”比喻道与三教的关系：

> 阳明先生曰：“道大无名，若曰各道其道，是小其道矣。”心学纯明之时，天下同风，各求自尽。就如此厅事，元是统成一间，其后子孙分居，便有中有傍。又传，渐设藩篱，犹能往来相助。再久来，渐有相较相争，甚而至于相敌。其初只是一家，去其藩篱，仍旧是一家。三教之分，亦只如此。①

王阳明虽然认可三教一道，但并没有摒弃儒家立场，消解各家差异，认为学佛学道皆可，而是坚持儒家本位。在厅堂之喻中，王阳明以“中”和“傍”说明各家地位，儒家居中，释、道各得一偏。

> 说兼取，便不是。圣人尽性至命，何物不具，何待兼取？二氏之用，皆我之用，即吾尽性至命中完养此身谓之仙；即吾尽性至命中不染世累谓之佛。但后世儒者不见圣学之全，故与二氏成二见耳。譬之厅堂三间共为一厅，儒者不知皆吾所用，见佛氏，则割左边一间与之；见老氏，则割右边一间与之；而己则自处中间，皆举一而废百也。圣人与天地民物同体，儒、佛、老、庄皆吾之用，是之谓大道。二氏自私其身，是之谓小道。②

王阳明弟子张元冲就三家性命之学提问说，三家之学相差毫厘，都言性命，二氏性命之学虽有少许私利，但亦有可资于儒家处，是否可以兼取？王阳明给予了否定的答案。他认为尽性至命之学，儒学中已经完备，何须兼取二氏，二氏不过得道之一偏，儒家之学才是大道，二氏之学不过小道

---

① （清）黄宗羲著，沈芝盈点校《明儒学案》卷25《南中王门学案》，第588页。

② （明）王守仁撰，吴光等编校《王阳明全集》卷35《年谱三》，第1289页。

耳。在学术立场外，王阳明注意到文化的不同适应性，他认为佛乃西方之圣人，是为化导西方之人，中国自有中国之圣人，中国的圣人犹如中国之佛，专门教化中国之人，因此在中国就应坚持本土文化的主体性。

> 夫佛者，夷狄之圣人；圣人者，中国之佛也。在彼夷狄，则可用佛氏之教化以化导愚顽；而我中国，自当用圣人之道以参赞化育，犹行陆者必用车马，渡海者必以舟航。今居中国而师佛教，是犹以车马渡海，虽使造父为御，王良为右，非但不能利涉，必且有沉溺之患。①

在坚持三教一道、以儒为本的前提下，王阳明在创建其学说时吸收道家思想融入其中。王阳明哲学体系的构建与道家思想密不可分。儒家作为一种人生政治哲学，在形上理论上有所欠缺，而这正是道家哲学所擅长的。

> 道家的形上学既是一种对外在的宇宙自然的存在本质的追思，更是指出了一种终极性的人生本体价值，体现出了一种对人类命运的终极关怀，一种从本源性的形上高度为人生寻求安身立命之所的努力和执着。而且，与传统儒学将形上学的视界较多的局限于宗法人伦的领域不同的是，道家形上学正是由于扎根于深厚的自然本体论基础上，对人的存在和本质作了追根溯源性的探究，从一切存在的根源推求人存在的根源，以一切存在根源的处所作为人生的安顿之地，所以其本体论实现了从形上学高度上对超越于伦理道德意义上的人类本体的回归，其形上学视域直达人的本原真性的原初世界。这样，与传统儒学相比，道家形上学无论是在对本体世界的思辨还是对生命价值的开发、主体自由的追求等方面，都表现得更为深沉、丰满和开放，蕴含了更为广阔的意义空间。②

---

① （明）王守仁撰，吴光等编校《王阳明全集》卷9《谏迎佛疏》，第295页。

② 朱晓鹏：《王阳明哲学与道家道教关系研究》，华东师范大学博士学位论文，2009，第155～156页。

王阳明“良知”之学的建立和完善吸收了道家的思辨方式，融合儒家思想，建立了“体用一源”的上学下达之路。

《周易·说卦》曰：“昔者圣人之作《易》也……和顺于道德而理于义，穷理尽性以至于命。昔者圣人之作《易》也，将以顺性命之理，是以立天之道曰阴与阳，立地之道曰柔与刚，立人之道曰仁与义。”① 天道之阴阳与人道之仁义皆来自万物本有之性，天道与人道具有同一来源，“和顺于道德而理于义”好比“立天之道曰阴与阳，立地之道曰柔与刚，立人之道曰仁与义”，天地阴阳、人世仁义都要合乎道德，这个道德在义之中就表现为理，故穷理就可以知性之本体，可以知天道，这就贯通了天道与人性，这就是《孟子》所言：“尽其心者，知其性也，知其性则知天矣。”王阳明心本论上承此进路：“经，常道也。其在于天谓之命，其赋于人谓之性，其主于身谓之心。心也，性也，命也，一也。”② 王阳明认为命、性、心不过是道的不同表现形式，其内涵是相同的，犹如《中庸》所言：“天命之谓性，率性之谓道，修道之谓教”，“子思性、道、教，皆从本源上说天命，于人则命便谓之性；率性而行，则性便谓之道；修道而学，则道便谓之教”。③ 天命于人曰性，率性就是尽性也，尽性即为道；修道者，穷理也，穷理谓之教，这就是《易》所曰：“穷理尽性，以至于命。”王阳明由此将《中庸》与《易》融为一体，亦为世人指出由下达上之进路。

然而“率性”者，非圣人不能为之：“圣人率性而行，即是道。圣人以下，未能率性于道，未免有过不及，故须修道。修道则贤知者不得而过，愚不肖者不得而不及，都要循着这道，则道便是个教。”④ 圣人以下，不能率性于道，因为圣人以下者心不依于道而依于己，人心胜于道心，故不能“率性”。

> “率性之谓道”，便是道心。但着些人的意思在，便是人心。道心本是无声无臭，故曰“微”。依着人心行去，便有许多不安稳处，故曰

① 周振甫译注《周易译注》，第 281 页。

② （明）王守仁撰，吴光等编校《王阳明全集》卷 7《稽山书院尊敬阁记》，第 254 页。

③ （明）王守仁撰，吴光等编校《王阳明全集》卷 1《传习录上》，第 37 页。

④ （明）王守仁撰，吴光等编校《王阳明全集》卷 1《传习录上》，第 37~38 页。

“惟危”。[①]

王阳明认为心之本体就是道心，就是天理，而人心“惟危”，有流于不善之可能，故需要有修道功夫去除私欲，才能复归心之本体：“人能修道，然后能不违于道，以复其性之本体，则亦是圣人率性之道矣。”[②] 如何复性？其具体功夫就是“戒慎恐惧”，就是“中和”，就是“穷理尽性”。

> “戒慎恐惧”便是修道的工夫，“中和”便是复其性之本体，如《易》所谓穷理尽性以至于命，中和位育便是尽性至命。[③]

“戒慎恐惧”即《中庸》所言：“道也者，不可须臾离也，可离非道也。故君子戒慎乎其所不睹，恐惧乎其所不闻。莫见乎隐，莫显乎微，故君子慎其独也。”[④]“中和”是指《中庸》所言：“喜怒哀乐之未发，谓之中；发而皆中节，谓之和。中也者，天下之大本也；和也者，天下之达道也。致中和，天地位焉，万物育焉。”[⑤]《易传》言：“《易》无思也，无为也，寂然不动，感而遂通天下之故。非天下之至神，其孰能与于此。”[⑥] 王阳明将《中庸》与《易》相结合，将此寂感之理与良知融摄，提出“天理原自寂然不动，原自感而遂通”，[⑦]“未发之中，寂然不动之体，而有发而中节之和，感而遂通之妙矣”。[⑧] 使良知与事态全副感通就是致良知。

王阳明认为人心常因有睹有闻而驰骛，但良知不会因见闻而有所加损，良知乃万事万物本自固有，且有知善知恶之判断、好善恶恶之情感，及向善去恶之意向，天然地具有知、情、意合一的特性：“良知只是个是非之心，

---

① （明）王守仁撰，吴光等编校《王阳明全集》卷3《传习录下》，第102页。
② （明）王守仁撰，吴光等编校《王阳明全集》卷1《传习录上》，第38页。
③ （明）王守仁撰，吴光等编校《王阳明全集》卷1《传习录上》，第38页。
④ （宋）朱熹：《中庸章句》，载《四书章句集注》，第17页。
⑤ （宋）朱熹：《中庸章句》，载《四书章句集注》，第18页。
⑥ 周振甫译注《周易译注》，第245页。
⑦ （明）王守仁撰，吴光等编校《王阳明全集》卷2《传习录中》，第58页。
⑧ （明）王守仁撰，吴光等编校《王阳明全集》卷2《传习录中》，第65页。

是非只是个好恶，只好恶就尽了是非，只是非就尽了万事万变。”[①] 当良知未与外物交接之时，寂然不动，隐而不显，无是可是，无非可非；当其与物交接之时，感而遂通，自隐而显，以是其所是，非其所非，此即良知之发动，即王阳明所谓意也：“其虚灵明觉之良知，应感而动者谓之意；有知而后有意，无知则无意矣。”[②] 而诚意即好善恶恶之情与好善恶恶之意，既是知亦是行，此即王阳明所谓“知行合一”：“我今说个知行合一，正要人晓得一念发动处，便即是行了。”[③] 在此感通机制下，好善恶恶之诚意活动，推而至于全部现实事态，自然会引申出为善去恶的行为，这就是格物。在现实世界，人如果缺乏修养功夫，良知与外物的感通可能会被遮蔽、扭曲，这就需要通过格物活动使不正之事物归于正：“格者，正也。正其不正以归于正之谓也。”[④] 通过格物的活动，使良知与事态达致全副感通，此即致良知。综上，王阳明以寂感、感通之道与致良知相融摄，统摄了体用、动静、未发已发。

> “未发之中”即良知也，无前后内外而浑然一体者也。有事无事，可以言动静，而良知无分于有事无事也。寂然感通，可以言动静，而良知无分于寂然感通也。动静者所遇之时，心之本体固无分于动静也。理无动者也，动即为欲。循理则虽酬酢万变而未尝动也；从欲则虽槁心一念而未尝静也。动中有静，静中有动，又何疑乎。有事而感通，固可以言动，然而寂然者未尝有增也。无事而寂然，固可以言静，然而感通者未尝有减也。动而无动，静而无静，又何疑乎？无前后内外而浑然一体，则至诚有息之疑，不待解矣。[⑤]

在此寂感、感通之道中，良知即体即用，即动即静，所谓未发已发，实则意之未发已发。因此，王阳明的致良知功夫，也不分有事无事，而是

---

① （明）王守仁撰，吴光等编校《王阳明全集》卷3《传习录下》，第111页。
② （明）王守仁撰，吴光等编校《王阳明全集》卷2《传习录中》，第47页。
③ （明）王守仁撰，吴光等编校《王阳明全集》卷3《传习录下》，第96页。
④ （明）王守仁撰，吴光等编校《王阳明全集》卷26《大学问一》，第972页。
⑤ （明）王守仁撰，吴光等编校《王阳明全集》卷2《传习录中》，第64页。

时时存养，处处戒慎恐惧："盖不睹不闻是良知本体，戒慎恐惧是致良知的功夫。学者时时刻刻常睹其所不睹，常闻其所不闻，功夫方有个实落处。"①"戒慎恐惧"，即君子时刻警惕，不为人心所扰，发挥良知知善知恶的作用，使良知之情能显发为好善恶恶的感情与意向，自然恢复良知本体，此即"穷理尽性以至于命"。

综上，王阳明的心性论以寂感、感通统摄心之未发已发，良知本体地位确立，所谓未发时之居敬涵养与已发时省察明理其实都是以"戒慎恐惧"之功夫保持良知与现实事态无一息间隔，相比于朱子的"心统性情"论，自然可以称为"简易功夫"。由此，王阳明将《易》与《中庸》与其良知学说结合起来，建立了一套"穷理尽性至命"心性论思想，这一思想为王门诸人所继承，他们以有、无比附寂感之理与中和之说，将王阳明的心本论思想与老学融为一体。

王阳明关注本体，但并没有遗落现实，他的"体用一源"思想正是其重视实践的证明。王阳明"体用一源"思想亦有取法于《老子》。

道家以"道"作为世界的本原与依据，道既是世界的本体，亦是万物产生的根源与归宿。程朱理学虽然吸收佛道思想构筑了一个完整的形上哲学体系，但是因为其过于强调天理，人沦为了天理的附庸，天理高高在上，是至善的，而人心有私欲，是违背理的。这样的人、理关系使得个体在道德培养和实践上与天理始终处于紧张对峙状态。王阳明早年两次格物失败，始终觉得心与理不能相合，其原因正在于此。王阳明以心即性、心即理消除了心与理的对峙状态。

> 性一而已。自其形体也谓之天，主宰也谓之帝，流行也谓之命，赋予人也谓之性，主于身也谓之心。②
>
> 理一而已。以其理之凝聚而言，则谓之性；以其凝聚之主宰而言，则谓之心。③

① （明）王守仁撰，吴光等编校《王阳明全集》卷3《传习录下》，第123页。
② （明）王守仁撰，吴光等编校《王阳明全集》卷1《传习录上》，第15页。
③ （明）王守仁撰，吴光等编校《王阳明全集》卷2《传习录中》，第76~77页。

王阳明以心统摄性与理，又言“至善是心之本体”，[①] 赋予心、理以道德意义，这体现了王阳明的儒家本位思想，但王阳明在将天理推至天地万物时，则吸收了道家的思想。《老子》言：“道可道，非常道，名可名，非常名。无，名天地之始，有，名万物之母。”[②] 又言：“道大，天大，地大，人亦大。域中有四大，而人居其一焉。”[③] 老子之道，不仅具有本体论的意义，亦具有生成论的意义，既关注了人的本质，亦关注了人的存在，王阳明在构建良知学说时借鉴了这一理论。王阳明曰：“心外无物，心外无事，心外无理，心外无义，心外无善。”[④] 又言：“良知是造化的精灵。这些精灵，生天生地，成鬼成帝，皆从此出，真是与物无对。”[⑤] 心外无物、无事、无理、无义、无善，天地万物与心同一本体，都处于心之发用流行处，是为以道观之，物无不同，故王阳明曰：“岂但禽兽草木，虽天地也与我同体的，鬼神也与我同体的。”[⑥] 从这个意义上说：“心即道，道即天，知心则知道、知天。”[⑦] 老子又言：“天下万物生于有，有生于无。”[⑧] “有之以为利，无之以为用。”[⑨] 无为道之体，有为道之用，“有无同出而异名”，有无皆出于道，是为体用一源，故《老子》曰：

> 修之于身，其德乃真；修之于家，其德乃余；修之于乡，其德乃长；修之于邦，其德乃丰；修之于天下，其德乃普。故以身观身，以家观家，以乡观乡，以邦观邦，以天下观天下。吾何以知天下然哉？以此。[⑩]

王阳明在确定了心与万物同一本体后，又吸收了老子体用一源的思想，

① （明）王守仁撰，吴光等编校《王阳明全集》卷1《传习录上》，第2页。
② 陈鼓应：《老子今注今译》，商务印书馆，2003，第73页。
③ 陈鼓应：《老子今注今译》，第169页。
④ （明）王守仁撰，吴光等编校《王阳明全集》卷4《与王纯甫二》，第156页。
⑤ （明）王守仁撰，吴光等编校《王阳明全集》卷3《传习录下》，第104页。
⑥ （明）王守仁撰，吴光等编校《王阳明全集》卷3《传习录下》，第124页。
⑦ （明）王守仁撰，吴光等编校《王阳明全集》卷1《传习录上》，第21页。
⑧ 陈鼓应：《老子今注今译》，第226页。
⑨ 陈鼓应：《老子今注今译》，第115页。
⑩ 陈鼓应：《老子今注今译》，第271页。

如上文言，在王阳明看来，心即理，心即性："心也，性也，天也，一也。"[①]"人心是天渊。心之本体无所不该，原是一个天。"[②] 心、理、性三位一体，与王阳明对良知即体即用的理解是一致的："即体而言用在体，即用而言体在用，是谓体用一源。"[③] 万事万物都统摄于本心良知的寂感与感通之中，以此达到心体良知与事态活动的一致："天地万物，俱在我良知的发用流行中，何尝又有一物超于良知之外，能做得障碍?"[④] 为防止人们将致良知活动误解为单纯的静坐、思维活动，王阳明专门指出："良知不由见闻而有，而见闻莫非良知之用，故良知不滞于见闻，而亦不离于见闻。"[⑤] 致良知就是良知的发用，正是与现实世界相联系，而非仅局限于个体的修养功夫。因此王阳明虽然吸收了《老子》体用一源的思想，但对道家以无为体、以有为用的体用一源思想进行了批判。王阳明以心为体，以有形有体之物为用，其体用一源思想是指本体必然要落实到现实日用之中。

> 在体用问题上，王阳明更倾向于以道家的"无"与"有"分论体用，他所理解的体是虚灵明觉而无实体的"心"，他所理解的用是有形有体之物。心体与物用是统一的。有体便有用，有用必有体，两者不可能相互脱离，这种关系就叫做"体用一源"。[⑥]

王阳明认为道家以空虚之无为本体，只重内修，而遗落道之用："有了上一截，遗了下一截。"[⑦]"佛、老之空虚，遗弃其人伦事物之常，以求明其所谓吾心者。"[⑧] 王阳明对《老子》的批判失之偏颇，但亦可表明他对人事的重视。从"体用一源"出发，王阳明提出"圣人之心以天地万物为一体"的论述。

---

① （明）王守仁撰，吴光等编校《王阳明全集》卷2《传习录中》，第86页。
② （明）王守仁撰，吴光等编校《王阳明全集》卷3《传习录下》，第95页。
③ （明）王守仁撰，吴光等编校《王阳明全集》卷1《传习录上》，第31页。
④ （明）王守仁撰，吴光等编校《王阳明全集》卷3《传习录下》，第106页。
⑤ （明）王守仁撰，吴光等编校《王阳明全集》卷2《传习录中》，第71页。
⑥ 李霞：《道家与中国哲学》（明清卷），人民出版社，2004，第67页。
⑦ （明）王守仁撰，吴光等编校《王阳明全集》卷1《传习录上》，第18页。
⑧ （明）王守仁撰，吴光等编校《王阳明全集》卷7《象山文集序》，第245页。

夫圣人之心，以天地万物为一体，其视天下之人，无外内远近，凡有血气，皆其昆弟赤子之亲，莫不欲安全而教养之，以遂其万物一体之念。天下之人心，其始亦非有异于圣人也，特其间于有我之私，隔于物欲之蔽，大者以小，通者以塞，人各有心，至有视其父子兄弟如仇雠者。圣人有忧之，是以推其天地万物一体之仁以教天下，使之皆有以克其私，去其蔽，以复其心体之同然。[①]

陈来先生言，王阳明“天地万物为一体”的思想“是他全部学问与精神生活的一个重要部分”。[②] 而王阳明之所以强调亲民，与他担任过大量的行政职务有关。这是一方面原因。余英时先生从良知之学的政治意义分析，阳明之学重视“愚夫愚妇”乃是王阳明有鉴于当世的政治生态已不适合实行“得君行道”的“外王”，故另开出一条成圣之路，那就是“觉民”。

明代理学一方面阻于政治生态，“外王”之路已断，只能在“内圣”领域中愈转愈深。另一方面，新出现的民间社会则引诱它掉转方向，在“愚夫愚妇”的“日用常行”中发挥力量。王阳明便抓住了这一契机而使理学获得了新生命。[③]

他（王阳明）发明的“良知之学”最后是为了“治天下”，绝不能止于个别士大夫的“自得”。换句话说，他是要重回宋代道学“为己而成物”的大传统，不过不再走“得君”的上行路线，而改走“觉民”的下行路线。[④]

修身治国或者说内圣外王思想是儒家思想的核心，历代儒者皆不曾放弃这一主张，宋明儒者更是将这一理论扩展为理学政治思想的核心：“宋明儒学的主流把修身与经世综合为一，从而强调政治是人格的扩大这一观

① （明）王守仁撰，吴光等编校《王阳明全集》卷 2《传习录中》，第 54 页。
② 陈来：《有无之境：王阳明哲学的精神》，第 260 页。
③ 余英时：《宋明理学与政治文化》，第 196 页。
④ 余英时：《宋明理学与政治文化》，第 201 页。

念。”[①] 然而王阳明思想产生之初就伴随着对其“虚无”“高玄”“放诞”的批判，特别是东林学派兴起之后，这一论断成为评判王学的主流意识，一直延续到近代。王阳明思想是以儒家思想为主，吸收佛道思想而成为一种新的思想体系，故世人对阳明学有阳儒阴释的批判，而不探究其真正意涵：“玄虚本是王学在形上学上自我深化的一种要求。”[②] 但王阳明作为一位儒者，从来没有放弃过内圣外王的理想，只是内圣外王的进路与宋儒有所不同。从以前的求治于君，转向求治于民，故王阳明的良知之学落实到具体的政治实践中，要求在日用常行中致良知：“良知经世的特色，首先表现在道事不离，有无相因的观念上。既不纯主于道，亦不偏主于事。”[③]

王阳明内圣外王的进路为其后学所继承，他们将《老子》之有、无与心本论联系起来之后，又将王阳明“体用一源”思想与老子之无为论结合，因此《老子》之主旨就变成了王学穷理尽性至命的修身治国之道。

二　阳明学派的三教会通思想

明中期王门弟子都持三教会通的观点，他们站在儒家本位的立场，以儒解《老》，积极为老子辩护，论证老子非异端及儒道之相通处，其中王道、朱得之的思想可为其代表。

（一）王道——“道之大原本一”

王道（1487~1547），字纯甫，号顺渠，谥文定，山东武城人，正德六年（1511）进士，选庶吉士。嘉靖十一年（1532），因方献夫推荐，升春坊左谕德，以病固辞，居家不到一年，嘉靖十二年（1533）升南京国子监祭酒，第二年，因病辞去。后十三年，居家读书灌园以自适。嘉靖二十五年（1546）再次被起用，任南京太常寺卿、南京户部右侍郎、北京国子监祭

① 张灏：《宋明以来儒家经世思想试释》，载“中央研究院”近代史研究所编《近世中国经世思想研讨会论文集》，1984，第7~8页。

② 周昌龙：《良知与经世——从王龙溪良知经世思想看晚明王学的真貌》，载贺照田主编《在历史的缠绕中解读知识与思想》，吉林人民出版社，2003，第126页。

③ 周昌龙：《良知与经世——从王龙溪良知经世思想看晚明王学的真貌》，载贺照田主编《在历史的缠绕中解读知识与思想》，第147页。

酒、吏部右侍郎，嘉靖二十六年（1547）病逝。[①] 主要著作有《大学亿》《老子亿》《诸史论断》《大学衍义论断》等。

黄宗羲言："先生初学于阳明，阳明以心学语之，故先生从事心体，远有端绪。其后因众说之淆乱，遂疑而不信。"[②] 王道正德六年得中进士，并选庶吉士，但他在同年就辞去了庶吉士之职而选择去南京任应天府教授。王阳明在正德六年正月升为吏部验封清吏司主事，十月"升文选清吏司员外郎"，第二年十二月，"升南京太仆寺少卿，便道归省"[③]，王道应是在京参加会试时求学于王阳明，当王道去南京就职时，王阳明有《别王纯甫序》曰："王纯甫之掌教应天也，阳明子既勉之以孟氏之言。"[④] 这即黄宗羲所言王道初学于王阳明，王道很赞同王阳明思想。正德七年（1512），王阳明给王道的信中也称赞王道思想高明："近日相与讲学者，宗贤之外，亦复数人，每相聚辄叹纯甫之高明。"[⑤] 但是正德八年（1513），王阳明在给王道的信中已有批评之意："纯甫所问，辞则谦下，而语意之间，实自以为是矣。夫既自以为是，则非求益之心矣。"王道信中的问题是：

> 学以明善诚身，固也。但不知何者谓之善？原从何处得来？今在何处？其明之之功当何如？入头当何如？与诚身有先后次第否？诚是诚个甚的？此等处细微曲折，仅欲扣求启发，而因献所疑，以自附于助我者。[⑥]

正德三年（1508），王阳明经历了"龙场悟道"，坚信"圣人之道，吾性自足，向之求理于事物者误也"，[⑦] 遂专注于诚意之学："王阳明中后期思想发生嬗变的一个明显特征，就是'宸濠忠泰之变'前一直以诚意为主，

---

① （明）焦竑编《国朝献征录》卷26《吏部右侍郎王公道　道碑》，载周骏富辑《明代传记丛刊》第110册，明文书局，1991，第258~259页。

② （清）黄宗羲著，沈盈芝点校《明儒学案·甘泉学案六》，第1038页。

③ （明）王守仁撰，吴光等编校《王阳明全集》卷33《年谱一》，第1233~1235页。

④ （明）王守仁撰，吴光等编校《王阳明全集》卷7《文录四》，第232页。

⑤ （明）王守仁撰，吴光等编校《王阳明全集》卷4《与王纯甫》，第154页。

⑥ （明）王守仁撰，吴光等编校《王阳明全集》卷4《与王纯甫》，第155页。

⑦ （明）王守仁撰，吴光等编校《王阳明全集》卷33《年谱一》，第1228页。

突出诚意的本体地位，此后则以致知为宗，‘单提致良知三字’，以强调良知的本体地位。”[①] 正德六年，王阳明正处于以诚意为主的阶段，“而王阳明当时虽已建立起‘心外无理、心外无事、心外无物’的心一元论体系，但是他对本体的认识还比较肤浅，还停留在‘体’之‘萌动处’即‘意’的层面上”。[②] 王阳明此时在心体论述上的不足导致了王道对诚意之说的怀疑。王道认为良知只是第二义，不能看作心之体：“若把良知当仲尼，太清却被片云迷。良知止是情之动，未动前头尚属疑。”[③] 良知既然不是本体，那么正心诚意既没有发起处，亦没有着落处，王阳明描述的心体完善的美好境界与现实矛盾使王道产生了疑惑，王阳明在回答王道的问题时只能一再强调克己之功，并告诉王道必要于事事物物上求个至善是对诚意的误解，诚意就是诚心，心是产生万物的根源，心善则万物自善。

> 心外无物，心外无事，心外无理，心外无义，心外无善。吾心之处事物，纯乎理而无人伪之杂，谓之善，非在事物有定所之可求也。[④]

王道对王阳明学说产生了怀疑，正德十三年（1518），王阳明弟子朱节任山东巡按监察御史，王道在给他的信中直接批评王阳明致知之说局于方寸。

> 阳明先生致知之说，大略与孟子察识扩充四端之意相似而实不同。孟子见得道理平实广大，如论爱牛，便到制民常产，论好色好勇好货，便到古公、公刘、文、武之事。句句都是事实，所以气象宽裕，意味深长。阳明先生所见，固存省之一法，然便欲执此以尽。盖为学工夫大，《易》所谓“学问辨”，《中庸》所谓“学问思辨”，《论语》所谓“博文约礼”，“好古敏求”，“学《诗》学《礼》”，一切弃却，而曰

① 钱明：《阳明学的形成与发展》，江苏古籍出版社，2002，第 45 页。
② 钱明：《阳明学的形成与发展》，第 52 页。
③ （清）黄宗羲著，沈盈芝点校《明儒学案》卷 42《甘泉学案六》，第 1042 页。
④ （明）王守仁撰，吴光等编校《王阳明全集》卷 4《与王纯甫》，第 156 页。

"为学之道，耑求之心而已"，是几于执一而废百矣。[①]

即便后期王阳明良知说逐渐完善，王道学问路数也是兼取各家，在对王阳明学说产生疑虑后，又师湛若水，然其学亦与湛若水不合，黄宗羲虽将王道附于《甘泉学案》，但也明言："先生又从学甘泉，其学亦非师门之旨，今姑附于甘泉之下。"[②] 其实，王道为学，不论门户，而以求道自认，所以他与王阳明、湛若水、魏校等各学派的士人都有交往，严嵩在为王道写的墓志铭里也专门赞曰："公虽潜心理学，而见世之立门户相标榜者，则深耻之，尝言：'汉以前无名道学者，其人品如张文成、曹相国、黄叔度、管幼安，皆真道学之流。虽老释二氏亦各有所见，不可厚非。'凡其言议不随时苟同，故能表见辈流，大自树立。不为利害所动，进退从容。"[③] 故王道与王阳明因学术观点产生分歧，因师道伦理，批评王道者甚多，但王阳明表示了理解，他在给门人黄宗贤的信中谆谆告诫诸人不可因观念的不同而生嫌隙："纯甫或有所疏外，此心直可质诸鬼神。其后纯甫转官北上，始觉其有恝然者。寻亦痛自悔责，以为吾人相与，岂宜有如此芥蒂，却有堕入世间较计坑陷中，亦成何等胸次！"[④] 他又专门给王道写信予以宽慰："夫趋向同而论学或异，不害其为同也；论学同而趋向或异，不害其为异也。不能积诚反躬而徒腾口说，此仆往年之罪，纯甫何尤乎？"[⑤] 钱明先生在上海博物馆发现了王阳明于嘉靖七年（1528）写给王道的一封信《与纯甫手札》，其中言："兵冗中久缺裁候，乃数承使问，兼辱佳仪。"[⑥] 可见王道与王阳明后期联系一直没有中断。

黄宗羲认为王道对王阳明的致良知及良知学说理解有误，未将其列入王门，出于维护王学的考量，忽视王道与湛若水思想的差异，将其列入《甘泉学案》。王道为学，出入三教，最终学有自得，焦竑在为王道文集作

① （清）黄宗羲著，沈盈芝点校《明儒学案》卷42《甘泉学案六》，第1042页。
② （清）黄宗羲著，沈盈芝点校《明儒学案》卷42《甘泉学案六》，第1039页。
③ （明）焦竑编《国朝献征录》卷26《吏部右侍郎王公道　道碑》，载周骏富辑《明代传记丛刊》第110册，第259页。
④ （明）王守仁撰，吴光等编校《王阳明全集》卷4《与黄宗贤五》，第151页。
⑤ （明）王守仁撰，吴光等编校《王阳明全集》卷4《与王纯甫四》，第157页。
⑥ 钱明：《阳明学的形成与发展》，第313页。

序时也承认："顺渠先生以绝人之资，少游词馆，一切棼华文艺之好不入其心，而直以穷理尽性为志。浏览古今，出入老、释，久而得其所谓性者，涣然自信曰：'道在是矣。'"[①] 王道《老子亿》以三教会通解《老》，并以寂感之理阐释其内圣外王之道，其中心性思想虽与王阳明稍有不同，但进路一致。他与湛若水严格的正统意识、以佛老为异端的思想截然不同，故将其老学思想列入阳明学派。

王道的会通思想源于其道本一源论。他认为大道本一，末流者才妄生分别，以末流观之，百家执道之一偏，不能相通。若以道观之，则百家同源于道，皆发道之妙用也。

> 道之大原本一，而其末流始分。取必于末流，则百家众技各有所明，而不能相通，则未免于偏蔽之害；取必于本原，则所谓百家众技者，皆吾度内而为吾之妙用矣。[②]

《老子亿》是王道采用会通思想解《老》的成果，其会通思想在此表述得更加全面。王道认为所谓儒释道之分，不过是后世末流不明大道之全，各执一偏，互相攻讦。

> 尝读至此，而慨然深叹道术之裂也。阖老子之明自然也如此，而世儒乃以为劳扰；老子之贵诚信也如此，而世儒乃以为阴谋。匪直不得于言已也。阖先横不然之念，而有意以诬之矣。况望其能虚心体究，以会古人之大体耶？呜呼，悠悠千古，向谁唔语？[③]

故王道极力调和儒道之龃龉处，寻求儒道思想之相通处。《老子》中存在很多与儒家思想相悖的言论，王道要调和儒道思想，不得不面对这个问

① （明）王道：《文录》"焦竑序"，载沈乃文主编《明别集丛刊第二辑》第26册，黄山书社，2015，第3页。

② （明）王道：《文录》卷5《辟异端》，载沈乃文主编《明别集丛刊第二辑》第26册，第104页。

③ （明）王道：《老子亿》，载《老子集成》第6卷，第241页。

题。为了解决这一问题，王道主要从两个方面入手：一方面，对于《老子》思想中与儒家思想相悖的言论进行重新解释，挖掘其言外深意，甚至会认为在某些方面老子的思想要高于孔子；另一方面，对后人误解老子的言论进行辩解。

《老子》与儒家思想共同的核心观念就是“道”与“德”，因此，王道首先要做的就是弥合儒道的“道”与“德”。在“道”的层面，王道在《老子亿》中仍然秉持“道本一源”的思想，他认为大道本一，后人不明大道，使道裂而为三，以儒家为外王之学，而道、释为内圣之学：“尧、舜、禹执中之传，至箕子始发明之，而老子与之冥契如此。然世之学知彼已浅，而又以此为异，不见天地之纯，古人之大体，而道术为天下裂也。”[①] 为沟通儒道所持之道，他将两家中心思想进行比附，王道在《老子亿》第一章对“故常无欲以观其妙，常有欲以观其徼”句的解释中以儒家经典解释“欲”“妙”“徼”字。“欲”字即《礼记》所言“感于物而动，性之欲也”之“欲”。（“徼”字即《礼记》中“窍于山川”之“窍”，也是《中庸》所言“发而皆中节，谓之和”之“和”。）（“妙”即《中庸》所言“喜怒哀乐之未发，谓之中”之“中”。他又以《易》中所说“成性存存，道义之门”比附《老子》中“玄之又玄，众妙之门”。）王道对《中庸》“中和位育”思想及“十六字心传”尤为推崇，将二者看作“五千言之肯綮，千圣之要诀”，[②] 并将《老子》的中心概念“有”“无”比作“人心”“道心”，以“常无”“常有”比作“惟精惟一”，以“玄之又玄，众妙之门”比作“允执厥中”。在第十一章的注解中，王道将有、无比作虞廷危微之传、孔门一贯之旨，即人心、道心，忠恕也。他认为两家只是用词不同而已：“圣人所谓微与一，老子则谓之无。其所谓危与贯者，老子则谓之有名。”[③]

两家之道本同源，落实到具体的“德”的层面，何以观点大相抵牾？《老子》言：“大道废，有仁义。”又云：“失道而后德，失德而后仁，失仁而后义，失义而后礼。”这似乎与孔子之教相异：孔子思想的核心就是

① （明）王道：《老子亿》，载《老子集成》第 6 卷，第 240 页。
② （明）王道：《老子亿》，载《老子集成》第 6 卷，第 226 页。
③ （明）王道：《老子亿》，载《老子集成》第 6 卷，第 232 页。

“仁”，而且《易》也有言：“立人之道，曰仁与义。”[①] 仁义就是道，老子却以仁、义为下道、德之存在。王道认为其实不然，存此念者乃是不明古人立论之前提，望文生义而已。老子先道德而后仁义与《易》之道相符。《易》曰：“易有太极，是生两仪。”[②] 两仪即仁义也，仁义之上复有太极，仁义出之于太极，故老子言先道德而后仁义。至于孔老语言上的差异，不过是因为对仁的认识角度不同。对仁之认识，可以从两个角度出发：其一，以仁为高于众德之存在，众德皆包含于仁之中。如孔子言“克己”，老子言“致虚极，守静笃”；孔子言“复礼”，老子言“归根”“复命”；孔子言“天下归仁焉”，老子言“知常容，容乃公，公乃王”。其二，以仁所包含的某一方面作为仁之全部。如世儒所认为的慈爱、爱人等，老子之下道、德之仁义也，皆是。且除了仁之外，孔、老关于道德的看法也是比较一致的。孔子言：“志于道，据于德，依于仁，游于艺。”[③] 因道本虚无，不涉形迹，只能以心体会，故曰“志”；“德”得一而未形，可守一以待万物之成，即“抱一”“守一”也，故曰“据”；谦虚、慈俭、不敢为天下先者，即依于仁也；以无为之心行有为之事者，即游于艺也。王道甚至大胆地断言老子高于孔子，老子专为上根者言之，而孔子则为钝根者言之：

> 此其先后之序，轻重之伦，不约而同也如此。但老子主于明道，故据其极。而孔子时略下一等言者，因人而立教也。辟之释氏，老子专为求最上乘者说，而孔子则未免于接引钝根云尔。[④]

王道如此定义孔、老，实隐含着对那些误解老子、不明老子本意者的轻视，所谓“钝根者”不言而喻。更难能可贵的是，王道作为儒家学者，极力调和儒道思想，以儒家思想解释《老子》，然而王道并没有强烈的门户之见，没有一味地强调孔子优于老子，能较客观地评价孔子的思想，正如其所主张大道本一，后来者裂之而已，既非混一之大道，自然有不足之处。

---

① 周振甫译注《周易译注》，第 281 页。
② 周振甫译注《周易译注》，第 248 页。
③ （宋）朱熹：《论语集注》，载《四书章句集注》，第 94 页。
④ （明）王道：《老子亿》，载《老子集成》第 6 卷，第 253 页。

在对“知不知，上；不知知，病”的解释中，王道明确说老子的见解高于孔子。因为孔子言“知之为知之”，认为人的认识能够穷尽一切；而老子言“知不知，上”，老子认识到人心不能认识一切，即使是圣人也有不知道的时候，以道体之虚无周遍而言，老子的见解要高于孔子。

> 阖心之知有涯，而道体无涯，道固非知之所能尽也，故曰及其至也，虽圣人亦有所不知焉。彼知而自以为不知，非知道之不可以知尽者不能及也，故老子为上。①

在调和了儒道的中心观念之后，《老子》所言“不尚贤”“圣人不仁”“绝圣去智”“绝仁弃义”“绝学无忧”“夫礼者忠信之薄而乱之首”等就比较好理解了。王道认为“不尚贤”并非老子反对贤者，而是担心贤名彰显，世人为了名利竞相追逐而迷失了贤者的本质，故“圣人不尚贤，则民不争名矣”。②《老子》之“绝圣弃智”“绝仁弃义”也是同理。所谓“圣人不仁”，如上文所言，“仁”乃高于众德之存在，不能以某一小德替代仁：“仁，谓煦煦之小仁；不仁，言不以此为事。所谓大仁，不仁也。”③ 但是对于“绝圣弃智”“绝学无忧”，王道则有意将其往愚民政策方面理解。

> 或曰使民无知无欲，与下篇善为道者非以明民，将以愚之之说皆异端之术，非圣人之道也。秦愚黔首，祸实出此。窃以为不然。④

他认为这是圣人不得已而为之的治民之道。圣人非不愿使人们明了大道，但是大道难明，甚至可能因为追求大道而陷入争名逐利的桎梏之中，这不但与大道相违背，也是祸乱的根源，故孔子曰：“民可使由之，不可使知之。”⑤ 圣人也是良苦用心。

---

① （明）王道：《老子亿》，载《老子集成》第 6 卷，第 272 页。
② （明）王道：《老子亿》，载《老子集成》第 6 卷，第 227 页。
③ （明）王道：《老子亿》，载《老子集成》第 6 卷，第 228 页。
④ （明）王道：《老子亿》，载《老子集成》第 6 卷，第 227 页。
⑤ （宋）朱熹：《论语集注》，载《四书章句集注》，第 105 页。

> 夫圣人者，岂不欲人人之知道也？但大道难明，而多知为败，离道以善，险德以行，去性从心，心与心识，知不足以定天下，而天下始多故矣。亡秦之祸，正在于此。①

另外，老子薄周礼之说似乎与重视周礼的孔子相悖，然而王道认为二圣之言不惟不相悖，而且“虽若不同而实互发也”。②《论语》中有很多孔子论述礼的言论，如《论语·阳货》：“礼云礼云，玉帛云乎哉？乐云乐云，钟鼓云乎哉？”③ 礼乐难道就是玉帛钟鼓这些礼器吗？《论语·八佾》：“林放问礼之本。子曰：‘大哉问！礼，与其奢也，宁俭；丧，与其易也，宁戚。’”④ 礼，与其大肆铺张，重视礼器等形式，宁愿选择俭朴的；丧礼，与其形式隆重，不如真心哀悼，可见孔子也是重视礼之内涵而非形式的。而老子曰：“夫礼者，忠信之薄，而乱之首也。”忠信者，礼仪出于心中之实也，犹如孔子之言仁也、俭也、戚也。而忠信之薄者犹如孔子之言玉帛钟鼓也。可见老子并非反对礼，而是如孔子一般反对徒有其表的虚礼，只是因孔、老所站角度不同而意有差别：“老子之言，执古御今之极致；孔门之学，抚世酬物之常经。虽若不同而实互相发也。”⑤ 老子对礼乐批评之本意乃在于恢复人的自然之本性，可惜后人不解老子真意，遂生误解。

> 老庄见世之为仁义礼乐者，皆袭其粗迹，偶其大形，而忘其本，日趋于伪以相欺诳。故拳拳立言，欲人宿道归德，返朴还淳，以复其虚无恬淡、寂寞无为之真。其意甚善，而其言亦甚不得已也。读者不察，遂欲借老庄之言以快其恣情纵欲之计。⑥

---

① （明）王道：《老子亿》，载《老子集成》第 6 卷，第 227 页。
② （明）王道：《老子亿》，载《老子集成》第 6 卷，第 253 页。
③ （宋）朱熹：《论语集注》，载《四书章句集注》，第 178 页。
④ （宋）朱熹：《论语集注》，载《四书章句集注》，第 62 页。
⑤ （明）王道：《老子亿》，载《老子集成》第 6 卷，第 253 页。
⑥ （明）王道：《文录》卷 3《庄子·盗跖》，载沈乃文主编《明别集丛刊第二辑》第 26 册，第 65 页。

这样的误解还表现在将老子之学看作阴谋权诈之术。对于《老子》第三十六章："将欲歙之，必固张之；将欲弱之，必固强之；将欲废之，必固兴之；将欲夺之，必固与之。"前人有从阴谋权诈方面解析，王道认为这些人皆是不明老子本意。王道认为老子"将欲""必固"之言乃是指大道运行之自然法则，无论是万物之生，还是万物之成，皆包含矛盾对立的两面，并在一定条件下向其对立面转化，故欲得其一面，必先据其另一面："造化有消息盈虚，与时偕行之运；人事有吉凶祸福，相为倚扶之理。故物之将欲如彼者，必其已当如此者也。"[①] 若明此理，自然可以掌造化之极，握存亡之理，然而此理若为奸雄窃之而成其纵横捭阖之术，必危害天下也，故圣人之愚民正是不以国之利器示人、防奸人为害之意，先儒对老子的误解，正是不明此理："阖由于不究将欲必固之言为自然之理，而以为老子作用之术，故云□也，不得于言，无求于心如此，知我者希，其来□矣。"[②]

从本原上沟通儒道，调和儒道之抵牾处，辨明世人对老子的误解后，王道将儒家之修身治国理论引入《老子》中，将《老子》之自然无为思想引入儒家，取长补短，互相借鉴，借注解《老子》阐明其修身治国思想，这才是王道注《老》的根本目的。

（二）朱得之——"道在天地间，一而已也矣"

朱得之（1485～?），字本思，号近斋，自号参元子、虚生子，江苏靖江人，一说乌程人。朱得之科举之路不顺，嘉靖二十九年（1550）始以贡生授江西新城县丞，后又任桐庐县丞，两次为官，时间都很短。朱得之以经术名于后世，是南中王门的代表。他学重自得，不盲从权威，《常州府志》记载："（朱得之）幼学时能于传注外时出意见，好说《中庸》，疑晦庵先生格致之学，而未知所从入。有传阳明先生《传习录》至者，披阅连昼夜，走越执贽焉，益究良知之旨。"[③] 嘉靖四年（1525），王阳明讲学于绍兴稽山书院，朱得之赴绍兴拜师学习，跟随王阳明学习了近两年，王阳明称赞其

① （明）王道：《老子亿》，载《老子集成》第6卷，第250页。

② （明）王道：《老子亿》，载《老子集成》第6卷，第250页。

③ （清）于琨修，（清）陈玉璂等纂康熙《常州府志》卷23《人物·朱得之》，载《中国地方志集成·江苏府县志辑》第36册，第512页。

曰："入道最勇，可与任重致远。"[①] 朱得之亦没有辜负王阳明的称许，以学术闻名于江南，讲学之时，从者云集，时人称之曰："桐庐公以经术鸣于江南，江南学者从之如云，若子夏在西河时也。"[②]《老子通义》作于嘉靖四十四年（1565），分为上下两篇，上篇三十章，下篇三十四章，共六十四章，自谓效法孔颖达之数。

《老子通义》以自然为核心，沟通儒、道。在三教思想上，朱得之接受了王阳明的"三教一道"思想，但相对于王阳明的儒家本位立场，朱得之并没有强烈的卫道意识，而是以"道"为最高标准。儒释道三教，在他看来都是大道分裂的后果，故不当以儒学作为解释佛、道两家的标准："或谓二氏之书不当以儒者之学为训，窃惟道在天地间，一而已矣，初无三教之异，犹夫方言异而意不殊，针砭异而还元同。"[③] 朱得之认为道就是自然，这和老子"道法自然"思想相通，他认为《老子》之主旨就是"自然"，《老子通义》也是为阐明老子的自然之道："《通义》之作，由自然而通其心之所安也。"[④] 将自然与心连接，这是朱得之沟通儒道之自然的关键。后世总结朱得之的学问曰："大抵得之之学，体虚静宗自然。最得力处在立志之真，自起居食息一言一动皆以真心检点，其间虽幽独，无少懈，教人亦以立志为先。"[⑤] "真心"就是朱得之对自然内涵的理解，朱得之在《庄子通义》里指出："君师之道，寻迹而不率性则贼己，有迹可寻则贼人。"[⑥] 朱得之认为真心就是率性而为，若刻意要求自己符合世俗的要求，就是伤害自己的真性，若刻意寻求符合世俗要求的人，则是伤害他人的本性。

基于以上认识，朱得之对儒家之礼法持否定态度，欲以"无"消解现实社会中的仁、义、礼等制度。"无"即是道，道是万物之宗，仁义包于道

① （清）叶滋森等修，（清）褚翔等纂光绪《靖江县志》卷14《儒学·朱得之》，载《中国方志丛书·华中地方》第464号，成文出版社，1983，第269页。

② （明）王穉登：《王百谷集十九种·燕市集》卷下《朱氏殇女圹志》，载《四库禁毁书丛刊》第298册，第73页。

③ （明）朱得之：《庄子通义》"读庄评"，载《续修四库全书》第955册，第605页。

④ （明）朱得之：《老子通义》，载《老子集成》第6卷，第377页。

⑤ （清）叶滋森等修，（清）褚翔等纂光绪《靖江县志》卷14《儒学·朱得之》，载《中国方志丛书·华中地方》第464号，第269页。

⑥ （明）朱得之：《庄子通义》"读庄评"，载《续修四库全书》第955册，第604页。

也，仁义乃道之文，虽根源于道，却不一定能尽合于道。

> 道者无为而自然，天道也。仁义者有为而后然，人道也。道者太极，仁义其阴阳乎？阴阳虽大，必有始也；仁义虽美，必有宗也。道者无方无体，无为无名，而无所不为者也。仁义者有名有迹，各有所宜，而不能相为者也。……儒者言仁义即道者，以道不越于仁义也。老子别仁义于道者，以道包于仁义也。其所从言者，各有谓焉尔。①

因为对儒家之仁义持否定态度，朱得之在解释“绝仁弃义”“绝巧弃利”“绝圣弃智”时，没有为儒家仁义辩护，将老子所弃之仁义、巧利、圣智解释为名实不符之仁、文胜质之义，而是直接表明仁义本身就是失道之本。

> 欲任道纪，以复太上之世，在清其源。夫圣智作法以治天下，而巧伪者窃其迹以成其私，民失利矣。仁义本因人性而立教，教立而盗名者务掩饰，有心作善矣。巧利本以资民生，贪残者肆诈力而无厌，盗贼之源起矣。此知美之为美，斯恶之征也。故必绝之而不为，弃之而不用，太上可复也。②

圣智者立法以治天下，法立则治有迹，投机取巧者寻迹而成其私。仁义本为导人向善，然而仁义之名出，世人竞其名而忘其实，仁义失其实也。巧利本为生活提供便利，却成为贪残者祸乱天下的工具，故此三者应当弃绝之，复归于惟质无文之太古之治。可见朱得之对儒家礼法的批判比薛蕙、王道更进一步，薛、王只是要求质胜文而已，朱得之则要求去文而返质。朱得之认为：“道者无方之仁，仁者有象之道。仁而不道者有矣，未有道而不仁者也。”③ 这就明确表明了儒家所崇尚的仁不过是有象之道，而非道之

① （明）朱得之：《老子通义》，载《老子集成》第6卷，第395页。

② （明）朱得之：《老子通义》，载《老子集成》第6卷，第394页。

③ （明）朱得之：《老子通义》，载《老子集成》第6卷，第378~379页。

本身，朱得之所崇尚的道乃是自然。

> 此机流行于宇宙间，莫非自然，无所劳者，此天道也。在人道又当知以不勤为用，所谓无劳尔神，无淫尔精，惟施是畏，乃得存于绵绵，而天地之根于我乎把握矣。①

自然为道。万物之生，乃气之聚；死，则气之散也。道化生万物，不着于情，生死随其自然。圣人治理百姓，以赤子之心看待世人，未尝有所偏私，天地、圣人情顺万物而无情，是为不仁。去文返质就是要复归赤子之心，朱得之以良知本心具足，何须外求，返归赤子之心，亦求之己可矣。

> 司世道者，有能惩文胜之弊，不徒因之，而思改之，不图益之，而思涤之，庶几真淳可复，赤子之心不失也。不然，譬彼舟流，不知所届，诚可忧哉。孔子曰：礼，与其奢也，宁俭，丧，与其易也，宁戚。又曰：人而不仁，如礼何？曰仁曰俭曰戚，此人心之固有者。反而循之，在我而已，又何必老云孔云，而费辞说之辩乎？②

正是对儒家的仁义观念抱着否定的态度，朱得之大胆地表达了对先圣思想的怀疑："今之诵法古训者，必心古德之心，体古德之道乎？抑徒袭其说，以夸论辩之高也？如将心其心也，日用饮食，观妙观徼，复吾婴儿而已矣，又何暇于辩人己之得失哉？"③ 赤子之心不失，就如我固有良知，何须师法古训古德，这可以说是很大胆的言论了。

相比于王道，身为王门弟子的朱得之在三教会通的进路上走得更远。朱得之以自然为宗，否定儒家仁义礼法，将王阳明之良知与道家自然相关联，这与王阳明道一教三、以儒居中的会通观已有所偏差。

---

① （明）朱得之：《老子通义》，载《老子集成》第6卷，第388页。
② （明）朱得之：《老子通义》，载《老子集成》第6卷，第403页。
③ （明）朱得之：《老子通义》，载《老子集成》第6卷，第391页。

三　阳明学派的内圣外王思想

王门弟子在心性思想上都表现出了对现实的关注，他们以寂感之理融合老子之道，沿着王阳明开出的新的内圣外王之路，事理圆融，发挥老子内圣外王的思想。

（一）王道——人己两忘

王道的内圣外王思想基本上是按照王阳明“体用一源”的思路进行发挥，但在涉及心性论时，仍然沿着朱熹“心统性情”的思路，将心分为已发未发两截，故对于“故常无欲以观其妙，常有欲以观其徼”句，王道以“无欲”“有欲”句读，进而以“寂然不动，感而遂通天下之故”解释“无欲”“有欲”。

> 道之在人心，犹其在天地也。方其无欲也，一真自如，万境俱寂，湛然如太清之无云，莹然如明镜之无尘。此心之本体也，故谓之妙。及其有欲也，随感而通，因物而应，灿然如星躔之不紊，沛然如川流之不息，此心之大用也，故谓之窍。妙即喜怒哀乐未发之中，天下之大本也；窍即发而中节之和，天下之达道也。①

“道之在人心，犹其在天地也”是为心即道、道即心也。心之本体寂然不动，此即老子之无欲，“无欲以观其妙”，“妙”就是心体处于未发动之状态，即《中庸》所言“喜怒哀乐之未发，谓之中”。及心体感物而动，万事万物皆能尽其性，此即老子之有欲也，“有欲以观其徼”，“徼”就是心体感物而动之状态，即《中庸》之“发而皆中节，谓之和”。“有欲”“无欲”不过是道的不同状态，“无欲”为道之体，“有欲”为道之用。

> 感而寂然之体尝往也，故曰常无欲；寂而应用之妙未尝息也，故曰常有欲。即此常之一字，已寓同出同玄之义矣。欲人之易晓也，故又别而言之，曰无曰有，曰妙曰徼。其名异矣。然体用一原，显微无

① （明）王道：《老子亿》，载《老子集成》第6卷，第225页。

间，其出同也。其出既同，则无而妙者，固谓之玄；而有而徼者，亦不得不谓之玄也。[①]

王道进而将有欲、无欲与“人心惟危，道心惟微，惟精惟一，允执阙中”联系起来，有者为人心，无者为道心，有、无皆是道，道心、人心无有不善，万物之生成皆赖于此：“盖其所以成、所以有、所以生且为者，皆出于人心之危，有欲之徼。而其所以则天、所以不与、不有、不恃、不居者，则皆原于道心之微，无欲之妙，为之主也。”[②] 万物之生，出于自然，故生而不有，为而不恃。万物之成，则需要人力，这和王道的无为论是一致的，但王道认为道心、人心皆出于道，道无善无恶。

盖心之本体原无善恶，所谓一而未形者，德之谓也。苟因人之善恶诚伪而有差别相焉，则是离道以善，险德以行，非复心之本体，而亦不足谓之德善德信矣。[③]

在王道看来，道心、人心都为至善，不善者乃是私心，即情也，他说：“性善之善，不与恶对，与恶对者，情之善也。孟子执情以为性，故虽竭力道性善，终不足以服诸子之口。子由辟之是矣，但欠源头一句分明耳。盖情之善，原从性之善而来，但情之善可迁，而性之善不可迁，情之善有对，而性之善无对。今概以为无是无非，是以恶为亦出于性矣。殊欠分晓。”[④] 这也是王道与王阳明的不同。王阳明认为良知为至善，道心、人心乃意之动，道心为善，人心则有流入不善之可能。王道则认为人性来源于道，道无不善，道心、人心皆为至善，至善者无善、恶、诚、伪之分，所谓善、恶、诚、伪者，不过是人出于私心而立之名：“常人之心，物我相形，爱恶相攻，无同异中炽然成异，而天下始多故矣。此私心之为害也。”[⑤] 私心产

① （明）王道：《老子亿》，载《老子集成》第6卷，第225~226页。
② （明）王道：《老子亿》，载《老子集成》第6卷，第226页。
③ （明）王道：《老子亿》，载《老子集成》第6卷，第259页。
④ （清）黄宗羲著，沈盈芝点校《明儒学案》卷42《甘泉学案六》，第1040页。
⑤ （明）王道：《老子亿》，载《老子集成》第6卷，第259页。

生于物我相形，物我相形故有分别之心，有分别心则生利害之念，以美、善为利，反之则为害，却不知凡此皆为名迹，非大道之浑全也。

人之于物有简别心，故或利或害，天则包含遍覆，无所简别也，兼利而已，何害之有？人之于人，有人我相，故有为有争。圣人则人己两忘，无为而无不为也，何争之有？①

道远于人，人愈沉迷分别之中，争竞不止，如此何如人己两忘，复归心之本体："人之刻意尚行者，自以为修身矣，然不知道，而矜饰于名迹之间，终亦违耳。惟能从事于绝学日损之道，至于诸幻灭已非幻不灭，而后其德乃为纯一而无伪也。"② 所谓"人己两忘"者，外无分别之心，内无贵身之患。无分别之心，故能和光同尘："人惟好恶太明，刻板太过，不能随顺方便，以处斯世，故不免人我对立，而有争端。"③ 不贵其身者，无我也："无我则无人。无我无人则无对，无对则无争，又何患之有耶？"④ "人己两忘"既是王道的复性功夫，也是复性的目标，能达到"人己两忘"的境界，就能消除分别之心，体会万物一源，大道平等："天下本一家，万物本一体也。……性分一源，原无物我，大道平等，惟嫌简择小黠大愚，其迷孰甚焉？"⑤

王道"人己两忘"状态正如王阳明之"以天地万物为一体"，但其中也包含不承认矛盾存在的消极意味，这使得他在"人己两忘"前提下展开的外王思想具有保守倾向。王道将《老子》中的"人""民"多作国君或上位者解，如"大道甚夷，而民好径"之"民"指"为民上者"；⑥ "人多利器，国家滋昏"之"人"指"有国家者"。⑦ 王道为君主指出的为君之道就是法于自然，无为而治。

---

① （明）王道：《老子亿》，载《老子集成》第6卷，第276页。
② （明）王道：《老子亿》，载《老子集成》第6卷，第262页。
③ （明）王道：《老子亿》，载《老子集成》第6卷，第230页。
④ （明）王道：《老子亿》，载《老子集成》第6卷，第234页。
⑤ （明）王道：《老子亿》，载《老子集成》第6卷，第244页。
⑥ （明）王道：《老子亿》，载《老子集成》第6卷，第261页。
⑦ （明）王道：《老子亿》，载《老子集成》第6卷，第263页。

天地之间，只有四大，而王者乃居其一焉，则其道亦不易当，而其道亦不易尽矣。然王者之人欲尽其道也，无他，法天与地而已矣。欲法天地也，无他，法道之自然而已矣。[①]

王道对老子无为之道极尽推崇：

明此以南向，尧之为君也。明此以北面，舜之为臣也。以此处上帝王，天子之德也；以此处下玄圣，素王之道也。以此退居而闲游，江海山林之士服；以此进为而辅世，则功大名显而天下一也。无为而无不为之妙如此。[②]

王道无为论的哲学基础是道之有、无，他认为有、无同出于道，不可分而为二："有之中即藏乎无，非外有而有所谓无也。无之妙，即御乎有，非舍无而能用乎有也。有无合一之妙如此，大而天地，细而万物，约而反之人心，莫不皆然。"[③] 无藏于有，不可灭有以寻无，灭有者是为泥空："泥空而著于空，居有而弃乎有，卒之灭弃礼法，幽沉仁义。既败其身，而因以乱亡人之国家。"[④] 有因无而有用，不可执有而忘无，执有者"见器而不冥道，徇物而不能化"。[⑤] 故无为者，不可偏于有，发露太过，不知收敛，是滞相也；亦不可偏于无，弃万事而流于虚无，圣人之无为，当无为之心行有为之事。

世之言治者多眩露其聪明，驰骋于事功，而不知无为之为妙也。及知矣，则又不免于弃万事以趍之。斯二者，皆惑也。圣人则异于是。虽爱民治国，而心常无为。虽常无为，而爱民治国之事未尝或废。所

① （明）王道：《老子亿》，载《老子集成》第6卷，第242页。
② （明）王道：《老子亿》，载《老子集成》第6卷，第258页。
③ （明）王道：《老子亿》，载《老子集成》第6卷，第232页。
④ （明）王道：《老子亿》，载《老子集成》第6卷，第232页。
⑤ （明）王道：《老子亿》，载《老子集成》第6卷，第232页。

谓允执厥中，有天下而不与焉者也。[①]

王道之无为是合无为、有为而言之，有为是手段，无为是目的，两者构成王道“无为”论之一体两面，不可截然分开。有为之手段是指辅万物之自然而为，不可妄为：“其所谓人，乃以佐天也。皆不可缺者，但不可过于有为，而以人灭天、以故灭命耳。若直任万物之自然，而无以辅之，是有春夏而无耕耘，有秋冬而无收获。”[②] 将“无为”论用于具体的治国实践，表现为以下几个方面。

首先，以平等之心对待百姓。老子言天地不仁，圣人不仁，不仁方为大仁，圣人持此无分别之心方能平等地对待百姓，不因智愚贤不肖而有所区别拣择。

天下之人，有道与德者常少，而失道与德者常多。若于此有差别相，则不惟道之本体不当如是，而天下之不与者□□至人不如是也。心地平等，普然大同，同声相应，同气相求。有道与德者固同之矣，和其光，同其尘。失道与德者亦无不同也。我既不自异于人，则人亦不自异于我。[③]

其次，导民于朴。民之本性无知无虑，混沌未凿。统治者以智治国，倡仁义，立礼法，民之混沌凿破，遂生分别争竞之心，争竞日趋，奸伪日生，民是以难治。

生民之初，混沌未凿，智慧未出，本不难治也。惟上之人以智倡，而下始以智应之，积习之久，奸伪日滋，窃术以自便，巧文以避诛，而上之人始无如之何矣。民之不可明也以此。[④]

---

① （明）王道：《老子亿》，载《老子集成》第 6 卷，第 231 页。
② （明）王道：《老子亿》，载《老子集成》第 6 卷，第 246 页。
③ （明）王道：《老子亿》，载《老子集成》第 6 卷，第 241 页。
④ （明）王道：《老子亿》，载《老子集成》第 6 卷，第 268 页。

故以智治国，不如“绝圣弃智”，民虽愚，却能保持其淳朴之本性，无分别争竞之心，自然可以全身远害：“以智治国，明之也。然而其民缺缺矣，害孰甚焉？不以智治国，愚之也。然而其民醇醇矣，福孰大焉？”① 可见，王道之愚民并非让百姓愚蠢、不开化，而是要保持其本性之淳朴。上位者不轻易变革政令。政令出于上而施于民，天子一言而天下扰动，故政令之增益废除不可不慎，是以圣人贵其言：“苟不至于穷，未尝轻制一法，轻变一事也。与民相安而已矣。不得已而当制矣，必先甲三日后甲三日，而后有制之言也；革而当变矣，必先庚三日后庚三日，而后有变之言也。”② 因为王道秉持趋于保守的政治态度，所以他在注解中多次批判王安石的无为论及其变法运动。对于历史上积极有为或发起过改革的人物，王道一概持批判态度：“汉武帝有轮台之悔，宋神宗肇靖康之变。”③ “若刘歆、王安石之徒，祖述周礼，浊乱天下，愚不可言。”④ 他对汉文帝大加赞扬：“文帝躬修玄默，以德化民，卒致黎民醇厚之效。”⑤ 这一态度和上文王道对道与仁义的理解是一致的。

（二）朱得之——有无非二，体用一源

朱得之的内圣外王思想也沿袭王阳明开出的进路。在《老子通义》中，朱得之将自然与王阳明万物一体之仁联系起来，故其自然即为无分别拣择之意，平等对待万物。

> 圣人于人物，但无弃之之心，自成无不救之德。无弃人，是其救人之善，不见有救人之迹，故曰袭明。在世情观之，善者可为不善者之表正，不善者可为善人之驱助。若曰仁暴殊途，非暴无以为仁之启，即桀纣为汤武驱民是也。彼有贵有爱，则分别拣择，未免行私用智其间，取师取资，卒成己劳人离，虽欲救物而不给也。若圣人之无弃人也，由其心无所贵，无所爱，得失同乐，善不善同情，混世而无忤，

① （明）王道：《老子亿》，载《老子集成》第6卷，第268页。
② （明）王道：《老子亿》，载《老子集成》第6卷，第237页。
③ （明）王道：《老子亿》，载《老子集成》第6卷，第284页。
④ （明）王道：《老子亿》，载《老子集成》第6卷，第252页。
⑤ （明）王道：《老子亿》，载《老子集成》第6卷，第249页。

虽无不知，而常无知，此大道之蕴，无物不体之机括也。……圣人之善世也如此。此无为自然之道，不烦不泛，而为万事之纲领，是其要也。无思无议，而为万物之根源，是其妙也。非达天德者，不足以语此。[①]

“无物不体”是为体用一源。朱得之以寂感之理融合良知与老子之道，无即良知本体寂然不动，有即心体感物而应，寂感同时无先后，二者为道之体用，无、寂为体，有、动为用，是以万物皆出于道。

无言寂，有言感。寂感同时，有体用，无先后。二欲字，言志欲如此。二观字，言良知。妙字，言体之蕴心也。窍字，言用之行意也。两者，指有无。有无非二，谓同出异名，正谓体用一源也。[②]

有、无为道之体用，无中观有，有中体无，有无不可离，其具体发用处，“寂然不动之时，无而未尝无也。感而遂通之时，有而未尝有也”。[③] 心体寂然不动之时，万物皆备于我，故曰“无而未尝无”。心体感物而动之时，自然化育万物，故曰“有而未尝有”。无者出于自然，有者亦复归于自然，既不滞有而不知返，亦不滞无而流于虚。落实到人事，就是“顺物之情，因物之形，各成其材，而不参以己之能也”。[④] 修道者心体虚灵，即可于有中体无之妙，修道者应物而不有，即可见有之所从出。

故人之有志者，虚灵之地常如空洞，正欲见此无名者，万有莫不体具，即观其所恒，而天地万物之情可见也。神明之区常应不辞，正欲见此无名者，万法所从出，观其所感，而天地万物之情可见也。[⑤]

---

① （明）朱得之：《老子通义》，载《老子集成》第6卷，第398~399页。
② （明）朱得之：《老子通义》，载《老子集成》第6卷，第385页。
③ （明）朱得之：《老子通义》，载《老子集成》第6卷，第385页。
④ （明）朱得之：《老子通义》，载《老子集成》第6卷，第415~416页。
⑤ （明）朱得之：《老子通义》，载《老子集成》第6卷，第385页。

而此体用一源之道落实到现实世界，是为物之生、人之性：

万物并作于吾前，吾因以观吾之性天，绳绳绵绵，无象有精之体，于以见万物之作，莫不各归其根，是动而复静也。静则复其天命之本然，所谓适得吾体，不失其常也。人苟知此常道乃天之命、人之性、物之生，则其方寸灵昭，前知如神矣。①

心、性、命是道的不同称呼，其落于人为心、为性，心性本静，静而虚，故能容纳万物，无中存有也。虽容纳天下之物，却不以为有，有中体无也。人之行道要效法大道之无为自然，圣人终日应天下之物，动静皆出于自然。

圣人于设施处，无时不知，而中之存存者，惟静而受，所以为天下归。虽为天下归，实则无知，如婴儿也。于显明处，无事不检点，而于独知之地，则尤戒慎，所以为天下之模范也。虽为天下之模范，而已德则复还其太虚。②

圣人“静而受”，天下自然归之，圣人却得不自知，复归于“无”，这就是“无不滞有，有不离无之实”之意③，也是朱得之内圣外王之道。相比于王道以“无善无恶”教人摒弃分别之心、复归本性的思路，朱得之因对自然的推崇，更为重视虚与静，以静作为性之本体，其复性思路自然以寡欲为先。

朱得之认为以自然之道修身，养性寡欲而已。道内化于人心是为性，“盖吾身者道之躯壳，吾心者道之精神”④，人能行道，则形神不离，若沉溺于欲望，心不静而神动摇，是滞于有。滞于有者，溺于外物而不知返，“此

① （明）朱得之：《老子通义》，载《老子集成》第 6 卷，第 393 页。
② （明）朱得之：《老子通义》，载《老子集成》第 6 卷，第 399 页。
③ （明）朱得之：《老子通义》，载《老子集成》第 6 卷，第 386 页。
④ （明）朱得之：《老子通义》，载《老子集成》第 6 卷，第 387 页。

皆不知有之非真，无之不变，遂至于不察内外之重轻，不明理欲之消息故也”[①]。人欲长则天理消，故圣人不求美于外，为腹不为目，养性寡欲。“修心养性莫如啬”[②]，啬者，神气内收不轻出，神气外放不多耗，人若放纵性情，知放而不知敛，气散则形灭。

> 无放即无收，无敛即无出。天地之间，屈伸消息，无顷刻之停，无一物不同。但吾人形生神发之后，只是飞扬驰逐处多，虽天机不能无收敛，要亦不能胜其放出者，是以昏迷醉梦，鲜克终其天年。[③]

终其天年，已经难得，更有甚者，厚自奉养，以求长生。朱得之认为生死乃是天命，若妄自干涉，强求长生，是自蹈死地也。因为求长生者，心有所系，心不静而趋驱气之动也，万物之生乃气之聚也，死乃气之散也，气动则趋于老，岂能长生久视?

> 生本自然，委之以无为可也。益生者，以天为不足，以人助之，是谓妖孽，而祸生矣。气本冲和，惟守之以柔弱可也。心使气者，以心而动气，是乃刚强，而暴其气矣。凡此恃壮以趋于老，与知常曰明者相反，是谓不道。不道者，以气则耗散而日消，以神则昏扰而日微，岂能久于世哉?[④]

天地间能长生不灭者，唯道也。道之为大，无始无终，无古无今，其为寿也才可谓久。朱得之的长生思想不是指肉体的长生，而是指精神的长生，养生就是养性：“道者，人之所。不失其所者，成性存存，须臾不离，即无摇尔精，无劳尔神也。失其所，则不能安。不安，则不能久。”[⑤]

以自然之道治国，过化存神也。圣人之体道在于去除人己之分，这就

---

① （明）朱得之：《老子通义》，载《老子集成》第6卷，第392页。

② （明）朱得之：《老子通义》，载《老子集成》第6卷，第416页。

③ （明）朱得之：《老子通义》，载《老子集成》第6卷，第417页。

④ （明）朱得之：《老子通义》，载《老子集成》第6卷，第414页。

⑤ （明）朱得之：《老子通义》，载《老子集成》第6卷，第401~402页。

需要“为道日损”之功夫。学习世俗的知识，贵多贵博，而学道则贵少贵约，这亦是老子所言“绝学无忧”之意：“盖所绝者，世俗之学，而所贵者，食母之学也。世俗之学，以多为尚，务在日益，长智识，生矜高，其用归于辩同异、争是非。”[①] 亦如庄子所言去健羡，黜聪明，损之又损，以至于无。其实就是复性之功夫。所损者乃世俗之辩同异、争是非之知识，复归于人己不二之大道，不以己见忖度事物：“圣人于此，未尝执己见，惟以百姓心为心，善不善，信不信，在人不同，而吾之尽性以孚人心者，则不二，是以谓之德善、德信。”[②] 圣人通过“无我”与“为道日损”之功夫，达到与道合体之境界，将此自然无为之道推之于家国天下，自然可以收到无为而无不为的效果：“此圣人虽无所不为，实惟行其所无事，是以随其所至，万物莫不安和条理，而得其所也。治者非止治世，盖尽自治之方，而感者自应，无适而不然耳。”[③] 这其实就是朱得之所推崇的过化存神的圣人之治，圣人行无为自然之道，所过之处，无须言语、作为，不过顺其自然而为之，世人自然受其感化。朱得之将圣人的无为自然之道具化为以下内容。

> 故复原圣人无为之本，在见素抱朴，众人所不欲，圣人欲之。难得之货，圣人所不贵，众人贵之。是以圣人欲在无欲，不贵难得之货，以起天下之争心。绝学无忧，为道日损。众人之所不学，圣人学之。前识日益，圣人之所不学，众人学之。是以圣人学在无学，凡众人之所迷误者，圣人皆将使之复归于无过，以辅其自然之道，使万物各得其所，而不敢有所作为以害之。此无为之益也。[④]

朱得之以“见素抱朴”概括无为之道，圣人见素抱朴，逆众人之所尚，则纷争不起；绝学无忧，逆众人之所学，以纠正世人之过，以此众人各遂

① （明）朱得之：《老子通义》，载《老子集成》第6卷，第394~395页。
② （明）朱得之：《老子通义》，载《老子集成》第6卷，第410页。
③ （明）朱得之：《老子通义》，载《老子集成》第6卷，第387页。
④ （明）朱得之：《老子通义》，载《老子集成》第6卷，第420页。

其性，各得其所，复归于淳朴之性，“民性复，而天下治矣”。[①] 老子的经世之功亦以此体现：“天机只是过化凝神，作圣之功只是所过者化，所存者神，故圣人之言，只摩写过化存神之方。过化则机械不生，存神则淳朴可复。学者于此默识而请事焉，然后见老子经世之志。”[②]

朱得之修身治国都落实在“复性”上，这是穷理尽性至命的进路，朱得之强调复性，得于王阳明良知人人具足的思想。

> 盖吾之心，即千万人之心；千万人之理，即一人之理也。观者，取法也，犹云治也。以吾身而观吾身，则可以观众人之身。可以观众人之身者，以其心之同也。吾又何以知此道可以修之于天下，而天下皆不能拔、不能脱乎？实以此良心之不二也。[③]

王阳明认为良知先天地存在于每个人心中，只要通过后天的觉悟唤醒心中的良知，按照良知立身处世，人人都可以成为圣人：“自己良知原与圣人一般，若体认得自己良知明白，即圣人气象不在圣人而在我矣。”[④] 这就是王阳明人人都可以成为圣人的思想。人人皆具良知，愚夫愚妇亦可为圣人，众人取法圣人，直至众人亦觉醒其良知本体，其与圣人无二也。朱得之接受这一思想，其《通义》中不断强调人已不二、无弃人也，这亦成为衡量圣人的标准之一。

王道的无为论是以无为之心行有为之事，而朱得之则强调圣人逆众人所尚、所学，于无形中纠正世人之过，此即圣人“存神过化”之治，可见批王学、老学为虚无者，只见其形上之道，未见其道之流行处。

第三节　阳明学批判者的老学思想

全祖望总结明中期时的学术环境说，心学迅速发展之时，声势显赫，

---

① （明）朱得之：《老子通义》，载《老子集成》第6卷，第420页。

② （明）朱得之：《老子通义》，载《老子集成》第6卷，第380页。

③ （明）朱得之：《老子通义》，载《老子集成》第6卷，第413页。

④ （明）王守仁撰，吴光等编校《王阳明全集》卷2《传习录中》，第59页。

学者不归王，即归湛，能持守师说者无复几人："有明正嘉之交，阳明、甘泉之学盛行，二家虽微有不同，然其要归则相近，学者不走姚江，即向增城。其中岸然不阿者，泰和罗文庄公、高陵吕文简公、浚渠崔文敏公、甬川张文定公四人。"① 黄宗羲上述所论者，湛若水虽与阳明之学要归相近，然"微有不同"，其中对老子的态度就是两派不同点之一。至于罗钦顺、吕坤、崔铣皆明中期气论学者，气论派虽批判程朱，究其根源并未脱离宋学的范畴，为维护儒学正统，他们在扬弃程朱思想的基础上，对陆王心学、佛老之学展开了批判。浙东学派虽然孕育了姚江之学、浙中王学，但其思想传统乃是汇合朱、陆，故其对阳明学与佛老之学既有继承也有批判。

一　江门学派的老学观

江门学派自陈献章开启，湛若水接其衣钵，并将门派发扬光大，黄宗羲言："王、湛两家，各立宗旨，湛氏门人，虽不及王氏之盛，然当时学于湛者，或卒业于王，学于王者，或卒业于湛，亦犹朱、陆之门下，递相出入也。"② 陈献章、湛若水都以孔孟正统自居，但后世对江门之学的评价却有些矛盾。明朝廷承认了江门之学的正统地位，万历二年（1574）陈献章从祀孔庙，并建白沙祠以祭之，祠堂门楣曰："道传孔孟三千载，学绍程朱第一支。"但王门后学黄宗羲却将江门之学看作心学先声："有明之学，至白沙始入精微。"③ 清人所撰《明史》中也将其看作背离程朱的学术："原夫明初诸儒，皆朱子门人之支流余裔，师承有自，矩矱秩然。……学术之分，则自陈献章、王守仁始。"④ 对于这种现象，李锦全先生解释曰："陈湛理学在维护封建纲常和道德伦理方面并未离经叛道，但他们强调为学贵疑和主张人人可以寻求自得，这种不盲从、不依傍而强调独立思考的开放学风，对封建专制统治却带来潜在的危险。"⑤ 学贵"自得"，学贵"疑"是

① （清）全祖望：《鲒埼亭集外编》卷16《槎湖书院记》，载《续修四库全书》第1429册，第615页。

② （清）黄宗羲著，沈盈芝点校《明儒学案》卷37《甘泉学案一》，第876页。

③ （清）黄宗羲著，沈盈芝点校《明儒学案》卷5《白沙学案上》，第78页。

④ （清）张廷玉等撰《明史》卷282《儒林一》，第24册，第7222页。

⑤ 李锦全：《岭南江门学派在宋明理学及中国传统文化中的历史地位》，载《李锦全文集》第2卷，中山大学出版社，2018，第270页。

明中期以来士大夫个体精神逐渐增强的结果，在学术主张，特别是对佛老的态度上，江门学者和程朱学者是一致的，都将佛老看作异端，因此，在明代老学中，江门学者中唯有湛若水著有解《老》著作，但并非为了阐发老子之意，而是要与佛老划清界限。

湛若水（1466~1560），初名露，字民泽。因出生于广东增城甘泉都沙贝村，学者尊称为甘泉先生。弘治十八年（1505）进士，选庶吉士，授编修。后因在“大礼议”中得罪嘉靖帝，多在南京任职，历任南京礼部尚书、南京吏部尚书、南京兵部尚书，官职虽崇，却无实权。嘉靖十九年（1540）年致仕，其后二十年，教学不倦。《非老子》作于嘉靖二十七年（1548），湛若水作《非老子》的直接原因在于反驳王道的《老子亿》。王道为学坚持己见，注重独立思考，当他对阳明学说产生怀疑时，王阳明对此持宽容的态度：“夫趋向同而论学或异，不害其为同也；论学同而趋向或异，不害其为异也。不能积诚反躬而徒腾口说，此仆往年之罪，纯甫何尤乎？因便布此区区，临楮倾念无已。”[①] 王道后来又改师湛若水，然其思想亦不能尽合于湛。王道著《老子亿》，以三教会通思想解《老》，且其书成后，流传甚广。湛若水恐世人误解王道会通思想出自江门，遂于嘉靖二十七年，以八十三岁高龄著《非老子》，以表明对老子的态度。湛若水之所以对《老子亿》反应如此激烈，缘于其强烈的卫道意识。

> 老子权诈之书，乃战国时好事者之为，非柱下史聃之所作也。今之为《亿》者，乃章解而句释之，且援之经传以文其说焉。吾惧夫先圣之道之不著也，吾惧夫后世之学之不明也，吾惧夫后之小子之效尤，争倍先师而淫于其说也。吾宁无词以非之乎哉？吾宁忍无词以非之乎哉？[②]

湛若水是白沙心学的衣钵传人。清代学者查继佐评价湛若水曰：“本白沙之学，而不事禅说，要于格物，较与道近。”[③] 白沙之学以自然为宗，其

---

① （清）黄宗羲著，沈盈芝点校《王阳明全集》卷4《与王纯甫四》，第157页。

② （明）湛若水：《非老子》“萧时中跋”，载黄明同主编《湛若水全集》第15册，上海古籍出版社，2020，第293页。后文中略注。

③ （清）查继佐：《罪惟录·传》卷10《湛若水》，第1601页。

“静中养出端倪”，尤为世人诟病，以禅视之，故查继佐称赞湛若水虽然学于白沙，却没有流于禅。湛若水认为白沙之学乃是孔孟正脉，非禅学也。

大哉！二程夫子之有功圣门也，排佛老而卫先圣之道，虽以配孟可也。吾师白沙夫子，手授遗书于水曰：“孔、孟正脉也。”水受而读之，三十余年矣。①

为表明师门的正统地位，他专门排列了一个道统传承谱序：尧、舜、禹、汤、文、武、孔、孟、周、程、白沙。在这个系统中，白沙之学上承孔孟，接续二程。

夫自然者，天之理也。故学至于自然焉，尧、舜、禹、汤、文、武、孔、孟、周、程之道尽之矣。扩先圣之道，以觉乎后之人，为天地立心，为生民立命，为往圣继绝学，为万世开太平，其功岂不伟欤！后之人欲求尧、舜、禹、汤、文、武、孔、孟、周、程之学者，求之白沙先生可也。非求之先生也，因先生之言，以反求诸吾心之本体自有者，而自得之也。②

为维护白沙之学的正统地位，宣扬道统，湛若水极力诋訾佛老，以佛老为异端，划清白沙之学与佛老的界限。

陈生问曰：“何为异端？”甘泉子曰：“异也者，二也。夫端，一而已，二之则异端矣。”曰：“异端固害道乎？”曰：“孟子之时，害道者有杨、墨矣。程子之时，害道者有佛、老矣。”③

---

① （明）湛若水：《湛若水文集》卷 1《伊川唐录序》，载黄明同主编《湛若水全集》第 16 册，第 337 页。

② （明）湛若水：《湛若水文集》卷 3《白沙书院记》，载黄明同主编《湛若水全集》第 17 册，第 521 页。

③ （明）湛若水：《二业合一训》，载黄明同主编《湛若水全集》第 12 册，第 136 页。

湛若水卫道意识强烈，即便是对待与其一见定交的王阳明，亦坚持这一观点。弘治十八年（1505），湛若水会试登第，选庶吉士，授编修。当时王阳明亦在京城为官，两人一见定交，引为知己，“（王守仁）语人曰：‘守仁从宦三十年，未见此人。’甘泉子语人亦曰：‘若水泛观于四方，未见此人。’遂相与定交讲学。”[①] 两人共倡圣学，从者云集，《明史》言：“时天下言学者，不归王守仁，则归湛若水。”[②] 王、湛二人虽然互引为知己，但两人学术观点大有差别。

> 阳明宗旨致良知，先生宗旨随处体认天理。学者遂以良知之学，各立门户。其间为之调人者，谓“天理即良知也，体认即致也，何异？何同？”然先生论格物，条阳明之说四不可。阳明亦言随处体认天理为求之于外，是终不可强之使合也。先生大意，谓阳明训格为正，训物为念头，格物是正念头也，苟不加学问思辨行之功，则念头之正否，未可据。[③]

王阳明认为“随处体认天理”是于外部求天理，这和王阳明“心即理”思想不合。湛若水认为王阳明以正念头为格物，然若不以外在之学问思辨正之，念头如何能正？两人除了格物论不同外，对于儒释道的看法更是截然相反。

> 聚首长安，辛壬之春，兄复吏曹，于吾卜邻。自公退食，坐膳相以，存养心神，剖析疑义。我云圣学，体认天理。天理问何？曰廓然尔。兄时心领，不曰非是。言圣枝叶，老聃、释氏。予曰同枝，必一根柢，同根得枝，伊尹、夷惠。佛于我孔，根株咸二。[④]

① （明）湛若水：《湛若水文集》卷5《阳明先生王公墓志铭》，载黄明同主编《湛若水全集》第17册，第988页。

② （清）张廷玉等撰《明史》卷282《黄绾》，第24册，第7244页。

③ （清）黄宗羲著，沈盈芝点校《明儒学案》卷37《甘泉学案一》，第876~877页。

④ （明）湛若水：《湛若水文集》卷4《奠阳明先生文》，载黄明同主编《湛若水全集》第17册，第705~706页。

后来两人就此问题长期展开辩论，但谁也未能说服对方，究其原因，正是缘于二人立学目的不同，王阳明治学是为自立门户，湛若水则为维护道统。

> 湛若水与王阳明对待佛道二教的不同态度，除了与他们的修习佛教、道教（道家）的不同经历以及所接受的佛教、道教（道家）的不同影响密切相关之外，可能还与他们的卫道意识、自立门户意识有所不同相关。大体说来，湛若水的卫道意识似乎要比王阳明更强烈一些，而王阳明的自立门户的意识则要比湛若水更加强烈。卫道意识强，则可能为排异端而斥同道；门户意识强，则可能不惜取异端而伐同道。[①]

出于这一思想，湛若水在《非老子》中对《老子》进行了全面批判。湛若水为了破解《老子》的权威性，直接否定《老子》为老聃之作。湛若水曰："《非老子》何为者也？非老子言也，非老子之作也。"[②] 他反驳的理由有：第一，老子以《道德》名书，然观其书，其所言道德与儒家道德不同："今观老子《道德》上下篇，无一言暨乎天理者，其能稽谋自天乎？无一言发明乎《六经》之指者，其能稽古人之德矣乎？"[③] 且其书中夹杂权谋之术，老聃身为周柱下史，乃是一多闻博古之敦厚长者，不可能作此书。第二，著《老》之人非孔子问礼之老聃。孔子问礼于老聃，且以犹龙赞之，然观《老子》之书，多为薄礼之言。否定孔子问礼之老聃与《老子》作者的关系，也就否定了《老子》一书的权威性。

湛若水在《非老子》中对《老子》的批判集中在对《老子》外人事、任虚无、杂权诈几个方面，但因江门之学以自然为宗，《老子》亦言自然，他辩驳《老子》之自然非自然也。下面分别叙述。

首先，《老子》之道非自然。湛若水认为，"天即道，道即自然也"，[④] 道者，感物而应，物物具足，用之不穷，无须外力："知天所为，绝无丝毫

① 黎业明：《湛若水生平与学术思想研究》，中山大学博士学位论文，2009，第 76 页。

② （明）湛若水：《非老子叙》，载黄明同主编《湛若水全集》第 15 册，第 233 页。

③ （明）湛若水：《非老子叙》，载黄明同主编《湛若水全集》第 15 册，第 233 页。

④ （明）湛若水：《非老子》，载黄明同主编《湛若水全集》第 15 册，第 247 页。

人力，是谓自然。”[①] 老子却言：“道法自然”，是在自然之上又加一层，故其嘲讽曰：“或曰老庄，无亦其禅。曰彼二氏，私智烦难，焉睹本体？焉知自然？”[②]《老子》又曰：“大道废”，不知“此道不为尧存，不为桀亡”，[③]生生不息，安言灭亡？

其次，《老子》外人事，任虚无。湛若水认为：“虚中有实，实中有虚。而独言虚者，虚无之弊也。”[④] 儒家亦言虚，但儒家之虚，虚实同体，而《老子》以“谷神”言道，谷为虚也，故《老子》之道亦虚而已：“一言而尽之，曰‘无’之一字足矣。”[⑤] 以儒道之道用之于世，儒家可以开物成务，《老子》则为无用之学也。

> 葛涧问：“释、老之学，孰近于用与？”甘泉子曰：“二氏均之无用焉尔矣，离事以语心也。圣人之学，心事合一，是故能开物而成务。”[⑥]

《老子》之无为者，误身误国也。以身言之，《老子》言五音、五色、五味、田猎者，乱心妨行，将人德行之失不归罪于人，反归之于物也，而儒家“制礼以节之，故非独不为害，而且有养也”。[⑦] 以国言之，《老子》所谓的无为而治，“便一切无了，似是而非”。[⑧] 若以无为治国，君王臣庶皆任无为，则礼乐刑政、土田贡赋皆废，此为乱天下之法也。即便汉文帝无为而治，亦有征战，何尝无为也，“必欲弃其法令矣，是乱天下之道也”。[⑨]

最后，《老子》乃权谋之术。湛若水认为儒家以气为道，气聚而成万物，故气即器也，万物各具其理，道不离器，器亦不远道，故儒家之道仁

---

① （明）湛若水：《湛若水杂著集》卷 1《自然堂铭》，载黄明同主编《湛若水全集》第 21 册，第 17 页。

② （明）湛若水：《湛若水杂著集》卷 1《自然堂铭》，载黄明同主编《湛若水全集》第 21 册，第 17 页。

③ （明）湛若水：《非老子》，载黄明同主编《湛若水全集》第 15 册，第 254 页。

④ （明）湛若水：《非老子》，载黄明同主编《湛若水全集》第 15 册，第 238 页。

⑤ （明）湛若水：《非老子》，载黄明同主编《湛若水全集》第 15 册，第 233 页。

⑥ （明）湛若水：《雍语》，载黄明同主编《湛若水全集》第 12 册，第 94 页。

⑦ （明）湛若水：《非老子》，载黄明同主编《湛若水全集》第 15 册，第 240 页。

⑧ （明）湛若水：《非老子》，载黄明同主编《湛若水全集》第 15 册，第 255 页。

⑨ （明）湛若水：《非老子》，载黄明同主编《湛若水全集》第 15 册，第 262 页。

而公。

> 《易》一阴一阳之训，即气即道也。气其器也，道其理也，天地之原也。器理一也，犹之手足持行也，性则持行之中正者也。[①]

《老子》则任气而不见道，任气者，自私其身，身远于道也，故《老子》之道恶而私。在比较儒与释、老之别时，湛若水就明确说：

> 儒于释、老，有若同是焉，唯智者能辨其非；有若同公焉，唯仁者能辨其私。营营绝根，乃碍其身；区区炼气，乃局其器。而云周遍，而云神化，何足以语大公之仁？[②]

释、老外人伦，只关注自身，不如儒家大公之仁，然释、老也会说一些仁爱等与儒家相类似的观点，湛若水认为这些观点似是而非，混淆视听，必须予以辨别。

> 吾意谓天理正要在此歧路上辩，辨了便可泰然行去，不至差毫厘而谬千里也。儒者在察天理，佛者反以天理为障。圣人之学，至大至公；释者之学，至私至小；大小公私，足以辨之矣。[③]

此处不单言释，《老子》亦被包含其中。湛若水认为《老子》之学恶而私，其非毁仁义，将百姓视为刍狗，“不仁者也，无人心也”。[④] 更有甚者，《老子》中还有一些表面光明实则狡诈之言，如其言“不尚贤”，实“秦欲愚黔首，此说倡之也”。[⑤] 所谓“以曲枉洼敝少为道”，实际上是“欲人悦

① （明）湛若水：《新论》，载黄明同主编《湛若水全集》第12册，第50页。
② （明）湛若水：《新论》，载黄明同主编《湛若水全集》第12册，第42页。
③ （明）湛若水：《新泉问辨录》，载黄明同主编《湛若水全集》第13册，第21页。
④ （明）湛若水：《非老子》，载黄明同主编《湛若水全集》第15册，第237页。
⑤ （明）湛若水：《非老子》，载黄明同主编《湛若水全集》第15册，第237页。

乐，私意横流，是自欺欺人也，可谓信乎？后之乡愿乱德者似此人也”。[①] 言“公而王”者，有道者就可为王，是乱天下也。言“天下神器，不可为也”，又言“将欲取天下而为之，吾见其不得已”，说不为终为之，“此阴谋之说启天下奸雄之心”。言将欲必固者，“同一诡谲之术也”。[②] 言“佳兵者不祥之器”，教之以丧礼处之，“终归于权谋用兵之法，得志天下之策，宜其一流而为申商也”。[③]

湛若水出于卫道之意，对《老子》诋訾甚力，故其《非老子》中多有牵强之说，将老学末流之弊，全都归咎于《老子》。

二　气论学派的老学观

气论学派提倡经世之学，尊孔子之道，对于佛老之学，以异端视之，对老子的批判集中在其虚无之弊，主要代表有罗钦顺、王廷相、杨慎、崔铣。

（一）罗钦顺：“其道不出乎深根固柢而已”

罗钦顺被时人视为“朱学后劲”“宋学正宗”，他的护道之心尤为强烈，将辟异端作为孔门学者的责任与义务：“夫攻异端，辟邪说，孔氏之家法也。”[④] 佛教、道教在罗钦顺看来都是异端，他曾沉溺佛教，对佛教迷惑人心之处体会更为深刻，认为异端之害佛为首：“异端之说，自古有之，考其为害，莫有过于佛氏者矣。”[⑤] 对于老子，他虽视其为异端，但批判要相对缓和，并主张将道家之老子与道教之老子分别开来：以道教之祈禳符箓等为虚妄，而道家思想则有其可取之处。

> 今之道家，盖源于古之巫祝，与老子殊不相干。老子诚亦异端，然其为道主于深根固蒂、长生久视而已。《道德》五千言具在，于凡祈禳、荣祷、经咒符箓等事，初未有一言及之。而道家立教乃推尊老子，置之三清之列，以为其教之所从出，不亦妄乎！……盖老子之善成其

---

① （明）湛若水：《非老子》，载黄明同主编《湛若水全集》第 15 册，第 246 页。

② （明）湛若水：《非老子》，载黄明同主编《湛若水全集》第 15 册，第 249 页。

③ （明）湛若水：《非老子》，载黄明同主编《湛若水全集》第 15 册，第 250 页。

④ （明）罗钦顺著，阎韬点校《困知记》卷上，第 3 页。

⑤ （明）罗钦顺著，阎韬点校《困知记·续录》卷上，第 59 页。

私，固圣门所不取，道陵辈之诪张为幻，又老子之所不屑为也。欲攻老氏者，须分为二端，而各明辨其失，则吾之说为有据，而彼虽桀黠，亦无所措其辞矣。①

罗钦顺指出要分别道家之老子与道教之老子，道教之祈禳符箓之术，老子并不讲；道教讲神仙长生之术，与老子之长生也大不相同。《老子》一书，其主旨在于深根固柢，长生久视。

盖此书劈初便说“无名，天地之始；有名，万物之母”两句。至第二十章乃曰：“我独异于人，而贵食母。”五十二章又曰：“天下有始，以为天下母。既得其母，以知其子。既知其子，复守其母，没身不殆。”五十九章又曰：“重积德则无不克。无不克则莫知其极。莫知其极，可以有国。有国之母，可以长久。是谓深根、固柢、长生、久视之道。”五千言中，母字凡屡出，词皆郑重，则此一字当为一书之要领无疑。中间许多说话，皆是作用工夫。其言取天下，言治国，言用兵，诸如此类，皆是譬喻，其道不出乎深根固柢而已。②

长生久视之道出于老子，后道教以老子为祖亦由于此，但道教之长生与老子之长生不同。朱元璋的三教政策，以儒为治世之本，以佛老为辅翼，暗助王纲，对待祭祀神灵之事，采取敬而远之的态度：“于斯祀神之道，能者养之以福，不能者败之以祸。是故君子勤礼，小人尽力。勤礼莫如致敬，尽力莫如敦笃。敬在养神，笃在守业。朕观古人之敬神也若是。其验祸福，亦若是。斯可谓无神而不信乎？可谓佞神而祈福乎？二者皆不可，惟敬之以礼而已。”③ 对神仙之事，敬而远之，若执迷于肉体长生之说，必会招致祸殃，但长生之术对现实的有益启发在于求长生不在于肉体长生，在于

① （明）罗钦顺著，阎韬点校《困知记·续录》卷上，第 86 页。

② （明）罗钦顺著，阎韬点校《困知记·三续》，第 131 页。

③ （明）朱元璋：《敕谕神乐观》，载（明）葛寅亮撰《金陵玄观志》，南京出版社，2011，第 99 页。

“修心清净，脱离幻化，速疾去来，使无艰阻”[①]。罗钦顺赞同这一观点，他认为老子之长生，在于修身清净。

> 有云：“长生之道，世有之，不过修身清净，脱离幻化，疾速去来，使无难阻，是其机也。”于此又知我圣祖深明老氏之学。至于经纶万务，垂训万世，一惟帝王相传之道是遵，孔、曾、思、孟之书，周、程、张、朱之说是崇是信，彝伦攸叙，邪慝无所容。圣子神孙，守为家法，虽与天地同其悠久可也。卓哉，大圣人之见，诚高出于寻常万万哉！[②]

罗钦顺根据自身经历否定肉身不灭的长生：“神仙之说，自昔聪明之士，鲜不慕之。以愚之愚，早亦尝究心焉，后方识破，故详举以为吾党告也。天地间果有不死之物，是为无造化矣。诚知此理，更不必枉用其心。”[③]他从早期尝试求长生，到失败后方悟生死乃万物之造化流行，世间并不存在肉身不灭的长生之术。

罗钦顺虽然肯定老子之道有修身清净之用，但认为其修身与儒家之修身大不相同：“老子外仁义礼而言道德，徒言道德而不及性，与圣门绝不相似，自不足以乱真。”[④] 他认为“孔子教人，莫非存心养性之事”，[⑤] 心与性是体与用的关系，性为理，是本体，是道心；心为神，是本体的发用，变动不居，是人心，所谓存心养性者，使心不离性，情能从心所欲而不逾矩，老子“外仁义而言道德”，摒弃心之发用而言道德，走向蔑视仁义之路。罗钦顺在道心、人心问题上和程朱一样以道心为性，以人心为情。但与程朱不同的是，程朱将道心等同于天理，人心等同于人欲，走向存天理、灭人欲的禁欲理路，罗钦顺则认为，人心虽是人欲，但人欲并非都是恶的，人欲亦是天性，是人所固有的，不违背道德准则的欲也是善的。

---

① （明）朱元璋：《敕谕神乐观》，载（明）葛寅亮撰《金陵玄观志》，第100页。
② （明）罗钦顺著，阎韬点校《困知记》卷下，第32页。
③ （明）罗钦顺著，阎韬点校《困知记》卷下，第56~57页。
④ （明）罗钦顺著，阎韬点校《困知记·续录》卷上，第86页。
⑤ （明）罗钦顺著，阎韬点校《困知记》卷上，第1页。

《乐记》“人生而静，天之性也。感于物而动，性之欲也”一段，义理精粹，要非圣人不能言。陆象山乃从而疑之，过矣。彼盖专以欲为恶也。夫人之有欲，固出于天，盖有必然而不容已，且有当然而不可易者。于其所不容已者而皆合乎当然之则，夫安往而非善乎？惟其恣情纵欲而不知反，斯为恶尔。先儒多以“去人欲”、“遏人欲”为言，盖所以防其流者不得不严，但语意似乎偏重。①

罗钦顺认为万物受气成形，其理一也，然成形之后万物则各有其理，这就是“理一分殊”。“理一”是万物的共同本性，是谓天命，“分殊”则是万物有形质后的特性：“窃以性命之妙，无出理一分殊四字。……盖人物之生，受气之初，其理惟一，成形之后，其分则殊。其分之殊，莫非自然之理，其理之一，常在分殊之中。此所以为性命之妙也。”② 就人而言，其气一也，其性则有智愚贤不肖之别，所谓存心养性就是养气：“养性即养气，养气即养性。”③ 天道以阴阳言，人道以仁义言，仁义之理蕴于君臣父子夫妇长幼之中，蕴于人之喜怒哀乐情欲之中：“人之道，君臣父子夫妇长幼朋友为之经，喜怒哀乐为之纬，经纬不忒，而仁义礼智之实在其中矣，此德业之所以成也。”④ 故儒家重视人伦，不避情欲，这才是顺应自然，而老子言绝仁弃义、少私寡欲之类，非真自然也：“吾儒只是顺天理之自然。佛老二氏，皆逆天背理者也，然彼亦未尝不以自然藉口。”⑤

（二）王廷相：“老子，矫俗救弊之过者也”

相比于罗钦顺，王廷相对老子的批判更为激烈。王廷相尊孔子之道，视佛老之学为异端，故对于宋儒排斥佛老他是赞同的，然而对于宋儒明诋佛老却未能完全摒弃佛老之弊，甚至援佛老思想入儒学，他感到特别遗憾。他称宋儒才性有限，本为批驳佛老，自身却受其影响而不觉。

---

① （明）罗钦顺著，阎韬点校《困知记》卷下，第 36 页。
② （明）罗钦顺著，阎韬点校《困知记》卷上，第 9 页。
③ （明）罗钦顺著，阎韬点校《困知记》卷上，第 13 页。
④ （明）罗钦顺著，阎韬点校《困知记》卷上，第 25 页。
⑤ （明）罗钦顺著，阎韬点校《困知记》卷上，第 30 页。

> 经者，常道也，可常以范世者也，故由之则治，迷之则危，去之则乱，确乎可守而不可畔也。然世逖风漓，异端窃起，而老、佛清净无为之论出，世乃为之大惑；由是百氏九流，纷纭杂遝，各竞所长，而《六经》中正淳雅之道荒矣。虽宋儒极力诋辩，以挽返洙、泗之风，而才性有限，不能拔出流俗；亦未免沾带泥苴，使人不得清澄宣朗，以睹孔门之景，良可恨矣！①

王廷相由文趋道之后，对程朱之学的批判更为大胆，直接指斥周敦颐、二程、朱熹之过，② 对于老子，更是全面否定。他对老子的批判，从有无之生成论，到具体救世措施如自然无为，以及道教的神仙思想，都一一予以辩驳。

王廷相的批判建立在其气本论的基础上，他以气作为产生万物的原始物质："气为物始，厥维本根。"③ 气根据不同命名方式也可称为元气、太虚、太极："元气之上无物，不可知其所自，故曰太极；不可以象名状，故曰太虚耳。"④ 气是宇宙万物的本原，理依于气而存，理是气之理："气，物之原也；理，气之具也；器，气之成也。"⑤ 从气本论出发，王廷相提出万物之生灭不过是气之聚散，物有生灭，元气永存，故万物之生化是气之自然流行，而非别有主宰者："天地之生物，势不得不然也，天何心哉？强食弱，大贼小，智残愚，物之势不得不然也，天又何心哉？"⑥ 万物有成有毁，理依于物而存，没有形质，也不可以"不朽"言，且物随时势而变，理亦随之变，言理不变，也是无稽之谈："儒者曰：'天地间万形皆有敝，惟理独不朽'，此殆类痴言也。理无形质，安得而朽？"⑦ "道无定在，故圣人因

① （明）王廷相著，王孝鱼点校《雅述》上篇，载《王廷相集》第 3 册，第 831 页。

② 谷方：《王廷相与明代批判理学思潮》，《中州学刊》1990 年第 2 期，第 44~51 页。

③ （明）王廷相著，王孝鱼点校《王氏家藏集》卷 41《答天问》，载《王廷相集》第 2 册，第 715 页。

④ （明）王廷相著，王孝鱼点校《雅述》上篇，载《王廷相集》第 3 册，第 849 页。

⑤ （明）王廷相著，王孝鱼点校《慎言》卷 1《道体》，载《王廷相集》第 3 册，第 751 页。

⑥ （明）王廷相著，王孝鱼点校《慎言》卷 10《五行》，载《王廷相集》第 3 册，第 806 页。

⑦ （明）王廷相著，王孝鱼点校《雅述》下篇，载《王廷相集》第 3 册，第 887 页。

时。”[①] 王廷相的气本论，气为产生万物的原始物质，又是理存在的载体，落实在现实世界，气万则物万，物万则理万，既注重物、类之统一性，也注重其特殊性。气处于不断变化之中，各物之理也随之而变。这种哲学理论自然地发展出因物制宜、因时而动的处世哲学，由此，他对道家之生成论、自然无为思想自然不能认同。

在生成论上，他不仅反驳道家“天下万物生于有，有生于无”的观点，对程朱所言理在气先的观点也进行了反驳。

> 老氏谓“万物生于有”，谓形气相禅者；“有生于无”，谓形气之始本无也？愚则以为万有皆具于元气之始，故曰“儒之道本实、本有，无‘无’也，无‘空’也”。[②]
>
> 老、庄谓道生天地，宋儒谓天地之先只有此理，此乃改易面目立论耳，与老、庄之旨何殊？愚谓天地未生，只有元气，元气具，则造化人物之道理即此而在，故元气之上无物、无道、无理。[③]

以上可见王廷相对以气为本贯彻坚决，气化生万物之后，万物之流行皆是“势不得不然也”，非“天心”之主宰，所谓天人感应、谶纬、五行生克之类的理论，所谓神仙之说不过是“假不可知者而恐惧之，是舍本而务末也”。[④] 王廷相认为佛教所谓涅槃成佛，道教所谓神仙长生，就是让人放弃现实世界，皆是荒诞不经之言。

> 佛氏、老、庄之徒见其然，乃以虚空、返本、无为为义，而欲弃人事之实，谬矣。嗟乎！有生则生之事作，彼佛氏、老、庄，父子、君臣、夫妇、朋友之交际能离之乎？饮食、衣服、居室之养能离之乎？

---

① （明）王廷相著，王孝鱼点校《慎言》卷3《作圣》，载《王廷相集》第3册，第763页。

② （明）王廷相著，王孝鱼点校《内台集》卷4《答何柏斋造化论》，载《王廷相集》第3册，第971页。

③ （明）王廷相著，王孝鱼点校《雅述》上篇，载《王廷相集》第3册，第841页。

④ （明）王廷相著，王孝鱼点校《慎言》卷10《五行》，载《王廷相集》第3册，第803页。

不然，是生也为死之道者也，夫岂不谬？①

王廷相认为佛教以“空”否定现实世界，追求缥缈的彼岸世界；道家以“无”否定现实人伦礼制，追求神仙长生。然而人生活在现实世界，怎能没有父子、君臣、夫妇、朋友之情，怎能离开饮食、衣服、房屋之养，佛道宣扬的这种荒谬教义就是教人弃绝人伦。佛道所宣扬的神鬼之说更是荒诞不经：“夫神必藉形气而有者，无形气则神灭矣；……如火光之必附于物而后见，无物则火尚何在乎？”② 圣人治国，要在于经正而法严，邪说不兴，礼制井然，而非求之于鬼神：“圣人治世，‘其鬼不神’，非鬼之不能神也，经正而法严也。正则邪说不兴，严则妖道罔作，鄙儒诐术屏济，若没焉耳矣。”③

对于自然无为思想，王廷相认为儒家也讲无为：“任事者，臣也；恭己而南面者，君也，亦无为而已矣。”④ 但儒家之无为是指圣人之治，唯以仁义礼乐为依，自然事少而功多。

圣人之为学，博文约礼，求其中而执之。圣人之立心，正义明道，无所为而为之。圣人之应事，主之以义，而由之以诚，终也得失要于命焉。夫斯道也，何简易若诸！何要若诸！史迁曰“博而寡要，劳而少功”，盖不得其门而入者也，宜乎清净无为，以黄、老先《六经》焉。⑤

有不理解儒家无为之法者，遂流入黄老之无为。王廷相认为黄老之无为就是任其自为，此无为可用于养身，不可用于治国，否则国家就会大乱。

老子之道，以自然为宗，以无为为用，故曰：“以百姓为刍狗”，

① （明）王廷相著，王孝鱼点校《慎言》卷10《五行》，载《王廷相集》第3册，第808页。

② （明）王廷相著，王孝鱼点校《内台集》卷4《答何柏斋造化论》，载《王廷相集》第3册，第963~964页。

③ （明）王廷相著，王孝鱼点校《慎言》卷10《五行》，载《王廷相集》第3册，第804页。

④ （明）王廷相著，王孝鱼点校《雅述》上篇，载《王廷相集》第3册，第845页。

⑤ （明）王廷相著，王孝鱼点校《慎言》卷10《五行》，载《王廷相集》第3册，第806页。

任其自为也。吾见其强凌弱，众暴寡，愤然而不平矣，而况夷狄之侵轶乎？又曰：“绝圣弃智，民利百倍”。夫民生之利，累世圣智之人遗之也；若然，则尧忧得舜，舜忧得禹，其志亦荒矣，可乎？有为者，圣人之甚不得已也；必欲无为以任其民，大乱之道也。故老子之道，以之治身则保生，以之治国则长乱。①

王廷相此处从消极方面理解老子之无为思想，将其等同于什么都不做：“生也、性也、道也，皆天命也，无教则不能成。老、庄任其自然，大乱之道乎！”② 气生万物，万物各有其性，气之清浊粹驳不同，性也有善恶之分：“气有清浊粹驳，则性安得无善恶之杂?”③ 性由气质决定：气质清粹者善，此性与道相合；气质浊杂者恶，此性与道相悖。但气禀之性只是性之始，通过后天的学习、教化是可以改变的：“凡人之性成于习”，“然缘教而修，亦可变其气质而为善，苟习于恶，方与善日远矣”。④ 由此，王廷相认为礼乐刑法是使人变化气质、导人向善的，对于老子蔑弃刑法的观点，他不赞同：“刑法者，圣王甚不得已之政也，故曰弼教。……不为刑辟，庄、老矫世之谬谈也。”⑤

王廷相一方面将老子之无为解释为什么都不做，但又因异端之见，批判老子之无为实乃权诈之术：“老氏无为，正欲有为，故其道奸。”⑥ 王廷相此处是将老子无为而无不为思想理解为以退为进的心机手段。

老子之道，以退为主，而惟欲利己，及其蔽也害治。是故得其静修者，为方士之解形；得其吝啬者，为晏、墨之苦俭；得其容忍者，为申、韩之刑名；得其离圣去智者，为庄、列之放达；得其不敢先事

① （明）王廷相著，王孝鱼点校《慎言》卷 10《五行》，载《王廷相集》第 3 册，第 807~808 页。
② （明）王廷相著，王孝鱼点校《雅述》上篇，载《王廷相集》第 3 册，第 840 页。
③ （明）王廷相著，王孝鱼点校《王氏家藏集》卷 28《答薛君采论性书》，载《王廷相集》第 2 册，第 518 页。
④ （明）王廷相著，王孝鱼点校《王氏家藏集》卷 28《答薛君采论性书》，载《王廷相集》第 2 册，第 519 页。
⑤ （明）王廷相著，王孝鱼点校《雅述》上篇，载《王廷相集》第 3 册，第 832 页。
⑥ （明）王廷相著，王孝鱼点校《慎言》卷 10《五行》，载《王廷相集》第 3 册，第 808 页。

者，为持两端之奸；得其善为保持着，为避难之巧；得其和同而不绝俗者，为顽钝之鄙夫。夫是道也，其始也未尝不曰可以治天下，终也反以之坏天下。道慎乎哉！道慎乎哉！[①]

王廷相认为老子所谓尚静、尚俭、尚柔，不敢为天下先，和光同尘之属，都被世人曲解，不仅不能救治天下，反而适得其反，老子虽有救世之心，但矫正弊端的各种措施都不合于道，故其断言："老子，矫俗救弊之过者也，故类于不知道。"[②] 老子在这里被完全否定了。

（三）杨慎："实学不明于千载，而虚谈大误于后人"

杨慎（1488~1559），字用修，号月溪、升庵、逸史氏、博南山人等，称号甚多，四川新都县人。其父杨廷和，官至内阁首辅。杨慎正德六年（1511）状元及第，授翰林院修撰。杨慎学识广博，经史百家无所不读，步入仕途后，对当时心学流行造成不读书的空虚之弊不满："近日之学，谓不必读书考古，不必格物致知，正荀子所谓'畜宇嵬琐'者也。"[③] 他又与罗钦顺、王廷相相交，接受了气论派的思想，对程朱之弊，心学、佛老空虚之弊进行批判。

杨慎反对阳明之学，不仅是因为学术，可能还有政治因素在其中。杨慎的父亲杨廷和因"大礼议"而被迫致仕；嘉靖三年（1524），杨慎因反对嘉靖帝去掉其生父尊号中的"本生"二字，率百官哭谏于左顺门，结果不仅没有达到目的，反而遭受廷杖之辱，其本人更是被流放到云南，终生未能再回京城。对于"大礼议"的原因，除了政治层面的因素外，还有包含学理层面的争论。王阳明并未直接参与议礼，当时"王守仁中忌者，虽封伯，不给诰券岁禄"。[④] 但王阳明朝中弟子朋友众多，议礼派主力多出其门或与之关系密切，嘉靖年间因议礼而受重用的官员有张璁、桂萼、方献夫、席书、霍韬、熊浃、黄绾、黄宗明等。张璁、桂萼、熊浃、霍韬与王阳明

---

① （明）王廷相著，王孝鱼点校《雅述》上篇，载《王廷相集》第3册，第844~845页。

② （明）王廷相著，王孝鱼点校《雅述》上篇，载《王廷相集》第3册，第846页。

③ （明）杨慎：《升庵全集》（4）卷46《畜宇嵬琐》，载王云五主编《万有文库》（第二集），商务印书馆，1937，第491页。

④ （清）张廷玉等撰《明史》卷197《黄绾》，第17册，第5219页。

关系较为疏远，而其余诸人皆与王阳明有师生之谊或朋友之情。且议礼派借以反驳反对派的理论依据就是阳明学，“考赞礼诸臣之思想渊源，多为姚江王门高第，则此一新旧士大夫集团之政争，实与当时新兴王学及正统朱学之对立有关”。[①] 对于两派争论的目的，邓志峰说得更加直接：

> 大礼议在形式上是王学对朱学的反抗，实质上却是王守仁一派不得志的官僚试图借助皇权的力量，来达到压服杨廷和的政治目的。在王守仁一班弟子门徒的参与下，更定祀典、迎合皇帝的呼声此起彼伏，一浪高过一浪。杨廷和等人甚至被目为权奸，世宗身旁的亲信也“乘间言其恣无人臣礼”，内阁受到了巨大的压力。[②]

杨慎称王阳明为“霸儒”，未尝没有政治矛盾在其中。从学术上而言，杨慎谈论明中期学术思想曰：

> 今日此学，影废响绝，谈性命者，不过剿程朱之菡魄；工文辞者，止于拾史汉之赘牙。示以形声孳乳，质以《苍》、《雅》、《林》、《统》，反不若秦时刀笔之吏、汉时奇觚之童，而何以望古人之宫墙哉？[③]

杨慎认为文字之学被世人忽略，那些高谈性命者，其实不过是剿程朱之糟粕自以为得；工文辞者，不过模袭前人晦涩文辞，而不明其本。杨慎这里虽然没有明说，但很明显是批判阳明之学及复古派。明弘、正时期，文学上前七子提倡的文学复古运动重在模仿前人的创作形式，内容则空洞无物。此时王阳明、湛若水等倡导的新学说兴起，杨慎认为这些学说皆是无益于世的虚谈而已：“今之学者，循声吠影，徒知圣人之所与，而不知圣

---

① 欧阳琛：《王守仁与大礼议》，《新中华》1949 年第 12 卷第 7 期。

② 邓志峰：《王学与晚明师道复兴运动（增订本）》，复旦大学出版社，2020，第 54 页。

③ （明）杨慎：《升庵全集》（1）卷 2《六书索隐序》，载王云五主编《万有文库》（第二集），第 21 页。

人之所裁也，……使实学不明于千载，而虚谈大误于后人也。”[①]

杨慎认为做学问必须要重视本根。如杜陵之诗、朱子之学分别代表了诗歌、学问的顶端，然后亦自此而衰，错不在于杜陵、朱子，而在于后世模仿之人。山起于累土，江亦有源头，一味效法前人的形式，犹如瓶中牡丹、担上桃李，皆失去了本根。今人做学问，如乞丐祈求残羹剩饭，盲人背诵他人文章，所以才导致道日衰颓、学问芜杂，故杨慎希望能够从源头上做学问，以训诂章句解释儒家原典。

> 谓诗歌至杜陵而畅，然诗之衰飒实自杜始。经学至朱子而明，然经之拘晦实自朱始。是非杜、朱之罪也。玩瓶中之牡丹，看担上之桃李，效之者之罪也。夫辂辂生于椎轮，龙舟起于落叶，山则原于覆篑，江则原于滥觞，今也譬则乞丐，沾其剩馥残膏；犹之瞽史，诵其坠言衍说，何惑乎！道之日芜而文之日下也。窃不自揆，欲训诂章句，求朱子以前《六经》；永言缘情，效杜陵以上四始。[②]

杨慎此话乃是结合自身经历而谈，他自言：“慎自志学之年，已嗜六书之艺，枕籍《说文》，以为折衷，迨今四十余年矣。”[③] 长期的治学经历使杨慎体会到文字训诂的重要性，他成为明代考据学风的开创者之一。

杨慎推崇汉学，原因有二：一则汉较宋离孔子年代更近，汉学更接近孔子本意；二则宋儒过分强调己意，以《六经》为注脚，失之专，而后世学者专主程朱，鄙薄汉唐注疏者，失之陋。

> 或问杨子曰：“子于诸经多取汉儒而不取宋儒，何哉？”答之曰：“宋儒言之精者，吾何尝不取！顾宋儒之失，在废汉儒而自用己见耳！

① （明）杨慎：《升庵全集》（4）卷45《夫子与点》，载王云五主编《万有文库》（第二集），第459页。

② （明）杨慎：《升庵全集》（2）卷6《答重庆太守刘嵩阳书》，载王云五主编《万有文库》（第二集），第83～84页。

③ （明）杨慎：《升庵全集》（1）卷2《六书索隐序》，载王云五主编《万有文库》（第二集），第20页。

吾试问汝：《六经》作于孔子，汉世去孔子未远，传之人虽劣，其说宜得其真；宋儒去孔子千五百年矣，虽其聪颖过人，安能一旦尽弃旧而独悟于心邪？”①

予尝言，宋世儒者失之专，今世学者失之陋。失之专者，一聘意见，扫灭前贤。失之陋者，惟从宋人，不知有汉唐前说也。②

对于阳明心学，杨慎的批判显得很不客气，他认为心学之失在于空虚而近于禅，然王阳明以其心学鼓动天下，士人纷纷闻而响应，故其视王阳明为“霸儒”。

迩者，霸儒创为新学，削经铲史，驱儒归禅，缘其作俑，急于鸣俦，俾其易入，而一时奔名走誉者，自叩胸臆，叵以惊人彪彩，罔克自售，靡然从之，纷其盈矣。蜉蝣撼树，谓游夏为支离；聚蚊成雷，以舒雄为小伎。③

杨慎认为阳明之学名为新学，其实不过是阳儒阴禅，王阳明本人亦借此邀名于世，而追逐名利者因其修持简易，言语新奇，纷纷投其门下。

在杨慎看来，宋儒自逞己见，心学又流于禅，无论心学还是道学，都应以行道为务。道学以推行仁义礼智信为为学之极，心学以体道于内、行之于外、知行合一为极致，故道学、心学不过是理一名殊，殊途同归，皆源于《中庸》。那些以道学、心学相标榜者，逞言语之奇，炫于当世，而观其行却颠倒错乱，有悖人伦，这样的人离道远甚，且欺世乱民，对此种人，圣王当诛而不当赦。

---

① （明）杨慎：《升庵全集》（3）卷42《日中星鸟》，载王云五主编《万有文库》（第二集），第398页。

② （明）杨慎：《升庵全集》（5）卷52《文字之衰》，载王云五主编《万有文库》（第二集），第600页。

③ （明）杨慎：《升庵全集》（2）卷6《答重庆太守刘嵩阳书》，载王云五主编《万有文库》（第二集），第83页。

或问何谓道学？曰天下之达道五，能行五者于天下，而又推类以尽其余，道学尽于是矣。何谓心学？曰道之行也，存主于内，无一念而非道；发达于外，无一事而非心，表里贯彻，无载尔伪，心学尽于是矣。故道学心学，理一名殊，明明白白，平平正正，《中庸》而已矣，更无高远玄妙之说，至易而行难，内外一者也。彼外之所行，颠倒错乱。于人伦事理大戾，顾异巾诡服，阔论高谈。饰虚文美观，而曰，吾道学，吾心学，使人领会于渺茫恍惚之间。而无可着摸以求，所谓禅悟。此其贼道丧心已甚，乃欺人之行，乱民之俦，圣王之所必诛，而不以赦者也。何道学心学之有？①

杨慎对阳明之学的批判集中在阳儒阴禅，流于空虚，他对老子的批判也在于此。在《升庵外集》中，他引王安石对“三十辐共一毂”章的解释，对王安石的观点甚表赞同。

“无之所以为用者，以有毂辐也；无之所以为天下用者，以有礼乐刑政也。如其废毂辐于车，废礼乐刑政于天下，而坐求其无之为用也，则亦近于愚矣。”此论甚工。②

杨慎不惟批判老子为虚无，甚至从根本上否定老子对《道德经》一书的著作权，这就等于否定了尊老者的根基。杨慎引朱熹《答汪尚书书》中的一段话证明这一观点：

龟山答胡迪功问中一段，“《老子》五千言以自然为宗，谓之不作可也”，熹亦疑此语，如《论语》老彭之说，只以《曾子问》中言礼数段证之，即“述而不作，信而好古”皆可见。盖老聃周之史官，掌国之典籍、三皇五帝之书，故能述古事而信好之，如五千言，亦或古有

① （明）杨慎：《升庵全集》（8）卷75《道学》，载王云五主编《万有文库》（第二集），第991~992页。

② （明）杨慎：《升庵外集》（四）卷46《蘷说》，载屈万里主编《杂著秘笈丛刊》（3），学生书局，1976，第1541页。

是语而老子传之，未可知也。盖《列子》所引黄帝书，即《老子》“谷神不死”章也，岂所谓三皇五帝之书?[①]

杨慎引录文字只录其大意，与上文有些出入，文后杨慎曰：“佛经《三教论》曰：‘五千文者，容成所说，老为尹谈，盖述而不作也。’又按《庄子》引容成氏曰：‘除日无岁，无外无内。’则容成氏固有书矣，老子述而不作，又其明证。”[②] 此处所引佛经是指法琳《辩正论》中所引《二教论》，而非《三教论》。杨慎赞同朱子的观点，认为《老子》五千言并非老子原创，而只是转述前人之观点或著作。

杨慎早年学宗程朱，在“大礼议”中，他偕多人上书嘉靖帝言：“臣等与萼辈学术不同，议论亦异。臣等所执者，程颐、朱熹之说也。”[③] 及至被贬云南，他仍然批判阳明心学、佛老之学的空虚之弊，但其思想倾向已归入气论派，直言：“近日讲理学者多讳言之，惟整庵罗公与之相合。”[④] 对社会矛盾的关切，对士人空谈心性的不满，促使他与罗钦顺、王廷相相交，三人在扬弃程朱理学的基础上，形成了独特的气论学派。

（四）崔铣：“圣人之别于异端，皆实事也”

崔铣（1478~1541），字子钟，又字仲凫，号后渠，世称后渠先生，今河南安阳人，弘治十八年（1505）进士。当年会试由杨廷和主持，杨慎年十八，随侍其父入帷，崔铣的试卷开始没有被选中，杨慎见之，爱其奇俊，遂呈送给杨廷和复审，崔铣遂被录为《诗经》第一。后崔铣知道此事，就以“小座师”称呼杨慎。[⑤] 二人志趣相同，学术观点相似。嘉靖三年（1524），杨慎因“左顺门”事件被贬谪，时任南京国子监祭酒的崔铣立即上疏援救，触怒嘉靖帝，被革职回到故乡安阳，居家十六年，著书讲学，他的主要哲

① （宋）朱熹：《晦庵先生朱文公文集》（二）卷30《答汪尚书书》，载朱杰人等主编《朱子全书》第21册，第1293页。

② （明）杨慎：《升庵外集》（四）卷46《老子述而不作》，载屈万里主编《杂著秘笈丛刊》（三），第1538~1539页。

③ （清）张廷玉等撰《明史》卷192《杨慎》，第17册，第5082页。

④ （明）杨慎：《升庵全集》（4）卷45《鸢飞鱼跃》，载王云五主编《万有文库》（第二集），第454页。

⑤ （明）简绍芳编次，（清）程封改辑《杨文宪公年谱》，载《丛书集成续编》，新文丰出版公司，1989，第261册，第254页。

学著作大都完成于这一时期。[①] 嘉靖十九年（1540），因湛若水的举荐，崔铣被任命为南京礼部右侍郎，第二年即求去职，归乡途中身体抱恙，于病中完成其最后一本哲学著作《读易余言》。

崔铣学宗程朱却又不尽信程朱，对程朱思想有所批判，他评价《二程遗书》言："秦汉而来皆知师孔氏，用于世者其言无考，穷而著书莫粹于程氏。然《遗书》杂于众手，文集间多阙佚，未若《论语》之精也。"[②] 对朱熹更是直接指责他遍注群经败坏了后世的学风："自朱子大注群经，尊者崇为国是，诵者习为仕阶。后儒竞相模衍，遂成讲套。"[③] 黄宗羲评价其学问曰："先生之学，以程、朱为的，然于程子之言心学者，则又删之，以为涉于高虚，是门人之附会，无乃固欤！至其言理气无缝合处，先生自有真得，不随朱子脚下转是也。"[④]

崔铣不惟"不随朱子脚下转"，对于当时士大夫中开始流行的佛老之学、心学，崔铣亦一概予以批判："古文则放托欧、苏，流于庸痿。弘治中，二三子思起文弊，慧者谈道德以胜之，乃至阳诋名贤，阴用梵释，考其行谊，不逮常人。"[⑤] 崔铣认为："圣人之别于异端，皆实事也。"[⑥] 崔铣所说的实事是指圣人修齐治平之道，而老子所言无为之道，尧舜以来无圣人言之，况且时移势变，因时制宜，此是自然之理，老子却希望以无为之道应对淳朴不再的世道，若以此治世，乱无宁日，故老子之道不切于社会实际。

> 老氏生于周末，时方奔于机，知厉害相攻，奇诡相蒙，父子兄弟相残，篡弑夺攘之淫，犹江河之委而不返也，乃思邃古之无事，曰此

---

① 《士翼》作于嘉靖十三年（1534），《易大象说》作于嘉靖十四年（1535）。

② （明）崔铣：《洹词》卷 7《二程文略序》，载《景印文渊阁四库全书》第 1267 册，第 542 页。后文中略注。

③ （明）崔铣：《洹词》卷 12《答顾东桥侍郎书》，载《景印文渊阁四库全书》第 1267 册，第 653 页。

④ （清）黄宗羲著，沈盈芝点校《明儒学案》卷 48《文敏崔后渠先生铣》，第 1155 页。

⑤ （明）崔铣：《洹词》卷 12《答顾东桥侍郎书》，载《景印文渊阁四库全书》第 1267 册，第 653 页。

⑥ （明）崔铣：《士翼》卷 1《述言上》，载《景印文渊阁四库全书》第 714 册，第 457 页。后文中略注。

机也，乃道也。圣人创物成器，皆启民机知之门，谓之朴散为器，遂以冲漠虚无为道，以因物无为为用。自尧舜以来，无是言也。夫民之由朴而漓，犹人之自少而壮也，民尚朴，结绳可治，民既漓，圣人礼乐化之，政教弼之，犹多不率，纲维一弛，奸横四出，吁，必用老氏之言也，乱无息期也夫。①

崔铣深恶老子空虚之弊，他在给朋友的信中批评道："晋以老庄乱易道，宋以禅释乱性命。清谈盛而晋灭，禅学盛而宋亡。"② 佛老不切实用，空谈误国，陆九渊心学明儒而实禅，阳明学正是承袭陆学而来，故崔铣对王学非常不满，因为在崔铣看来，释道之弊，禅学尤甚，因为空谈虽然会误事，犹有守理法者痛斥之，禅学则败坏心性。

问曰："晋清谈，宋禅学，孰害?"答曰："禅学为甚。清谈者遗落世故，恣睢保生，礼法之士疾之。禅则直指心性，上超有无，高明之士归之，以实行为粗，以古训为赘，要其极则孟子所谓相率而为伪也。"③

故崔铣诋王学不遗余力，与杨慎一样，他批判王阳明为"霸儒"："孟子曰良知良能，知、能，心之用也。爱、敬，性之实也。本诸天，故曰良。今取以证其异，删良能而不挈，非霸儒与?"④ 崔铣对明代心学先驱陈献章也评价甚低，他认为陈氏学说不过是科场失意之后的沽名钓誉之作，更糟糕的是，后来者视此为终南捷径，竞相效仿，诬言诞语盈于世，贻害世风人心。

成化中，乃有陈白沙起于岭峤，失志科场，乃掇异学之绪，炫以自居，槁首山樊，坐收高誉。近日效之者，变异横发，恬亡顾惮，慕富贵之贪，甘沧污士，抗言议之玄，期越明贤。后生慕其取位捷而获

① （明）崔铣：《士翼》卷1《述言上》，载《景印文渊阁四库全书》第714册，第473页。
② （明）崔铣：《士翼》卷1《述言上》，载《景印文渊阁四库全书》第714册，第465页。
③ （明）崔铣：《士翼》卷1《述言上》，载《景印文渊阁四库全书》第714册，第470页。
④ （明）崔铣：《洹词》卷9《松窗寤言》，载《景印文渊阁四库全书》第1267册，第569页。

利厚，靡然从之，诞言伪习锢害人心，讲论之悖不足与较矣。[①]

心学流行除了上述原因外，崔铣认为还有一个原因，即人之惰性使然。朱子之学浩繁，世人学习之时，不愿翻阅原文，然心学流行之后，仅截取片段，加以己意，谓之禅谈，罔顾原文之旨。

> 朱子之文浩繁，难得体要，学者惮于翻阅，遂若废。然近日，或于一简之中节取十余言，不原发词之旨及其全文之归；或右陆氏，或附禅谈，罔先贤，惑今听，凡文公所辟而塞之者，乃复衍而昌之，如以约礼为理，岂特妄作而已哉。[②]

对于《老子》虚无之弊，崔铣攻击亦毫不留情。薛蕙在《老子集解》完成之后，曾经寄给崔铣一份，崔铣直言："《老子解》玩之再三，未得梗概，何能赞其美乎?"[③] 崔铣此言其实就是不赞同薛蕙耽于《老子》，在信中，他直接表达了对释道的看法："释氏《金刚》、《圆觉》二书及老庄二氏，往岁稍能涉猎，其见终归于虚妄，其工实外于伦纪，故弃而不习。"崔铣自己不习释道，还谆谆告诫薛蕙："吾子其暂弃异学，专师孔氏可也。"[④]而对于与其志趣相投的罗钦顺，崔铣得其《困知记》，"拜受开读，继以膏火"[⑤]，其志趣由此可见。

崔铣极力反对佛老之学与心学，确实是看到了其末流之弊，并非因门户之见而肆意诋毁，但崔铣只见其偏，不见其全，亦是其言论失当处。

---

① （明）崔铣：《洹词》卷 6《答太宰罗公整庵书》，载《景印文渊阁四库全书》第 1267 册，第 505 页。

② （明）崔铣：《士翼》卷 2《述言中》，载《景印文渊阁四库全书》第 714 册，第 493 页。

③ （明）崔铣：《洹词》卷 6《答薛考功君采书》，载《景印文渊阁四库全书》第 1267 册，第 521 页。

④ （明）崔铣：《洹词》卷 6《答薛考功君采书》，载《景印文渊阁四库全书》第 1267 册，第 521 页。

⑤ （明）崔铣：《洹词》卷 6《答太宰罗公整庵书》，载《景印文渊阁四库全书》第 1267 册，第 505 页。

三　浙东学派的老学观

浙东学派广义上是涵盖南宋以来的浙东、浙西各个学派,[①] 其主要特点“除主导面讲经世致用精神外，宋明间还有一股追求主体驾驭作用的心学思潮。浙江是心学孕育和发展的重要地区”,[②] 因此，明代时期，浙东孕育发展了阳明之学、浙中王学，并成为浙东学派的核心。阳明学核心地位的确立也经过了一个逐渐发展的过程，明初黄润玉“尊朱而不尽合于朱”，全祖望称其“实开新建之先”。明中期张邦奇虽与王阳明私交甚好，但学术观点多有不合，于程朱之学也是有所扬弃，总体而言，仍是“尊朱而不尽合于朱”“尊王而不尽合于王”，黄宗羲将其寄于《诸儒学案》中卷，按照《明儒学案》的编排体例，中卷所列皆非阳明学派之人：

> 诸儒学案者，或无所师承，得之于遗经者；或朋友夹持之力，不令放倒，而又不可系之朋友之下者；或当时有所兴起，而后之学者无传者，俱列于此。上卷则国初为多，宋人规范犹在。中卷则皆骤闻阳明之学而骇之，有此辨难，愈足以发明阳明之学，所谓他山之石，可以攻玉也。下卷多同时之人，半归忠义，所以证明此学也，否则为伪而已。[③]

故罗钦顺、崔铣、王廷相皆被列入《诸儒学案》中卷，张邦奇学宗程朱，亦被列入其中。张邦奇（1484～1544），字常甫、秀卿，号甬川，浙江宁波人。据说十五岁时就著《易解》《释国语》。弘治十八年（1505）进士，选庶吉士，授翰林院检讨，因得罪宦官刘瑾外任湖广提学副使，后官至礼部尚书、南京兵部尚书。著有《学庸传》《五经说》《养心亭集》等。对于其学术主张，《明史》曰：“邦奇之学以程、朱为宗。与王守仁友善，而

---

① “浙东学派首先应属于地缘与业缘关系相结合而形成的学术群体。”（钱茂伟：《论浙学·浙东史学·浙东学派的概念嬗变》，载尚永琪主编《“浙学”纵论》，黑龙江人民出版社，2020，第12页）浙东学派历史上内涵多变，有指地域而言，有指学脉而言，本书所论浙东学派是指浙江以王学为主的学术谱系。

② 钱茂伟：《元以来浙东学术文化新探》，武汉大学出版社，2019，第15页。

③（清）黄宗羲著，沈盈芝点校《明儒学案》卷43《诸儒学案上一》，第1044页。

语每不合。”[①] 张邦奇早年曾从学于罗钦顺。弘治十五年（1502），罗钦顺为南京国子监司业之时，张邦奇曾就学其中，他言：“邦奇以弘治甲子辞吾师整庵公于南雍，迨今三十有八年矣。每读公《困知记》及所示手书，犹若负笈成均日也。”[②] 罗钦顺也对其培养出多名才俊相当自豪：“在任将二年，所奖进之士，如吴惠、汪立、王思、陆深、严嵩、董玘、张邦奇、湛若水、杨叔通、陈沂、盛仪、潘鉴、曹琥等，后皆有名，亦自喜其不谬。所愧学力未充，未能相与痛加切磋耳。”[③] 三年后会试，陆深、严嵩、董玘、张邦奇、湛若水等都蟾宫折桂，其中多人被阳明学说吸引，阳明学派自此成立，钱德洪年谱专门记载此事：“是年学生门人始进。学者溺于词章记诵，不复知有身心之学。先生首倡言之，使人先立必为圣人之志。闻者渐觉兴起，有愿执贽及门者。”[④] 此时阳明学说尚未完备，时人多以为王阳明不过欲立异博名而已，唯有湛若水与王阳明一见定交，但后来两人也各立宗派。张邦奇亦从王阳明学习，不过从上文看，三十多年后，张邦奇仍以“吾师”称呼罗钦顺，可见其最终学术倾向。张邦奇主张学贵自得：“吾身有至贵至重之物而不能有之于己，孤负付畀于我者之意，奈何？故学贵自得。”[⑤] 他曾向王阳明求教，但对王阳明的格物理论并不认同，称其为“异论者”。

> 谓载道之文，始于六书，大备于周、程、朱子之书，莫非是道之生生而不已也。由博文之学，将溯流而求源，舍周、程、朱子之书，焉适哉？今之为异论者，直欲糟粕《六经》，屏程、朱诸子之说，置而不用，犹欲其通而窒之窍也。所谓异论者，指阳明而言也。[⑥]

对于王阳明的格物正心思想，他并不认同，但对于其他儒者为避免被

---

① （清）张廷玉等撰《明史》卷 201《张邦奇》，第 17 册，第 5317 页。

② （明）张邦奇：《张文定公环碧堂集》卷 14《跋整庵遗周莓厓少恭诗后》，载《续修四库全书》第 1337 册，第 241 页。

③ （明）罗钦顺著，阎韬点校《困知记》附录《整庵履历记》，第 268 页。

④ （明）王守仁著，吴光等编校《王阳明全集》卷 33《年谱一》，第 1226 页。

⑤ （明）张邦奇：《张文定公环碧堂集》卷 16《题座右》，载《续修四库全书》第 1337 册，第 256 页。

⑥ （清）黄宗羲著，沈盈芝点校《明儒学案》卷 52《诸儒学案中六》，第 1222 页。

讥为佛老而排斥静、虚，他又认为不可矫枉过正。

> 《大学》言心，以无所忿喜忧惧，谓之正。《中庸》言性，以喜怒哀乐未发，谓之中。此心法也。心之发动者，意也；视听饮食者，身也。正心之功，非属于意，非属于身者也。事物未交，恂栗而已，凝然中居而万诱不敢干也。忿喜忧惧，一无所有，而吾心之本体翼如也。《易》曰"艮其背"，曰"介于石"，曰"寂然不动"，曰"退藏于密"，皆心之义也。后之儒者，以静归佛，以虚归老，譬则举家珍而委之地也；言及静虚，则以为疑于老、佛而避之，譬则家珍为人所窃，欲复之而以为嫌于盗也，瞬目而不敢一眄。岂不悲乎?[①]

他认为"正心"就是保持心之无所忿喜忧惧，即喜怒哀乐未发之状态，时刻严肃谨慎，不受外物干扰，保持心体静虚状态，然而后世儒者却将静与虚看作佛老专属，极力划清界限，殊为可悲。可见张邦奇的观点既不完全反对王阳明，与程朱学者又不完全相合，而是注重"自得"，故他与王阳明虽有学术分歧，并不影响他对王阳明的整体评价，王阳明去世后，张邦奇为其作赞曰："文事武功，震耀斯世，而其志则凌跨千古。"[②] 后世评价张邦奇的学术宗旨亦言："公笃信紫阳者也，然不苟同多矣。"[③]

张邦奇对道家道教区分看待，他反对道教斋醮之事，在为湖广学政时，要求对相关活动予以严禁："近世里社中丧葬疾痛多用僧道，修斋设醮师巫禳星降神，倾资破产，伤生害教，莫甚于此。各府州县昭示晓谕，严加禁革，其有修建寺庙庵观，塑饰神佛等像，及矫设袤术惑人聚众，引诱男女大坏风俗者，有司从重处治。"[④] 对老子及其《道德经》，他站在儒家立场予以评价。总体上，他认为老不如孔，孔子对道的理解更加高明，更加谦虚。

---

① （清）黄宗羲著，沈盈芝点校《明儒学案》卷 52《诸儒学案中六》，第 1223 页。

② （明）张邦奇：《张文定公环碧堂集》卷 15《阳明先生像赞》，载《续修四库全书》第 1337 册，第 250 页。

③ 张寿镛：《养心亭集序》，载《丛书集成续编》第 114 册，上海书店出版社，1994，第 889 页。

④ （明）张邦奇：《张文定公环碧堂集》卷 17《湖广学政》，载《续修四库全书》第 1337 册，第 266 页。

> 《道德经》主于不矜不伐不争，然其言曰："朴虽小，天下不敢臣"，又曰："圣人用之则为官长"，是犹以道矜也。孔子曰："形而上者谓之道，形而下者谓之器。"大哉，孔子不矜其至矣。
>
> 老子谓善摄生者，物莫能伤，以其无死地焉。孔子知桓魋之不能害也，然必微服而过宋，盖尽诸人而不敢恃诸天，故曰孔子能之而能不焉者也。①

张邦奇认为孔子以形而上、形而下区分道与器，不以道谋利，而老子却挟道自利。老子言善摄生者无死地，骄傲自大，孔子即便知人不能伤己，仍微服过宋，谦虚谨慎。张邦奇这一理解很片面，甚至有望文生义之嫌疑，没有对《道德经》的整体意思进行贯通理解，他的《释老子》也只择取了十章进行注释，并没有完整的老学思想，但亦可看出他对《老子》无为思想的认可。张邦奇认为《老子》之道，就是清静无为之道。

> 清静无为岂有争，自然得合真如理。若合太极未分前，有何生兮有何死。道德两卷五千言，治国修身最是尊。能解悟参行此理，便入长生众秒门。②

"无中生有，有中含无"，③ 无为者，"亦莫非因其常变之宜，不可谓有心也"，④ 有心者易妄为，此非老子易简之道："肯行至简不为难，恐人执着隔千山，若能转身些子力，霎时便出死生关。"⑤ 可见，张邦奇之无为就是要顺应万物自然之势而为。

张邦奇以治国修身思想发挥《老子》的无为之道，反对以道教养生思想解《老》："养生之道，无乎不在。治国而能啬，不但治人之理得，而其

---

① （明）张邦奇：《张文定公环碧堂集》卷16《题座右》，载《续修四库全书》第1337册，第258页。

② （明）张邦奇：《释老子》，载《老子集成》第6卷，第327页。后文中略注。

③ （明）张邦奇：《释老子》，载《老子集成》第6卷，第327页。

④ （明）张邦奇：《释老子》，载《老子集成》第6卷，第329页。

⑤ （明）张邦奇：《释老子》，载《老子集成》第6卷，第327页。

用之不勤者，亦固有以全。其载营魄抱一，无离之功也。若云以治国喻养生，则离人己为二，失老子之意矣。”[①] 治国养生都要遵循“啬”的原则，养生能用啬，则魂魄合一无离也，而道教言以身为国，以治国思想诠释养生之道，犹如以外物养生，分魂魄为二也。

嘉靖二十三年（1544），张邦奇去世，浙中王学成为浙东学派的核心，全祖望感慨道：“文定为鄞产，尤姚江声气之所急，尝苦口折难，而卒不肯少变其说，故当时鄞人，自黄侍郎致斋、万都督鹿园外，鲜著录于姚江者，则文定实持之。……呜呼！吾乡自宋元以来，号为邹鲁。……槎湖殁后，吾乡之讲堂渐替，而人物亦骤衰，隆、万诸公大半为乡衮所锢、党论所排，富贵之溺人如此。”[②] 全祖望认为鄞县自宋以来文风兴盛，名家辈出，正嘉之际，王阳明、湛若水的学说大行于世，学者不归王即归湛，坚守程朱者无复几人，鄞县却只有黄宗明、万表两人被列入“浙中王门”，全赖张邦奇的坚持。张邦奇去世后，鄞县士人也不免流俗，归入阳明学派。全祖望这里着重提出的万表即是张邦奇之后归入阳明学派的代表之一。

万表（1498~1556），字民望，号鹿园，晚号九沙山人，浙江宁波鄞县人，正德十五年（1520）考中武进士，晋浙江把总，旋升都指挥佥事兼理浙江漕运，后累官漕运参将、南京中府都督同知等职。万表虽历武职，却“读书学古，不失儒生本分”。[③] 主要著作有《玩鹿亭稿》《灼艾集》《皇明经济文录》《万氏家抄济世良方》等。

焦竑称赞万表之学可与唐顺之、王畿、罗洪先相颉颃：“嘉靖中，唐应德、王汝中、罗达夫三先生者以理学名于时，而闻鹿园万公与之相颉颃，心窃异之。退而考公之平生与其议论，然后知公殁方驾三先生而不啻过之，非独能不愧而已。”[④] 黄宗羲言万表之学多得之王畿、钱德洪等人，故将其寄于“南中王门”，但也指出其学问又与王门之学不同：“究竟于禅学。”[⑤]

---

① （明）张邦奇：《释老子》，载《老子集成》第6卷，第329页。

② （清）全祖望：《鲒埼亭外集》卷16《槎湖书院记》，载《续修四库全书》第1429册，第615页。

③ （清）黄宗羲著，沈盈芝点校《明儒学案》卷15《浙中王门学案五》，第311页。

④ （明）焦竑撰，李剑雄整理《澹园集》卷28《荣禄大夫南京中军都督府都督同知前提督漕运镇守淮安总兵官鹿园万公墓志铭》，中华书局，1999，第422页。

⑤ （清）黄宗羲著，沈盈芝点校《明儒学案》卷15《浙中王门学案五》，第312页。

其实万表之学，以儒学为根本，兼及释道思想，他认为佛道为出世之学，不如儒家经世之学于世有用，但三教都讲尽性至命之学，这一思想在他的《道德经赘言》中有所体现。《道德经赘言》收录于万表文集《玩鹿亭稿》，《四明丛书》本《道德经赘言》后附有丰道生《道德经赘言序》，序末时间记为嘉靖三十一年（1552），则《道德经赘言》当成于此年或之前。《道德经赘言》只有《道德经》前三十七章的注解。

万表对佛老并非完全否定，他认为释道乃出世之学，不如儒学之经世于世有用，但三教在尽性至命之学上却是一样的。

> 世崇三教，儒与释道也，释道二氏皆出世之学，惟儒教为大中至正，治天下国家之不可一日无者也。然二氏教虽各异，而尽性至命处则同，故道谓之玄，释谓之白，言于性命无所加损，皆本色也，但不同者教耳，故曰三教。①

万表对三教的态度与王阳明一样，认为“三教一道”，如万物之本质，儒言性命，道家谓之玄，佛教谓之白，但也坚持以儒家为本的立场，称儒学方为“大中至正”之学，佛老之学在心性论上才有可取之处，因此，他反对道教的神仙之说，长生之术：“希仙学道者，先要识破世间一切虚幻，身亦是幻，凡有必无，凡生必灭，既少而长，必老而死，此必然之理也，故须具此正信，无惑于中，斯无贪欲，凡诸邪师谬解不能乱之，可以入道矣。”② 这一三教会通思想也体现在其《道德经赘言》中。

在心性论上，万表认为心之本体本为至善，并无善恶之分：“不思善，不思恶，正是本来面目，此即喜怒哀乐未发之中，此即真常不变之体。”③

---

① （明）万表：《玩鹿亭稿》卷5《九沙草堂》，载《四库全书存目丛书·集部》第76册，第96页。

② （明）万表：《玩鹿亭稿》卷5《九沙草堂杂言》，载《四库全书存目丛书·集部》第76册，第96页。

③ （明）万表：《玩鹿亭稿》卷8《道德经赘言》，载《四库全书存目丛书·集部》第76册，第151页。

“择其所谓美善者而居之，即离体矣。”[1] 人心受到现实环境的诱惑，希圣希贤，求富求贵，产生种种妄念，“妄生则心乱，妄除则心息，此意最精信”。[2] 老子言“不见可欲”，正是要消除心中妄念，保持心体宁静，达到中无一物、一念不生的境界，由此自然可以窥见精微大道，恢复心体澄澈，这就是儒家穷理尽性至命之学。

> 人心之万变纷纭，未有不息而归其体者，本体元静，故曰静，此即人生而静，天命之性，所谓本来面目是也，故曰复命，命无生灭，故曰常，知此则头头上明，物物上显，故曰明。不知常则任其所为奇，特与圣不殊，皆名妄作，以其不达本故也，是故穷理尽性至命之学不可无也。[3]

穷理尽性需要通过格物之功，万表以恢复良知本体为道德实践的终极目标，以格物为格心，去其心之不正，恢复本体之正。

> 圣贤切要工夫，莫先于格物，盖吾心本来具足格物者，格吾心之物也，为情欲意见所蔽，本体始晦，必扫荡一切，独观吾心，格之又格，愈研愈精，本体之物，始得呈露，为格物。格物则知自致也。[4]

良知本心落入现实环境之中，为情欲所蔽，需要时时省观吾心，扫荡情欲，恢复良知本体。万表的格物工夫与王阳明的格物正心说正相合，故黄宗羲言：“先生之论格物，最为谛当。”[5] 万表对格物过程的重视正是他内圣外王思想的反映。

---

① （明）万表：《玩鹿亭稿》卷8《道德经赘言》，载《四库全书存目丛书·集部》第76册，第152页。

② （明）万表：《玩鹿亭稿》卷8《道德经赘言》，载《四库全书存目丛书·集部》第76册，第153页。

③ （明）万表：《玩鹿亭稿》卷8《道德经赘言》，载《四库全书存目丛书·集部》第76册，第160页。

④ （清）黄宗羲著，沈盈芝点校《明儒学案》卷15《浙中王门学案五》，第312页。

⑤ （清）黄宗羲著，沈盈芝点校《明儒学案》卷15《浙中王门学案五》，第312页。

> 万表之所以强调“渐修”的工夫历程，实际上也反映了他重视道德在现实环境中的落实与开展，盖万表一生都是致力仕途之人，其中心思想充满了对于现实世界的关怀，对他而言，儒学的终极目标，除了建成个人道德修养的圆满之外，更重要的是必须能推扩到现实社会之上，发挥“经世济民”之效用，内圣与外王必须两者兼顾、不可偏废，才是最完满理想的境界。①

万表仕宦生涯中接触时间最久的就是漕运，焦竑言：“公历漕既久，国计诎赢，河渠通塞，祖制及时敝当复当厘状，靡不明习。”② 且他出生于宁波，正是明代遭受倭寇之害最严重的地区，万氏家族又是宁波卫世袭武官，明代沿海卫所正为防御、抗倭而设，这样的经历使万表对倭乱之事非常关注，著有《海寇议》，分析沿海地区倭患产生的原因，并提出严禁通番之党、以法治倭的解决办法。此外他曾编《皇明经济文录》，收录前人切要时政之奏章，供执政者参考。可见万表虽然谈禅论道，但并没有放弃对现实世界的关注，反而以一位儒者的经世情怀，关心国情民生。

在治国思想上，万表认为修道与治国密不可分：“人能尽其性，则可以位天地而育万物，岂不大哉！故曰域中有四大，而王处一焉。王雱氏曰：‘言王，举人之尽性者’。良是，观下文曰‘人法地’，可知，故天德王道亦尽性者之通称也。”③ 圣人能尽其性者，视万物为一，无分别之意，故能成万物而无遗：“盖救人救物势不能以尽，救必有弃之者，圣人救人而无弃人，救物而无弃物，乃所为善，盖无救之之迹是也。”④ 无救之之迹，就是

---

① 林尚志：《从武将世家到学术名族——明代浙东儒将万表（1498-1556）之研究》，台湾师范大学硕士学位论文，2009，第 123 页。

② （明）焦竑撰，李剑雄整理《澹园集》卷 28《荣禄大夫南京中军都督府都督同知前提督漕运镇守淮安总兵官鹿园万公墓志铭》，第 423 页。

③ （明）万表：《玩鹿亭稿》卷 8《道德经赘言》，载《四库全书存目丛书·集部》第 76 册，第 165 页。

④ （明）万表：《玩鹿亭稿》卷 8《道德经赘言》，载《四库全书存目丛书·集部》第 76 册，第 166 页。

因为“天地圣人之心于万物百姓原无系累，此其所以广大而无穷也”。[①] 是以圣人可以与天地化育万物同功。由此，万表得出结论曰：“凡为有为，皆有限量，故有不治者，是以圣人但为无为，则无不治矣。”[②] 万表反对有为，提倡无为，他的无为不是无所作为，而是道事不相离之无为。万表认为，事可显理，亦能覆理，若爱民治国者，是为有为，故曰全在事上，这就是事覆理也。而无为者，顺万物之理而为，既不失理，亦不失事，即为事能显理：“事理无碍，权实双显，盖事能显理，亦能覆理，若爱民治国，未免全在事上。虽在事上，不为世谛流布，头头明显，无为而为，既不失理，亦不失事，事理浑融。”[③]

万表沿穷理尽性进而开出事理浑融之无为论，正是王阳明内圣外王之进路。丰道生（1492～约 1563），原名丰坊，与万表为同乡，嘉靖二年（1523）进士。他在为《道德经赘言》所作的序言称赞万表之注曰：“都督万侯鹿园子暇时著《道德经赘言》，深明性命之旨，而不杂于迂诞，俾人修德凝道，顺受其正，甚可传也。”[④] 万表重视性命，但对性命本体的理解又有流入虚空的倾向，黄宗羲认为这是受王畿影响的结果，二人论性命皆有此问题：“先生所谓本体呈露者，真空也；龙溪离物无知者，妙有也，与宋儒、白沙之论，虽似而有差别，学者又当有辨矣。”[⑤] 黄宗羲为反驳世人对阳明学为禅学的指责，极力与禅学划清界限，王畿、万表师承清晰，其思想融摄佛老，虽有禅学之讥，总体未背离王阳明思想，故黄宗羲仍将其列入王门，而对同属浙江，且师承王畿的周汝登、陶望龄一脉，黄宗羲则将两人列入《泰州学案》。泰州学派在黄宗羲看来就是阳明学中的“左派”：“阳明先生之学，有泰州、龙溪而风行天下，亦因泰州、龙溪而渐失其传。

---

① （明）万表：《玩鹿亭稿》卷 8《道德经赘言》，载《四库全书存目丛书·集部》第 76 册，第 154 页。

② （明）万表：《玩鹿亭稿》卷 8《道德经赘言》，载《四库全书存目丛书·集部》第 76 册，第 153 页。

③ （明）万表：《玩鹿亭稿》卷 8《道德经赘言》，载《四库全书存目丛书·集部》第 76 册，第 156 页。

④ （明）万表：《玩鹿亭稿》卷 8《道德经赘言》，载张寿镛编《四明丛书》（第 7 集），第 43 册，扬州古籍刻印社，1940，第 40～41 页。

⑤ （清）黄宗羲著，沈盈芝点校《明儒学案》卷 15《浙中王门学案五》，第 312 页。

泰州、龙溪时时不满其师说，益启瞿昙之秘而归之师，盖跻阳明而为禅矣。”① 以至于清廷修《明史·道学传》时对阳明学的四条指责，其中一条为“言浙东学派，最多流弊”。② 此浙东学派就是指浙江王门一脉。浙中王学以会通为特点，融摄佛道思想，常被世人讥为禅学，这种情况在明后期更加明显。此时浙东王学三教会通尚坚守王阳明“一屋三间”，儒居中间，释道各得一偏的立场，至明末，“一屋三间”已变为“三间并立”。

综上，明中期程朱理学的权威地位动摇，形成了批判程朱的思潮，有以湛若水为代表的江门心学，以王阳明为代表的良知心学，以罗钦顺为代表的气论学派，以张邦奇、万表为代表的浙东学派，这些学派对程朱之学的批判程度不一，学问向度也有差异，但在阐释其思想时，都不约而同地通过会通儒道，或批判道家的方式以明己说，老学亦随着批判程朱思潮的发展而复兴。

第四节　道教老学的衰微

相比于程朱批判思潮中儒家学者对老子的重视，道教之中关注老子者反而寥寥无几，道士在明代前、中期的老学发展中处于边缘地位，这和明代的道教管理政策相关。

一　明代道教管理政策

朱元璋在成长、建立王朝的过程中，与佛道两教都有渊源，他对宗教本质有清醒的认识：“僧言地狱镬汤，道言洞里乾坤、壶中日月，皆非实象。此二说俱空，岂足信乎！然此佛虽空，道虽玄，于内奇天机而人未识，何也？假如三教，惟儒者凡有国家不可无。”③ 朱元璋深知，儒学才是治国所必需的思想，但佛道二教也有可取之处，不应一废了之，明王朝建立后，

① （清）黄宗羲著，沈盈芝点校《明儒学案》卷32《泰州学案一》，第703页。

② （清）黄宗羲：《南雷诗文集》书类《移史馆论不宜立理学传书》，载吴光主编《黄宗羲全集》第19册，浙江古籍出版社，2012，第193页。

③ （明）姚士观等编校《明太祖文集》卷10，载《景印文渊阁四库全书》第1223册，第107页。

他确立了三教并立的政策。

> 于斯三教，除仲尼之道祖尧舜，率三王，删诗制典，万世永赖。其佛仙之幽灵，暗助王纲，盖世无穷，惟常是吉。尝闻：天下无二道，圣人无两心。三教之立，虽持身荣俭之不同，其所济给之理一。然于斯世之愚人，于斯三教，有不可缺者。[①]

朱元璋认为佛道二教"二说俱空"，不足信，但出于佛道可以"暗助王纲，益世无穷"的政治考量，他提出了"于斯三教，有不可缺者"，同时他很清醒地知道儒学才是立国之基，释道只是处于辅助地位，但作为借助宗教力量起家的皇帝，他又对宗教力量严加防范。杨启樵研究了明太祖对待方士的态度，发现他一方面申斥方士为异端，要求清理释道；一方面又对释道之人多所优容。如洪武十五年（1382）因李仕鲁谏言摒弃佛老，将其捶死殿中，[②] 洪武二十六年（1393）又下令清理释道，[③] 但同年又曾遣使寻张三丰，杨启樵认为这些矛盾的现象表明太祖崇信佛老、方士之心为真，但其崇正黜邪言论亦非全是门面话，而是有不得已的苦衷："渠所深恶痛绝者实为当时秘密结社、阴谋颠倒政府之明教、白莲社耳。"[④] "太祖之斥异端，实针对明教徒等而发，其对于僧、道之种种管制，亦寓有防范明教徒之意。"[⑤] 终明之世，明代对释道二教的态度在《明会典》中有明确论述："释道二教，自汉唐以来，通于民俗，难以尽废。惟严其禁约，毋使滋蔓。"[⑥] 限制其发展的方法就是将道教纳入国家管理体系之中。

首先，在宗教组织上，设置僧录司、道录司管理释道。洪武元年（1368），明太祖先设置善世、玄教二院管理僧道，后于洪武四年（1371）革除，洪武十五年（1382）又设置僧录司、道录司管理释道，"僧、道录司掌天下僧

① （明）姚士观等编校《明太祖文集》卷10，载《景印文渊阁四库全书》第1223册，第108页。

② （清）张廷玉等撰《明史》卷139《李仕鲁》，第13册，第3989页。

③ 《明太祖实录》卷209，洪武二十四年六月丁巳，载《明实录》第1册，第3109页。

④ 杨启樵：《明清皇室与方术》，上海书店出版社，2004，第17页。

⑤ 杨启樵：《明清皇室与方术》，第19页。

⑥ （明）李东阳纂，申时行重修《大明会典》卷104，第3册，文海出版社，1984，第1575页。

道。在外府州县有僧纲、道纪等司，分掌其事，俱选精通经典、戒行端洁者为之”。① 道录司归礼部管辖，在地方，府有道纪司，州有道正司，县有道会司。② 道录司中设置左、右正一、二人，正六品；左、右演法二人，从六品；左、右至灵二人，正八品；左、右玄义二人，从八品。同时在正一教本山龙虎山设置正一真人一人，正二品。在阁皂山、三茅山各设正八品灵官一人，太和山设提点一人。③

其次，建立度牒制度，严格控制僧道、寺观数量。早在洪武初年，明太祖即下令对僧道实行度牒制度：“洪武五年，令给僧道度牒，罢免丁钱。”④ 洪武二十四年（1391），清理释道二教，对度牒发放、僧道人数、出家年龄、寺观数量都进行限制：“二十四年清理释、道二教，限僧三年一度给牒。凡各府州县寺观，但存宽大者一所，并居之。凡僧道，府不得过四十人，州三十人，县二十人。民年非四十以上，女年非五十以上者，不得出家。二十八年令天下僧道赴京考试给牒，不通经典者黜之。”⑤ 虽然从嘉靖年间即开始公开售卖度牒，但是度牒的存在的确对僧道起到了很大的控制作用。度牒之用处一是在于控制僧道人数。度牒发放数量有限，不能通过每三年一次的入籍考试者，不予发放，即使通过了考试，如果所在地方度牒数额不足，也不能获得。二是在于防范僧道或有异心者利用僧道作奸犯科：“洪武中给僧道度牒，令僧、道录司造周知册，颁行天下寺观，凡遇僧道，即与对册，如有不同，即为伪冒。又令各府、州、县寺观，但存宽大一所，并居其众，毋容散处，盖作奸娼乱自易察觉也。”⑥ “其一二人，于崇山深谷修禅，及学全真者，听。三四人不许。”⑦ 通过控制僧道人数，寺院的规模得到控制，而对于寺院的数量也规定严格，不许私建增设：“凡寺观庵院，除现在处所外，不许私自创建增置。违者，杖一百，还俗。僧道，

① （明）张廷玉等撰《明史》卷74《职官三》，第6册，第1817页。
② （明）李东阳纂，申时行重修《大明会典》卷226，第5册，第2980页。
③ （明）张廷玉等撰《明史》卷74《职官三》，第6册，第1817页。
④ （明）李东阳纂，申时行重修《大明会典》卷104，第3册，第1575页。
⑤ （明）张廷玉等撰《明史》卷74《职官三》，第6册，第1818页。
⑥ 《明世宗实录》卷83，嘉靖六年十二月戊申，载《明实录》，第9册，第1860~1861页。
⑦ （明）李东阳纂，申时行重修《大明会典》卷104，第3册，第1576页。

发边远充军；尼僧女冠，入官为奴。”[①]“又令天下僧道有创立庵堂寺观非旧额者，悉毁之。”[②] 后永乐、正统、成化、正德、嘉靖年间相继有禁止私创寺观的法令。

再次，控制寺院经济规模。洪武初年虽然规定僧道有度牒者可免丁税，但对于寺观的田地则另有规定：“僧道给度牒，有田者编册如民科，无田者亦为畸零。”[③] 同时明太祖还设置了专门收税的道官——“砧基道人”：“设砧基道人一人以主差税。”[④] 宗教田地也纳入征税范围。

最后，对道观的活动严格限制。为防范僧道借宗教活动聚众活动，明太祖对各类宗教活动做了详细规定：“凡师巫假降邪神，书符咒水，扶鸾祷圣，自号端公、太保、师婆，及妄称弥勒佛、白莲社、明尊教、白云宗等会，一应左道乱正之术，或隐藏图像，烧香集众，夜聚晓散，佯修善事，扇惑人民，为首者，绞；为从者，各杖一百、流三千里。若军民装扮神像，鸣锣击鼓，迎神赛会者，杖一百，罪坐为首之人。里长知而不首者，各笞四十。其民间春秋义社，不再禁限。”[⑤] 甚至对道士的修行生活也有规定，洪武二十七年（1394），明太祖发布命令：“僧道有妻妾者，许诸人赶逐。相容隐者，罪之。愿还俗者，听。”[⑥] 由此，“明代对出家手续、度牒名额、寺观营造、寺观租税及僧道的传教活动，管理之严，大大超过前代，限制了释道二教教团的发展”[⑦]。

在道教内部，将道教的宗旨改为“益人伦，厚风俗”。洪武元年（1368），朱元璋以南京朝天宫为中心，招纳了大批正一派高道，并封龙虎山第四十二代天师张正常为“正一真人”，秩正二品。洪武五年（1372），又令其领天下道教事，并委托于国家祭祀之事，由此确立了与正一派结盟的基调，推行扬正一而抑全真的方针。洪武七年（1374），朱元璋命礼部会僧道，定拟释道科仪格式，颁行各地，朱元璋解释这样做的原因：

---

① 怀效锋点校《大明律》卷4，法律出版社，1998，第46~47页。
② （明）李东阳纂，申时行重修《大明会典》卷104，第3册，第1577页。
③ （清）张廷玉等撰《明史》卷77《食货志》，第7册，第1878页。
④ （明）李东阳纂，申时行重修《大明会典》卷104，第3册，第1576页。
⑤ 怀效锋点校《大明律》卷11，第89页。
⑥ （明）李东阳纂，申时行重修《大明会典》卷104，第3册，第1576页。
⑦ 陈兵：《道教之道》，今日中国出版社，1995，第102页。

> 朕观释道之教，各有二徒。僧有禅、有教，道有正一、有全真。禅与全真，务以修身养性，独为自己而已。教与正一，专一超脱，特为孝子、慈亲之设，益人伦，厚风俗，其功大矣哉！虽孔子之教明，国家之法严，旌有德而责不善，则尚有不听者。纵有听者，行不合理又多少？其释道两家，绝无绳愆纠缪之为，世人从而不异者甚广。官民之家，若有丧事，非僧非道难以殡送。①

正一派由天师道演变而来，擅长符箓术，画符念咒，崇拜鬼神。朱元璋尊崇正一道，一方面是出于信仰特点的考虑，更多的则是从巩固统治的层面考量。朱元璋认为全真派道士只关注自身的修身养性，得道成仙，出世色彩浓厚，于统治不利。正一派则关注人伦，宣扬忠孝，超荐亡灵，对国家治理有益。明太祖一方面尊崇释道，但对其制约从未放松，正一道只能唯王道是从，然而朝廷对其控制越来越严厉。明初先革除天师封号，封为“大真人”，及至隆庆年间，又被革除“真人”封号，降为“提点”。正一道在此严格管束之下，要承担“益人伦，厚风俗”的儒家责任，只能援儒入道，走向世俗化。而全真道在失去高层发展空间后，为谋求发展，也开始了世俗化转变，卿希泰认为：“明中叶以后，历代皇帝虽然仍旧将道教作为其统治的辅助工具而加以利用，但开始对它加以防范，不断抑制。继明世宗之后的明后期几位皇帝，对道教的态度已有一些改变。道教本身也逐渐走向世俗化和民间化。”② 道教世俗化推进了民间化，道教的这一发展方向推动了民间宗教的发展，但对道教本身而言，却使其失去了发展的机会。整个明代，道教理论水平相对较低，道教经典《老子》被冷落，明中期注《老》的道士，现在可查者不过陆西星一人而已。

二　陆西星：“妙微重玄之秘”

陆西星（1520~1606），字长庚，号潜虚，又一号方壶外史。陆西星早

---

① （明）宋宗真等编《大明玄教立成斋醮仪范》，载李一氓编《道藏》第9册，文物出版社、上海书店出版社、天津古籍出版社，1988，第1页。

② 卿希泰、唐大潮：《道教史》，江苏人民出版社，2006，第322页。

年倾心举业，九试不第，遂弃儒从道。他自言："予观丹经万卷"，"星自早岁即雅志斯道"。[①] 嘉靖二十六年（1547），"得遇法祖吕公于北海之草堂，弥留款洽，赐以玄醴，慰以甘言"。[②]"得遇法祖吕公"是指陆西星长期研究丹道之顿悟，此后其从道思想愈益坚定，并最终于嘉靖三十六年（1557）决定着黄冠而入道。嘉靖四十三年（1564）之后，陆西星开始著书、授道，进行丹道理论构建，《老子道德经玄览》就完成于此一时期的嘉靖四十五年（1566）。

陆西星作为道教东派丹法的创始人，《老子道德经玄览》是其丹法理论构建的重要著作，这从他对《老子》一书的主旨认知中可以看出："《老子》者，圣人道德之微言，而性命之极致也。"[③] 陆西星选择注解《老子》发挥其性命双修的理论，一方面是因为《老子》在道教传统中地位崇高，"陆氏欲开宗立户，注老子虽非必要，却是很有效的一件事"；[④] 另一方面是因为《老子》所具有的精深的哲理性既可以弥补道教丹道理论水平不高的缺陷——因为"丹经本身之格局亦不易发挥精微的心性修养论（因其为二套不相涉的思考范畴）"[⑤]，也可以弥补陆西星注解丹经时偏重命功而无暇顾及性功的缺憾——"因为陆西星的双修法有很强的清净法色彩，但是他在注解道教丹经时，因为要表明其立场，不得不大量着墨于有关双修的理论构建上"。[⑥] 出于丹道理论构建的需要，陆西星在注书中重点揭示《老子》中的"妙徼重玄之秘"。

> 汉兴以来，笺疏《老子》，代不乏人，略记百有余家。得其旨者，庄子《南华》之外，指不可以多屈。阖自河上之说，已属可疑。其散焉者，则狃于儒说之支离，而于所谓妙徼重玄之秘，则概乎其未有

① （明）陆西星《金丹就正篇》，载王沐选编《道教五派丹法精选》，中医古籍出版社，1989，第 268 页。

② （明）陆西星《金丹就正篇》，载王沐选编《道教五派丹法精选》，第 268 页。

③ （明）陆西星：《老子道德经玄览》，载《老子集成》第 6 卷，第 568 页。后文中略注。

④ 郭启传：《陆西星的道教思想》，载林庆彰主编《中国学术思想研究辑刊》二编，第 28 册，花木兰文化出版社，2008，第 28 页。

⑤ 郭启传：《陆西星的道教思想》，第 28 页。

⑥ 郭启传：《陆西星的道教思想》，第 28 页。

> 得也。星启款寡闻，晚遭圣师诲谕，命读《阴符》、《参》、《悟》之书，沉潜反覆，溯源穷委，观其递相祖述，言近指远，迴出思议之表，乃知是经根极性命，八十一章的非即事曼衍之谈。于是尽废诸说，不敢分裂章句，同欣戚于矮人之场，僭（原为“潜”字，据萧天石主编《道藏精华·老子道德经玄览》第二集之四改。）为测疏，名曰《玄览》。[1]

陆西星认为，自古以来的《老子》注疏，除《南华经》河上公《道德真经注》外，都溺于儒说，不得《老子》性命之旨，他认为《老子》一书是《黄帝阴符经》《周易参同契》《悟真篇》之源头，以此出发，陆西星在注解《老子》之时，并不从治国用兵的表面意思进行发挥，而是以丹道性命思想注解《老子》：“彼其治国用兵，与取天下，言近指远，意在使人得之言语文字之外。以为就事论事而释之，何名乎道德？何贵于知言也？”[2] 在注解之时，陆西星没有拘泥于道教理论，而采用了会通三教的方式说明其性命双修、先性后命的丹道理论。

陆西星认为道乃真常之道，“常”指其长存不灭，“真”指其至高无上：“纯一不二曰真，恒久不已曰常。”[3] 真常之道产生万物之后，遂落入后天名相之中，散而为器，既为有形之器，必然有坏灭而不可常，然形虽不可常，形所载真如之性却如道一样恒久存在：“执万物之形而名万物，则万物虽曰无穷，终有生灭，而不可常。惟曰真如之性无所从来，亦无所去，以是而名万物，则道不变，万物亦不变，斯得名真常之万物矣。”[4] 由此可知，道因器而显，器因道而生，道器不相离，陆西星由此推出其复性思想：“于是乎圣人于有为名相之中，而教人以归复真常之道焉。”[5] 陆西星的复性理论即他引以为豪的“妙徼同玄”之道。

---

① （明）陆西星：《老子道德经玄览》，载《老子集成》第6卷，第571页。
② （明）陆西星：《老子道德经玄览》，载《老子集成》第6卷，第569页。
③ （明）陆西星：《老子道德经玄览》，载《老子集成》第6卷，第571页。
④ （明）陆西星：《老子道德经玄览》，载《老子集成》第6卷，第571页。
⑤ （明）陆西星：《老子道德经玄览》，载《老子集成》第6卷，第572页。

无欲则静也，以观其妙，则无极也。欲则感而动也，以观其徼，则阴阳也。是故从无而入有，则造化生焉。推情而合性，则圣功出焉。斯之谓性，斯之为命，斯之谓一，斯之谓道德也。无为之治也，不争之善也，居下之利也，静正之胜也，言言一旨，皆做是观。是为妙徼同玄，圣修之极耳。①

陆西星认为在具体名相层面，真常之道以无名言，有名自太极始，而后有阴阳、天地、男女之类，此即老子所言“天地万物生于有，有生于无”。自人言之，无欲方能观道之妙，有欲则观道之徼，所谓妙者即无极、即道，徼即阴阳、即德，观妙需达到无欲状态，至静无感，如大道之混沌未凿，观徼则要有欲之时，有欲即道感而动，当达到无欲状态时，自然可见推情合性，恢复先天之性。

故常自其无欲者而言之，即无极之真，道之妙于其无者也，是故可以观其妙焉。常自其有欲者言之，即阴阳二五，妙合而凝，道之所以立乎其有者也，是故可以观其徼焉。徼之言求也，或曰窍也，有相通之意焉。阖当无欲之时，至静无感，以观其妙，则见清净之中，一物无有。……及乎时至机动，天人合发，原始真一之炁自虚无来者，吾得其机而用之，则见阴阳相求，冠婚相纽，所以为万物之母者在是。千圣传心，惟此二语，所谓性命双修，圣凡同证。②

性即道，命即器，道器不相离，性命亦不相离，后陆西星在《玄肤论》中说得更加明白：

何为性？何为命？曰：性者万物一源，命者己所自立。性非命弗彰，命非性弗灵。性，命所主也；命，性所乘也。今之论者，类以性命分宗，而不知道器相乘，有无相因，虚实相生，有不可歧而二者。

① （明）陆西星：《老子道德经玄览》，载《老子集成》第6卷，第568~569页。

② （明）陆西星：《老子道德经玄览》，载《老子集成》第6卷，第572页。

故性则神也，命则精与气也。性则无极也，命则太极也，可相离乎？①

正因为如此，陆西星极力主张性命双修，先性而后命。观妙之时机在于“无欲之时”，观徼之时机在于“时至机动”，此“时”从逻辑上说就是指达到无欲状态之时，观妙、观徼即先性后命的性命双修功夫。那么，怎样达到无欲之状态呢？“时至”之标准又是什么呢？陆西星有“金液炼形，玉液炼己”之说，炼形即炼命，炼己即炼性，欲达“无欲”状态，必需“玉液炼己”之功夫，炼己纯熟之时即为炼形开始之机。

夫道者，性命兼修，形神俱妙者也。金液炼形者，了命之谓也。玉液炼己者，了性之谓也。何谓玉液？玉者，温润贞纯之喻。金者，坚刚不坏之称。夫炼性者，损之又损，克去己私，务使温润贞纯，与玉比德，则己之内炼熟矣。内炼既熟，然后可以临炉采药，而行一时半刻之功。及夫时至机动，则取坎填离，采铅伏汞。而坎中一画之阳，乃先天乾金也，谓之金液。以之炼形，则体化纯阳，而形骸为之永固，一如金之坚刚而不坏矣。故曰金炼玉炼，性命兼修而形神俱妙者也。玉炼，则无为之道也；金炼，则有为之术也。自无为而有为，有为之后，而复返于无为，则性命之理得，而圣修之能事毕矣。②

所谓“炼己”即去除私欲，恢复先天本体之过程，即观妙之法。性乃人之本真状态，清静圆明，混成具足，只是因命而彰显之后，受后天情欲的沾染，破坏了先天之性的浑全状态，形成了后天的气质之性：“夫性一而已，何以有本性质性之异？曰：本性者，自先天而言之，清静圆明，混成具足，圣不加丰，愚不少啬者也。质性者，自后天而言之，生于形气之私，于是始有清浊厚薄之异。”③ 陆西星此处明显受宋儒天命之性与气质之性的影响，将性之本然状态称为本性，将后天之性称为质性，要去除质性，就

① （明）陆西星：《方壶外史》，载萧天石主编《道藏精华》第10册，自由出版社，1989，第202页。

② （明）陆西星：《方壶外史》，载萧天石主编《道藏精华》第10册，第201~202页。

③ （明）陆西星：《方壶外史》，载萧天石主编《道藏精华》第10册，第203~204页。

要改变气之“清浊厚薄”，要达到这一目的，需以神主气：“元炁为铅，元精为汞，元神果何物乎？曰：元神为性，精气之主也，以其两在而不测，灵通而无方，故命之曰神。故神往而精凝，精凝而炁归，炁归则丹结，皆先天之用也。”① 元神要保持主导地位，需有“澄神”的功夫。

所谓心者有二焉，扰神之心乃妄心也，好静之心乃真心也，既有妄心，即惊其神，其神可得清乎？既惊其神，即着万物，既着万物，即生贪求，既生贪求，即是烦恼。烦恼妄想，忧苦身心，心可得而静乎？故澄神之要莫先于遣欲。能遣之者，内观其心，心无其心，知三心之不可得也；外观其形，形无其形，远观于物，物无其物，知四相之俱忘也。三者既悟，惟见于空，则人空矣。空无所空，所空既无，无无亦无，无无既无，湛然常寂，寂无所寂，则法空矣。如是，则根尘永净，六欲不生，而心静矣。心静则神自清。②

“澄神”即通过损之功夫，去掉扰神之妄心，恢复好静之真心，人之所以有妄心，皆因执着于有形命相之中，贪欲滋生，劳苦身心，只有遣除私欲，内不生贪求之心，外不困于有为之名相，自然可以恢复真心，心静而神自清。在《老子道德经玄览》中，陆西星的“观妙”理论与此“澄神”理论相通。

此言圣人观妙之学也。夫道本虚无静一，静极而动，游气纷扰，生人物之万殊，而道始落于后天名相之中。故体道者原本返始，以致虚守静为本焉。常观清净之中，一物不着，何其虚而静也。少有物焉，虚者实而静者挠矣。太虚廓然，片云横而障凝；渊泉湛若，微风起而波生，焉能复其本然之体哉。体道君子时时打叠此心，内者不出，外者不入，使其胸次洒洒，一尘不挂，有以复其天空渊湛之本体，是则

① （明）陆西星：《方壶外史》，载萧天石主编《道藏精华》第10册，第199页。

② （明）陆西星：《方壶外史》，载萧天石主编《道藏精华》第10册，第207页。

可谓致虚之极矣。致虚之极，非守静之笃者，孰能之哉？①

炼己纯熟之时，方可展开“金液炼形”之功夫，陆西星以“取坎填离，采铅伏汞”之道教术语说明炼形功夫。“内丹学认为后天的坎（☵）、离（☲）二卦是由先天的乾（☰）、坤（☷）二卦中间的阴、阳两爻互换位置造成的。……内丹学要从后天返回先天，变离为乾，变坎为坤，因之内功修炼要求将坎（☵）卦中的阳爻再抽回来，填入离（☲）卦中阴爻的位置上，使之回复到先天乾（☰）卦的纯阳之体，丹家称之为‘取坎填离’。”②“元炁为铅，元精为汞”，元精、元气被后天环境沾染，失去了本来的混沌纯粹状态，由纯粹的阴阳（乾坤）之态变为凿破混沌状态的阴阳互藏（坎离）之态，故需通过“取坎填离，采铅伏汞”之有为功夫，令元精之气恢复先天状态，具体做法就是养神，元神为精、气之主，神凝则精、气自归。

神太惊则精散而怔忡，神太淫则炁脱而痿缩。故神藏于精则谓之曰精神，神藏于气则谓之曰神气。精气之得神而王，犹臣之得君而尊也。故修真之士，莫要于养神。神即性也，性定则神自安，神安则精自住，精住则气自生。③

至于“观徼”“炼命”之种种形态，陆西星将其分为四个层次，太上无需炼命，次之者主动寻求恢复大道混沌状态，再次之者仅以养身远害为目的，最次之者，不仅不信，还背道而行。

太上者，上德之人，道朴未散之民也。道德混全，不假修证，虽知世有有为之道，但知有之而已。其次则道朴既散，欲行返还归复之道，未免有作为基，故亲之誉之。亲者，历试其事。誉者，称扬其德。亲之誉之，欲得之也。其次畏之。畏之者，清心节俭，洁其身以远害

① （明）陆西星：《老子道德经玄览》，载《老子集成》第 6 卷，第 580 页。

② 胡孚琛：《道学通论》（修订版），社会科学文献出版社，2009，第 394 页。

③ （明）陆西星：《方壶外史》，载萧天石主编《道藏精华》第 10 册，第 200 页。

也。其次则侮之矣。侮，戏玩也。侮之不已，必有妄作之凶。[①]

陆西星此处也明确说明“观徼”的具体内容：“奈何百姓日用而不知，其于所谓阴阳互根之理、生杀互转之机，与夫道器子母不相离之妙，信之不足，反有拒之而不信者。”[②] 然无论是“观妙”还是“观徼”，皆要遵循一个原则：“人己两忘。”观妙、观徼之时既不可有心观之，亦不可无心观之：“但不可以有心观之。有心观者，即着思虑，而非自然。又不可以无心驰之。经云：载营魄，抱一能无离乎？做是观者，方为合妙。”[③] 有心观者，执着于名相，欲返璞归真，却不知心离真朴愈远。

上乘之德，无成心，去执着，全体大道，心若太虚，不自知其德也。故曰：上德不德，是以有德。下乘之德，返还归复，求以不失其德而已。不知心染法尘，终为法缚，若非抱元守一，以空其心，几何而不蔽于释家之理障哉。故曰：不失德是以无德。[④]

执着于色相，终将困于名相。无心观者，神气相离，所谓“一”乃是指先天真乙之炁，“真乙之炁，即所谓一也，道也，无名天地之始也”。[⑤] 道者，混沌圆融，道、气不相离，无心观者，则不明神气相守之道，神散气逸。因此三浦先生言：“‘互藏之宅’中的‘观妙’与‘观徼’的实践，一方面以坎离彼此区别作为前提，另一方面，又（原文为‘有’，据意当为‘又’）不能受那种区别的约束。”[⑥] “这种思考，在说明陆西星所讲的‘观’的行为的方法和境界时，也是必不可少的。”[⑦]

以上即是陆西星“妙徼重玄”之道，陆西星以之为《道德经》之“肯

① （明）陆西星：《老子道德经玄览》，载《老子集成》第 6 卷，第 581 页。
② （明）陆西星：《老子道德经玄览》，载《老子集成》第 6 卷，第 581 页。
③ （明）陆西星：《老子道德经玄览》，载《老子集成》第 6 卷，第 572 页。
④ （明）陆西星：《老子道德经玄览》，载《老子集成》第 6 卷，第 592 页。
⑤ （明）陆西星：《老子道德经玄览》，载《老子集成》第 6 卷，第 577 页。
⑥ 〔日〕三浦秀一：《陆西星及其老子注》，载熊铁基主编《全真道与老庄学国际学术研讨会论文集》（下），华中师范大学出版社，2009，第 649 页。
⑦ 〔日〕三浦秀一：《陆西星及其老子注》，第 649 页。

紧”，“学者苟能得其宗旨，则其后所言治国用兵，与取天下，皆属寓言，吾可以曲畅旁通，而得意于文辞之外矣”。[①] 陆西星此说明确表示其解《老》宗旨在于明其性命双修之学，以弥补道教双修法与道家哲学之间的鸿沟，提高其理论的哲理性，故《老子道德经玄览》并不侧重于对其理论内容的解释，而在于将其性命双修思想纳入《老子》哲学理论的框架之中。

① （明）陆西星：《老子道德经玄览》，载《老子集成》第6卷，第572页。

第四章

明后期老学的繁荣

明后期，老学发展进入繁荣期，这一繁荣不仅表现在数量上，更表现为注《老》者的社会覆盖面扩大。明后期注《老》者 109 人中官员有 68 人，其余参与者有僧人、道士、刻书家、学者等，还出现了一批托名吕祖的解《老》著作，明后期老学的繁荣是社会多阶层参与的结果。

第一节　官员的修身治国之道

晚明时代黑暗复杂，嵇文甫描述道：“（晚明时代）是一个动荡时代，是一个斑驳陆离的过渡时代。”[①] 时代动荡，官员身处其中，既有为国家、百姓忧心的一面，又有为自身身心自洽苦苦寻觅出路的一面，以致明末官员言行呈现出一种矛盾状态：“晚明文人一生似乎都在解构中国封建文化，在觉醒自我、张扬个性、追求自由自在的生活理想等方面做着努力，但是，他们往往又在解构的地方重新建构起一套旨在敦化社会风气的伦理道德。极为复杂、矛盾的心态一直支配着他们的人生观和世界观，使其思想和行为呈现出极不协调的‘二律背反’。像李贽、何心隐辈以死相争者，毕竟少之又少。大多数或回归传统，继续张扬程朱理学，寻求‘实学’救国的新道路；或缩于一隅，以文娱心、以文娱世，在一种悠闲自适的意境中寻找

① 嵇文甫：《晚明思想史论》，东方出版社，1996，第 1 页。

精神寄托。”[①] 官员是明代文人的主体，这种“二律背反”性在官员中体现得尤为明显。

一　救世良方

面对明后期的种种弊病，部分官员回归《老子》，寻求救世良方，如赵统、周宗建、李贽等。

赵统（1499～?），字伯一，陕西临潼人，嘉靖十四年（1535）进士，授临汾知县，历蒲州守、户部郎中，为人性格耿直，嘉靖二十四年（1545），罢官归乡。嘉靖二十六年（1547），赵统被诬陷杀人，蒙冤入狱二十五年，隆庆六年（1572）始蒙恤出狱。

赵统《老子断注》成书于万历七年（1579），当时赵统已八十岁高龄，蒙受二十五年的牢狱之祸，出狱归来，家境贫寒，体衰多病，以耕种园林为事，他曾作《老穷》诗描述当时的心境：“俟死八旬老，死归了大归。世逢唐稷契，人乐汉邦畿。忘命为身累，从心与世违。著书多异见，空惹后生讥。”[②] 在这样艰难的环境中，赵统仍然怀有一颗热忱的救世之心，他在自序中言，《老子断注》不重训诂，因其“非断注之所急也”。[③] 他所急者在于消除世人对《老子》的误解，使《老子》的救世之道不被埋没：“非欲援老而入儒，正欲后学因儒而不异老子耳。不异老子，将方士之奇邪少抑，而欺君误民之祸息，无为之治成矣，此固统区区救世之心也。”[④]

周宗建（1582～1626），字季侯，号来玉，今江苏吴江人，万历四十一年（1613）进士，授武康知县，政绩突出，擢为都察院御史。天启五年（1625），因多次上疏揭露魏忠贤的罪状，并指斥阉党，被罗织罪名下狱，第二年，以贿赂罪将其处死。崇祯年间，周宗建才被昭雪，追赠太仆寺卿，谥忠毅。《道德经解》作于天启三年（1623），他在序言中称《老子》为“帝符皇箓”。

他对以术数思想解《老》甚为痛惜，遂著《道德经解》以发挥其修身

① 聂付生：《晚明文人的文化传播研究》（修订本），电子科技大学出版社，2013，第1页。

② （明）赵统：《骊山集》卷6《老穷》，载《四库全书存目丛书·集部》第102册，第10页。

③ （明）赵统：《老子断注》，载《老子集成》第6卷，第507页。

④ （明）赵统：《老子断注》，载《老子集成》第6卷，第506页。

治国思想："老子五千言，翻来覆去，止以谦柔、朴素、静退、损抑醒人瞶瞶，犹之教父慈母提训婴孩，淳切笃至，婉转诱掖，一一归之天道。与圣人之戒满教谦、不怨不庸者，绝无异指。可谓帝符皇箓，不是过矣。而陋儒不解，反谓老氏一书多关术数，几为后世好诈饰伪之祖。不思有生习种骄恣刚强，一切患害，皆从此起。"① 周宗建以谦柔、朴素、静退、损抑为《老子》一书主旨，并评价《老子》为"帝符皇箓"，可见其注《老》是为发挥《老子》政教治国之道。

以老子思想挽救时弊，希冀救世者，多从老子无为思想入手，反驳老子之无为非虚无，赵统认为老子所谓无为者，"要之以天道人情物理，因而利道之，以成无为之治者乎"。② 无为是指顺应万物发展的自然之理。周宗建则认为无为的具体方法就是"不为之增造"："然圣人之能不有不恃而不居也，岂真别有术焉？超而驾之，亦不过就斯民还斯民，而吾特不为之增造耳。彼民何以争？"③ "不增造"就是保持万物的本性，顺万物自然之性而为之，相比于李贽，赵统、周宗建两人对《老子》无为思想的解释并无新意。因非议圣贤、批判经典被视为"异端"的李贽看到社会的种种弊端，以当时社会看来非常极端的言行把这些弊端揭露了出来，这种种言行正是李贽救世爱民之心的表现，《老子解》中明显地体现出李贽独特的"无为而治"的救世主张。

（一）李贽老学观的变化

李贽（1527~1602），原名林载贽，后改回祖姓李，因避万历皇帝讳，改为李贽，号卓吾、笃吾，随其经历，又先后号温陵居士、百泉居士、宏甫（宏父）居士、思斋居士、龙湖叟等。④ 福建泉州府晋江县人，嘉靖三十一年（1552）举人，进士未第，为生计所迫，遂于嘉靖三十五年（1556）以举人出身出任河南辉县教谕，开始仕宦生涯，万历五年（1577）出任姚安知府，三年任期满后，坚决请辞。此后二十余年，李贽读书著作以自娱，其大部分著作都成于此一时期。李贽著书批判孔子及儒学经典，遭到一大

① （明）周宗建：《道德经解》，载《老子集成》第 8 卷，第 297 页。
② （明）赵统：《老子断注》，载《老子集成》第 6 卷，第 530 页。
③ （明）周宗建：《道德经解》，载《老子集成》第 8 卷，第 298 页。
④ 张建业：《李贽评传》，福建人民出版社，1992，第 26 页。

批道学先生的打击迫害，万历三十年（1602），李贽被逮捕，自刎于狱中。

李贽的老学观经历了一个极大的变化历程。李贽开始研究《老子》，始于一个偶然的经历。据其《子由〈解老〉序》言，李贽早年求学北方，生活贫苦，时遇大雪，绝粮七日，不得不求食于人，屋主以黍稷为饭，李贽本为南方人，习惯于吃稻米，此时却觉黍稷大美，问主人何故，主人告之曰：

> 此黍稷也，与稻粱埒。且今之黍稷也，非有异于向之黍稷者也。惟甚饥，故甚美；惟甚美，故甚饱。子今以往，不作稻粱想，不作黍稷想矣。

李贽闻言始悟，黍稷、稻粱分于南北，犹道之分孔、老，喜吃黍稷者，不可弃稻粱，当其不愁温饱时，自然可以选择，及其饥饿难当时，两者皆为保命之粮食，此为“至饱者各足，而真饥者无择也”。道亦是如此，李贽认为在国家处于危难之时，就犹如人之饥饿之时，当此之时，凡有利于救世者，都不应该抛弃。李贽“自此专治《老子》”。①

万历二年（1574），李贽任职南京刑部员外郎，从焦竑处得苏辙《老子解》，阅后言：

> 解《老子》者众矣，而子由称最。子由之引《中庸》曰：“喜怒哀乐之未发谓之中。”夫未发之中，万物之奥，宋儒自明道以后，递相传授，每令门弟子看其气象为何如者也。子由乃独得微言于残篇断简之中，宜其善发《老子》之蕴，使五千余言烂然如皎日，学者断断乎不可一日去手也。②

此时，李贽尚对苏辙《老子解》推崇备至，称赞此注乃最得《老子》微言者，遂刊刻苏辙《老子解》，并为之作序。万历九年（1581），李贽辞

---

① （明）李贽著，张建业、张岱注《焚书注》卷3《子由〈解老〉序》，载张建业主编《李贽全集注》第1册，社会科学文献出版社，2010，第305页。

② （明）李贽著，张建业、张岱注《焚书注》卷3《子由〈解老〉序》，载《李贽全集注》第1册，第305页。

官隐居黄安五云山（天中山）中，此时再观苏辙《老子解》，其看法已发生了巨大的转变："入九以后，雪深数尺，不复亲近册子，偶一阅子由《老子解》，乃知此君非深《老子》者，此老盖真未易知也。呵冻作《解老》一卷，七日而成帙，自谓莫逾。"① 从"解《老子》者众矣，而子由称最"到"此君非深《老子》者"，李贽的老学观发生了巨大的转变，故不顾天寒，亲自为《老子》作注。② 那么，他对苏辙《老子解》有何不认同之处呢？日本学者佐藤炼太郎对两本《老子》注进行比较后认为：

> 李贽的《老子解》很多蹈袭了苏辙的解释，但是苏辙的解释往往成为无欲、无心的修养论，而李贽的解释基本上是政治论。在《老子》中李贽看出不干涉主义和放任主义，他根据《老子》否定政治上独善的完全主义。③

李贽所不赞同苏辙《老子解》的第一点在于苏辙偏重于身心修养，且要求圣人平等无私地对待万民，而李贽在为政一方之后发现，这是行不通的，他在姚安任知府时推行无为而治，但并没有按照苏辙所说，平等地对待百姓，而是因民之性，顺民之情。万历八年（1580），李贽在姚安任上，曾为姚安府属州姚州知州罗琪作《为政论》，阐释了他的"因性庸民"的政治观点。

> 盖余尝闻于有道者而深有感于"因性庸民"之说焉。夫道者，路也，不止一途；性者，心所生也，亦非止一种已也。有仕于土者，乃以身之所经历者而欲人之同往，以己之所种艺者而欲人之同灌溉。是以有方之治而驭无方之民也，不亦昧于理欤！且夫君子之治，本诸身

① （明）李贽著，张建业、张岚注《续焚书注》卷1《与焦弱侯》，载《李贽全集注》第3册，第124~125页。

② 关于李贽《老子解》的成书时间，参见陈来胜、许建平《李贽〈老子解〉、〈庄子解〉写作时间考》，载《泉州市李贽思想学术研讨会论文集》，2004，第145~160页。

③ 〔日〕佐藤炼太郎：《苏辙与李贽〈老子解〉的对比研究》，《首都师范大学学报》（社会科学版）2002年第6期，第101页。

者也；至人之治，因乎人者也。本诸身者取必于己，因乎人者恒顺于民，其治效固已异矣。夫人之与己不相若也。有诸己矣，而望人之同有；无诸己矣，而望人之同无。此其心非不恕也，然此乃一身之有无也，而非通于天下之有无也，而欲为一切有无之法以整齐之，惑也。于是有条教之繁，有刑法之施，而民日以多事矣。其智而贤者，相率而归吾之教，而愚不肖则远矣。于是有旌别淑慝之令，而君子小人从此分矣。岂非别白太甚，而导之使争乎？至人则不然：因其政不易其俗，顺其性不拂其能，闻见熟矣，不欲求知新于耳目，恐其未寤而惊也。动止安矣，不欲重之以桎梏，恐其絷而颠且仆也。①

李贽认为儒家的"君子之治"讲求修齐治平，先修己身，以己身推及万民，辅之以仁义礼法，以达到齐民性、和风俗之目的。然民性各不相同，若以己身为标的，以法令强行齐同风俗，然而愈齐则法愈繁，民亦不堪其扰，不若"至人之治"，因民之性，顺民之俗，此为事少功多之法。李贽任职姚安，姚安地处云南，少数民族众多，与汉族杂居，生活习俗不同，若强行推行汉法，必然会导致民族争端。他还曾以此劝云南参政骆问礼不要执政过严。

边方杂夷，法难尽执，日过一日，与军与夷共享太平足矣。仕于此者，无家则难住；携家则万里崎岖而入，狼狈而去。尤不可不体念之！但有一能，即为贤者，岂容备责？但无人告发，即装聋哑，何须细问？盖清谨勇往，只可责己，不可责人，若尽责人，则我之清能亦不足为美矣，况天下事亦只宜如此耶！②

李贽劝骆问礼严以责己，宽以待民，要考虑到云南当地民情，为政以简，清静为上，不能以治汉民的方法治理少数民族，可惜道不同不相为谋，

① （明）李贽著，张建业、张岱注《焚书注》卷3《为政篇》，载《李贽全集注》第1册，第242页。

② （明）李贽著，张建业、张岱注《焚书注》卷4《感慨平生》，载《李贽全集注》第2册，第110页。

骆问礼未接受李贽的观点，并作《续论政篇》反驳李贽的观点，指责李贽好“佛老”之说，要与李贽划清界限：“使君儒者而尤好佛老，宜其说如此，吾与刺史素不谙佛老说，礼乐刑政，未敢以桎梏视之也。”①

李贽所不赞同苏辙《老子解》的第二点在于苏辙认为老子之学重无为而轻于治天下，故蔑视仁义礼制，申韩之惨刻正源于老子。李贽则认为申韩恃勇恃强，以刑名为治，而老子则柔弱谦退，以不治为治，两者犹如方圆、冰炭之相对。老子乃是以不治达到治之目的，此正古圣王之无为也。

> 夫彼以柔弱，而此以坚强，此勇于敢，而彼勇于不敢，固已方圆冰炭若矣，而谓《道德》，申韩宗祖可欤！苏子瞻求而不得，乃强为之说曰：老子之学重于无为，而轻于治天下国家，是以仁不足爱，而礼不足敬，韩非氏得其所以轻天下之术，遂至残忍刻薄而无疑。呜呼！审若是，则不可以治天下国家者也。老子之学果如是乎？夫老子者，非能治之而不治，乃不治以治之者也。故善爱其身者，不治身，善爱天下者，不治天下。凡古圣王所谓仁义礼乐者，非所以治之也，而况一切刑名法术欤？故其著书专言道德，而不言仁义。……孰谓无为不足以治天下乎？世固未知无为之有益也。②

老子之道以虚为常，以因循为纲，以不争居下为百谷王，胜与败，进与退，福与祸，欲与不欲，知与不知，世之所尚者为前者，老子独任后者。逆世人之所尚，顺万物之情，“顺而达，则以不忍之心行不忍之政，是故其效非可以旦夕责也。逆而能忍者，不见可欲是也。是故无政不达，而亦无心可推。无民不安，而亦无贤可尚。如是而已矣”③，此正是老子无为而无不为之意也。老子以无为治国，在上者无所作为，任民自为自化，自然至于大治。若用仁义礼乐之类，则是有为也。老子仁义礼乐尚且不用，何况刑名法术也？此至简之道，急功近利者欲效之而不得，“是故不忍于无欲，

① （明）骆问礼：《万一楼外集》卷3《续论证篇》，转引自林海权《李贽年谱考略》，福建人民出版社，2005，第117页。

② （明）李贽：《老子解》，载《老子集成》第6卷，第615~616页。

③ （明）李贽：《老子解》，载《老子集成》第6卷，第616页。

而忍于好杀。不忍以己，而忍以人。不忍于忍，而忍于不忍”[①]，故有仁义之名，有刑名之治，老子也被后人误解，李贽为老子抱屈曰：“如此，夫道德之后为申韩固矣，独不曰仁义之后，其祸为篡弑乎?”[②]

李贽通过政治实践，论证了老子无为之可行，亦证明了苏辙观点的错误。李贽的为政经验亦化为其老学思想的一部分，可以说《老子解》正是李贽为政经验的总结。

（二）太上之无为

李贽认为老子的思想要义在于无为而治，他的《老子解》重在发挥老子的无为而治思想。李贽认为，“无为”内涵丰富，他将无为分为三种情况：

> 无为也，而亦无无为也，是谓上德，黄帝是也。其次，虽为之而实无为，是谓上仁，尧之仁如天是也。又其次，不惟为之，而且有必为之心，是上义也，舜禹以下圣人是也。[③]

李贽将“无为”分为“无无为”“为之而实无为”“有必为之心”之为三种情况，能行“无无为”者，李贽将其称之为“太上”。太上即古之圣人，与道最为接近。李贽认为，所谓“常道”就是“不知而自由之者”[④]，道乃至无，“惟其至无，乃所以为至有”[⑤]。然世人体道，或执于有，或滞于无，遂有各种名目，却不知有、无皆源于道。所谓“无无为者”，无“有为”之心，亦无“无为”之念，任万物各顺其性，能为此者，是为“太上”。

> 圣人体道于身，渊深静远，无有涯涘，一似万物之宗，而非有以宗之也。故常挫其锐，以示不能。解其纷，以示不用。和光以游于世。同尘以谐于俗。湛兮常寂，似亡若存焉耳。然此果伊谁之子乎。吾恐

① （明）李贽：《老子解》，载《老子集成》第 6 卷，第 616 页。
② （明）李贽：《老子解》，载《老子集成》第 6 卷，第 616 页。
③ （明）李贽：《老子解》，载《老子集成》第 6 卷，第 625 页。
④ （明）李贽：《老子解》，载《老子集成》第 6 卷，第 616 页。
⑤ （明）李贽：《老子解》，载《老子集成》第 6 卷，第 616~617 页。

此道也，虽黄帝未易当之，意者其在帝之先与。[①]

太上虽是生而知之者，却有知而自不知，和光同尘，与民混同。其治民亦使民混沌无知，上下相安，天下归于无为。

太上则不然，常使民混混沌沌，无有知也，无有欲也。纵有聪明知识者出，而欲有作为，而自不敢，则天下皆归于无为矣。夫无为由于无欲，无欲由于无知。夫一人何以能使民之无知哉？曰：太上者，固自谓未尝有知也，固不见有可以治乎民者，而使吾心之欲之也。[②]

太上不逞知教民，民亦无知无欲，虽有聪明者欲有为，却不敢为也。在太上治理之下，上不疑下，下不知有上，上下各不干涉，相安于无为。

太上无为而不疑其下，故下之于上，但知有之而已，而亦不知上之所为也。……不知太上无为，虽言犹且贵之也。夫至于贵言，则上之信下者至矣。是故功成事遂，百姓皆谓：我自然。未尝曰：我宜归功于上也。此信上之极也。[③]

李贽描述了太上治理之下的理想状态，而这一状态的发生有赖于“信”，“信”中包含圣人百姓平等的思想。李贽认为天地、万物“同一中”，万物自然生长，无求于天地，而非天地之功，故天地不有、不恃、不宰。圣人、百姓“同一中”，百姓具有自生自长、自教自化的能力，而非必待圣人施仁、教化。

使天地而能仁万物，则天地将谁与仁？使圣人而能仁万民，则圣人将谁与仁？不知橐龠之在天地间，虽天地圣人亦皆生死其中，而不

① （明）李贽：《老子解》，载《老子集成》第6卷，第617~618页。
② （明）李贽：《老子解》，载《老子集成》第6卷，第617页。
③ （明）李贽：《老子解》，载《老子集成》第6卷，第621页。

自知也。何也？虚中而善应，不可得而挠屈也。动之而愈出，不可得而穷探也。虽有智者，而欲以言穷之，胡可得耶？故知天地与万物同一中也。万物无所求于天地，天地自不能施于万物。圣人与万民同一中也，圣人无容心于万民，万民亦自无所藉于圣人。各守吾之中，以待其自定而已矣。[①]

李贽此言公开反对儒家“天地仁万物”“圣人仁万民”中蕴含的等级论。在儒家思想中，人有圣贤智愚之分，圣人乃生而知之者，也是最有聪明才智者，是为上等人。第二等则是可教化者，这些人可以通过学习，获得聪明才智，是为贤人。第三等为于道有所不通，却愿意学习者，又次于贤人。最下则为下愚之民，不仅无知，还不愿意学习。以上即孔子所言：“生而知之者，上也；学而知之者，次也；困而学之，又其次也；困而不学，民斯为下矣。”[②] 宋邢昺疏曰：“‘生而知之者，上也’者，谓圣人也；‘学而知之者，次也’者，言由学而知道，次于圣人，谓贤人也。‘困而学之，又其次也’者，人本不好学，因其行事有所困，礼不通，发愤而学之者，复次于贤人也。‘困而不学，民斯为下矣’者，谓知困而不能学，此为下愚之民也。”[③] 李贽从道德才能与社会阶层上对儒家的等级思想进行了反驳。

李贽认为圣人与百姓皆生而知之，在道德才能上是平等的，他在《焚书》中明确表明：“天下无一人不生知，无一物不生知，亦无一刻不生知者，但自不知耳，而又未尝不可使之知也。”[④] 圣人与百姓皆生而知之者[⑤]，

① （明）李贽：《老子解》，载《老子集成》第 6 卷，第 618 页。

② （宋）朱熹：《论语集注》，载《四书章句集注》，第 172~173 页。

③ （三国）何晏注，（宋）邢昺疏《论语注疏》，中国致公出版社，2016，第 269 页。

④ （明）李贽著，张建业、张岱注《焚书注》卷 1《答周西岩》，载《李贽全集注》第 1 册，第 1 页。

⑤ 李贽关于生知的态度有矛盾的地方，在其晚年著作《道古录》中，李贽言：“精微之功，生知者自别。而生知者绝少，故其次为学知；学知者十倍于生知。学知而不得，故其又次为困知；困知者百倍于生知，则没身不懈矣，弗得弗措矣。如是而精之，有不至于一贯之极乎？夫子之一贯，盖学而知之者也。”［（明）李贽著，牛鸿恩注《道古录》卷下，载《李贽全集注》第 14 册，第 232 页］李贽此处为强调坚持学习的重要性，又主张“生知者绝少”，如果能坚持不懈地学习，亦能成为孔子一样的学知者，领会道之精微。

道德才能是相等的，不存在圣者能而百姓不能的事情："圣人所能者，夫妇之不肖可以与能，勿下视世间之夫妇为也。"① 圣人无须施仁于百姓，百姓亦无须依赖圣人教化，此即"圣人无容心于万民，万民亦自无所藉于圣人"，李贽认为理想的社会状态应该是上下互不干涉，皆能顺其自然发展。

在社会阶层上，李贽认为侯王是因百姓而得名位，不该自以为高贵。李贽认为，若言尊贵，天下莫贵于道："天子三公不足尊，所尊者此道也。拱璧驷马不足宝，所宝者此道也。"② 所谓天子、三公，表面身份高贵，然若无百姓，何来侯王之名？

> 侯王不知致一之道与庶人同等，故不免以贵自高。高者必蹶下其基也，贵者必蹶贱其本也，何也？致一之理，庶人非下，侯王非高。在庶人可言贵，在侯王可言贱。殊未知之耳。今夫轮、辐、盖、轸、衡、轭、毂、辖，会儿成车，人但见有此数者，曷尝有车哉？然而名之曰车，而不曰轮、辐、盖、轸、衡、轭、毂、辖也。由此观之，则所谓高下贵贱者可知矣。人见其有贵、有贱、有高、有下，而不知其致之一也。曷尝有所谓高下贵贱者哉？③

李贽以车做比喻，"车"之为"车"，乃是由轮、辐、盖、轸、衡、轭、毂、辖等部件组成；侯王者，有百姓方能成其名。由此可见，侯王与百姓本是平等的，百姓是成就侯王的根基，若侯王自以为高贵，必将自毁根基。李贽此论是对左派王学道德平等论的进一步发展："左派王学的讲学强调了道德面前人人平等，以平易近人的态度去对待下层民众，因而发展到李贽，就突破了左派王学的局限，从道德面前人人平等发展出了近代式的包含人的天赋本能和天赋权利在内的人格平等论。"④

（三）圣人之无为

与太上相对者，则为今之圣人，也就是儒家所推崇的圣人。对于今之

① （明）李贽著，牛鸿恩注《道古录》卷下，载《李贽全集注》第14册，第285页。
② （明）李贽：《老子解》，载《老子集成》第6卷，第629页。
③ （明）李贽：《老子解》，载《老子集成》第6卷，第625页。
④ 许苏民：《李贽评传》（下），南京大学出版社，2011，第400~401页。

圣人，李贽并没有因太上之存在而对其完全否定，而是有肯定、有批判。李贽深知太上之无为乃是一种理想的状态，连黄帝也不容易做到，故落实到现实层面，还是需要统治者以有为之手段爱民治国：“涤除玄览，而能无疵，则可为抱一矣。爱民治国，非神其谁为之，而不能以无为也。故知抱一者不欲分心以爱民，务爱民者不免役神以治国，是二之也，安能抱一而无离乎。”[①] 李贽重视无为，但无为在李贽看来是治理的结果，而非手段：“李贽‘无为’的最大特色即是他对‘无为’的定位与老子不同，‘无为’不是手段而是目的，即不是传统的‘无为而无不为’，而是由‘无不为’而达于‘无为’。”[②]

李贽将今之圣人的无为又细分为尧之上仁之无为，舜、禹之下的上义之无为。尧之治国，贵在法天，孔子称赞尧曰：“大哉尧之为君也！巍巍乎！唯天为大，唯尧则之。荡荡乎！民无能名焉。”[③] 至于法则的具体内容，孔子曰：“天何言哉？四时行焉，百物生焉。天何言哉？”[④] 孔子此处将天视作自然之天，是不可抗拒的自然规律，尧之法天，即顺天而行，让万物按照自然规律发展。李贽将尧的为君之道总结为“虽为之而实无为”，深得道之“因”“顺”之妙，是为上仁。

圣人治国治民，因势利导，乃是出于对天地间规律的认识与效法，才能达到若存若亡、“虽为之而实无为”的治理效果。

西施，人之所美也，鱼见之深入，鸟见之高飞，兽见之决骤，美者果可以为美乎？盗跖暴戾，其徒诵义无穷。夷齐饿死，而文武之王不损。善者果可以为善乎？无他故焉，善恶好丑，两两相形，犹之有无、难易、长短、高下、音声、前后之相待也。有则俱有，谁能去之。是以圣人于此无为而事治，不言而教行，何也？盖圣人之于万物，实未尝为之、生之、作之也。故万物并作，而不知逊让以为美。并生，

---

① （明）李贽：《老子解》，载《老子集成》第6卷，第619页。

② 王建光：《李贽〈老子解〉的“无为”思想》，《安徽大学学报》（哲学社会科学版）2005年第2期，第8页。

③ （宋）朱熹：《论语集注》，载《四书章句集注》，第107页。

④ （宋）朱熹：《论语集注》，载《四书章句集注》，第180页。

而不有其所以生我者。竭力以为之，而不恃其所以为我者。若为万物之自成，而非圣人之功也，乌乎居乎？夫惟无功之可居，是以美固弗居，恶亦弗去。善固弗居，不善亦弗去。如斯而已矣。①

西施，人以为美，鸟兽则非之；盗跖，人以为暴，其徒则怀之；文王、武王为圣王，也有夷齐耻食周粟。世间之善恶美丑本是相对而生的，“有则俱有，谁能去之”，圣人体道如此，故其治国治民，顺此相对相生之势，自然可以收到“无为而事治，不言而教行”的效果。落实到具体的政治层面，李贽反对上位者对社会的过分干预，尊重百姓的个性，不能以己心代替天下百姓之心，强迫百姓遵照自己的意志行事：“自谓有法可以救人，是弃人也。圣人无救，是以善救。”② 无救，是不强行推行己意，而以百姓心为心，善民之所善，信民之所信，对百姓一视同仁，广德爱民，自然万民归心。

百姓有善不善，而圣人皆善之。百姓有信不信，而圣人皆信之。夫圣人曷尝有善信之心哉？一以百姓之心为善信故也。是为同德之善，而非一人之善。同德之信，而非一己之信。故曰：德善德信也。夫天下之人，各一其心也久矣。圣人则合天下之人，而浑为一心。③

李贽后来在与耿定向的论战中更加明确提出顺民之性而非强行以己意统一民性的观点：“夫天下之民物众矣，若必欲其皆如吾之条理，则天地亦且不能。是故寒能折胶，而不能折朝市之人；热能伏金，而不能伏竞奔之子。何也？富贵利达所以厚吾天生之五官，其势然也，是故圣人顺之，顺之则安之矣。”④ 对统治者而言，因势利导要求他们承认“人皆有私”的现实，重视百姓的意愿，尊重百姓个体，不能以高高在上的姿态，逞其聪明才智，妄图以一己之心代替天下人之心。

---

① （明）李贽：《老子解》，载《老子集成》第 6 卷，第 617 页。
② （明）李贽：《老子解》，载《老子集成》第 6 卷，第 623 页。
③ （明）李贽：《老子解》，载《老子集成》第 6 卷，第 627 页。
④ （明）李贽著，张建业、张岱注《焚书注》卷 1《答耿中丞》，载《李贽全集注》第 1 册，第 41 页。

上仁之无为以“顺”得之，上义之无为“不惟为之，而且有必为之心”。法天而行者，惟尧能为之，后之君主只能效法先王，“祖述尧舜，宪章文武”[①]，执此必为之心而治，是为上义。上义之为，尤要谨慎，既有必为之心，必须要把握度：“烹小鲜者，挠之则烂。故圣人以无为治天下，虽有神奸，无所用之。”[②] 在上者不可逞其聪明才智，以仁义礼法启民之争心欲念。

> 争，盗之原，圣人启之也。故上者争善，其次盗国，皆起于见可欲焉耳。可欲者众，则民志乱矣，乌能治乎？太上于此，岂真有以治之哉？亦曰：不见可欲而已。……夫民生有欲，无知则已，圣人者又日引之，使有知也。陈之仁义礼乐，导之法制禁令，设为宫室、衣服、车马、冠婚、丧祭之事，以启其无涯之知，而后节其无穷之欲。是犹泛滥滔天，而徐以一苇障之也，胡可得欤。[③]

理学家从道心、人心出发，以道心为天理，人心为人欲，人心有碍于道心，故提倡“存天理灭人欲”。李贽反对理学家对人欲的压制，他公开提出“夫私心者人心也。人必有私而后其心乃见；若无私则无心矣”[④] 的观点，肯定人欲的合理性，张扬人性，但李贽肯定人欲却不赞同纵欲，他认为人之真性情自然能发乎情止乎礼：“盖声色之来，发于情性，由乎自然，是可以牵合矫强而致乎？故自然发于情性，则自然止乎礼义，非情性之外复有礼义可止也。惟矫强乃失之，故以自然之为美耳，又非于情性之外复有所谓自然而然也。”[⑤] 李贽所认同的礼义，不是儒家之纲常名教，不是对人自然性情压制之礼，而是人自然情感的自由表达。李贽认为民虽有欲，但若不启其争心，也会自然而止，而统治者偏逞其才智，兴仁义，制礼乐，

① （宋）朱熹：《中庸集注》，载《四书章句集注》，第 37 页。

② （明）李贽：《老子解》，载《老子集成》第 6 卷，第 629 页。

③ （明）李贽：《老子解》，载《老子集成》第 6 卷，第 617 页。

④ （明）李贽著，张建业、张岚注《藏书注》卷 32《德业儒臣后论》，载《李贽全集注》第 6 册，第 526 页。

⑤ （明）李贽著，张建业、张岱注《焚书注》卷 3《读律肤说》，载《李贽全集注》第 1 册，第 365 页。

以名利富贵、高屋广室、华彩美服等引其无餍之欲，此时又要以礼教压制其欲望，无异于洪水已泛滥却欲以一苇障之，结果却陷入了更加败坏的境地。

> 至于失义而后礼，则所为之者极矣。故为而不应，则至于攘臂。攘臂不应，则刑罚甲兵，相应而起矣。是乱之首，而忠信之薄也。凡此者，皆以识智在前，为道之障。不知德也、仁也、义也、礼也，皆道之华，而愚民之始，有真智者所不处也。①

统治者认为天下之不安是因文教不足，故以仁义、圣智、巧利应之，乃至以刑罚迫之，却不知解决问题的根源在于恢复素朴之性："不思见素抱朴，少思寡欲，虽有三者无所用之矣。"② 以往之注解者，多自然地将"见素抱朴"的主体看作百姓，而李贽此处却是指统治者而言。在上者欲民之纯朴却不知民之朴正是因统治者的"为朴"之举而消失的："有为朴之心，便是欲，无以致静定也。"③ 基于以上认识，李贽以很轻蔑的口气评价奉礼教者："周公者，皆窥牖者之陋。"④

李贽认为上义之无为就是要求统治者与义背道而驰，就是逆世人之所尚。统治者若卖弄才艺，自作聪明，结果只会君失其位，民失纯朴："彼遑能携才露光骇众者，皆自以其有，而求通于物者也，非万物之宗矣。夫惟无其宗者，乃可以为万物之宗，而其谁信之。"⑤ 观世间之事，世人欲全身远害，往往以全求全，却反失全之道，终至不能全；绳能量直，因其能曲；海能盈因其空；饮酒食肉少则养身，多则伤身。由此推断，圣人应效法此倒行之理："是倒行逆流之理，而圣人之所以为式于天下者。"⑥ 故圣人后其身，外其身，无私其身，用之于治民就表现在圣人之不争："夫圣人之所欲

---

① （明）李贽：《老子解》，载《老子集成》第 6 卷，第 625 页。
② （明）李贽：《老子解》，载《老子集成》第 6 卷，第 621 页。
③ （明）李贽：《老子解》，载《老子集成》第 6 卷，第 625 页。
④ （明）李贽：《老子解》，载《老子集成》第 6 卷，第 627 页。
⑤ （明）李贽：《老子解》，载《老子集成》第 6 卷，第 618 页。
⑥ （明）李贽：《老子解》，载《老子集成》第 6 卷，第 622 页。

者，皆众人之所不欲，不贵难得之货是也。圣人之所学者，皆众人之所不学，辅万物之自然不敢为是也。故众人过于有为，而圣人复之。众人贵之，而圣人不贵，此之谓无为。”[①] 上义之无为精要在于统治者不可与民相争，以义自律而非将义作为单向统治百姓的工具，如此方能收到国治民朴的效果。

李贽看到当时社会黑暗，在上者逞无餍之欲，在下者效之，庸人当道，贤才湮没，既为之愤怒，也在努力寻求救世之道，《老子解》就是他向道家寻求的无为而治救国之法，因此李贽虽然一直在说无为，实际上是在讲有为，以道家之有为达到无为而治之目的。李贽持三教会通的立场，儒道交融，以有为解释无为，浑然一体，然当时世人对无为、有为仍然存在较多误区，李贽后来在《德业儒臣后论》[②] 一文中，详细反驳了世人的几个认识误区。第一，无为不等于无心，世上没有无心之为：“夫既谓之心矣，何可言无也？既谓之为矣，又安有无心之为乎？”第二，无为不等于没有私心，人皆有私方有心，有心必有私：“夫私者人之心也，人必有私而后其心乃见，若无私则无心矣。”第三，有为之功业亦大，无为、有为各有所长，要因时因势决定取舍，不可狃于成说，终至一事无成：“吾以为羲皇以前，未暇论矣，自舜以下，要皆有为之圣人也。太公之富强。周公之礼乐，注措虽异，有为均也。孔子梦寐周公，故相鲁三月而礼教大行，虽非黄、唐以前之无为，独非大圣人之所作为欤？安在乎必于无为而后可耶？但学者不知如何为有为，又如何为无为耳。”李贽此文可为其《老子解》补充。

上述种种，都显示出明末黑暗政治环境中士人积极经世之主张，此时士人救世之心热切，求之于中国传统经典，而对老子虚无之弊的批判则相对温和。

二　会通出世入世

刘海滨将明后期的“会通派”定义为会通性命之道，会通三教：“所谓

① （明）李贽：《老子解》，载《老子集成》第6卷，第630页。

② （明）李贽著，漆绪邦、张凡注《藏书注》卷32《德业儒臣后论》，载《李贽全集注》第6册，第526页。

会通世出世法，就是无心以应事，以出世之心行入世之事，超脱了得失、生死的桎梏，以获得一种胸无芥蒂、心怀坦荡、不为境迁的精神境界，以这样的境界入世，就可以做到既安顿了自我的精神又不违儒家的入世宗旨，并且两方面可以相得益彰。……‘会通’也因此具有两个层面的含义：从前一个层面讲，会通特指会通性命之道，主要是会通三教；从后一个层面讲，会通出世入世，则一切世间出世间法，若能为我所用，皆不妨会而通之。”① 会通思想形成一股思潮，影响了多个社会领域，刘海滨列举了文学上的性灵派、天主教入华、西学的引入和传播、王学四个领域。在王学领域，刘海滨将泰州学派的一部分与王畿及其传授系统称为王学会通派，代表人物有赵贞吉、王襞、罗汝芳、杨起元、焦竑、管志道、祝世禄、万表、周汝登、陶望龄、李贽等，王学会通派会通性命与三教的思想有一部分是通过注解《老子》体现的，会通派中注解或编校过《老子》的有杨起元、焦竑、祝世禄、万表、陶望龄、李贽。在王学会通派以外，明后期注解《老子》的官员都可称为“会通派”。明后期发达的商品经济和危如累卵的政治形势，构成了他们生活的黑白两面，一方面是繁华的市井生活，另一方面是经世之志与黑暗政治的对抗，这使他们处于一种进退维谷的境地。这种迷茫与紧迫感促使当时士人穷究性命之道，寻求立身之法，《老子》成为他们立论的理论支撑。相比于以李贽为代表的救世派，其他会通派的老学思想着重于发挥老子的无为处世哲学，希望在现实世界和理想之间寻求一个平衡点，这里面既有如沈一贯、张位等位居高位者，也有焦竑、陶望龄等学者型官员，前者关注处世之道，后者更关注心性修养。

（一）两位内阁官员的处世之道

沈一贯与张位皆位至宰辅，他们前期人生轨迹相似，但在仕途后期，命运却大不相同，造成两人不同命运的原因，从两人《老子》注中的处世哲学，可窥见端倪。

沈一贯（1531~1615），字肩吾，又字不疑、子唯，号龙江，又号蛟门，今浙江宁波人。隆庆二年（1568）进士，选庶吉士，授检讨。因得罪张居正，一直未获重用，直至张居正去世，沈一贯始迁为左中允。万历二十二

① 刘海滨：《焦竑与晚明会通思潮》，华东师范大学出版社，2009，第5~6页。

年（1594），以南京礼部尚书兼东阁大学士，入阁参与机务。万历二十六年（1598）至万历二十九年（1601），升吏部尚书，加少保衔，独秉国政。万历三十四年（1606），辞职归家，后病逝。主要著作有《易学》《老子通》《庄子通》《敬事草》《喙鸣文集》等。《老子通》作于万历十五年（1587），沈一贯认为苏辙、吴澄、薛蕙、王道诸人，“纳而附之儒不异。不惟不知孔，亦不知老”。[①] 故采用“以《老》解《老》”的方式，引《老子》中意义相通者，交互印证，以通《老子》之意。

沈一贯对《老子》修身治国思想的发挥，以对《老子》有、无关系的论证为基础，他认为有、无皆为道，不可偏重一方。无者有之体，有者无之用，有、无虽分而为二，其名异而其出同，两者相成相济，“故无非绝无，谓之真无。有非定有，谓之妙有”。[②] 执有者，但知有之为有，不知有中有无，有乃无之寄寓耳，无去而有亡，故得有不足喜，失有无须悲。执空者，但知无之为无，不知无非真无，无亦自有，无因有而显，有者道之用也，故不必恶有而执无。

以有、无关系证之于修身，沈一贯提出动、静皆中节的修养观。沈一贯认为人若于声色欲望之中，不牵动一心，喜怒哀乐之情不发，是为静而无欲也，可以观道之体，是为“观妙”。感物而动，但能控制欲望，发而中节，发而知止，此动而有欲之时，可以观道之边界，即老子言“观徼”也。

> 欲，所以供人之求者皆是。人有耳目口鼻，乌能无欲。所以抚世酬物，养生尽年，长子孙福黎民者，皆资于欲。若游于声色货利之林而不染，未尝无喜怒哀乐，而亦未尝有之，若莲生于污而不染于污，此无欲之妙也。有喜怒哀乐，而各中其节，虽以声色货利为用，制节谨度，财取给而止，是则有封畛边疆之徼焉。[③]

沈一贯承认欲望的存在，但反对纵欲。他所言静而无欲，不等于溺空，

① （明）沈一贯：《老子通》，载《老子集成》第7卷，第2页。
② （明）沈一贯：《老子通》，载《老子集成》第7卷，第7页。
③ （明）沈一贯：《老子通》，载《老子集成》第7卷，第6页。

溺空者不承认欲望，以灭寂、苦、空为求道路径，是执于空也。但有欲不能纵欲，纵欲者徇生执有，溺于欲而违于道，真常之有欲自然而发，发而皆中节，故从心所欲不逾矩，于此可见道之徼。不纵欲则须制欲，制欲之要在于知足知止，沈一贯提出“止”与“足”的标准顺求之于内而非外。人之生，耳目口鼻之欲必不可少，有欲得之心，内劳心神，外疲形体，若为“止”制定准绳，为“足”设置目标，求足于外，永无满足：“然所谓知足者，非有程数等期之可预定也，待足而足，足无足期矣。”① 真正的满足在于内心之精神，道之在人心，体道而行，于勿忘勿助之间而求之，其足自得。

> 人心排下而进上，任其进上，则名高苍冥而不知极，富苞四海而不知广，乐淫昼夜而不知倦，戾干彗孛而不知改。能排抑则肘见踵决而不为贫，粮绝色菜而不为困，名销声埋而不为辱，颜黧色焦而不为苦，常足在我故也。②

追求内在的满足，故能以身为贵，宠辱不惊。沈一贯赞同庄子“道之真以修身，其绪余以为国家”的观点，他认为身乃忧患之源，有身故有衣食之忧、妻子之累、亲戚故旧之请，有悲愁哀苦、寒暑疾病之痛，有争斗纷争、亡国败家之患，此皆心为身役也。知进而不知退，知得而不知失，保宠持贵之心太过，劳心伤神，最终不惟宠贵不得保，身亦可能不得保。若贵爱其身甚于天下，不以天下为贵，得之不喜，失之不惊，自然可以全身远害：“不自贵而天下不知其贵也，不见争端而天下莫与之争也。来亦不辞，去亦不留也。故天下相与说而安之，惟恐不为君，何患之有。”③

身得保全，皆不争之德也，此正是《老子》中所言圣人后身而身先，外身而身存，以无私而成其私。沈一贯并没有为老子之“私”辩护，反而明确地将“私”字解释为人之正常欲望：“老子之所谓私与欲者，凡今之禄位名寿，富贵福泽，一切有为之事皆是，非所谓污染戕贼之欲也。”④ 但他

---

① （明）沈一贯：《老子通》，载《老子集成》第 7 卷，第 40 页。
② （明）沈一贯：《老子通》，载《老子集成》第 7 卷，第 40 页。
③ （明）沈一贯：《老子通》，载《老子集成》第 7 卷，第 16 页。
④ （明）沈一贯：《老子通》，载《老子集成》第 7 卷，第 11 页。

强调老子成私心之手段是不争。“争者，逆德也。”① 人皆有所长，有所短，争则以己之长攻人之短，无异于操刃而劫，人亦反劫之，故圣人不齿之。圣人不自见，不自是，暗然自修，人皆服其德，其德自彰。不自矜，不自伐，真以功为众人之功，非推脱之辞。“不争则天下服其德，服其功，而又服其所以居功与德者，谁与之争哉。”② 不争则先成人而后己私自然而成，是为无为之私，乃是大无私也。

将修身之道推之于处世，沈一贯提出“至人不为世，亦不离世”，以此平衡入世与出世：“故至人不为世，亦不离世。处清净而不为高，坐泥淖而不为污。当生不为来，当死不为去。齐万物，一穷通。时至则行，无挂无碍。”③ 至人之处世，处世俗之中，有功于天下，为四海谋利，是“不离世”也。然人虽行爱民治国之有为之事，其内心实无有为之念也，他对万物无所分别，有功而不以为功，老死山泽，人不知其名，亦不以为愠，不耽于功名富贵，是“不为世”也，老子言“爱民治国，能无为乎”亦是此意：“世之言治者多炫露其聪明，驰骋于事功，而不知无为之为妙也。及知矣，则又不免于遗弃万事。斯二者皆惑也。圣人则异于是。虽爱民治国而心常无为，虽常无为而爱民治国之事不废也。”④ 可见“至人不为世，亦不离世”就是指以无为之心行有为之事，老子之言善言、善计、善闭、善结，即是此意也。无为中有为，即遵循事物自然之理，因其势而导之，可免于因一偏之执而妄为。物各有其理，若违其理而为之，强使之合己意，则非自然也：“因其势而导之，易简而理得。违其性而扰之，烦劳而罔功。圣人顺其机而不敢逆，循其变而无所堙。特就中去其过当者而已，而无敢多事。”⑤ 以治国而言，循事物之理，就是指在上者不强迫百姓从己之意，而以百姓心为心，顺应民心民情：“百姓之心，天心也。圣人与天合道，与百姓同心，而不以己之心与焉，此所为圣人也。”⑥ 趋利避害，趋生恶死，乃人之常情，

① （明）沈一贯：《老子通》，载《老子集成》第7卷，第23页。
② （明）沈一贯：《老子通》，载《老子集成》第7卷，第23页。
③ （明）沈一贯：《老子通》，载《老子集成》第7卷，第8页。
④ （明）沈一贯：《老子通》，载《老子集成》第7卷，第13页。
⑤ （明）沈一贯：《老子通》，载《老子集成》第7卷，第28页。
⑥ （明）沈一贯：《老子通》，载《老子集成》第7卷，第41页。

在上者无须以法令强迫，名为爱民，实则害之。因法令愈繁，分别愈过，争此夺彼之心愈烈，统治者欲治反不治也。此祸福倚伏之机不可不察。

> 道之大全，不容察察焉，分裂拣择于其间，世人以耳目所知为至，谓吾如此则去祸而就福，从正而违邪，获善而除妖，可以为政矣。不知既有对待，即有倚伏。祸福之来，方且循环而其极无止。方以为正，而不知已为奇，方以为善而不知已为妖。其迷若此，为日已久，哀哉。①

沈一贯这种圆融处世方式使得他在史书中的形象是互相矛盾的。《明史》评价沈一贯在朝堂的作为曰："一贯虽小有救正，大率依违其间。"② 这种依违处世之法，沈一贯自认为无愧于臣子本分，但时人并不认可，指责沈一贯结党营私，贪污受贿，误君误国，特别是沈一贯任首辅后，东林党人对其弹劾不断，他不得不引病乞休，即便如此，在其致仕后，礼部仪制司主事郑振先还专门上疏痛斥沈一贯为"古今第一权奸"。

> 今日辅臣以避权而擅权，以擅权为无权，屈曲迂互，层层玲珑，层层幽秘，朝野疑而不可知，知而不可言，呜呼，极矣。故外庭似与内庭隔，而其实渊徽之精神靡不得者。诸司似与政府隔，而其实人政之吃紧靡不操者。以独断归于上，而十躲九闪尽在独断之中。以无事藏其身，而千端万绪悉酿无事之内。谓其因人而入，而径实不一其人；谓其伺便而出，而诡变不一其便。盖用柔居后之巧，全本之《老子》，而多方误人之法杂出于《阴符》，故盗大柄于皇上，天纵神明之手，而形迹状貌反类绝无气焰庵庵可怜者，此自沈一贯创开从来奸相未有之窍，至于今日愈出愈奇，所以林甫辈之犹拙也。③

神宗朝中后期，朝堂纷争黑暗复杂，内忧外患不断，沈一贯此时既要

---

① （明）沈一贯：《老子通》，载《老子集成》第 7 卷，第 45~46 页。

② （清）张廷玉等撰《明史》卷 281《沈一贯》，第 19 册，第 5756~5757 页。

③ （明）吴亮：《万历疏钞》卷 18《直发古今第一权奸疏》，《续修四库全书》第 468 册，第 721~722 页。

依违上意，以保持禄位，又想实现经世之志，最终却陷入党争旋涡难以分身。李庆先生分析沈一贯的生平，发现他思想中存在着很多矛盾面，既有以国事为先、舍身以成之的一面，亦有明哲保身、趋附上意的一面，同时亦有为个人、为党派谋利益的一面。这种种矛盾，“一是反映了当时知识分子的理想主义，一是表现出大多数那个时代官僚的现实处世方法；一是着眼于当时明王朝更长远的利益，以求‘长治久安’，一是代表了官僚阶层的现实利益，但求眼前安稳而已”。① 沈一贯保守圆融的处世哲学只能成为当时知识分子聊以自慰的精神给养。

与沈一贯的圆融处世相比，张位就显得激进许多。张位（1533～1612），字明成，号洪阳，隆庆二年（1568）进士，选庶吉士，授翰林院编修，参与《世宗实录》编纂；万历五年（1577），因得罪张居正而被贬为徐州同知；万历十一年（1583），张居正去世后才获升为南京尚宝丞，后又升国子监祭酒、礼部右侍郎，因病辞官居家；万历十九年（1591），因申时行举荐，出任吏部左侍郎兼东阁大学士；万历二十六年（1598），张位卷入“妖书案”，被贬为平民，遇赦不囿。因其恃才傲物，以至于被贬之后，无人为其求情，死后也无人为其昭雪，直至天启中，方复官，赠太保，谥文庄。张位《道德经注解》有万历十九年（1591）积秀堂刊本，可知此书当作于万历十九年或此前。

张位与沈一贯同为隆庆二年进士，又同选庶吉士，曾同在内阁共事，张位入阁还比沈一贯早了三年，且位列次辅，然沈一贯却比张位走得更远。两人不同的命运从其《老子》注中可窥见端倪，两人的《老子》注都完成于入阁之前，在注本中，两人的性命观与处世之道已大不相同。

张位对佛道二教都有研究，二教术语信手拈来，《道德经注解》中也持三教会通的思想，他认为：“《老子》，性命之书也。”② 三教会通之处也在于性命：“三家发端虽异，至其缮性理情，毕竟无殊。……盖儒家顺性命以还造化，其道公；禅宗幻性命而超大觉，其义高；老氏修性命而得长生，

① 〔日〕李庆：《论沈一贯及其〈老子通〉——明代的老子研究之四》，《金沢大学外语研究中心论丛》2001年第5辑，第220页。

② （明）张位：《道德经注解》，载《老子集成》第7卷，第106页。

其旨切。”[①] 对于性与命的关系，张位更重视性，因此在解释《老子》中的道、德、有、无时，他极力批判执有之害。

> 盖自然为道，得道为德。浑沦旁魄，生天生地，无所不冒，道也；包涵蕴蓄，成身成物，有以自完，德也。自无生有，道也；从有返无，德也。各正性命，道也；尽性至命，德也。故谓失道而后德，道生之，德蓄之，皆因所以然而归自然。[②]

道赋万物以性，其为天地万物之本体，是为“各正性命”“自无生有”。“尽性至命”方能得道，德就是得于道，德即为“尽性至命”“从有返无”。有、无名虽不同，然皆出于道，有自无出，无因有显，有无混合而成万物：“这有无两端，都从原始太虚中生出，而为名不同。尽性至命，总是玄修，若至无而包涵万有，至有而混合至无，有无交入，精而又精，是谓玄之又玄。而形神俱妙，千变万化，皆从此出矣。”[③] 道既有有、无之名，世人往往执于有、无而忘道，或执有以徇象，或尚无而溺空，却不知道之无未尝全无，无能生有，道之有亦未尝全有，有中含无：“此道乃无中有，有中无，不可执着，所谓水中盐味，色里胶清，道无又有，道有又无，斯为妙也。”[④] 因此，张位认为体道者不能有执，必须破除有无之相、人我之别。

> 是以圣人无为自处，不言行教，任作任生，任为任成。凡圣情忘，能所俱泯，即此离此，去小常而得大常也。若执有无之见者，竟堕名相断灭耳。[⑤]

张位言：“玄学要动而能静，有而能无”[⑥]，有执者落于一端，圣人则不

① （明）张位：《道德经注解》，载《老子集成》第7卷，第107页。
② （明）张位：《道德经注解》，载《老子集成》第7卷，第106页。
③ （明）张位：《道德经注解》，载《老子集成》第7卷，第107页。
④ （明）张位：《道德经注解》，载《老子集成》第7卷，第110页。
⑤ （明）张位：《道德经注解》，载《老子集成》第7卷，第108页。
⑥ （明）张位：《道德经注解》，载《老子集成》第7卷，第109页。

执于有，亦不执于无，绝弃有无、物我之区别，忘形忘我，“凡圣情忘，能所俱泯”，这就是张位所追求的大公无私的道德境界：“忘我故公，忘分别斯德全。”[①] 由此，在论述性命关系时，张位自然地偏重于性，他认为形体不可长久，身、名为形体之累。

> 夫人之生也，赋质而有必涵至虚，而神虚藉有藏资质神运，可散而不可散者也。然有形终坏，有情终歇。迨其敝也，神以形劳，有将虚累，若火发木焚，薪穷焰熄，浮沤泛梗，漂泊生死苦海中，莫能自出。欲与天地长久，非所闻矣。[②]
>
> 如何是宠辱若惊？荣宠虽是最上的事，然因人荣宠，是最下的事，得之惊喜，失之忧惧。如何是贵大患若身？我有此身，便有许多忧患。若能忘形，何患之有？不自贵而以身为天下之人，不自爱而以身任天下之劳，则可寄托天下矣。乃身之可贵者此也。[③]

张位以性为贵，以身为累，但并没有走入万物皆空的虚无路径，而是从个体修养出发，以道自认，破除个体对世俗名利的沉溺，以兼济天下为己任，表露出强烈的经世情怀：“人生在世，只求盛美盈益，都是趋死之道。不知卑弱贬损，乃学道首务也。”[④] 所谓卑弱贬损，即虚静之功，与世俗之盈满相对。追求盈满者，沉溺于外在之名利、欲望，外重而内轻，神伤体敝，此乃趋死之道。圣人与道合体，以虚为上，故重内不重外，对于世俗之名利富贵，要能知足知止。但张位也认识到知足知止仍然停留在执有的层面，并不能根本解决问题，不若炼情归性，去有之执，恢复生命之本然状态：“故能从有入无，而炼情归性，自能无中生有，而玄牝立，玄关露矣。但执有徇象者，终信不及也。”[⑤] 去有之执，效法大道之自然，与世混同，不有人我之分，不以得失为念，“逍遥无累，随在有得，皆顺其自然，

① （明）张位：《道德经注解》，载《老子集成》第7卷，第118页。
② （明）张位：《道德经注解》，载《老子集成》第7卷，第106页。
③ （明）张位：《道德经注解》，载《老子集成》第7卷，第109~110页。
④ （明）张位：《道德经注解》，载《老子集成》第7卷，第117页。
⑤ （明）张位：《道德经注解》，载《老子集成》第7卷，第117页。

而无骤进之意”。[①] 此即为炼情归性之功夫。炼情归性方能无为，张位由此引出其无为而治思想：“求道一涉作为执着，必不得也。至神至妙之事，有为便败，有执便失。只是无为，乃可坐致耳。”[②] “无为多落空，有为多着相。”[③] “无为”不能“落空”，有为不能“着相”，故无为并非指什么都不做，而是顺从万物自然发展趋势而为，不可走入极端，如难与易、强与羸、成与毁，皆互相倚伏，若滞于一端，是有执也，事物必然会转向相反方向。欲保持有利的局面，就要效法大道虚而不盈，不盈方能保持有利态势，此为“无为中之有为”也，张位以“敛息深藏，谨守界限”[④] 八个字概括其内涵。敛息深藏者，无为也；谨守界限者，虚而不盈，过而知返。

有为之着相，就是指各种自逞才智之举：“一切有为之法，皆自私用智之为，去道远矣。”[⑤] 自私用智之法，是为有为，“智”指圣智、仁义、巧利之类，而“私”则是指自逞才智，“恃才自用，便无包括宇宙之量”。[⑥] 欲效法上古无为之治，只需“见素抱朴，少私寡欲”。抱朴就是抱一：“这抱一是忘我忘物，收敛退藏的功夫。”[⑦] 不自矜自伐，谦退不争，“但屈群策而已”[⑧]，处下而不争，天下以我为法，则一切私智、仁义、巧利者，不待绝弃而自消也。

张位在注解中强调不可执于有，亦不可执于无，但他显然更加强调执有之害，极力破除有执，这使他的无为经世论没有沈一贯“不为世，亦不离世”显得圆融，但这样的理论也正是张位勇于任事的反映。《明史》评价张位曰：“位有才，果于自用，任气好矜。其败也，廷臣莫之救。既卒，亦无湔雪之者。”[⑨] 清廷亦承认张位有才，果于自用，这样的性格自然难以“和光同尘”。万历二十五年（1597），日本出兵朝鲜，张位极力举荐杨镐夺

---

① （明）张位：《道德经注解》，载《老子集成》第7卷，第112页。
② （明）张位：《道德经注解》，载《老子集成》第7卷，第114页。
③ （明）张位：《道德经注解》，载《老子集成》第7卷，第116页。
④ （明）张位：《道德经注解》，载《老子集成》第7卷，第116页。
⑤ （明）张位：《道德经注解》，载《老子集成》第7卷，第111页。
⑥ （明）张位：《道德经注解》，载《老子集成》第7卷，第118页。
⑦ （明）张位：《道德经注解》，载《老子集成》第7卷，第112页。
⑧ （明）张位：《道德经注解》，载《老子集成》第7卷，第118页。
⑨ （清）张廷玉等撰《明史》卷219《张位》，第19册，第5779页。

情领兵援助朝鲜，连败日军后，中、朝军队联手将日军围困在蔚山半月之久，后遇连阴雨，且日军援军到来，杨镐不得已而撤兵。这一撤退是明智之举，总督邢介亦赞同，故奏报朝廷为杨镐请功。张位、沈一贯同在内阁，两人当时都赞同此事，然而时任兵部主事丁应泰认为撤兵实为丧权辱国之举，故弹劾张位、沈一贯与杨镐结党营私，[①] 万历皇帝大怒，张位仍坚持为杨镐辩护，沈一贯则马上上疏自责，结果张位被夺职闲居，沈一贯留任。第二年，“妖书案”起，围绕立国本问题，朝臣之间斗争激烈，张位被指为主谋，削职为民，遇赦不囿。此时内阁诸臣或病或去，沈一贯因此独掌内阁三年多，万历二十九年（1601）升任首辅，直到万历三十四年（1606）方致仕。

张位因“妖书案”被黜为民，刘应秋因与张位同乡，受其牵连，辞官归家。张位在南京为官期间，汤显祖曾拜其为师，刘应秋去世后，汤显祖叙及此事时，为张、刘鸣不平，给予张位极高评价。

> 其最无端倪者，曰，君张公之所亲，举动不能令人无疑。嗟夫，士亦视其所亲何耳。张公岂不可亲者耶！言道德而负经济，故天下所属心望为名相者。一出而阴为国本重，显与定边计，意念皆在国家。独其发决大蚤，未能收拾天下贤士，厚集其势，而轻有所为，臣不密则失身，势固然耳，岂张公为人真有不可亲者耶！[②]

汤显祖与张位既是师徒，又是同乡，在张位被削职为民的同年，汤显祖亦弃官归乡，两人在南昌交往甚密。他对张位的评价虽然难免美化，但从中仍可看出张位经世的一面。张位为官，怀经世之志，《张洪阳文集》中多篇奏疏被选入《明经世文编》，涉及政治、经济、军事多个方面。[③] 日本

① 参见孙卫国《中朝视野下两个形象迥异的杨镐》，载南开大学历史学院、北京大学历史系、中国社会科学院历史研究所编《中国古代社会高层论坛文集：纪念郑天挺先生诞辰一百一十周年》，中华书局，2011，第 606~621 页。

② （明）汤显祖著，徐朔方笺校《汤显祖诗文集》（下）卷 41《明故朝列大夫国子监祭酒刘公墓表》，上海古籍出版社，1982，第 1200 页。

③ （明）陈子龙等选辑《明经世文编》卷 408，中华书局，1962，第 4430 页。

侵略朝鲜，他力主出兵，于朝鲜有存活之恩。万历皇帝在立太子的问题上犹豫不决，为稳定国本，张位力主早立太子，其为国之心可见。张位本人学贯经史，著有《问奇集》《词林典故》《敬心类编》《道德经注》《周易参同契注解》等，于儒家推崇的立德、立功、立言之事，都有所建树，时人张汝霖称赞张位曰："洪阳先生以三立之至，为天下师。"① 自万历十四年（1586）起，神宗长期怠政，只通过内阁与外廷联系，围绕内阁权柄，朝臣之间党派纷立，《明史》言："（神宗）晏处深宫，纲纪废弛，君臣否隔。于是小人好权趋利者驰骛追逐，与名节之士为仇雠，门户纷然角立。驯至愍、愍，邪党滋蔓。在廷正类无深识远虑以折其机牙，而不胜忿激，交相攻讦。以致人主蓄疑，贤奸杂用，溃败决裂，不可振救。"② 张位、沈一贯所提出的会通之道并不能帮他们实现修身治国的理想，两人都陷于朝堂纷争之中，不得不黯然归乡。

（二）焦竑与陶望龄以佛论道

与张位、沈一贯相比，有部分官员选择谈佛论道，在心性哲学的思辨中摆脱现实的烦恼，又极力从中寻求拯救现实弊病的良方，这一部分官员以焦竑、陶望龄为代表。

明后期，士大夫中谈禅论道之风盛行，顾炎武言："南方士大夫，晚年多好学佛；北方士大夫，晚年多好学仙。"③ 这股禅悦之风，东南尤盛。以彭绍升《居士传》为例，全书记载明代居士 102 人（包括文中未单列人物），其中万历以前仅 4 人，此后 98 人中，江苏省 42 人（包括 2 个今上海人），浙江省 22 人，两省占全部人数的 62.7%，④故有学者指出："晚明佛教之中兴，从某种意义上来说，首先是东南佛教的中兴。这不仅在于那些具有重要斡旋能力与义理阐发能力的高僧、教主多出生、活动于东南一带，也在于当时众多由儒入佛的著名居士多为东南籍人及以东南为其活动的舞

---

① （明）汤显祖著，徐朔方笺校《汤显祖诗文集》（下）卷 28《张洪阳相公七十寿序（代）》，第 999 页。

② （清）张廷玉等撰《明史》卷 21《神宗二》，第 2 册，第 294~295 页。

③ （清）顾炎武著，黄汝成集释《日知录集释》（中）卷 13《士大夫晚年之学》，第 805 页。

④ （清）彭绍升撰，张培锋校注《居士传校注》，中华书局，2014，第 314~491 页。

台，毫无疑问，东南主要是江浙是晚明佛教中兴的一个核心场域。”① 文人参禅，确有精研佛法者，但更多是借佛法以摆脱尘世烦恼，寻求心灵解脱，时人陈宏绪言：“今之仕宦罢归者，或陶情于声妓，或肆意于山水，或学仙谈禅，或求田问舍，总之为排遣不平。”② 故文人谈禅论道，志不在佛道信仰，而是获得禅趣，暂时忘却尘世烦恼，在佛道精妙义理中寻求心灵与现实的会通之道。

焦竑与陶望龄都是东南名士，万历十七年（1589）殿试，焦竑为状元，陶望龄为探花，及第之后同在翰林院任职，“朝夕相激发，于是专致力于圣贤之学”。③ 这一时期，两人所致力的圣贤之学，乃是会通三教之学。《明儒学案》中将焦竑、陶望龄都列入《泰州学案》，却没有将李贽列入其中。其实李贽与阳明学者关系密切，与焦竑更是多年好友，在焦竑的影响下，陶望龄也对李贽之学心向往之：“望龄在京师时，从焦弱侯游，得闻卓吾先生之风，继得其书，毕习之，未尝不心开目明，常恨不能操巾拂其侧。”④ 二人皆学通三教，他们的《老子》注本中都持三教会通思想，但佛学思想尤为浓厚，这正是东南地区佛风盛行的反映。

焦竑（1540～1620），字弱侯，一字从吾，号澹园、澹园居士、太史氏等，谥文端。今江苏南京人，万历十七年（1589）殿试第一，授翰林修撰。焦竑踌躇满志，欲一展其经世之志，然锋芒太露，性格耿直，遭到同僚排挤。万历二十五年（1597），焦竑任顺天乡试副主考，于落选试卷中选拔出徐光启卷，将其列为第一，事后被人攻讦，贬为福宁知州，而主考官全天叙却未受任何责罚，究其根源，应和得罪次辅张位有关：“竑既负重名，性复疎直，时事有不可，辄形之言论，政府亦恶之，张位尤甚。”⑤ 次年，遂辞官归家，专心读书著述。焦竑知识广博，于文学、史学、音韵学、考据

① 黄卓越：《冯梦祯与晚明东南佛教》，载杭州佛学院编《吴越佛教学术研讨会论文集》，宗教文化出版社，2004，第 469 页。

② （明）陈宏绪：《寒夜录》卷上，中华书局，1985，第 7 页。

③ （明）陶奭龄：《歇庵集附录》卷 1《先兄周望先生行略》，载《续修四库全书》第 1365 册，第 653 页。

④ （明）陶望龄：《歇庵集》卷 11《奉刘晋川先生》，载《续修四库全书》第 1365 册，第 413 页。

⑤ （清）张廷玉等撰《明史》卷 288《焦竑》，第 24 册，第 7393 页。

学、子学等方面都有建树，一生著述颇丰，有《焦氏澹园集》《澹园续集》《献征录》《老庄翼》《国史经籍志》《焦氏笔乘》等。

《老子翼》作于万历十五年（1587），其内容分为两部分：第一部分为正文之注，采辑历代注《老》著作，加之焦竑自注《笔乘》，共65家；第二部分为附录及《老子考异》。附录部分列各家《老子》传记及历代注解和研究《老子》者的资料，有如一部老学简史。李庆先生言："思想和学术的发展，大致有两种情况，一是按照旧的模式，对其中的研究方法加以改进，对旧的概念作出新的解释和阐述，因而为旧的思想体系注入新的内容。二是脱出或改变旧的思维模式，提出新的概念，构筑新的理论框架。因而显出新的发展。"① 李庆先生对焦竑《老子翼》评价甚高，他认为焦竑在学术史、思想史中应该归为第二类人，以其《老子翼》为例，从研究方法看，"《老子翼》是明代《老子》研究中的'考证集释派'之作"②，开启清代考据学。"从内容上来说，他对于旧的'道'、'性'、'有'、'无'等概念作了新的诠释，脱出了以阐述'经典'为宗旨的理学家的藩篱"③。焦竑的这些新诠释多借鉴了佛教的思想。

焦竑借鉴佛教"色即是空"，解释《老子》中有与无的关系。"色即是空"出自《般若波罗蜜多心经》："色不异空，空不异色，色即是空，空即是色。受、想、行、识，亦复如是。"④ "色即是空"以"真空妙有"理论否定小乘佛教"一切皆空"的理论，"一切皆空"不仅否定现实世界，甚至否定佛性的真实性与成佛的可能性。"真空妙有"理论认为世界上的一切都是虚幻不实的，故谓之"空"，然空非真空，空而不空，一切众生自有真如法性存在，是为"妙有"，众生若能清净自心，自可见性成佛。然而无论是"一切皆空"还是"真空妙有"，其最终归属都是脱离现实世界的，焦竑并没有完全照搬佛教理论。焦竑以《金刚经》中"凡所有相，皆是虚妄，若见诸相非相，即见如来"比附老子之道：

---

① 〔日〕李庆：《论焦竑的〈老子翼〉——明代的老子研究之三》，《金沢大学外语研究中心论丛》2000年第4辑，第272页。

② 〔日〕李庆：《论焦竑的〈老子翼〉——明代的老子研究之三》，第272页。

③ 〔日〕李庆：《论焦竑的〈老子翼〉——明代的老子研究之三》，第273页。

④ 何新：《〈心经〉新诠》，同心出版社，2013，第28页。

道无形容，不可形容即属之德，然知德容，则道亦可从而识，如所谓恍惚窈冥是也。……不知惚恍无象即象也，恍惚无物即物也，窈冥无精即精也。如释典云：若见诸相非相，即见如来也。暂为假，常为真，恍惚窈冥则不以有而存，不以无而亡。[①]

老子之道即佛教之“真空妙有”，然佛教体会大道的方式是依靠自身的领悟，领悟之后求得个人修行的圆满，脱离于现实世界。焦竑正是在此处改造了佛教的“真空妙有”理论。

人执众有为有，而不能玄会于徼妙之间者，未尝阅其始耳。阅众有之始，则知未始有始，则众有皆皆妙，而其为恍惚窈冥也一矣。是所以知众有即真空者，以能阅而知之故也。[②]

焦竑的修行功夫不是依靠渐悟或者顿悟，而是“以能阅而知之故也”，是即有以求无，焦竑此意在“不灭色以为空，色即空，不捐事以为空，事即空”[③] 中表述得更加清楚。从以上有、无论可见焦竑只是吸收了佛教的思辨方式，但在对待现实世界的问题上，焦竑又从来没有放弃儒家修齐治平的经世理想。即有以求无，使有和无由相互矛盾的关系转为相辅相成，正如明末多数官员在注《老》中所提到的“住世而能出世”，会通派官员以此安顿出世与入世的矛盾。

“即有以求无”思想是焦竑《老子翼》的思想核心，其无为论、复性论皆由此而发。焦竑“即有以求无”的思想在其《老子翼》自序中表述的十分清晰。

“夫无之不能不有，犹之柔之不能无刚也，而建之以常无有。夫建

① （明）焦竑：《老子翼》，载《老子集成》第 6 卷，第 645 页。
② （明）焦竑：《老子翼》，载《老子集成》第 6 卷，第 645~646 页。
③ （明）焦竑：《老子翼》，载《老子集成》第 6 卷，第 634 页。

之以常无有，则世之仁义圣智，不至绝而弃之不止也。是亦归于举一而废百者耳。”余曰：“《老子》非言无之无也，明有之无也。无之无者，是灭有以趋无者也，其名为輐断。有之无者，是即有以证无者也，其学为归根。夫苟物之各归其根也，虽芸芸并作，而卒不得命之曰有，此致虚守静之极也。盖学者知器而不知道，故《易》明器即道；见色而不见空，故释明色即空；得有而不得无，故《老》言有即无。诚知有之即无也，则为无为，事无事，而为与事举不足以碍之。斯又何绝弃之有？故曰：《老子》，明道之书也。”①

焦竑言“无之不能不有”，无非无之无，而是有之无。无之无者，一切皆空，沦为虚无。有之无者，无为有之体，有为无之用，故即有以证无。无为亦近于无而非真无，故虽行无为之道，仁义圣智不可废也。故“不尚贤”章，焦竑选择了苏辙的注解。苏辙言贤人、宝物、欲望虽然有可能会招致祸患，但若因此全部摒弃，不异于因噎废食：“若举而废之，则是志与骨皆弱也。心与腹皆实则民争，志与骨皆弱则无以立矣。”② 故不若用贤而不尚贤，用宝物而不贵之，有欲望而不示之于人，人虽用之而不慕之，淡然无欲，虽有智者，巧无所用，无为而无不治也。《老子》言“夫礼者，忠信之薄而乱之首”，焦竑言“极言礼智流弊所至耳”③，并非言老子要废弃仁义礼智。焦竑又择取《庄子》之言证明道、德、仁、义、礼虽有上下先后之分，然圣人用之皆为道。

今已为物也，欲复归根，不亦难乎？其易也，其惟大人乎？虽然既归其根，孰为物？孰为非物？故又曰：匿而不可不为者，事也。远而不可不居者，义也。亲而不可不广者，仁也。节而不可不积者，礼也。中而不可不高者，德也。一而不可不易者，道也。此数者，虽有上下先后之异，而以圣人用之，皆道也。盖圣人百虑同归，二际俱泯，

① （明）焦竑撰，李剑雄整理《澹园集》卷14《老子翼序》，第136页。
② （明）焦竑：《老子翼》，载《老子集成》第6卷，第635页。
③ （明）焦竑：《老子翼》，载《老子集成》第6卷，第653页。

岂复有彼此去取邪。[①]

圣人之所以能去其分别，皆以道用之，是因为圣人用自然也，无区别对待之心，不执有为有，因势而为之，为而不为，任万物自生自化，自然而然。焦竑以《楞严经》中“非因缘非自然”解释老子之“自然”。“非因缘非自然”似乎是与老子之宗自然完全相反，其实两者无异也。《楞严经》曰：“是故当知，耳入虚妄，本非因缘，非自然性。”[②] 眼见之性皆为虚妄，乃是虚空中自己产生，没有自性，故曰非因缘而生，亦非无因自生的自然之性。可见佛教亦是赞同自然之性，所反对者是“在有物之上”及“真空”的“出非物之下”产生的物性，比之老子，就是道化生万物，其化生方法就是自然，万物自生自化、自然而然，而非道之外又有一个“无”，由无而生有，这是在万物之上另设一个“万物之母”。

夫所恶夫自然者，有所自而自，有所然而然也。有所自而自，有所然而然，则是自然也。在有物之上，出非物之下，是释氏之所诃也。老聃明自然矣，独不曰无名天地之始乎？知无名则其自也无自。其自也无自，则其然也无然。其自无自，其然无然，而因若缘，曷能囿之？

既然道为自然，其化生万物，非有意为也，万物皆自生自化，自然而然，故从事于道者，即效法道之自然，“无得无失，而随世之得失，故为德为失，皆信其所至而无容心焉，无不同矣”。[③] “无容心”焉，即无彼此之分，对万事万物皆等同看待，此自然即老子之“即有以求无”也。

夫事涉于形则有大小，系乎数则有多少，此怨所由起也。惟道非形非数，而圣人与之为一，以无为为为，以无事为事，以无味为味，爱恶妄除，圣凡情尽，而泊然栖乎性宅，则大小多少一以视之，而奚

① （明）焦竑：《老子翼》，载《老子集成》第 6 卷，第 654 页。
② 赖永海、杨维中译注《楞严经》卷 3，中华书局，2010，第 85 页。
③ （明）焦竑：《老子翼》，载《老子集成》第 6 卷，第 647 页。

> 怨之可报哉？惟德以容之而已。[①]

焦竑之“无为论”既不废于无，亦包含万物平等的精神在其中，与王学“万物一体之仁”、李贽“致一之理，庶人非下，侯王非高”意思相近。这样从道的层面要求在上者对百姓一视同仁的思想，自明中期王门弟子引入《老子》中以后，一直被延续下来，基本成为官员老学中共有的思想。

焦竑的复性论亦坚持即有以求复性，对比苏辙之注，这一特点更加明显。苏辙曰：

> 致虚不极，则有未亡也。守静不笃，则动未亡也。丘山虽去，而微尘未尽，未为极与笃也。盖致虚存虚，犹未离有，守静存静，犹陷于动，而况其他乎？不极不笃而贵虚静之用，难矣。[②]

焦竑发展了苏辙的注解，焦竑言：“致虚而不知实之即虚，虚未极也。守静而不知动之即静，静未笃也。若此者，观无于无，而未尝于有观无故耳。”[③] 虚极则至于无，静笃而至于静止，苏辙之复性是以“虚”“静”处求之。而焦竑则认为这不过是“观无于无”，这和焦竑对现实世界的重视显然不相符。故焦竑认为复性应“于有观无”，在现实世界中实现本性的回归，故其致虚乃从实处求虚，静笃则自动处而得，是为以有非有，虚静自得。具体而言，就是要在“爱民治国”之事中复归本性。

焦竑的复性论既出于佛教的真空妙有说，其复性之要在于清净自心，但是此清净不是指使心为空，而是“除心不除事”。“除心”，去妄心也，去除心之疵病，使心复归于玄妙之境。焦竑认为此净心功夫，对普通人来说很容易，对学者来说却很难，“道以知入，以不知化”。[④] 而学者往往固执己见，以道之疵病为己之独见，病而不知，自然难除。“不除事”是防止鲩断

---

① （明）焦竑：《老子翼》，载《老子集成》第6卷，第663页。
② （明）焦竑：《老子翼》，载《老子集成》第6卷，第641页。
③ （明）焦竑：《老子翼》，载《老子集成》第6卷，第642页。
④ （明）焦竑：《老子翼》，载《老子集成》第6卷，第666页。

之弊。除心至于輐断者，有皆去之，以无为无，不知《老子》之无乃有之无也，故焦竑言："然智者除心不除事，昧者除事不除心，苟其误认前言，不至以輐断为学者几希。"[①] 老子为免人流于虚无，故以"载营魄"言之。焦竑解"载营魄"之"营"曰："营如经营怔营之营。《白虎通》曰：营营，不定貌。是也。"[②] 以"营"为"经营"，而非作"魂"解，焦竑认为魂魄是心之精爽者，分而言之，"大氐清虚则魄即为魂，住着则魂即为魄"。[③] 人生而有形，有形则有耳目口鼻之欲，若能知有非有，即有以证无，则知此形与欲皆空，用之而不溺之，即为虚静恬淡寂寞无为者。虽魄载此四大与七情，亦能化有为无，涤情归性，此时魂魄为一，是为抱一无离。

> 夫魄之营营，日趋于有，而此云载者，知七情无体，四大本空，如人载于车，舟载于水，乘乘然无所归也。如此则化有为无，涤情归性，众人离之而为二，我独抱之而为一，入道之要，孰切于此？[④]

若以有为有，不能执有以归无，魂魄离而为二。"载营魄"即涤情归性，涤情归性不能只是注重个人内心修炼，而是要即事而为之："非拱默之谓也，即爱民治国而能无为也，所谓为无为也。"[⑤] 以此，复性又与经世相贯通。

可见焦竑的心性论亦归于"即有以求无"，在"有之无"为最终归宿的前提下，心性修养也不再只是精神活动，而是与现实世界联系起来，故焦竑批判以老子为虚无的观点："绌老子者犹谓其弃人事之实而独任虚无也，则未考其文而先有意以诬之者耳，岂不妄哉。"[⑥] 焦竑在重视有、无的形上之意时，并没有遗落现实，他的经世之意亦由此体现。

与焦竑一样，陶望龄亦学脉归于王学，却因尚佛而被黄宗羲列入《泰

① （明）焦竑：《老子翼》，载《老子集成》第 6 卷，第 638 页。
② （明）焦竑：《老子翼》，载《老子集成》第 6 卷，第 637 页。
③ （明）焦竑：《老子翼》，载《老子集成》第 6 卷，第 638 页。
④ （明）焦竑：《老子翼》，载《老子集成》第 6 卷，第 638 页。
⑤ （明）焦竑：《老子翼》，载《老子集成》第 6 卷，第 638 页。
⑥ （明）焦竑：《老子翼》，载《老子集成》第 6 卷，第 638 页。

州学案》。陶望龄（1562～1609），字周望，号石篑居士，又号歇庵居士，浙江会稽人，万历十七年（1589）会试第一，殿试高中探花，授翰林院编修。万历十九年（1591），告假归家，万历二十二年（1594），补缺原职，并奉命同修国史，撰《开国功臣传》。“妖书案”起，陶望龄与同僚曾极力疏救被牵连的清流派官员郭正域：“望龄见朱庚不为救亦正色责以大义，愿弃官与正域同死。狱得稍解。”[①]“妖书案”后，以母病辞归故里，从云栖袾宏参学，受菩萨戒，并与信徒一起设立放生会，以广云栖之教。[②] 著有《歇庵集》《解庄》《解老》《宗镜广删》等。

黄宗羲总结陶望龄思想曰：“先生之学，多得之海门，而泛滥于方外。以为明道、阳明之于佛氏，阳抑而阴扶，盖得其弥近理者，而不究夫毫厘之辨也。其时湛然、澄密、云悟皆先生引而进之，张皇其教，遂使宗风盛于东浙。其流之弊，则重富贵而轻名节，未必非先生之过也。”[③] 黄宗羲以阳明学正统传人自居，却将同属浙江的周汝登、陶望龄归入泰州学派，未列入浙中王门，打破了《明儒学案》以地域和师承划分学派的传统。

> 黄宗羲在《移史馆论不宜立理学传书》中所谓的浙东学派，显然并非后世史学界所谓清代由黄宗羲所开创的包括万斯同（1638～1702，字季野，号石园）、全祖望（1705～1755，字绍衣，号谢山）、章学诚（1738～1801，原名文教，字实斋，号少岩）等人在内的史学意义上的浙东学派，而是指阳明学在越中的一脉传承。根据前文邹元标、陶望龄、刘宗周，甚至作《子刘子行状》时的黄宗羲所做的描述，这一意义上的浙东学派，正是王阳明→王龙溪→周海门→陶望龄→陶奭龄这样一条线索。[④]

彭国翔认为黄宗羲为了反驳世人对阳明学为禅学的批判，遂扭曲师承，

---

① （清）张廷玉等撰《明史》卷216《唐文献》，第19册，第5712页。

② （清）彭绍升撰，张培锋校注《居士传校注》，第376页。

③ （清）黄宗羲著，沈盈芝点校《明儒学案》卷36《泰州学案中五》，第869页。

④ 彭国翔：《周海门的学派归属与〈明儒学案〉相关问题之检讨》，载《近世儒学史的辨正与钩沉》，中华书局，2015，第231页。

将周汝登、陶望龄列入“泰州学派”。也有学者研究认为黄宗羲此举只是因为对周汝登生平与学术不熟悉，认为其学术主张禅学，才出现记载失误。[①]上述论述都说明了周汝登、陶望龄之学与佛学的密切关系，故也有学者称泰州学派为“虚无派”，其主要特点之一在于“由于该派出入二氏，精通禅理，故‘三教合一之说，自龙溪大决藩篱’”。[②] 此外，黄宗羲还认为周、陶二人使东南宗风大盛，引导出“重富贵而轻名节”的社会风气，但黄宗羲也承认陶望龄虽然谈佛论道却并没有完全抛弃儒家经世思想，于“妖书案”中挺身而出，溺于佛学尚浅，还能坚守儒者本心，此论确切，陶望龄《解老》虽佛教色彩浓厚，亦不乏经世之意。

陶望龄将《老子》之常道与儒学之心、佛教之“一心三观”联系起来。他认为有、无即可道、可名，有、无虽然不属于常道、常名，但可通过有、无体会常道、常名：“道虚无形曰妙，故常作无观，所以体真物。动速泯曰徼，故常作有观，所以穷妄。”[③] 道虚无形，以无观无，可体道之妙。道动而有止，以有观有，体道之边徼，以除妄行。有、无既然属于可道、可名，不可称为玄，常无、常有方为玄。陶望龄将常有、常无与常名、常道划分得很清楚，他认为老子言“有物混成，先天地生”者，“镇之以无名之朴”者，是为常有。“希”“夷”“微”不可见闻者，“吾不知其名”“吾不知谁之子”者，是为常无。而所谓不可道之常道，不可名之常名者，因其不可道，不可名，勉强以一名之，一即心也。万事万物皆生于心，一心统万事。然后他又以佛教“一心三观”理论解释常有、常无及玄之又玄。《中论》曰：“因缘所生法，我说即是空，亦为是假名，亦是中道义。”[④] 这三条为佛教真理，被称为三谛，“空”为真谛，“假”为俗谛，“中”是中道谛：“三谛之中，真谛讲一切现象的通相，俗谛讲各别行相，中道谛讲一切现象的通相与别相的辩证统一，这些正好相当于三种智慧的境界。”[⑤] 北朝慧文在修习《中论》时悟得“一心三观”说。“一心三观”指在止观实践中，一

---

① 邓志峰：《王学与晚明师道复兴运动》（增订本），第 435 页。

② 钱明：《阳明学的形成与发展》，第 136 页。

③ （明）陶望龄：《解老》，载《老子集成》第 7 卷，第 546 页。

④ 印顺：《中观论颂讲记》，正闻出版社，1992，第 461 页。

⑤ 潘桂明、吴忠伟：《中国天台宗通史》（上），凤凰出版社，2008，第 112 页。

心可以同时观察空、假、中。智𫖮在“一心三观”的基础上又提出了“三谛圆融”说，“三谛圆融”指三谛虽分而为三，其实互相统摄，彼此无碍，名为三而实为一。“智𫖮‘一心三观’说的根本用意，是要证明世界一切事物和现象（包括物质和精神）在‘一心’基础上的圆融统一，指出众生在圆融哲学背景下圆证、圆修的必要性。”① 陶望龄以常无比附空观，常有为假观，非常无、非常有为中观，并吸收智𫖮“三谛圆融”思想，以一心统摄三观。

> 常有则无无，时无在有处也。常无则无有，时有在无处也。常有无无，常无无有，即有无相夺。常有即常无，常无即常有，即有无相摄。演之即具十玄义矣。②

常无中含常有，即有以观无；常有中含常无，有而不执于有；或常无常有皆为无，是为“真空妙有”：“恍惚窈冥，了无形色可见。毕竟有物，甚真甚信，为万象之主宰，作今古之常住。恒居无事，以阅众甫，言其似无实有，所谓真空妙有者也。”③ 常无、常有、真空妙有皆统摄于心。陶望龄笃嗜心学，他虽然引入了佛教的思想，但最终目的是证明一心统万事。陶望龄认为心即为一，无所不知，物来自应，无须在心之外再加以知。

> 是心无所不知，然而未尝有能知之心也。夫心，一而已，苟又有知之者，则是二也。自一而二，蔽之所自生，而愚之所自始也。今夫镜之于物，来而应之，则已矣，又安得知应物者乎。本则无有，而以意加之，此妄之源也。④

陶望龄又曰：“道不可名，强名为一，故曰道生一，非以道为母，一为

---

① 潘桂明、吴忠伟：《中国天台宗通史》（上），第118页。
② （明）陶望龄：《解老》，载《老子集成》第7卷，第547页。
③ （明）陶望龄：《解老》，载《老子集成》第7卷，第551页。
④ （明）陶望龄：《解老》，载《老子集成》第7卷，第549页。

子也。”[①] 道即是一，心亦是一，则心即道也。知本乎心，则无所不知。能知之知，能见之见，皆有所蔽，“天下之大，天道之广，岂可以知知，以见见乎。……圣人不行而本乎智，不见而本乎心”。[②] 能知之知，不仅不能见道之全，还可能违于道，是为心之疵。心有疵则神不虚，陶望龄引苏辙注解曰：“神，虚之至也。气，实之始也。虚之极为柔，实之极为刚。”[③] 神虚则气柔，喜怒哀乐发而中节，神不虚则气刚，喜怒哀乐各失其类，是为妄也。

心不仅无所不知，且无所不化，万物皆生于心，万事亦皆出于心，心即为道：“今所谓天下者何始乎。知其所始，则得其母矣。得其母，然后知万事万形皆心所生，而无非心也。”[④] 万事皆出于心，是陶望龄对世人批判心学为虚寂之学的反驳，这一思想在他的《圣学宗传序》中表达得更为清楚。

> 心无体，而靡事不心；事何依，而无心不事。树颏运臂，辄造精微，加帚极箕，直通神化，纵心皆活泼泼之地，举目即斯昭昭之天。而言理者或妄索于杳冥，涉事者遂致疑于虚寂，其蔽四也。[⑤]

他认为心体作用巨大，无事不依，无事不包，那些认为心学言理则渺茫，涉事则虚寂，不过是学道之蔽而已。陶望龄的思想如此，其本人亦是学禅而不逃世。万历三十一年（1603），“妖书案”起，牵连朝中多位大僚，皇帝震怒，陶望龄恐此事扩大，牵连甚广，极力劝阻当事者勿兴大狱，事果得解。黄宗羲称赞曰：

> 然先生于妖书之事，犯手持正，全不似佛氏举动。可见禅学亦是清谈，无关邪正。固视其为学始基，原从儒术，后来虽谈玄说妙，及

① （明）陶望龄：《解老》，载《老子集成》第 7 卷，第 555 页。
② （明）陶望龄：《解老》，载《老子集成》第 7 卷，第 555～556 页。
③ （明）陶望龄：《解老》，载《老子集成》第 7 卷，第 548～549 页。
④ （明）陶望龄：《解老》，载《老子集成》第 7 卷，第 556 页。
⑤ （明）陶望龄：《歇庵集》卷 3《圣学宗传序》，载《续修四库全书》第 1365 册，第 220 页。

至行事，仍旧用着本等心思，如苏子瞻、张无垢皆然，其于禅学，皆浅也。[①]

黄宗羲将陶望龄不逃世的原因归结为其虽学禅而实宗儒学，禅学不过是清谈而已，并不能主导人的行为，若涉事，还是儒学主导其本心。黄宗羲的解释虽然与陶望龄本身思想有隔离，但亦肯定了其经世之志。从理论上看，焦竑亦言“真空妙有”，然焦竑之无为形上之无，有为形下之有，是落实到现实世界即有求无。而陶望龄的常有、常无都是指形上之道，虽然陶望龄一再强调心学亦关世务，但在实际思想中，已不免于禅学空虚之弊。

三　浑同有无

明后期官员老学的主题是救世和会通，但无为救世与不执有无的会通方法，若用力过度，就容易流入虚无，洪其道《道德经解》、洪应绍《道德经测》即有这方面的倾向。

洪其道，生卒年不详，字心源，又字惟一，万历十七年（1589）进士，河南商城人，曾任洛南县知县、刑部主事，在洛南任上主持修撰《洛南县志》，后世评价曰：“雅有儒书，其《志》亦称善本。”[②] 著有《中庸解》《桑蚕一览》《道德经解》。[③]《道德经解》作于万历四十六年（1618）。洪其道言《老子》之要有三：“道无名，心无欲，治无为。”[④] 以三个“无”字概括《老子》主旨，说明洪其道对《老子》主旨的理解明显偏向于无，这使他的无为论在强调不废有为的同时，很明显地流露出虚无化的倾向。

洪其道认为道即虚也、一也：“道本虚也，虚而盈，保之如道。”[⑤] 虚方能生物，虚方能容物，此即老子所言有、无相生之理。洪其道重视形上之有、无，他认为：“凡物有则不常，而无则常。常者，无也，老子自解曰归

---

① （清）黄宗羲著，沈盈芝点校《明儒学案》卷 36《泰州学案中五》，第 869 页。

② 林平、张纪亮编纂《明代方志考》，四川大学出版社，2001，第 447 页。

③ 《洛南县志》编纂委员会编《洛南县志》第 18 编《洪其道》，作家出版社，1999，第 680 页。

④ （明）洪其道：《道德经解》，载《老子集成》第 7 卷，第 688 页。

⑤ （明）洪其道：《道德经解》，载《老子集成》第 7 卷，第 674 页。

根、曰静，复命曰常，惟无也，是以常也。”[①] 此处之“有”，是指形而下之实物，洪其道认为道之有、无方为常。无者，天地之始，有者，万物之母，皆未落形迹：“皆在天地万物未生之先。”[②] 无者自无，有亦无也，只是相对于道之无而名之曰有，故“有亦无也，是之谓常道”。[③] 洪其道将有、无都解为常道，并驳斥世人言老子绌有而申无的批判：“呜呼，其亦不达老氏之旨矣。老氏盖浑有无而同之者也。”[④] 他认为自其异者观之，有、无不同；自其同者观之，有、无皆道也，故老子言无就是言有，由此得出结论：“有之为利，无之为用也。道之纲领矣。”[⑤] 洪其道没有区分形上形下之有无，以相对主义的观点泯弃了有无的区别，使其《道德经解》具有虚无化的倾向。

在修身论中，洪其道强调无欲。修身即“惟善事心而已，惟返之心之初而已”。[⑥] 心体本虚，虚而无欲，“返心之初”即恢复心之无欲状态。他从心即理出发，提出有欲、无欲皆为道：“吾心之无欲、有欲一念动静之间耳，第有无而同曰欲，有欲无欲而同曰常。”[⑦] 心无欲之时，即喜怒哀乐未发之时，以无观无，可得道之妙。心有欲之时，即喜怒哀乐发而皆中节，以有观有，可得道之徼，可见此处之未发与已发皆是未落实到现实世界，只在意念之发动处用功，故他仍然更重视无欲：“圣学一为要，无欲而已。无欲可以观妙，无欲以静而天下治之哉。”[⑧]

洪其道的治国理论强调无为，但此无为不同于明后期老学的主流无为观，即以无为之心行有为之事，而是要求不作为，任万物自然发展。洪其道言：“治贵无为，非抱一守柔并玄览而涤之，为能超形气而游性初，终不免落有为法矣，乌能爱民而治国乎？”[⑨] 抱一者纷解，守柔者锐挫，涤玄览

① （明）洪其道：《道德经解》，载《老子集成》第 7 卷，第 670 页。
② （明）洪其道：《道德经解》，载《老子集成》第 7 卷，第 673 页。
③ （明）洪其道：《道德经解》，载《老子集成》第 7 卷，第 670 页。
④ （明）洪其道：《道德经解》，载《老子集成》第 7 卷，第 669 页。
⑤ （明）洪其道：《道德经解》，载《老子集成》第 7 卷，第 673 页。
⑥ （明）洪其道：《道德经解》，载《老子集成》第 7 卷，第 675 页。
⑦ （明）洪其道：《道德经解》，载《老子集成》第 7 卷，第 670 页。
⑧ （明）洪其道：《道德经解》，载《老子集成》第 7 卷，第 670 页。
⑨ （明）洪其道：《道德经解》，载《老子集成》第 7 卷，第 672 页。

者和光同尘，然凡此者，皆指修身体道，而未落实在现实世界："塞兑闭门，挫锐解纷，和光同尘，皆在先天体味，不可以言言也，玄同之境也。"[①]这种无为观落实到具体的现实世界，自然是沿着虚无化方向发展，进而开出摒弃道德仁义、礼乐刑政的治国理论。

洪其道认为无为即在于顺其自然，但其自然是摒弃人力之自然。洪其道曰："吾识得同字之义，而老氏有无之旨始畅。"[②] 此"同"字指有无同出而异名之"同"，即同于无也。在他看来，道、德、仁、义、礼，冲、一、虚静、柔、朴、慈，自其名而观之，无不异也，然自其同而观之，皆出于道也，故无不同。"道者同于道""失者同于失"亦是此意。"同者，异名而用处[③]者也。失者，道德失而后有仁义礼也。"[④] 同于道者即以道为道也，故德亦道，仁、义、礼亦曰道。自名而观之，道、德、仁、义、礼无不异也，然自其出而观之，则无不同也。自其异而观之，则其皆道之分，无有不失者也，然自其同而观之，无不得于道也。德与仁义礼亦是如此，"莫不化其异而浑于同。浑于同者，无得亦无失"。[⑤] "化其异而浑于同"，即顺其自然之意。洪其道之自然就是任其自生自养，不加外力："天地之于物，圣人之于人，一听其自生自养，特不伤之而已，无所以与之也。此天道亦王道也。"[⑥]

洪其道虽言万物发展各有其理，圣人亦不能使智愚贤不肖者皆遵一途，故"古今治天下者，一切有为之法，安能尽废？盖亦有不得已焉"[⑦]。此不得已之为就是去甚、去奢、去泰而已，但落实到具体政策上，洪其道仍然坚持其虚无化方向。他认为老子言绝弃仁义礼者，乃是绝弃仁、义、礼之文而返之道："绝者属之反也。绝仁弃义，正以属之道也。"[⑧] 仁、义、礼者乃德之分，离于道则为下德，流于道之下也："道浑善恶好丑而一之，使民

---

① （明）洪其道：《道德经解》，载《老子集成》第 7 卷，第 683 页。
② （明）洪其道：《道德经解》，载《老子集成》第 7 卷，第 676 页。
③ 此"处"疑为"出"。——笔者注
④ （明）洪其道：《道德经解》，载《老子集成》第 7 卷，第 676 页。
⑤ （明）洪其道：《道德经解》，载《老子集成》第 7 卷，第 676 页。
⑥ （明）洪其道：《道德经解》，载《老子集成》第 7 卷，第 684 页。
⑦ （明）洪其道：《道德经解》，载《老子集成》第 7 卷，第 677 页。
⑧ （明）洪其道：《道德经解》，载《老子集成》第 7 卷，第 675 页。

不争，所以为大。仁义则有分别见矣。”[①] 如圣人以常善治之，“常善也，有之而若无也”。[②] 无善与不善之分，善与不善皆归于善，故无弃人，百姓感之，亦忘善与不善，不贵爱善人，故无弃不善人，天下同归于善。反之，以仁、义、礼治国，有仁义者就有不仁义者，民分别之心日甚，智慧生，巧伪起，天下亲我、畏我、侮我，虽可称之为治，此非上古淳朴之治也：“上煦煦，下时时，上肃肃，下栗栗，不几落声色之粗而涉应求之迹耶？况侮我者之攘臂而无如乎？此之为效，殊觉薄而无味，久矣其细而下矣，孰与两忘而化于道者哉？”[③] 欲上下两忘而化于道，就要使仁、义、礼反之于道，则善亦为道也。道为朴，朴散而为器，是为仁、义、礼者，故只需“见素抱朴，道得而仁、义、礼亦得矣”。[④] 朴者，无欲也，“无欲则无为，无为则无言无事”。[⑤] 上下相忘于道，天下治也。

> 朴素俭啬，皆大道也，惟无欲者能行之。……故多欲之主，重田赋，空廪储，以崇宫室，而衣服饮食刀俎资货之属，莫不有余，则民之贫可知。上行之而下复效之，是唱竽而招盗者也。呜呼，乌有知而不敢为者哉？[⑥]

洪其道极力强调“无”，正是为了复归淳朴之治，但过于强调虚、静，强调治国亦当以此为目标：“静即虚也，静则无妄，虚则能容。天之作万物，王之作万民，其道一也。无之能为有也，又如此，非虚极静笃之君子，乌足以知之静虚心体也？”[⑦] 其老学观虚无的倾向由此愈益明显。

洪应绍与洪其道老学思想相似，都是过于强调无为以致流入虚无。洪应绍，生卒年不详，字念卿，又字彦卿，号海州，安徽歙县人，明万历四十年（1612）举人，天启五年（1625）任江苏昆山教谕，卒于任。他博览

---

① （明）洪其道：《道德经解》，载《老子集成》第7卷，第674页。
② （明）洪其道：《道德经解》，载《老子集成》第7卷，第677页。
③ （明）洪其道：《道德经解》，载《老子集成》第7卷，第669页。
④ （明）洪其道：《道德经解》，载《老子集成》第7卷，第675页。
⑤ （明）洪其道：《道德经解》，载《老子集成》第7卷，第671页。
⑥ （明）洪其道：《道德经解》，载《老子集成》第7卷，第682~683页。
⑦ （明）洪其道：《道德经解》，载《老子集成》第7卷，第674页。

群经，勤于著述，主要著作有《易解》《四书解》《诗解》《道德经测》。《道德经测》具体成书时间不可考，书前有毕懋康万历四十六年（1618）所作的序言，同年，毕懋康刊刻此书，则知其成书时间当为万历四十六年之前。《道德经测》中洪应绍之解以“测曰”标示，间引他人注解，或标人名，或标书名，其引用较多者为苏辙、林希逸、吴澄、王道、焦竑。

洪应绍在其《道德经测》中对世人执无之弊有所警惕，他认为天下万物生于有，有生于无。无因有而显，若无不能生有，无不可为常也。有不归无，有形则有灭，亦不可常也，故无者，即有而无，有者，即无而有：“圣人之常无，即有而无，无实非无，故以观其妙。圣人之常有，即无而有，有实非有，故以观其徼。”[①] 洪应绍以此解有无关系，既可免于虚无之弊，亦可防止执有之祸，是为不执于无，亦不执于有，圣人之处无为之事，行不言之教，正源于此。

> 圣人之所谓常，岂必枯槁寂寞，以无为无者哉？现前未尝有物，万应未尝有心，即有即无，所以为常，所以为妙也。然则有辞固为沉空，有居未免滞相，使居无为复入有为，使居不言亦落有言。夫唯不居，是以不去尽之矣。[②]

圣人即有而观无，既不落于枯槁寂寞，亦不落于滞相，此解与焦竑解意义相近，焦竑亦言：“老子非言无之无也，明有之无也。”[③] 洪应绍吸收了焦竑“即有以证无”的思想，焦竑的注解是为沟通出世与入世的矛盾，启发世人不要执于有，将现实世界作为体悟大道的考验，焦竑曰：“是所以知众有即真空者，以能阅而知之故也。”[④] 能知众有之无，“阅”是必然的功夫。洪应绍虽然亦警惕以有为空之弊，然在注解过程中，在解释有、无关系之时，与洪其道一样，过于强调形上之有无，在论述形下之无时就不自觉地表露出批判，在他的无为论中，洪应绍曰：

---

① （明）洪应绍：《道德经测》，载《老子集成》第 7 卷，第 692 页。
② （明）洪应绍：《道德经测》，载《老子集成》第 7 卷，第 693 页。
③ （明）焦竑：《老子翼》“焦序”，中华书局，1985，第 1 页。
④ （明）焦竑：《老子翼》，载《老子集成》第 6 卷，第 645~646 页。

无为而无不为，《道德》一书盖屡言之，此老圣之圆教义至深也。非无为而又无不为也，即无为中无不为矣，即无不为中无为矣。夫滞迹之徒，执为为实，固不足言，即厌有为之烦，而逃于虚寂。彼又恶知有无之一贯，而无不为者之常无为也哉？①

无为、无不为实为一事，不可看作两事，无为之中已寓有无不为之意，无不为者唯无为能如此，故无不为亦是指无为，老子正是恐人将其看作两事，故名之曰道："老圣不曰圣常无为而无不为，而曰道。"② 执有者执于有为，执无者沦为虚寂，洪应绍此处将无为、有为合而为一，做道解，可见洪应绍亦十分警惕无为之弊，然而洪应绍又以自然解道，正是此自然之道，将其以上努力消解了。

无为之中自无不为。民之化也，非待无不为而化，唯无为故化也。有化之机，将有作之意，世咸以作为美，无为之上治，不以作为美也。设如世所云因俗为教，则皇虞必降为三代，三代必降为春秋，递降而不反，是物化我，非我化物矣。圣人则以无名之朴镇之。无名，天地之始，镇之以无名之朴，盖反之于其始也。以此化，以此镇，无为之外，别无治法矣。然圣人抱朴，岂曰欲朴而朴哉，欲朴即散其朴矣。惟我不知为朴，斯下不知为化，上下之间，同一无为，斯上静而下正。③

洪应绍之无为，完全是任万物自生自化，不能有丝毫人力夹杂其中，虽言圣人以无名之朴镇之，然而洪应绍解释"镇"时，排除人力，圣人不知朴之为朴，尚可言其与道混同，无有分别，然"镇"之本身亦是圣人无意识的行为，是圣人抱道，自然而发，自然而用。"果其无一切心，而一切法悉

① （明）洪应绍：《道德经测》，载《老子集成》第 7 卷，第 712 页。
② （明）洪应绍：《道德经测》，载《老子集成》第 7 卷，第 713 页。
③ （明）洪应绍：《道德经测》，载《老子集成》第 7 卷，第 712 页。

具备矣，故曰无为而无不为。"[①] "道法、世法，莫非自然，不由人力。"[②] 其过分排斥人力，强调自然，不可避免地走向虚无。

四 性命兼修

明太祖将《老子》定性为"王者之上师，臣民之极宝，非金丹之术"。整个明代官员老学，修身治国成为士人注《老》主旨，对于金丹炼养之道，少有人提及，直到明后期，才出现专门以内丹思想注解《老子》的著作，这一类以彭好古、龚修默为代表。

彭好古，生卒年不详，字伯篯，号熙阳，又号一壑居士，今湖北麻城人，万历十四年（1586）进士，历任歙县县令、御史佥事、尚保卿。[③] 彭好古虽学宗儒家，然旁及诸子，尤其对道教炼丹养生之术颇有研究，编著有《道言内外秘诀全书》，收录道教经籍数十种，《道德经注》即收录于其中。彭好古注解《老子》非常简明，只随文夹注数语，虽然注解简洁，然亦可从中看出其思想倾向。彭好古持性命双修思想。他认为儒释道三教都是性命之学："生死大矣，故有生死则有学，而三圣人性命之教与天地相终始。"[④] 只是三家性命之学侧重点不同，在《道言内外秘诀全书》的序言中，彭好古简要论述了儒释道的性命思想："孔氏之言性命，言其影，不言其形者也。释氏之言性命，以性为形，以命为影者也。老氏之言性命，言其影，并言其形者也。老氏而下，则多歧矣。"[⑤] 孔子言性命，言其影不言其形。而释氏修梵王之业，关注来世，言性不言命，且其言性也，存于咒语之中，密之又密，故曰释氏以性为形，以命为影。唯有老氏，言性亦言命，性命双修，无有偏废。至于性命双修的具体操作，彭好古主张先命后性："绝名心，绝利心，绝欲心，治身，抱一以虚其心，炼铅以实其腹。"[⑥] 炼铅，在

① （明）洪应绍：《道德经测》，载《老子集成》第 7 卷，第 718 页。

② （明）洪应绍：《道德经测》，载《老子集成》第 7 卷，第 726 页。

③ （清）王会鳌续修，彭善德、彭忠德点校《问津院志》卷 5《彭好古》，武汉出版社，2019，第 276 页。

④ （明）彭好古：《道言内外秘诀全书》"序"，载胡道静主编《藏外道书》第 6 册，巴蜀书社，1992，第 1 页。

⑤ （明）彭好古：《道言内外秘诀全书》"序"，载《藏外道书》第 6 册，第 2 页。

⑥ （明）彭好古：《道德经注》，载《老子集成》第 7 卷，第 313~314 页。

道教内丹学里指炼气，铅有凡铅，有真铅，凡铅指后天水谷之气，气质之气，不可用，然后天之气可以像铅一样，经过烧炼，转化为真铅，即先天之炁。铅之气乃是生命之本，沉而不散，命可长保，炼铅就是修命，抱一虚心则是修性之功："虚心者，了性之事也；实腹者，了命之事也。先了命后了性，是为性命双修之学。"[①] 彭好古认为抱一直悟大道，直达修行之本，然非上根之人不可得也，不若先炼气以实腹，待金精之气完足，再炼神以虚其心，形神俱妙，性命双修。

与彭好古相比，龚修默虽然也以性命双修思想解《老》，但其重点和彭好古不同，他以性命双修思想立论，阐发《老子》的修身治国之道。龚修默，生卒年不详，名道立，字应身，修默为其号，今江苏常熟人，万历十四年（1586）进士，授兵曹，后又任户部主事。万历二十年（1592）任建宁知府。东林书院重修完成后，"与高攀龙、钱一本、唐鹤徵等会东林。嗜藏书，若道书梵典，亦多涉猎"。[②] 致仕之后，居家十五年，讲学著书不倦，主要著作有《白鹭洲答问》《金刚经注》《清静经评》等。《老子或问》采用问答的形式，每章围绕一个主题，重在解释《老子》之道，而非训诂章句。龚修默认为："老子之书，不独养身，亦以治天下。"[③] 那些单以长生养生之术解释《老子》的观点，不得《老子》之真义。

在阐释《老子》治国思想时，龚修默亦持"性命双修"的观点。他直接表示老子之学乃性命双修之学："性命双修，要离离不得，谓老氏不修性，误矣。"[④] 老子之玄，观妙观徼者正是性命双修之意："章中玄字固妙，观字亦要。性命双修固辟玄门，有无二观，亦阐观门。观即玄机，玄从观出。虽非平等，自是相因。"[⑤] 龚修默认为老子性命双修开出道教之学，有无二观乃性命双修之关键门户，有无二观之道即守中也。

龚修默认为守中乃修命双修之法门。老子言守中，养生家却以意守丹

① （明）彭好古：《道言内外秘诀全书》，载《藏外道书》第 6 册，第 331 页。

② 南京师范大学古文献整理研究所编《江苏艺文志·常州卷》，江苏人民出版社，1994，第 141 页。

③ （明）龚修默：《老子或问》，载《老子集成》第 8 卷，第 197 页。

④ （明）龚修默：《老子或问》，载《老子集成》第 8 卷，第 193 页。

⑤ （明）龚修默：《老子或问》，载《老子集成》第 8 卷，第 192 页。

田为守中，龚修默认为此不过是气而非理，是术而非道，守中乃是天地圣人之大道。大道不着有，亦不着无，不着动，亦不着静，只存于有无动静之间也。

> 亦非无非有、非静非动，而有生于无、静出于动，此其间即所谓中也。于此守之，至守无所守，而天地之道尽是矣。若说有、说无、说动、说静，此数也，非道也。数可穷，道不可穷。[①]

守中者，不执于有，亦不执于无。有生于无，无无即无有，有归于无，无有亦无无，是为有无相生，体用相成。无为体，有为用，有之为用者出于无，是为“有之以为利，无之以为用”。世人往往不悟有、无相依之理，或执于有，或执于无，此两者皆为疵病，老子恐人“只知有之利而不知有之害，知无之用而不知无之体”[②]，故强调虚无：“此老子之虚无，即其所为私利者。顾其教人之意，则重虚无一边，以为徇生执有者戒。所谓黄老，悲其贪着，亦一解缚法也。而自私自利云云，过已。然吾儒不着有，亦不着无，有无互用。什氏不说无，亦不说有，有无双忘。”[③] 但龚修默认为老子重虚无并非执于无，道存于有无之间，有无互出，无非虚无，有存于其中，万物因此而生；有非本有，有生于无。

> 无不终无，固自有为之无者；有非终有，亦自有为之有者。无状无象之中，亦寓有精、有物之义。执古之道，总归于无，御今之有，指着甚的。此其间道法俱泯，名理两忘，即造化在其中，而事物不足言已，非先天地生，其孰能知之。[④]

故老子言致虚守静以观复者，乃即物以观复：“万物皆备于我，道不离

① （明）龚修默：《老子或问》，载《老子集成》第 8 卷，第 193 页。
② （明）龚修默：《老子或问》，载《老子集成》第 8 卷，第 195 页。
③ （明）龚修默：《老子或问》，载《老子集成》第 8 卷，第 195 页。
④ （明）龚修默：《老子或问》，载《老子集成》第 8 卷，第 196 页。

物，物即是道，亦须用观乃得其复。”[①] 此为道不离物。龚修默发挥老子修身治国之道正是从此中道出发。

秉持儒家的入世精神，龚修默认为老子性命双修之道不唯用之养身，更重要的是将此修身之道推而广之至于天下国家，正如儒家所言修身、齐家、治国、平天下：“老子大道止养生而已乎？精言之则养生，深言之则性命，推而广之则天下国家。”[②] 故龚修默在注解《老子》时更为注重发挥老子的修身治国之道，凡言兵、言国、言民者，如“以正治国”“治人事天莫如啬”“治大国若烹小鲜”“大国者下流”等，他大都先言修身，再推而至于治国。执中道以治国者，其要在于自然。龚修默认为自然是为老子易简之道，其为也，顺万物自然之势而为，随处尚同，不自立异，虽为之而实无为也：“自然之道，治世养身，无所不可，太上无为，而未尝一无所为；虽有所为，而终归于无为。”[③] 虽然无为可以有所为，但不能执于为，最终仍要归于无为，故见仁义礼智者，是为有而不能归于无，皆非自然。

以自然之道养身，要在修心节欲。龚修默认为人有耳目口鼻，岂能无欲，只要能做到欲而不贪，即无碍修行：“乌有具耳目、心思而不欲、不学者哉？惟欲而不贪、学而不泛，三教道理都是如此，欲不必言矣。”[④] 龚修默虽然承认老子开出玄门，但他对道教养生之术有取有舍。他反对以术养身：“若假术延生，乃丧生之本也。”[⑤] 如守中之气功，或厚养己身，或以男女外道言者，皆为其所不取，他所取者为道教固精守气集神的养身之道，其实即是节欲之道：“形骸上用功而心地则荒，本原处空虚，而色泽可观，沉酣世味，博洽见闻，稽其外则有余，和其中则不足，何以异于夸多斗靡谩藏诲盗者哉？”[⑥]

至于养身的具体方法，龚修默从精、气、神方面进行发挥。他认为人得元气以生，则气为母，神为子，知子守母，即以神御气。神治则气柔，

---

① （明）龚修默：《老子或问》，载《老子集成》第8卷，第197页。
② （明）龚修默：《老子或问》，载《老子集成》第8卷，第210页。
③ （明）龚修默：《老子或问》，载《老子集成》第8卷，第198页。
④ （明）龚修默：《老子或问》，载《老子集成》第8卷，第215页。
⑤ （明）龚修默：《老子或问》，载《老子集成》第8卷，第209页。
⑥ （明）龚修默：《老子或问》，载《老子集成》第8卷，第210页。

治神要固精，精固则神不摇，塞兑闭门，是为固精集神也。开兑则伤气，济事则损精，精损气亦伤，故终身不救济其事，是为顺则成人。而塞兑闭门是为逆则成仙之事。寡言惜气，慎欲惜精，精往则气往，气往则神往，神常为之用，终身不勤。精气神合一，不可强阳自恃，守之在柔。抟气致柔，虚极静笃，自然归根复命，复命曰常，守藏曰袭，是既得其母，至复归其明，经过精化气，气化神，神还虚，至袭常，皆是洗心退藏于密，温养沐浴之功，“所谓三花聚鼎、五炁朝元、三家相见，打成一片，子母团圆，复归无始，岂非长生久视之道、万世玄学之祖欤？”[①] 可见塞兑闭门是其中关键功夫，老子一再致意：“唯施是畏”者，“治人事天，莫如啬”者，以己为人，以心为天，皆是教人敛啬精神，“简缘省事，保精啬气，黜聪明，绝智虑，则真元完复，根蒂深固。长生久视之道，曷以逾此？”[②] 故修身之道重在修心节欲，龚修默言“知止知足之训，乃老子大学术……孔之戒得、孟之寡欲，皆是物也”[③]，而修心也不须如佛道一般逃世。龚修默反对修行必须要在深山密林中这种观点，他认为性命双修就是修心，若心不动，虽终日视可欲，见可欲，亦无碍成圣。

> 问：不见可欲，如入山深、入林密之说也，可乎？曰：否。不见可欲，与非礼勿视意同。勿视，谓勿之以心，非勿之以目；不见，亦不见之以心，非不见之以目。知此道者，终日视、终日见，何妨？若山深林密，其说浅矣。[④]

以自然之道处世，即和光同尘，不自表暴。世之所谓贤智者，居清而不思若浊，非处世之道；愚不肖者，处浊而不思清，猖狂自恣，放僻邪肆，老子教人和光同尘，非真浊也。若浊而非真浊，关键在于不自表暴，不自炫耀，混然无形。

---

① （明）龚修默：《老子或问》，载《老子集成》第 8 卷，第 210 页。
② （明）龚修默：《老子或问》，载《老子集成》第 8 卷，第 213 页。
③ （明）龚修默：《老子或问》，载《老子集成》第 8 卷，第 207 页。
④ （明）龚修默：《老子或问》，载《老子集成》第 8 卷，第 192 页。

以清浊为黑白，此浅之乎言老者。黑白之说，不过借颜色以明隐显，非必清白而浊黑也。凡显然可指者皆白，凡混然无形者皆黑……如功业炳耀、事迹昭彰，过为表暴，大其声色，无非白者。人皆彰明，我独韬晦；人皆炳耀，我独沉潜。如人行日中，我在阴里；人在门外，我在室中。岂非知白守黑？岂不可以为式？[①]

圣人之处世，应不求表暴，深藏若虚，龚修默认为此为老子处世总纲领："老子一生，大学术、大手段、开天辟地、为道祖宗都在此章。"[②] 龚修默虽然盛赞老子和光同尘的处世态度，但是站在儒家本位的立场，他认为知白守黑之说不如孔子毋意、毋必、毋固、毋我之说自然圆融。知白守黑，老子本意是不自表暴，与世混同，然其顺此而失彼，非自然也。且知此守彼，隐此而露彼，未免着于形迹。

但守白之白，洁白亦在其中，就是清洁，不要表暴，矜己夸人，所谓和光同尘者，正如此然。老子病痛不及吾儒，只在许多知字，而其作用异于吾儒，亦在许多守字。毋意必，毋固我，当雄、当雌、当白、当黑，一任自然，又何独守雌黑，不识知顺？帝则当雌便雌、当黑便黑，而我不与焉，又何先知雄白？知其在彼，而守之于此，未免计较安排，不无形骸，尔汝老子，欲和光同尘，而形迹反在此。我独守雌，谁为守雄？我独守黑，谁为守白？老子期处世混俗，而其私意亦在此。[③]

龚修默如此理解老子之意，乃是因为他站在儒家本位的立场，以儒者的思维解释老子，自然有隔膜不通之处。知白守黑者，老子之知此守彼，非为故意择此遗彼，乃指全德体道之人，体悟"弱者道之用"，如道冲而用之，不盈故可长久。知此守彼，不仅没有遗落"此"，反而正是因为遗落而

---

① （明）龚修默：《老子或问》，载《老子集成》第 8 卷，第 202 页。
② （明）龚修默：《老子或问》，载《老子集成》第 8 卷，第 202 页。
③ （明）龚修默：《老子或问》，载《老子集成》第 8 卷，第 202 页。

"此"方得全。且此种作为，正是顺道而为，是为自然。

以自然之道治国，就是以柔治国。柔弱乃造化之机，养身治国皆不离此机此理："老子明天地之道，阐造化之机，以示人，而归之于柔弱焉，此则盗机之意。盖欲人常蹈生机，毋蹈杀机；常能自胜，而无为物所胜。推而广之，天下国家，此机此理；返而求之身心性命，亦此机此理。"[①] 柔以治国者，是指无为无事而无欲，无为无事则尚朴，无欲则清静也。朴以治国者，"善无定形，圣无成心"，[②] 道为常善，无善与不善之分，圣人之治民，以常善视之，善者善之，不善者亦善之，因民所善而善，因民不善而不善，待民如孩童，非愚民也，乃保其赤子之心而已："保赤子者，聚所欲勿施所恶，心诚求之，曷尝为分别以拂之?"[③] 圣人皆保持赤子之心，指圣人不以智治国，而以朴治国，保民赤子之心，即"愚民"也，龚修默认为愚民不是使民无知，而是去其妄知，上不以智使民，下不因智而生乱，上下相安于无事。

> 使由不使知，非朝四暮三之术，民之分量如此，为治者不得不如此，过而求之，则天下滋乱，今不以明而以愚，愚之正以明之也。大朴既散，民伪日滋，不患其愚，而患其智，彼其智即其愚也。彼方自智而复治之以智，是两智相角，适以相笺，智愈多而乱愈滋，岂非国贼？吾但为闷闷而不为察察，则但见其醇而不见其缺，此非有意以愚之。百姓日用而不知，上下相安于无事，若见其愚之者耳。[④]

清静治国，唯无欲者能为之："如彼不清静者，如此盖由人不能无欲，有欲则不知足，不知足则贪求。"[⑤] 龚修默承认人皆有欲，但是欲望必须要有限度，若不知足，则身殃国祸，如秦皇汉武之好大喜功，桀、纣、幽、厉之穷奢极欲。治国尚清静，如汉文帝，恭修玄默，刑罚不用而天下自治。

---

① （明）龚修默：《老子或问》，载《老子集成》第 8 卷，第 204 页。
② （明）龚修默：《老子或问》，载《老子集成》第 8 卷，第 209 页。
③ （明）龚修默：《老子或问》，载《老子集成》第 8 卷，第 209 页。
④ （明）龚修默：《老子或问》，载《老子集成》第 8 卷，第 215 页。
⑤ （明）龚修默：《老子或问》，载《老子集成》第 8 卷，第 208 页。

龚修默以儒家立场发挥《老子》性命双修之道，对于道教思想发挥不多，他其实是借性命双修的理论讲儒家修身治国的主张，正可谓言在此而意在彼。

第二节　文人学者的处世之道

明中后期出现了大量点评《老子》的著作，如祝世禄编、苏濬注的《三子奇评》，陈深的《老子品节》，杨起元的《诸经品节》，归有光批阅、文震孟订正的《诸子汇函》，焦竑校正、翁正春评林的《新锲二太史汇选注释九子全书评林》，陈仁锡的《诸子奇赏前集》，陆可教选、李廷机订的《新镌诸子玄言评苑》，钟惺的《诸子嫏嬛》《诸子文归》，凌稚隆的《批点老子道德经》、孙鑛等的《评王弼注老子》、彭好古的《道德经注》、董懋策的《老子翼评点》等。这些点评本集中出现在明中后期，虽然注解因体裁所限，难成体系，且有部分真伪难辨，但点评本盛行，一方面是契合了当时士大夫抒发个人情感、表达个人意愿的思想转变，另一方面也和明后期老学的世俗化有关。

一　明代老学的“世俗化”倾向

“世俗化”是宗教社会学的概念，它兴起于西方文艺复兴运动时期，是与“宗教化”相反的概念，反映了人们摆脱宗教教条的控制，开始关注现实生活的取向，它包括以下两个方面的内涵：

> 其一是随着科学的发展，普遍主义和理性原则取代神学教条；其二是指一种消费主义和享乐主义，注重现世的善的生活，而不是来世的生活方式，世俗化表明信仰力量的消解和宗教禁忌的瓦解。从社会学意义上看，世俗化完全是一个值得肯定的积极趋向，甚至被当成现代化的一个重要标志，是传统社会向现代社会转变的尺度。[①]

① 吴忠民、刘祖云主编《发展社会学》，高等教育出版社，2002，第157页。

将“世俗化”的概念引入老学中，并非取其宗教含义，而是指老学诠释中出现的两个特点：一是指明中后老学对神仙道教思想的疏离，二是指与“文人化”义理研究相对应的老学研究，即老学不再是文人的专属，其传播对象开始面向普通大众。关于前一项内容，后文会详细论述，下面只讨论第二项。

李庆先生认为，14 世纪以来，中国思想文化领域出现了一种“世俗化”倾向。在道教领域，表现为全真道等新道教的兴起；在佛教领域，表现为临济与曹洞、净土思想的扩展；在文化领域，表现为通俗话本、小说、戏曲的流行；在老学领域，则表现为“评点派”的兴盛。

> 明代《老子》的研究著作，当然也有如何道全、林兆恩式的面向下层庶民的说教。如，何道全在解说最后，用说唱式韵文来概括每一章的要义，显出“世俗化”的倾向。此外，明代的“评点派”，在形式上，也有面向一般大众的意味。①

明中后期出现的大量点评《老子》的著作基本上都是书坊射利之作，但大量伪作的出现，反面表明了评点类著作的流行。

评点本是文学批评的一种方式，主要针对诗文、小说、戏曲，其形式为“点”与“评”结合。“点”为圈、点，以圈、点或线条作标示，引人思考；“评”是文字评述，其文字或详细或简要，有总评、眉评、尾评或夹注等形式。评点起源于训诂与史学，② 直到宋代，“点”与“评”方合而为一：“评点之意，包括‘评’和‘点’两端，又与所评的文本联系在一起，宋人合而为一，遂成为一种文学批评的样式。自南宋以降，评点流行于世，甚至无书不施评点。”③

孙琴安在《中国评点文学史》中指出：“在弘治以前一百多年的整个明代的评点文学，都是比较冷清的，只有到了弘治年间，随着明代文坛的渐

---

① 〔日〕李庆：《明代的〈老子〉研究》，《金沢大学外语研究中心论丛》1997 年第 1 辑，第 301 页。

② 孙琴安：《中国评点文学史》，上海社会科学院出版社，1999，第 1 页。

③ 张伯伟：《中国古代文学批评方法研究》，中华书局，2002，第 544 页。

渐活跃，流派增多，人们才开始有了对文学作品的评点，明代的评点文学才开始逐渐地兴盛起来，到了嘉靖、万历以后，更是出现了一个前所未有的高峰，产生了中国评点文学的全盛期。”[①] 在评点文学中，小说评点尤其兴盛，“就现存的资料而言，刊于万历十九年（1591）的万卷楼刊本《三国志通俗演义》是小说评点的最早读本”。[②] 陈深的《诸子品节》亦刊刻于同一年，此后老学中的点评本开始兴盛，杨起元、凌稚隆、归有光、焦竑、陈仁锡、孙鑛等点评名家的注本相继面世，评点体兴盛于明中后期是思想、经济共同作用的结果。

明中后期，程朱理学的权威地位动摇，士大夫从程朱理学庄严、整肃的“天理”阴影中走出，开始关注个体价值与情感。这一变化自成化、弘治年间开始，并结出阳明学的硕果，阳明后学进一步阐发师说，特别是其中的泰州王学，极力鼓吹重视个体欲望，契合了当时士大夫极力追求享乐的诉求，泰州王学风行天下。王艮《乐学歌》曰：“人心本自乐，自将私欲缚。私欲一萌时，良知还自觉。一觉便消除，人心依旧乐。乐是乐此学，学是学此乐。不乐不是学，不学不是乐。乐便然后学，学便然后乐。乐是学，学是乐。呜呼！天下之乐，何如此学；天下之学，何如此乐。”[③] 王艮公开宣扬“乐”是人的本性，只是因为私欲束缚了人的快乐，只要人人学得良知，自然可以重获快乐，而王艮觉道的方式是重视百姓日用，他提倡“百姓日用即道”。以前儒家也讲“百姓日用”与“道”，但“百姓日用”是作为道的发用处而存在，如王阳明曰：“日用间何莫非天理流行，但此心常存而不放，则义理自熟。”[④] 王艮直接将“百姓日用”等同于“道”，王艮的学说为正、嘉时期急于寻求新的安身立命思想的士大夫所接受，并推而广之，直至非王学所能牢笼。

正处在生存烦闷和壅塞之中的士阶级文人，很快从王艮学说的民间性里面，看到了他们所迫切需要的东西，那就是无所束缚的个人主

① 孙琴安：《中国评点文学史》，第 88 页。

② 吴子林：《中西文论思想识略》，福建人民出版社，2015，第 4 页。

③ （清）黄宗羲撰，沈芝盈点校《明儒学案》卷 32《泰州学案一》，第 718 页。

④ （明）王守仁撰，吴光等编校《王阳明全集》卷 4《答徐成之》，第 145 页。

体精神和尊崇自身、笃于自信的自由意志。如果说王艮因为站在民间的立场上，发现这两样东西在平民身上是本有的可以自觉的，那么它们恰恰是士阶级文人身上丧失了因而十分缺乏的。他们欲想为自己找到一线生机，就要自我反思和自我启蒙，于是王艮的学说便为这些亟于夺路而走的文人们，打开了一条道路。不仅“民间圣人”，成为他们渴慕的精神形象，而且“民间”作为“道”之所在，更为他们自我反思和自我启蒙提供了具体的观照。“民间”对他们的启示是巨大的，他们从中重新找到了表达自己的个人话语，这对长期失去了言说能力的明代文人来说，似乎没有比这更重要的了。而一旦道路打通，这部分文人便立刻成为那个时代里最张扬、最激进的人。他们的言说，不仅“复非名教之所能笼络”，而且除个人之外，一切都不在眼下，一切都可以大放厥词，即使他们奉为家法的孔子孟子，也不惮以个人的意见来代替。他们追求的“只是个快活”，个人内心“生意活泼，了无滞碍”，这就是入了“道”，最自然的生存之道。①

这样的诉求反映在学问创作上，就是“文以载道”的主题被放置一边，这一时期的学问转向对个体个性、情感的表达。

从嘉靖后期开始，文艺上出现了一股新的思潮，至隆庆、万历期逐渐扩大。这股文艺新思潮的核心就是强调文学源于人的心灵，张扬个性，肯定人欲，要求文学表现真情，表达自我，凸现个体意识，摆脱理学的桎梏。它在文艺理论上的集中表现就是，“情感论”、“性灵论”和“本色论”。②

这样的诉求反映在文体上，就是士大夫不再倾心于严肃的长篇大论，转而欣赏简短的、抒发个人情感、表达个人意愿的文体，而简短的文体同

---

① 费振钟：《堕落时代》，载段勇编《思想的锐利——名家杂文》，华中科技大学出版社，2014，第 192~193 页。

② 吴作奎：《古代文学批评文体研究》，武汉大学出版社，2014，第 227 页。

时也适应了平民对文化的需求。中国传统社会四大职业类别为士、农、工、商，其中尤以士、农为上，在四大职业之外，尚有工匠、医、卜、奴仆之类，则都被看作不入流的行当。以行业来划分等级的制度在明后期受到商品经济的冲击，大量人口从土地的束缚中解放出来，他们流向城市，成为市民文化的消费主体，而士大夫作为市民文化的生产主体，他们的创作也要一定程度上考虑市民的接受能力，评点体兴盛于此时，既满足了士大夫表达个体情感的创作需要，又迎合了市民的接受能力："书尚评点，以能通作者之意，开览者之心也。得则如着毛点睛，毕露神采；失则如批颊涂面，污辱本来，非可苟而已也。"①

与评点体相似的小品文亦是同样的情况。"小品"一词来源于佛教，《世说新语》中解释"殷中军读小品"曰："释氏《辨空经》有详者焉，有略者焉。详者为大品，略者为小品。"② 可见"小品"最初是指佛经的节略本，后来范围扩大，"许多笔记名偶谈、琐言、小语、余谈、漫记、闲话、笔谈、清言、短书等，实与小品含义相近。晚明人并不只看'小品'名义，更重小品特质。只要闲雅有韵趣，可供清赏，便视作'小品'"③。"小品"语言简便，更易传诵与流通。明末，禅悦之风盛行，但部分士大夫谈禅说道，并非真正信仰，只是为了各种世俗需求，或求得心理安慰，或逃避现实黑暗，或附庸风雅，他们没有精力与耐心阅读大部头的佛、道典籍，小品文的简短正迎合了他们的需求。而对于文人而言，小品文更便于他们随时抒发情感，袁中道在《答蔡观察元履》中称颂小品文曰："不知率尔无意之作，更是神情所寄，往往可传者托不必传者以传，以不必传者易于取姿，炙人口而快人目。班、马作史，妙得此法。今东坡可爱者，多其小文小说；其高文大册，人固不深爱也。使尽去之，而独存其高文大册，岂复有坡公哉！"④ 袁中道对"小品"的称赞亦可用之于"评点"，《老子》的语言思想特点使得它

① （明）袁无涯：《忠义水浒全书发凡》，载黄霖编，罗书华撰《中国历代小说批评史料汇编校释》，百花洲文艺出版社，2007，第 249 页。

② （南朝宋）刘义庆撰，（南朝梁）刘孝标注，刘强会评辑校《世说新语会评》，凤凰出版社，2007，第 134 页。

③ 欧明俊：《古代散文史论》，上海三联书店，2013，第 118 页。

④ （明）袁中道著，钱伯城点校《珂雪斋集》（下）卷 24《答蔡观察元履》，上海古籍出版社，1989，第 1045 页。

的受众一般为文人，但在老学逐渐兴盛的情况下，《老子》遂超出了文人的范畴，开始为一般大众所接受，士大夫适应这一需求，以“评点”方式诠释《老子》，“评点体”的出现正是《老子》“世俗化”的反映之一。

二　陈深：虚静纯朴

陈深，原名昌言，后改名深，字子渊，号潜斋，浙江长兴人，生卒年不详。嘉靖二十八年（1549）举人，隆庆五年（1571）任归州知县，后又任雷州府推官。性嗜古书，致仕后纂辑忘倦，经史著作有《周易然疑》《周礼训注》《春秋然疑》《十三经解诂》等。陈深还是明代的点评名家，点评著作有《诸史品节》《诸子品节》等。《老子品节》是其《诸子品节》中的一部分，此书刊于万历十九年（1591）。

《诸子品节》批点《老子》《庄子》《荀子》等诸子书，《四库全书》对《诸子品节》评价不高，其提要曰：

> 是书杂抄诸子，分内品、外品、小品。内品为《老子》《庄子》《荀子》《商子》《鬼谷子》《管子》《韩子》《墨子》，外品为《晏子》《子华子》《孔丛子》《尹文子》《文子》《桓子》《关尹子》《列子》，屈原、司马相如、扬子，《吕览》《孙子》《尉缭子》，陆贾《新语》、贾谊《新书》，《淮南子》，小品为《说苑》《论衡》《中论》，又以桓谭《陈时政疏》、崔实《政论》、班彪《王命论》、窦融《奉光武》及《责隗嚣》二书、贾谊《吊屈原赋》，司马相如、扬雄诸赋及《谕巴蜀檄》《难蜀父老》《剧秦美新》诸文错列其中，尤为庞杂，盖书肆陋本也。①

四库馆臣的评价未免武断，陈深的《诸子品节》还是有其特色的。《老子品节》文后有注解，注解后又附以点评。注解内容有部分章节直接或间接引用林希逸《老子鬳斋口义》，有的对林注进行了简化，如《老子品节》

①（清）永瑢等纂《四库全书总目》卷131，载王云五主编《万有文库》（第一集），第25册，第68页。

上经第六章注文：

谷神，虚中之神也。神自虚中而出，故常应而不灭也。玄，幽也，深也。牝，虚而不实者也。玄牝，形容一虚字。天地由虚中而生，故玄牝为天地根也。绵绵若存，用之不勤，存养此虚，而勿助勿忘也。此章似说养生工夫。①

此章林注曰：

此章乃修养一项功夫之所自出，老子之初意却不专为修养也。精则实，神则虚。谷者，虚也。谷神者，虚中之神者也。言人之神自虚中而出，故常存而不死，玄远而无极者也。牝，虚而不实者也。此二字只形容一个虚字。天地亦自此而出，故曰根。绵绵，不已不绝之意。若存者，若有若无也，用于虚无之中，故不劳而常存，即所谓虚而不屈，动而愈出是也。晦翁曰：至妙之理，有生生之意存焉。此语亦好，但其意亦近于养生之论。此章虽可以为养生之用，而初意实不专主是也。②

《老子品节》有部分内容直接引用他注，这是明后期面向大众市场的老学著作的普遍做法。总体而言，陈深的注解简明通畅，评语亦有可观处，故《老子品节》出版之后，传播很广，引用者甚多，如署名为焦竑的《太上老子道德经注释评林》，陈懿典《道德经精解》，凌稚隆《批点老子道德经》，署名归有光的《道德经评注》《老子汇函》，钟惺《老子嫏嬛》，由此可看出陈深的注解在当时很受欢迎。

陈深的注解没有采用以儒解老的方式，对于《老子》中的儒道抵牾处，陈深没有以儒家本位的立场，直接反驳或以儒家思想相比附，而是从老子的立场出发，解释其思想。如陈深认为老子不尚贤、不贵难得之货、不见

① （明）陈深：《老子品节》，载《老子集成》第7卷，第127~128页。

② （宋）林希逸：《老子鬳斋口义》，载《老子集成》第4卷，第499页。

可欲，使民无知无欲之类的话，并非老子鄙弃道德、财货，而是有见于道德、财货带来的纷争，希望平息纷争，此为老子救世之意："此老子愤世之词，欲跻天下于太古之无事也。"① 老子言："大道废，有仁义云云"，陈深曰："此老子处衰周之时，伤今思古愤世之词。"② 在"上德不德"章，陈深曰："老子以太古之纯朴无为为道德，以中世之制度品节为仁义，以末世之繁文虚饰为礼。故以道德为至，以仁义为伪，以礼为强世。"③ 可见，陈深非以儒解老，而是以《老》解《老》，间或引《庄子》以证其说。

陈深认为《老子》思想的核心在于虚静自然："老子之学，本在虚静。致虚之极，守静之笃，此天地之心，万物之根，故于此可以观其复。"④ 陈深的修身治国思想正是围绕无为展开。

以自然之道修身，内固精气神，外不可沉溺于物欲。陈深以道教内丹养身思想解释《老子》，在"谷神不死"章，他还含蓄地说："此章似说养生工夫。"⑤ 而"载营魄"章就直接表明："此章言存神守气之妙。"⑥ 故"爱民治国"者，不是指百姓国家，而是以身为国，以神为民，养生者即养精气神也。万物自无而有，其始之者为母，精气神皆从此出，是为得其母而知其子也。既知子之所从出，当固精守气存神，是绵绵若存，子母相抱不相离也，是为塞兑闭门，终身不勤也。绵绵若存正是重啬、重复、重积之意也，啬为有余不尽用之意，复者，返本还原也，复之又复，是为积也，能啬方能复、能积，故曰："人之身犹国也，元气犹母。能啬，则不但可以有国，而又得其母。是谓深根固柢，长生久视之道。"⑦ 对于声色货物之欲，陈深并没有主张绝弃欲望，而是以庄子"物物而不物于物"沟通修身与欲望："圣人物物而不物于物，日游于纷华波荡之中，而心不为之动，故去分别而取容纳也。"⑧

---

① （明）陈深：《老子品节》，载《老子集成》第 7 卷，第 128 页。
② （明）陈深：《老子品节》，载《老子集成》第 7 卷，第 131 页。
③ （明）陈深：《老子品节》，载《老子集成》第 7 卷，第 135 页。
④ （明）陈深：《老子品节》，载《老子集成》第 7 卷，第 130 页。
⑤ （明）陈深：《老子品节》，载《老子集成》第 7 卷，第 128 页。
⑥ （明）陈深：《老子品节》，载《老子集成》第 7 卷，第 129 页。
⑦ （明）陈深：《老子品节》，载《老子集成》第 7 卷，第 140 页。
⑧ （明）陈深：《老子品节》，载《老子集成》第 7 卷，第 129 页。

以自然无为治国，就是要去道之文而归于道之实："圣智仁义巧利，三者皆世道日趋于文，故有此名。以道观之，是文也，反不足以治天下。不若属民而使之见素抱朴，少私寡欲，而天下自无事矣。"[①] 圣智仁义巧利是道之文而非道之实，以此治天下，世愈趋于争扰不休，不若以朴治之，上下相安于无事，故老子所曰"非以明民，将以愚之"。老子不是让统治者愚弄百姓，此处之愚与智相对，在上者不以智治民，民之淳朴本性无损也："将以愚之，不可使知之也。浑沦质朴，与之同归于无事耳。不以智治国，清净无为，将以愚之也，足上愚字，与物反矣。"[②]

陈深崇尚老子之自然无为，不是要复归于结绳而治的太古之世，而是欲化后世之文为太古之淳朴，淳朴之实才是陈深取于老子者，故陈深批评了王安石的观点。王安石曰：

> 太古之人，不与禽兽朋也几何。圣人恶之也，制作焉以别之，下而戾于后世，侈裳衣，壮宫室，隆耳目之观，以嚣天下。君臣、父子、兄弟、夫妇，皆不得其所当然。仁义不足泽其性，礼乐不足锢其情，刑政不足纲其恶，荡然复与禽兽朋矣。圣人不作，昧者不识，所以化之之术，顾引而归之太古。太古之道，果可行之万世，圣人恶用制作于其间。必制作于其间，以太古之不可行也，顾欲引而归之，是去禽兽而之禽兽，奚补于化哉？吾以为识治乱者，当言所以化之之术，曰归之太古，非愚则诬。[③]

此文出自王安石《太古》，王安石推崇有为政治，不赞同圣人无所作为的思想。他从历史进化论的角度出发，认为太古之世，人与禽兽杂居无别，圣人作礼乐以别之，建宫室以居之，制衣服以蔽之，人方与禽兽分别开来。然世道愈趋愈下，仁义礼乐已不能完全制约人们的言行，当此之时，若圣人不作为，而导民归之太古之世，岂不是又导民归于禽兽，所以王安石认

① （明）陈深：《老子品节》，载《老子集成》第 7 卷，第 131 页。

② （明）陈深：《老子品节》，载《老子集成》第 7 卷，第 141 页。

③ （明）陈深：《老子品节》，载《老子集成》第 7 卷，第 144 页。

为："归之太古，非愚则诬。"陈深则认为淳朴之治不是指一定要结绳而治，而是有德者以淳朴化民："清静之治，纯朴之化，盛德者亦能为之。非真结绳也，使民不作伪耳。汉文帝汲黯辈皆能用之，况老子身亲为之，其作用当何如。老子之言不诬，王氏之说未善。"①

陈深《老子品节》在老学思想上并无新意，但作为解《老》通俗之作，语言简洁，思想清晰浅显，在明后期的特殊环境中获得极大的商业价值也是自然之事。

三　陈继儒：绝世无为

陈继儒（1558～1639），字仲醇，号眉公，又号麋公，自称"清懒居士"，松江华亭（今上海松江）人。自幼聪颖，能文章，博闻强识，经史诸子、术伎稗官与二氏家言，无不涉猎。万历十五年（1587），陈继儒两次科举不第后，放弃仕途，取儒衣冠焚之，隐居小昆山，后移居东佘山。以坐馆、笔润之费养家，闲则与黄冠老衲交流忘返，年八十二而终。

陈继儒出身贫寒，又放弃入仕，以学问、品行名重当时，钱谦益称："眉公之名，倾动寰宇。远而夷酋土司，咸丐其词章，近而酒楼茶馆，悉悬其画像，甚至穷乡小邑，鬻粔籹市盐豉者，胥被以眉公之名，无得免焉。直指使者行部，荐举无虚牍，天子亦闻其名，屡奉诏征用。"② 时人以陈献章、吴与弼视之，江西巡抚解学龙甚至在举荐书中称赞陈继儒在救济时弊上的才能十倍于吴与弼："今某之出处本末学问渊源，略同与弼，而才胆救时筹精应变，致君尧舜之嘉谟，较有十倍于与弼者。"③ 此评论未尝没有溢美之意在其中。陈继儒自叙其处世之法曰："安详是处事第一法，谦退是保身第一法，涵容是处人第法，洒脱是养心第一法。"④ 他的门生卢洪澜总结陈继儒的一生："贞不绝俗、和不随风、非惠非夷、亦狂亦狷。"⑤ 陈继儒持三教

---

① （明）陈深：《老子品节》，载《老子集成》第7卷，第144页。

② （清）钱谦益：《列朝诗集小传》（下），第637～638页。

③ （明）陈梦莲：《眉公府君年谱》，载北京图书馆编《北京图书馆藏珍本年谱丛刊》第53册，北京图书馆出版社，1999，第483～484页。

④ （明）陈继儒著，毛忠校注《小窗幽记》，文化艺术出版社，2014，第12页。

⑤ （明）陈梦莲：《眉公府君年谱》附卢洪澜《陈眉翁先生行迹识略》，载《北京图书馆藏珍本年谱丛刊》第53册，第392页。

会通观点，儒释道精神涵养了他的心性，他不仅以此治学，且践行这一观点，故虽焚儒衣冠，但其济世之心未消，卢洪澜曰：

> 我先生解青衫后绝不与户外事，但有关旱潦、转输，或大不便于民，究竟大不便于国者，乡衮或虑拂上意，嗫嚅不遽出，先生慷慨弗顾，缕缕数千言，委屈辨析，洞中肯款，往往当事动色，嘿夺其意而潜寝之，则先生之任也。①

陈继儒退隐之后，常与政客高官往来，并接受部分资助，但多以馆师、朋友、同志相交，终生未曾出仕。他自言性喜自由，不愿被世俗富贵束缚，他曾言："故君子宁为独立鹤，毋为两端鼠，宁昂昂若千里之驹，毋泛泛若水中之凫。"② 陈继儒并非做表面文章，而是非常享受自己的隐居生活："余拥山居，公（苏东坡）所无者尽有之，不省何德而享此。惟日拈一瓣香，向古佛忏罪耳。"③ 这样亦出亦隐的人生态度，成就了陈继儒"山中宰相"的美名。

陈继儒评注《老子》收录于明末刊本《五子隽》《老庄合隽》中，日本平安书林刊本改名为《老子辩》，书前有日本金龙道人释敬雄的《读老子辩》，他对陈继儒的著作评价极高。

> 古今注疏家多眩其奇，得之要领者几希。故其言无宗栉，句无脉，解字无据。或其肤浅也，如蚊咬铁牛。或其刻凿也，如穿孔种须。或其不透彻也，如隔靴搔痒。或其纷纷从事异说也，如涂涂附焉。余每读之，辙意似匪澣衣。虽乃诸家聚讼，欲其说之售吾，谁适从哉？今读陈眉公《老子辩》，言有宗，句有脉，解有据，三美备矣。于是斯书玄旨，涣然

① （明）陈梦莲：《眉公府君年谱》附卢洪澜《陈眉翁先生行迹识略》，载《北京图书馆藏珍本年谱丛刊》第 53 册，第 393 页。

② （明）陈继儒：《读书镜》卷 2，载周博琪主编《古今图书集成》第 4 册，中国戏剧出版社，2008，第 1517 页。

③ （明）陈继儒：《岩栖幽事》卷 1，载《四库全书存目丛书·子部》第 118 册，第 698 页。

冰释，怡然理顺。……故余于诸注疏家，独尤祖于陈眉公焉。[1]

陈继儒《老子辩》以陈深《老子品节》为底本，章节注沿用《老子品节》，个别章节有少许改动，如第一章对“玄”的解释，陈深曰：“玄，赤黑色，深也，幽也，不可见闻，不容思议之谓。”[2] 陈继儒曰：“玄，深幽也，不可见闻，不容思议之谓。”[3] 但《老子辩》眉评基本出自陈继儒，从中可见其对《老子》的主要评价。

钱谦益称陈继儒曰：“仲醇为人，重然诺，饶智略，精心深衷，妙得《老子》《阴符》之学。”[4] 陈继儒妙得《老子》之学，其得可通过《老子辩》窥见一二。在《老子辩》中，陈继儒尤为重视发挥《老子》的修身治国之道。

陈继儒重视以道修身，修身之本在于“虚静”，他批注“致虚极”章曰：“此是归根复命之学，不知常，故凶。知常，则不殆。乃知复之时义大矣哉。”[5] 复性之法，既然终极在于“虚静”，故必须节制欲望，在“五色令人目盲”章，陈继儒批曰：“此言声色臭味之物，惟圣人方能涉而不羁。”[6] 这和陈继儒的修道观是一致的，他认为人要修道，需要“绝色”“绝世”，因为“道自与世俗见解不同”,[7] 唯有“绝色”“绝世”，方能使性与道合：“人有喜谈道者，余止之曰：道不易谈也！不能绝色不必谈道，不能绝世不必谈道，何也？道，所以全吾真也，而不绝色，则为渗漏之躯，真何能全？道，所以完吾性也，而不绝世，则为合尘之徒，性何能全？”[8]

在治国思想上，陈继儒对老子的无为而治尤为推崇。陈继儒坚持儒家的内圣外王思想，“世间有多少不平处，惟圣人能平其不平”。[9] 陈继儒眼中

---

① （明）陈继儒：《老子辩》，载《老子集成》第 8 卷，第 417 页。
② （明）陈深：《老子品节》，载《老子集成》第 7 卷，第 127 页。
③ （明）陈继儒：《老子辩》，载《老子集成》第 8 卷，第 418 页。
④ （清）钱谦益：《列朝诗集小传》（下），第 637 页。
⑤ （明）陈继儒：《老子辩》，载《老子集成》第 8 卷，第 420 页。
⑥ （明）陈继儒：《老子辩》，载《老子集成》第 8 卷，第 420 页。
⑦ （明）陈继儒：《老子辩》，载《老子集成》第 8 卷，第 421 页。
⑧ （明）陈继儒：《养生肤语》卷 1，载《四库全书存目丛书·子部》第 260 册，第 715 页。
⑨ （明）陈继儒：《老子辩》，载《老子集成》第 8 卷，第 421 页。

的圣人，最重要的品德之一就是“公”，公平无所偏私。在“天地不仁”章，陈继儒认为真正的“仁”就是“不仁”，无所偏私：“此即至仁不仁之说。刍狗，一说缚刍以为狗，祭则用之，已而弃之，不着意而相忘之谓。”①在“天长地久”章，陈继儒为了表明自己的圣人观，对陈深的注文进行了少许改动。陈深曰：

> 圣人委身如天地，超然于不死不生，故曰：身非我有，是天地之委形。生非我有，是天地之委气。朝闻夕死，圣人亦无恨矣。今曰成其私，语似不平。②

陈继儒对最后一句进行了改动：“圣人委身如天地，超然于不死不生，故曰：身非我有，是天地之委形。生非我有，是天地之委气也。天地不自生，故能长生，圣人不自私，故能成其私。天地圣人其化均也。”③ 陈继儒强调天地能长久，圣人能成其功业，全在“均”，而非有意求长生，此章眉评进一步点名此意：“老子之旨如此，而人未之思者，以为黄老之徒率畏死而求长生，岂不惑哉。”④ 陈继儒年轻时也曾沉迷于长生之术，其子在《年谱》中记载：“府君三十岁嗜长生之术，设馆委巷，一时负笈者皆知。”⑤ 但后来陈继儒将长生之道转移到爱养精神方面，对《老子》“载营魄”章，陈继儒批注曰：“此是老氏练养精神之术，最宜潜玩。”⑥ 肉体会消亡，但人体会大道，实践大道，自然可以身死而道存，这就是老子所言“死而不亡”：“如尧舜禹汤文武周孔虽死，至今知之，是得死而不亡之道。”⑦

无为而治还需藏明尚朴。陈继儒认为“不尚贤”“不贵难得之货”“不见可欲”是专对上位者而言，“上为清净无不之治，下皆德化淳厚之民也，

① （明）陈继儒：《老子辩》，载《老子集成》第 8 卷，第 419 页。
② （明）陈深：《老子品节》，载《老子集成》第 7 卷，第 129 页。
③ （明）陈继儒：《老子辩》，载《老子集成》第 8 卷，第 419 页。
④ （明）陈继儒：《老子辩》，载《老子集成》第 8 卷，第 419 页。
⑤ （明）陈梦莲：《眉公府君年谱》，载北京图书馆编《北京图书馆藏珍本年谱丛刊》第 53 册，第 416 页。
⑥ （明）陈继儒：《老子辩》，载《老子集成》第 8 卷，第 419 页。
⑦ （明）陈继儒：《老子辩》，载《老子集成》第 8 卷，第 424 页。

故无不治”[①]。故老子言绝圣弃智、绝仁弃义、绝巧弃利者，是为去文返朴，圣人之不自见、不自是、不自伐、不自矜正是体道功夫，陈继儒多次申明此意：“其实抱一功夫，只在不自见等语尽之。”“至诚能动物，在圣人只自藏其明，而提要妙之道耳。”[②]

虽然陈继儒对《老子》多有称赞，但仍有部分老学思想与程朱保持一致。程朱多以《老子》“知雄守雌”“将与必固”作为攻击《老子》乃权诈之术的证据，陈继儒对此亦持肯定态度，在“知其雄”章，他在眉批中引用周南池的话：“知雄守雌等句，学友为伪道学者开一方便门。”[③] 对于“将与必固”之意，陈继儒曰：“老氏一生专用此术，后人顺之者昌，逆之者亡，诚千古术宗不民矣。”[④]

明代点评本老学著作，既有点评文体的一般特点，又有特殊的时代特点。从文体特点看，点评本老学文献限于问题，点评简洁，难有系统的老学思想；点评中多引用他人学说，从现代版权角度看，可以“抄袭”视之。这些作品中，除陈深的《诸子品节》，杨起元的《诸经品节》、陈继儒的《老子辩》、孙鑛的《评王弼注老子》外，大都可以证明为伪作，如归有光批阅、文震孟订正的《诸子汇函》、焦竑的《新刊太上老子道德经注解评林》《新锲二太史汇选注释九子全书评林》《新锲翰林三状元会选二十九子品汇释评》，陈仁锡的《诸子奇赏前集》，陆可教选、李廷机订的《新镌诸子玄言评苑》，钟惺的《诸子嫏嬛》《诸子文归》，凌稚隆的《批点老子道德经》等，这些著作学术价值不高，但若作为整体，研究此现象产生的社会原因，亦可为明末思想研究提供新的视角。

第三节　科举、宗教与老学

明代后期老学兴盛与科举、民间信仰的发展密切相关，因为老学入科

① （明）陈继儒：《老子辩》，载《老子集成》第 8 卷，第 418 页。
② （明）陈继儒：《老子辩》，载《老子集成》第 8 卷，第 421～422 页。
③ （明）陈继儒：《老子辩》，载《老子集成》第 8 卷，第 423 页。
④ （明）陈继儒：《老子辩》，载《老子集成》第 8 卷，第 424 页。

举，促使大批读书人开始关注《老子》，商人逐利，在繁荣的商业出版加持下，大批注疏、评论、校阅《老子》的著作出版，而道教的世俗化也使民间信仰得以发展，出现了一批托名吕祖或民间宗教信仰者的解《老》著作。

一　《老子》入科举势重难返

万历年间，豫章人李元珍辑《诸子纲目》，聚奎楼刊刻《诸子纲目》时在封面介绍此书曰："选子百六十种，材取邓林，品节千八百条，富资石室。纲分其类，目列其详，好古者不苦汗牛，舞象可同藜火，博而约，古而奇，艺苑宗工，举业鸿宝。"[①] 可知此书专为科举考试者而辑，与现在的考试试题集相似，故以"举业鸿宝"称之。以诸子书为科举考试内容，是明中后期老学兴起并繁荣的重要原因。

正德时期，阳明心学虽已创立，但时人多诋之为阳儒阴释，阳明弟子季本（1485~1563）服膺阳明之学，正德十二年（1517）科举之时他仍只能遵从朱熹之学，明末时文选家艾南英评季本文章时说：

> 新建之学，衍于正、嘉而盛于隆、万。季彭山本师承阳明，著书数百万言，皆行于世。夫宗阳明者，其说不能无弊，而其大旨归于心得，是以可传。然终不以入时文，时文必宗考亭，考亭正宗也，象山旁支也。彭山制义恪守传注，谨严法度，阳儒阴释之语，无能涉其笔端，与口谈考亭而文词浮诞者相去远矣。[②]

嘉靖初年，随着心学的传播与老学的兴起，科举考试中开始出现心学与《老子》《庄子》的内容。阳明之学在嘉靖朝前期，多为统治者所忌，但"终嘉靖一朝，每科会试阳明弟子中式者颇多"[③]。越来越多的王阳明门人步入仕途，阳明学借此而影响力日增，有学者论述阳明学发展与科举之关系："阳明学在明代的发展与当时的科举文化息息相关，它既是衍生于科举制度

① （明）李元珍辑《诸子纲目类编》，载故宫博物院编《故宫珍本丛刊》第501册，海南出版社，2000，第199页。

② （清）梁章钜著，陈居渊校点《制艺丛话》，第62页。

③ 陈致：《晚明子学与制义考》，《诸子学刊》2007年第1期，第392页。

下的学术活动，吸引习举业的年轻士子们为主要听众，也必须倚靠科举带出的政治和文化影响力来作为学派发展的资源。”①

阳明学在科举中被越来越多的学子应用之时，《老子》也出现在科举文章中。徐阶曾言：

> 国家以文取士，百八十年于兹。在宣德以前，场屋之文虽间失之朴略，而信经守传，要之不牴牾圣人。至成化、弘治间，则既彬彬盛矣。正德以降，奇博日益，而遂以入于杨、墨、老、庄者，盖时有之。彼其要归，诚与圣人之道不啻秦越，然其言之似是，世方悦焉，而莫之能放也。②

正德之后，《老子》《庄子》开始出现在时文之中，其具体时间不可考，笔者查从嘉靖八年（1529）开始，朝廷就下令禁止科举中引用《老子》《庄子》。嘉靖八年会试，霍韬、张孚敬任主考官，上疏要求凡引用《老子》《庄子》者皆不予录取：

> 霍文敏公韬，嘉靖己丑主会试，士有剿述《庄》、《老》、野史，逞博炫奇者，置勿取。谓变时丧礼，至道攸寓，特以命题，不复拘忌。《春秋》比事，碎裂经旨，不以之试士。③

嘉靖十七年（1538）正月：“礼部请正文体，禁引用《庄》、《列》不经语。诏可。”④ 可见这一现象并没有得到遏制，反而引用者越来越多。顾炎武认为此事与徐阶、李春芳有关，徐、李二人都曾位居首辅且服膺王学，李春芳曾从学于王门欧阳德、王艮。隆庆二年（1568）会试，主考官正是

---

① 吕妙芬：《阳明学士人社群：历史、思想与实践》，新星出版社，2006，第 35 页。

② （明）徐阶：《世经堂集》卷 12《崇雅录序》，载杨学为总主编《中国考试史文献集成》第 5 卷，高等教育出版社，2003，第 522 页。

③ （明）张萱：《西园闻见录》（五）卷 44《礼部三》，载周骏富辑《明代传记丛刊》第 120 册，第 341 页。

④ （清）查继佐：《罪惟录·志》卷 18《科举制》，第 834 页。

首辅李春芳，会试之前，先由主考官作一篇范文，犹如现在的参考答案，李春芳在范文中引入《庄子》之言：

隆庆二年会试，为主考者厌《五经》而喜《老》、《庄》，黜旧闻而崇新学，首题《论语》“子曰由诲汝知之乎”一节，其程文破云：“圣人教贤者以真知，在不昧其心而已。”始明以《庄子》之言入之文字。自此五十年间，举业所用，无非释老之书。彗星扫北斗、文昌，而御河之水变为赤血矣，崇祯时，始申旧日之禁，而士大夫皆幼读时文，习染已久，不经之字，摇笔辄来，正如康昆仑所受邻舍女巫之邪声，非十年不近乐器，未可得而绝也。虽然，以周元公道学之宗，而其为书，犹有所谓“无极之真”者，吾又何责乎今之人哉！[①]

主考官公开表示倾向道家之学的学术倾向，已让士子更加注重佛老之学，及至王阳明从祀孔庙，此一风气愈不可止。在王门弟子的努力下，万历十二年（1584），王阳明从祀孔庙终于获得通过：“万历乙酉，廷议陈白沙、胡敬斋、王阳明入祀，矫江陵也。”[②] 王阳明从祀孔庙意味着王学从嘉靖时期的“伪学”一变为官方正式认可的学说，王学流传更广，刘宗周曾说：“阳明先生为再起儒宗，崇奉已有专祀，自此学者多言王氏学。”[③] 在此之前，阳明学入科举只能默默进行，士子可能有被黜落的风险，然王阳明入祀孔庙后，对科举的冲击尤其大，时人骆问礼记载了当时的情形。

及王文成公从祀，而子弟之所以为学，父师之所以立教，主司之所以取士者，咸以朱文公之说为糟粕。虽朝堂之文移日下，莫不以遵朱为言，而反以为腐滥，不惟诋訾朱子，并孔孟亦公然哗之。甚者尊崇佛老，自以为得志矣。[④]

---

① （清）顾炎武著，黄汝成集释《日知录集释》（中）卷 18《破题用庄子》，第 1057 页。

② （明）邓球：《闲适剧谈》，载《续修四库全书》第 1127 册，第 534 页。

③ （清）刘宗周著，吴光主编，丁晓强点校《刘宗周全集》第 6 册《文编下》，浙江古籍出版社，2012，第 790 页。

④ （明）骆问礼：《续羊枣集》，载《续修四库全书》第 1127 册，第 363 页。

王阳明从祀后，朝廷发布的要求正文体的文书愈益频繁，几乎达到每年重申的地步，并不断加大惩罚力度，然而效果并不尽如人意，现姑取几例以证，万历十五年（1587）礼部上言曰：

唐文初尚靡丽而士趋浮薄，宋文初尚钩棘而人习险谲。国初举业有用六经语者，其后引《左传》、《国语》矣，又引《史记》、《汉书》矣。《史记》穷而用六子，六子穷而用百家，甚至佛经、《道藏》摘而用之，流弊安穷。弘治、正德、嘉靖初年，中式文字纯正典雅。宜选其尤者，刊布学宫，俾知趋向。①

万历十九年（1591），北京国子祭酒刘元震建言：

近来学者不专本业而猥习杂学，喜浮华者藉口于诸子字句之粗，竞进取者弛情于战国纵横之策，务刻覈者留意于申韩刑名之论，尚虚玄者醉心于佛老谬悠之书，学术不醇，识趣亦驳，生心害事，长此安穷？②

万历二十二年（1594），御史陈惟之等人上奏，议正文体，要求于科考落第士子的试卷中，搜罗险怪尤甚者，告之国子监提学官，将其革为民。这是扩大了打击范围，连落第之人也不放过，可见当时经传之学在科考中的没落。礼部认可了其要求，并上言："今科取士，专以纯粹典雅、理明词顺为主，如有掇拾佛老不经之谈及怪句险字混入篇内者，定勿收录，俟朱墨卷解部，本部及科臣详阅，有违式者遵旨除名。"③ 然而，即便以除名相威胁，亦未能收到遏制之效果，孙鑛曾对这种现象表示奇怪："余甲戌赴公

① （清）张廷玉等撰《明史》卷69《选举一》，第6册，第1689页。

② （明）黄儒炳：《续南雍志》卷5《事纪》，载杨学为总主编《中国考试文献集成》第5卷，第524页。

③ （明）黄儒炳：《续南雍志》卷6《事纪》，载杨学为总主编《中国考试文献集成》第5卷，第524～525页。

车，见谏垣疏有云士子习番经，甚讶之，然于时未有奇也。迩来禁愈烦，奇乃愈出，侏离已半错，其故何哉?”有人解释曰：“顷者，主上正服色，有持具带入都者，旦五十金不卖，暮五金而售，何者?贱生于无所用，今所录者反所禁，谁其信之?”[①] 为何会出现“所录者反所禁”的现象?万历三十四年（1606），明神宗诏谕礼臣曰：

> 文体敝坏，至今日而极。非独士习之陋，亦因阅卷官自繇此轨而进，相师相尚，莫知其非，以此取士，士安得不靡然从之。今后房考官见有离经畔注，穿凿揣摩，及摭拾佛书、俗语、隐讳怪诞者，必弃不取，甚者参罚。仍刊布谕旨，豫使闻知。[②]

这一诏书很清楚地说明了“所录者反所禁”的原因就在于朝廷要求禁止，但阅卷官本人当年科考之时既因引用《老子》《庄子》而登第，及其阅卷取士，自然不会抵触这样的试卷，故有学子专投其所好，循环如是，遂至不能禁止。万历二十五年（1597），焦竑主持顺天乡试，即因此而获罪：“万历丁酉秋九月，中允焦竑为顺天乡试副主考，论者以场中文俱用老庄语，似中有关节，故黜竑同知福宁州。”[③]

隆、万以后，“士习趋入诡道”，尤其是天启二年（1622）、天启五年（1625）两场会试，“能用子史者咸入彀”[④]，以致《老子》更不能禁了：“启、祯之间，文体益变，以出入经史百氏为高，而恣轶者亦多矣。虽数申诡异险僻之禁，势重难返，卒不能从。”[⑤]

自嘉靖年间开始，老学与科举联系起来，这一现象出现于此时并非偶然，其中就有王学的推动，亦与嘉靖帝本人信奉道教有关：

---

① （明）张萱：《西园闻见录》（五）卷44《礼部三》，载周骏富辑《明代传记丛刊》第120册，第303页。

② 《明神宗实录》卷428，万历三十四年十二月丙午，载《明实录》第11册，第8069页。

③ （清）李调元辑《制义科琐记》卷2《老庄》，载《丛书集成新编》第31册，新文丰出版公司，1985，第23页。

④ （明）郭伟辑《新镌分类评注文武合编百子金丹》“凡例”，载《四库全书存目丛书·子部》第153册，第1页。

⑤ （清）张廷玉等撰《明史》卷69《选举一》，第6册，第1689页。

> 释老之学入制义，嘉靖时期至为关键。此时有几个重要因素起了决定性的作用。一是嘉靖时期王学经历了由禁制和诋斥，逐渐被官学和举制接纳的过程，嘉靖中期以后王门弟子遍布科场内外，或为乡会试考试官，或为学政学按，或因高第得选，又加之难以数计大规模的京师讲学，使良知心性诸说不惟未能禁制，甚且充盈天下，是其在人员上已为子学入制义作好了准备；其次王学本身就有合会三教的理论蕴涵，阳明门人弟子及其追随者又较阳明更进一步，在理论上试图论证二氏本为道学，不应排斥到正学之外，此在观念上亦作好了准备；再有就是世宗皇帝本身好服食求仙及道教方术，也使内阁文臣竞以道教青词干进，士大夫仰希上之所好，遂使释老之学由异端而跻入官学与科举。①

嘉靖八年，在霍韬等要求禁《老子》《庄子》的同时，王学亦被朝廷认定为“邪说”而遭到禁止。但王门中人通过科举考试步入仕途，利用政治影响力为王学张目，老学随之而复兴。自隆庆年间，李春芳在科举中公开引用《庄子》，特别是王阳明从祀孔庙后，科举中引用《老子》《庄子》遂不可遏止，主考官以此取士，士因此而投其所好，《老子》的影响力扩大，注《老》者与《老子》刊刻数量急剧增长，老学迎来了发展的繁荣期。

二 林兆恩“道一教三”的老学观

林兆恩（1517~1598），字懋勋，号龙江，道号子谷子，福建兴化府莆田县人。林兆恩出生于官宦世家，其远祖林苇任唐端州刺史，其祖父林富为弘治十五年（1502）进士，曾任兵部右侍郎，两广巡抚。林兆恩青年时曾醉心于功名，“尝慨兆恩自少年时，能习举业冀得致身青云，而显荣于世者”。② 18岁时，补邑弟子员，然而他接下来的科举之路并不顺利，接连三

---

① 陈致：《晚明子学与制义考》，《诸子学刊》2007年第1期，第389页。

② （明）林兆恩：《林子全集》利部《寄养斋叔公》，载《北京图书馆古籍珍本丛刊》第63册，书目文献出版社，第862页。

次乡试失利，嘉靖二十五年（1546），第三次乡试落榜，林兆恩决意弃举子业："年二十八，三试弗售，乃弃去举子业，遂锐志于圣人之学焉。"[①]后专心性命之学，遍叩三门，如痴如醉，凡有道者，即厚币拜访，终于"得遇明师，授以真诀，复得孔子仲尼氏梦中授以《鲁论微旨》，曰此不可使知之道也，我则罕言之。嗣是而老子清，尼氏通之以玄，释迦牟尼氏悟之以空，而教主始言三教矣"。[②] 后来林兆恩学有所成，创立了三教合一之说，组织学术社团，林兆恩逐渐从学术领袖演化为宗教教主，三一教成立。[③] 林兆恩《道德经释略》成书于万历年间，书前有万历十六年（1588）的序言，则此书当刊刻于这一年前后，此时林兆恩已经72岁，其创教活动已经完成，故《道德经释略》可以说是他思想成熟期的作品，是其三教理论的重要组成文献。

（一）"三氏圣人，亦惟以见性为先"

明代注《老》者身份多样，李庆根据对《老子》思想认知的不同，将作者分为了三类：第一类为将《老子》视为治国之器的当权者、统治阶层，如朱元璋、沈一贯等。第二类为研究《老子》的学术思想，并借注解《老子》以阐发己见的文人阶层，如薛蕙、王道等。第三类为借注解《老子》发明其宗教思想的民间学者，如陆西星。而林兆恩却介于二、三类之间。因其《老子释略》（《道德经释略》）虽然论述了道教养气、养神的思想，但没有全盘接受，对于道教中过于荒诞的神仙思想，林兆恩是持反对意见的，[④] 这一特点与林兆恩的注解旨趣有关，有学者对《道德经释略》中引用著作进行了统计，并加以分析：

---

① （明）张洪都：《林子行实》，载《林子全集》贞部，第1205页。

② （明）陈衷瑜：《林子本行实录》，载北京图书馆编《北京图书馆藏珍本年谱丛刊》第49册，第557页。另，《林子行实》亦记载此事："梦中得儒仲尼氏授以《鲁论微旨》……先生始明三教奥旨，遂倡为合一之说，挽二氏以归儒。"（《林子全集》贞部，第1205页）然《林子行实》与《林子本行实录》年龄计算方式不同，《林子行实》按实岁计，故言林兆恩28岁弃举子业，而《林子本行实录》按虚岁算，故言其30岁弃举子业，但两书所记林子弃举业，求身心性命之学，得明师，开始探讨三教意旨的记载是一致的。

③ 马西沙、韩秉方：《中国民间宗教史》，中国社会科学出版社，2004，第548页。

④ 〔日〕李庆：《论林兆恩及其〈老子释略〉——明代的老子研究之五》，《金沢大学外语研究中心论丛》2002年第6辑，第90页。

> 林兆恩所采用《道德经》注疏本，以当时明人的作品为主，如薛蕙嘉靖九年所完成的《老子集解》共引用了三十一次，王道的《老子亿》，共引用了二十五次，这两本书可以说是其主要参考书，另吕虚白的《老子讲义》引用了七次，吴澄的《道德真经注》引用了四次，又引用了宋程俱的《老子论》，宋程文简的《易老通言》、宋苏辙的《老子解》、汉严君平的《道德指归论》、宋司马光的《潜虚》、《明太祖御注道德真经》等书。就其引用书目来看，对于六朝玄学王弼等人的著作未曾引用，不太重视老子内部无、一、自然、玄、远、深、微诸形式特性的义理系统，亦即在老子原著的诠释上，过于松散而缺乏反省，偏重在道教性命双修之养神气的诠释系统，以为《道德经》是一套“聚气为宝”、“集神为灵”的道法，故曾引用《天宝金镜灵枢神景内经》、《西升经》等书，强调证悟妙法的重要性。故林兆恩的《道德经释略》偏重在成道证果的宗教性目的上，但又因其三教归儒宗孔的主张，也注意到宋代理学家的看法，故屡引用程子、朱子、周敦颐、张载、杨龟山等人的言论来折中调和，企图将性命双修的道法纳入到儒家的义理系统里。[①]

林兆恩门人陈大道在“跋”中言，《道德经释略》主旨在于见性，不明此，不足以窥其师注文之旨：“三氏圣人，亦惟以见性为先，尔不先见性，岂识真经。真经之不识，而曰可以窥老子之经，与我先生之注也，必不然矣。”[②] 此论至当，林兆恩非常重视发挥《老子》的性命思想，他以复性思想为中心，发挥老子性命双修思想。

林兆恩多次引用吕知常《道德经讲义》，从道教内丹思想方面解读《老子》。如对“玄之又玄，众妙之门”的解释，他直接引用宋吕虚白的《老子讲义》内容：

> 玄之又玄，天中之天，郁罗萧台，玉山上京。在人乃天谷神宫也，

---

① 郑志明：《明代三一教主研究》，学生书局，1988，第156页。

② （明）林兆恩：《道德经释略》“陈大道跋”，载《老子集成》第7卷，第105页。

> 为脑血之琼房，魂精之玉室，百灵之命宅，津液之山源。自己性真长生大君居之，故曰上游上清，出入华房。下镇人身，泥丸绛宫。人能以神光内观于天中之天，则胎仙自成，天门自开，万神从兹而出入，故曰众妙之门。[①]

此处解释将《老子》与道教的修炼导引吐纳之术相结合，描述气在人体中的运行神秘体验过程。天地是一大宇宙，人体如一小宇宙，大脑为人身之主，道教称之为“上丹田”“泥丸宫”，大脑中“圆虚以灌真，万穴直立，千孔生烟，德备天地，混同大方，故曰泥丸”[②]。脑中“万穴直立”的景象犹如一层层小天地，故曰“天中之天”，即老子言“玄之又玄”也。根据道教内丹“炼精化气、炼气化神”的修炼程序，“炼炁而息定，化神而胎圆，阳神升迁于天门而出现，神仙之事得矣”。[③] 炼气化神，直至天门自开，阳神出窍，在这一阶段，内视上丹田，即可“万神从兹而出入，故曰众妙之门”。

欲达此境界，关键在于“守中抱一，深根固蒂”[④]。林兆恩借吕知常《讲义》云：“人之一身，鼻为天门，口为地户，天地之间，人中是也。”所谓“中”者，中宫也，即脐下三寸，亦谓之黄庭，于男子为气海，于女子为子宫，所谓守中之法曰：“勤守中，莫放逸。外不入，内不出。”[⑤]“勤守中，莫放逸”者，固守气海，不可须臾离。“外不入，内不出”者，往来之息终归于气海。这亦是抱一之功夫。抱一者，抱神也，“抱之以一，而其神自不离矣”。[⑥] 抱一则神不外驰，形以载魄，魂以营之，魂魄抱一无离，自然可以体会大道：“体道者的静定功夫进入较深的层次时，抱元守一，神不外驰，元气在体内自由周遍运行，身体由于得到元气的温煦、濡养而变得非常柔软协调，如同婴儿一般。此时的心变得明亮澄澈，如同擦过的镜子，

---

① （明）林兆恩：《道德经释略》，载《老子集成》第7卷，第60页。

② 董沛文主编《金丹阐秘》（上），宗教文化出版社，2015，第79页。

③ （明）伍冲虚、（清）柳华阳：《伍柳仙宗》，九州出版社，2013，第118页。

④ （明）林兆恩：《道德经释略》，载《老子集成》第7卷，第64页。

⑤ （明）林兆恩：《道德经释略》，载《老子集成》第7卷，第64页。

⑥ （明）林兆恩：《道德经释略》，载《老子集成》第7卷，第66页。

毫无尘染。达到以上的身心状态时，对‘道’的体验可谓登堂入室，后世道家丹鼎门‘内丹术’中的‘炼气化神’一节与此相仿。”①

林兆恩认为善摄生者，不是厚养肉身，亦不是单单善养其精气神，而是善养其元精、元炁、元神：“余惟以善摄生者，非以摄其身而生也，乃以摄精气神而生也。非以摄精气神而生也，乃以摄未始精未始气未始神，而曰元精、元气、元神者生也。夫曰无精无气无神而生也，则是生无其生矣，故曰以其无死地。”② 养形骸之身者，沦于养生家之流，是自狭其所居，惟养大身之身者，才能体悟“本体虚空，本无限量”③，方为求道希圣者：“若或以形骸之身为身也，则便落于养生之家矣。非身大身，无我真我。而虚空本体者，是我真常之一大身也。”④ 林兆恩在《道德经释略》中多次强调此意，他认为不惟老子如此，儒释所求之长生，亦是如此：“没身不殆，老子之常道，老子之长生也。夕死可矣，孔子之常道，孔子之长生也。心不生灭，释氏之常道，释氏之长生也。”⑤

“抱一”既是神秘的内在修炼过程，同时也是外在修身的一部分，故林兆恩对“一”的解释根据修炼目的不同而多样化：“一”者可为道、为神，在复性论中，“一”则为真性，为礼、为敬、为心。他引用吕知常《讲义》曰：“一者，人之真性也。”虽然道教对“一”有多种解释，如“神之一”“炁之一”“水之一”“数之一”，然老子言“抱一为天下式”之“一”是指“神之一”“真之一”，这就是“尧曰钦，孔子曰敬，所谓心在腔子里者是也”。⑥ 礼以制心，礼者，敬也；敬者，钦也。故“抱一”者，礼、敬、钦皆备也。林兆恩认为礼不能只有外在的仪式，更重要的是内在的真性，故所谓“抱一”者，亦可指复性而言。道之本性亦虚亦静，先天地而存在，亘古通今，不受变灭，人若能得此虚静之道，自然可以长生久视。

---

① 韩永和：《老子传统生命学解析》，中国医药科技出版社，2007，第44~45页。

② （明）林兆恩：《道德经释略》，载《老子集成》第7卷，第90页。

③ （明）林兆恩：《道德经释略》，载《老子集成》第7卷，第101页。

④ （明）林兆恩：《道德经释略》，载《老子集成》第7卷，第91页。

⑤ （明）林兆恩：《道德经释略》，载《老子集成》第7卷，第96页。

⑥ （明）林兆恩：《道德经释略》，载《老子集成》第7卷，第75页。

我既得虚静真常之性矣，身虽没焉，而虚静真常之性其可得而坏乎，故曰不殆，夫曰久、曰不殆者，是乃老子所谓深根固蒂，长生久视之道也。[①]

林兆恩由此引出复性之说："岂非虚空中一点性灵，炯炯长存，而与道相悠久而不殆邪。"[②] 如何恢复这一点性灵，林兆恩引用薛蕙、王道的观点予以说明，薛蕙认为人性本虚静，与物相接，迁于物而背其本，故复性须采用损之又损之法，损以至于虚，损以归于静，"以至于虚静之极，则私欲尽而性可复矣"。[③] 王道的观点与此类似。如何去私欲而归本性？老子言圣人"为腹不为目"，就是"守中抱一"之法。林兆恩认为"真常之性，本无欲也"，[④] 故"饮食之人则人贱之"。[⑤] 腹唯知饥饱，而不知五色之悦目、五音之悦耳、五味之悦口、田猎之悦心。人为悦口，如易牙百般调味以适于口，若百味杂糅，自然不会为人所喜，可见"口之于味者，性也，气质之性也。若腹则惟知有饥饱已尔，而其味之美恶也，恶得而知之"。[⑥] 口如此，耳、目、心亦如是，凡沉溺于声色田猎者，皆是目盲心盲蔽于道者。

除摒弃物欲干扰外，还要摒弃俗学的干扰。林兆恩此处站在心学立场，批评程朱之格物为支离："昔者宋儒之释格物也，今日格一物，明日格一物，至于即凡天下之物，亦且求之以至乎其极。夫天下之物何其众也，殆不可以千万计，岂其能求之以至其极邪。"[⑦] 故老子言"绝学无忧"，其所绝者，俗世之学，徒使精神外逸而失其本也，唯有日损此学，方能为道日益，以至于抱一知常，性灵自复。林兆恩引用《淮南子》证明其说：

圣人之学也，将以反性于初，而游心于虚也。俗世之学则不然，擢德扰性，内愁五脏，外劳耳目，暴智越行，以招号声名于世，此我

① （明）林兆恩：《道德经释略》，载《老子集成》第7卷，第71页。
② （明）林兆恩：《道德经释略》，载《老子集成》第7卷，第71页。
③ （明）林兆恩：《道德经释略》，载《老子集成》第7卷，第71页。
④ （明）林兆恩：《道德经释略》，载《老子集成》第7卷，第81页。
⑤ （明）林兆恩：《道德经释略》，载《老子集成》第7卷，第68页。
⑥ （明）林兆恩：《道德经释略》，载《老子集成》第7卷，第68页。
⑦ （明）林兆恩：《道德经释略》，载《老子集成》第7卷，第74页。

所羞而不为也。又曰：精神已越于外而事复反之，是失之于本，而求之于末也。蔽其玄光，而求知于耳目，是释其昭昭，而道其冥冥也。[①]

绝弃俗世之学，闷闷似鄙，外若有遗，但内心之道德完满，这才是老子绝学之意。绝此世俗之学，致力于圣贤性命之学，林兆恩的性命思想有别于程朱复性思想，程朱以外在之道作为复性的目标，而林兆恩则从心学出发，将复性的终极目标归入自身，他言："人人自有常道，人人自有玄。"[②] 又言："天之所与我者不薄也，若孔子之所以圣，老子之所以玄，释迦之所以禅，而皆备于我也。""知性分之有余裕，而无求于外也。知至道之在我，而必尽其功。"[③] 故林兆恩沿着阳明心学的求圣路径，"夫真常之性，本自足而足矣"。[④] 无须外求，沉溺于口耳俗学者，恰与成圣背道而驰，林兆恩引用王道《老子亿》的观点说明此意。

若夫世儒懵于性命之原，而狃乎口耳之习，缮性于俗学，汩欲于俗思，其心之驰骛也愈远，而其蒙蔽也愈深，其去圣学也远矣。圣人则不然，故不待出户之有所行也，而能尽知天下之情者，以人之情即己之情也。不待窥牖之有所见也，而能指名天地之道者，以天之道即己之道也。皆以其把柄在我也，此所以宇宙在乎手，万物生乎身，不待有所作为而庶务自成也欤。[⑤]

林兆恩的复性思想虽然没有跳出理学的范畴，但从中亦可以看出明中后期心学兴起、程朱理学的权威地位受到挑战这一思想变迁的痕迹。

（二）"道一教三"的三教合一论

对于林兆恩放弃举业的原因，有学者言是科举竞争的巨大压力，而深层原因在于阳明学："王学为解决明后期士人因政治斗争激烈、命运坎坷而

① （明）林兆恩：《道德经释略》，载《老子集成》第 7 卷，第 74 页。
② （明）林兆恩：《道德经释略》，载《老子集成》第 7 卷，第 67 页。
③ （明）林兆恩：《道德经释略》，载《老子集成》第 7 卷，第 81 页。
④ （明）林兆恩：《道德经释略》，载《老子集成》第 7 卷，第 89 页。
⑤ （明）林兆恩：《道德经释略》，载《老子集成》第 7 卷，第 89 页。

产生的困惑与失落，提倡‘内省’自悟，偏重‘内圣’路线，在儒家‘三不朽’中，较为偏重‘立德’‘立言’，提倡稍离政治、以自保避祸，从而受到士人的广泛欢迎。王阳明告诫弟子们听其讲学时，要以‘成圣’自我期许，专心道学。”[①] 其实林兆恩受阳明学的影响，可以追溯到孩童时期。林兆恩的祖父林富与王阳明交情匪浅。林富（1462～1528）[②]，字守仁，号省吾，弘治十五年（1502）进士，授南京大理寺评事，因违逆刘瑾被下诏狱。降潮阳县丞，刘瑾伏诛后升宁波府知府。明世宗即位，升广西参政、广西右布政。嘉靖六年（1527），广西思田之乱起，王阳明受命兼都察院左都御史，总督两广及江西、湖广军务，“新建伯王守仁复委重于富，论事颇合”。[③] 两人配合默契，以招抚为主，兵不血刃，平定了思田之乱，林富升都察院右副都御史抚治郧阳。战事方平，王阳明病重，举林富代替自己。林兆恩幼时跟随祖父，正德十五年（1520），王阳明拜访林富，见林兆恩，大异之，语林富曰：“此儿丰恣卓异，殆非科第中人，其后日福量过于先生远矣。”[④] 及长，林兆恩与王门中人来往甚多，嘉靖二十五年（1546），林兆恩往江西吉水拜见江右王门代表罗洪先，泰州学派代表何心隐称赞林兆恩：“昔儒、道、释三大教门，孔子老子释迦已做了。今只有三教合一，乃第一等事业，第一大教门也。兹又属之先生。我即不能为三教弟子，愿为三教执鞭焉。”[⑤] 何心隐此话，不免客套之嫌，因何曾在信中言其南游福建时，拜访林兆恩，“于林宅五十四日，即知林之所学非元所学也”。[⑥] 因林兆恩思想虽有吸收阳明心学的成分，但亦杂糅道家佛教的思想，故何心隐对其并不完全认同，黄宗羲在评价林兆恩时亦是“毁誉参半”。

---

① 赵献海：《明后期士人在野经世研究——以林兆恩为个案》，载赵毅、秦海滢主编《第十二届明史国际学术研讨会论文集》，辽宁师范大学出版社，2009，第 247 页。

② （明）焦竑编《国朝献征录》卷 58《兵部右侍郎林公富传》，载周骏富辑《明代传记丛刊》第 111 册，第 759 页。

③ （明）焦竑编《国朝献征录》卷 58《兵部右侍郎林公富传》，载周骏富辑《明代传记丛刊》第 111 册，第 758 页。

④ （明）陈衷瑜：《林子本行实录》，载北京图书馆编《北京图书馆藏珍本年谱丛刊》第 49 册，第 553 页。

⑤ （明）陈衷瑜：《林子本行实录》，载北京图书馆编《北京图书馆藏珍本年谱丛刊》第 49 册，第 570 页。

⑥ （明）何心隐著，容肇祖整理《何心隐集》卷 4《上祁门姚大尹书》，中华书局，1960，第 77 页。

> 论曰：观兆恩行事，亦非苟矣。夫周程以后，必欲自立一说，未有不为邪者。兆恩本二氏之学，恐人之议其邪也，而合之于儒。卒之驴非驴，马非马，龟兹王所谓赢也。哀哉。[①]

林兆恩受道家的影响，据其《年谱》记载，林兆恩13岁时，经常用金银救济穷人。母亲问他为何，林兆恩回答："吾家世富贵矣，天道恶盈，胡不以吾之有余者补人之不足乎?"[②]

明代是三教合一思想发展的高峰，尤其是阳明学兴起之后，为三教合一思想提供了理论依据，三教合一思想更为兴盛。王阳明秉持"道一教三"的观点，他认为三教之学，皆圣人之学，无须言取其有助于儒学者："圣人与天地民物同体，儒、佛、老、庄皆吾之用，是之谓大道。"[③] 林兆恩开始创立三教归一理论之时，正是阳明学的兴盛期，他接受了道一教三的思想，他认为三教合一，合于心也。

> 心宗者，以心为宗也。而黄帝、释迦、老子、孔子非外也，特在我之心尔。夫黄帝、释迦、老子、孔子既在我之心矣，而我之所以宗心者，乃我之所以宗黄帝、释迦、老子、孔子也。由是观之，我之心，以与黄帝、释迦、老子、孔子之心一而已矣。心一道一，而教则有三，譬支流之水固殊，而初泉之出于山下者一也。[④]

林兆恩创立三一教，沟通三教思想是其宗教理论中的重要部分，《道德经释略》也对此部分多有论述。林兆恩门徒陈标在《道德经释略》跋中言，林兆恩注解《老子》的目的之一就是疏导儒释道思想之抵牾处。

---

① （清）黄宗羲著，陈乃乾编《黄梨洲文集》，中华书局，1959，第47页。

② （明）陈衷瑜：《林子本行实录》，载北京图书馆编《北京图书馆藏珍本年谱丛刊》第49册，第553页。

③ （明）王守仁著，吴光等编校《王阳明全集》卷35《年谱三》，第1289页。

④ （明）林兆恩：《林子三教正宗统论》，载《四库禁毁书丛刊》第102册，第676~677页。

吾师三教先生，倡道度世，大都以心为宗，以自性真经为教，而非他也。……兹又有《道德经释略》，一皆发之以自性真经，俾天下后世，得以探其微辞，会其奥义，而不为剖窃前言，亿□而注疏者之所晦蚀，以文害辞，以辞害意。而先生之释略，诚皆有以廓清之也。[①]

林兆恩《道德经释略》主要针对儒道明显矛盾处进行解释，而儒道首要矛盾就是对仁义礼智的态度。首先针对老子"天地不仁，以万物为刍狗"，林兆恩认为儒道皆以不仁为至仁。观万物的生长，道生万物，德畜万物，天地不自以为道、不自以为德，不以万物之父母自居，自然无煦煦焉以仁万物："盖天地本无心也，本无知也。盈天地间之物何其多也，安得尽物而知之，尽物而仁之，尽物而生之也。余于是而知天地之不仁，天地之至仁也。然天地必物物而仁之，则天地不其劳乎？天地不为也。岂曰天地不为邪，而天地亦且不能为之矣。"[②] 天地不仁，即天地不自以为仁，"惟其不得而知之，故其不得而仁之，此天地之所以不仁，而天地之所以为大也"。[③] 圣人之于百姓亦是如此："盖圣人之心，直与天地而同其大，固不煦煦然常善救人以为仁也，亦不孑孑然刍狗百姓以为义也，亦惟付之自然无为而已矣。"[④] 故老子言"天地不仁"，正如孔子言"四时行焉，百物生焉"。程子言："天地化工，付与万物，而已不劳焉。"如《中庸》所言："舟车所至，人力所通。天之所覆，地之所载，日月所照，霜露所坠。凡有血气，莫不尊亲。"亦如佛教所言："若卵生，胎生，湿生，化生，我皆令入无余涅槃而灭度之。"[⑤]

另外，针对老子言"大道废有仁义""绝圣弃智"者，林兆恩认为老子并非轻视道德仁义，而是更加重视道德本体，以道德为本，而非为圣智、仁义之美名："圣智之名非不美也，而圣人之所以圣，智人之所以智者，都

① （明）林兆恩：《道德经释略》，载《老子集成》第 7 卷，第 104 页。
② （明）林兆恩：《道德经释略》，载《老子集成》第 7 卷，第 63 页。
③ （明）林兆恩：《道德经释略》，载《老子集成》第 7 卷，第 62 页。
④ （明）林兆恩：《道德经释略》，载《老子集成》第 7 卷，第 93 页。
⑤ （明）林兆恩：《道德经释略》，载《老子集成》第 7 卷，第 62~63 页。

从道德虚无中来尔，而曰绝圣弃智者，岂非其先道德而后圣智之意邪。"[①] 故老子言"绝仁弃义"并非针对仁义而言，而是后世行仁义者不根于心，而为仁义之美名而行仁义："圣人之教，本大道而行仁义，而后世之学，为仁义而废大道。孟子曰：由仁义行，非行仁义也。《集注》有之：仁义已根于心，而所行皆从此出，非以仁义为美，而后勉强行之。"[②] 老子言"绝圣弃智"者亦是此理："智而不本于圣，而非所以为智也。圣而不本于善信美大，而非所以为圣也。""《老子》曰：绝圣弃智，非以绝圣也，绝其非圣而圣，而入于怪也。非以弃智也，弃其非智而智，而失之凿也。"[③] 老子言"夫礼者忠信之薄而乱之首"，并非老子不重视礼，老子所反对的是徒有外在仪节而无忠信之实的"礼"，为表示"然礼之文，亦皆老子之所未尝废也"，[④] 林兆恩不厌其烦，将《礼记》中孔子问礼于老子的四段记载都附之于后，又引王道、薛蕙的《老子》注以申明其意。

针对程朱批评老子存私心，窃弄权诈之术的观点，林兆恩为老子进行了辩护。程朱批评老子为窃弄阖辟者，乃因"后其身而身先，外其身而身存，非以其无私邪，故能成其私"句及"将欲歙之，必固张之"章。林兆恩认为老子之"无私"，是无世俗之私心；而所成之私，是欲复归于虚空之本体也，不是为了世俗的利益。至于"将与必固"，林兆恩认为这是世人将"固"误解为"故"，老子言"将欲歙之，必固张之"是言天道运行之理，而非欲得此而故意执彼，对于这种误解，林兆恩嘲讽道："则世之非老子者，非惟心不达老子之意，亦且目不涉老子之文。以固作故，不亦重可笑乎。"[⑤] 针对程朱批评老子弃人事，任虚无，林兆恩认为老子之无为，并非什么都不做，而是体会大道，顺万物之理而为。世人将晋室清谈误国的罪名归于老子，林兆恩引用程文简《易老通言》曰："至于西晋，则闻其言常以无为为治本，而不知无为者如何其无为也，意谓解纵法度，拱手无营，

---

① （明）林兆恩：《道德经释略》，载《老子集成》第7卷，第72页。
② （明）林兆恩：《道德经释略》，载《老子集成》第7卷，第71页。
③ （明）林兆恩：《道德经释略》，载《老子集成》第7卷，第72页。
④ （明）林兆恩：《道德经释略》，载《老子集成》第7卷，第83页。
⑤ （明）林兆恩：《道德经释略》，载《老子集成》第7卷，第82页。

可以坐治。无何纪纲大坏，而天下因以大乱。”[①] 后又引王通之言与薛蕙《老子集解》重申此意，极力澄清对老子虚无的批判。

（三）“道德之无所于为”的无为论

林兆恩认为《道德经》的主旨就是无为：“大抵《老子》五千言，盖以言道德之无所于为也。”[②] 所谓无为，并非什么都不做，而是要顺万物之理之自然而为：“而圣人者，处无为之事，行不言之教，亦惟顺其物理之自然尔。”[③] 因此万物之生、万物之为、万物之成，谓之自生、自为、自成不可，谓之非自生、非自为、非自成亦不可，这就是圣人无为之功，这就是上古击壤之民歌颂的“帝力于我何有哉”。

林兆恩推崇无为的哲学依据在于道之虚无本体：“盖道本虚也，而用之其可得而既乎？”[④] 道以虚无为本，用之无穷，道散之于万物，故天覆地载者道也，日月照临者道也，四时运行、百物化生者道也，而“至道之极，乃道之道，真常之道也”，[⑤] 真常之道，是为道纪。行无为之治者，执此道纪，自然可应无穷。林兆恩引用宋程大昌《易老通言》的解释说明此理：

> 夫老子之可重者何也？秉执枢要，而能以道御物。故师老子而得者为汉文帝，大抵清心寡欲，而渊默朴厚以涵养天下，其非不事事之谓也。[⑥]

将无为运用到国家治理上，君主需虚心实腹、无知无欲。虚心弱志方能无知，实腹强骨方能无欲，“圣人之所以能使民无知无欲者，亦惟在我而已矣”。[⑦] 具体实施在于恭己南面：“恭己南面，非所以处无为之事乎？无隐乎尔，非所以行不言之教乎？”[⑧] 故林兆恩认为君王治国之关键在于“因先

---

① （明）林兆恩：《道德经释略》，载《老子集成》第 7 卷，第 70 页。
② （明）林兆恩：《道德经释略》，载《老子集成》第 7 卷，第 60 页。
③ （明）林兆恩：《道德经释略》，载《老子集成》第 7 卷，第 60 页。
④ （明）林兆恩：《道德经释略》，载《老子集成》第 7 卷，第 61 页。
⑤ （明）林兆恩：《道德经释略》，载《老子集成》第 7 卷，第 70 页。
⑥ （明）林兆恩：《道德经释略》，载《老子集成》第 7 卷，第 70 页。
⑦ （明）林兆恩：《道德经释略》，载《老子集成》第 7 卷，第 61 页。
⑧ （明）林兆恩：《道德经释略》，载《老子集成》第 7 卷，第 60 页。

王之旧政”，正如舜因尧政，萧规曹随，“是乃黄帝老子无为之遗意也”。[①]林兆恩在后文多次重申圣人无为而治重在因循，可见其对无为的理解是偏向于黄老道家的，林兆恩在书中引用白居易之言说明此意：“夫欲使人情俭朴，时俗清和，莫先于体黄老之道也。”[②]

圣人之无为还体现在圣人之无私。圣人之无私，并不是圣人没有私心，但圣人的私心与常人不同：“圣人不以其身为身，而圣人之所以为身者，大身非身，虚空之本体也。”[③] 常人执着于形体之身，此身有时有尽，有时间限制，而天地则外形气以为生，气虽有时而散，然天地以气生气，自然可得长久。圣人之德同于天地，后其身而身先，外其身而身存，然“圣人之所后而外者非身乎？圣人之所先而存者非大身之身乎？余于是而知圣人无私也，而欲以复还其虚空之本体者”。[④] 圣人后而外者，乃一己之身，先而存者乃大身之身，大身之身者，以天下为身也：“故我既已贵矣，而能以其身为天下矣，是盖知有天下而不知有身也。然而斯人也，其不可以寄天下乎。寄也者，寄之也，寄百里之命之寄也。”[⑤]

在处世论方面，林兆恩生活在内忧外患矛盾尖锐的明中后期，如何在混乱的时局中生存，并实现自己的济世理想，林兆恩奉行“同其尘而不违仁”的处世之道。他认为道本虚无，并无清静动浊的区别，道之于万物，亦无所区别。

> 若为道者而有所别于清、于浊，于动、于静、于道、于德、于失道失德，则亦不可谓之道矣。惟其无所区别于清、于浊、于动、于静、于道、于德、于失道、失德，则是人与道而为一，方可谓之尽道，而为有道之士也。[⑥]

① （明）林兆恩：《道德经释略》，载《老子集成》第 7 卷，第 61 页。
② （明）林兆恩：《道德经释略》，载《老子集成》第 7 卷，第 88 页。
③ （明）林兆恩：《道德经释略》，载《老子集成》第 7 卷，第 65 页。
④ （明）林兆恩：《道德经释略》，载《老子集成》第 7 卷，第 65 页。
⑤ （明）林兆恩：《道德经释略》，载《老子集成》第 7 卷，第 69 页。
⑥ （明）林兆恩：《道德经释略》，载《老子集成》第 7 卷，第 76 页。

林兆恩这一观点借鉴了王道《老子亿》的思想，王道认为大道至公，圣人亦如是："心地平等，普然大同"，"既不自异于人，人亦不自异于我"。[①]持此态度，林兆恩在处世方法上坚持"同其尘"。当年公山弗扰据费、佛肸据中牟，两人都曾邀请孔子出仕，而孔子亦有意前往。或如伊尹五就桀，狄仁杰仕武周，柳下惠待上不恭，林兆恩认为以上诸人虽仕不道，但坚持行道。"邦有道则仕，无道则隐"，虽能保持自身的高洁，却于乱世无益，若能一直坚持立身正直，即使"同其尘"也无害己身，这就是"尔为尔，我为我，尔焉能免我哉，是亦同尘之意也"。[②]

人之处世，难免有怨德私情，无论是以德报怨、以怨报德，以德报德、以怨报怨，或以直报怨，凡此种种，皆是不明于大道，"若老子则与道为一焉者也，则亦何怨何德"?[③] 故老子虽处人世之中，却浑浑闷闷，忘怨德于大顺大化之中，不知有怨，不知有德。人能行此，方为知老子者。正是抱持这样的处世态度，林兆恩在放弃科举之后，其济世之心不弃，嘉靖三十四年（1555）至嘉靖四十二年（1563），倭寇先后九次侵犯莆田，民众面临战乱、瘟疫的双重磨难，尸横遍野，朝廷派驻的官员不敢上任，林兆恩先后六次毁家纾难，带领信徒为死者善后，救济灾民。

三　憨山德清会通佛老

释德清（1546~1623），俗姓蔡，字澄印，号憨山，金陵全椒（今属安徽）人，明末著名高僧，十二岁拜金陵大报恩寺西林禅师出家，十九岁正式披剃，并受具戒。万历二十三年（1595），德清卷入了朝廷宦官之争，以"私创寺院"的罪名发配雷州充军，直至万历三十四年（1606）方遇赦得免。充军期间，因当地军政大员庇护，德清得以自由往来于广东各地，着囚服说法，开岭南佛教风气，振兴禅宗六祖慧能的开山道场曹溪寺。也是这一时期，德清完成了《老子道德经解》。此书乃德清多年思考所得，据其自述："（此书）始于东海，以至南粤，自壬辰以至丙午，周十五年，乃能

① （明）林兆恩：《道德经释略》，载《老子集成》第7卷，第76页。
② （明）林兆恩：《道德经释略》，载《老子集成》第7卷，第62页。
③ （明）林兆恩：《道德经释略》，载《老子集成》第7卷，第97页。

卒业。”壬辰即万历二十一年（1593），丙午即万历三十四年。吕澂称德清为明末四大高僧中“尤为出色”者，他不仅佛学精湛，于儒道之学亦深有研究，一生著述丰富，由门人编成《憨山老人梦游全集》行世。

（一）三教会通思想

德清生于明后期，深受三教合一思潮的影响，他的《老子道德经解》一书有强烈的三教会通色彩。他在《老子道德经解》前言中，从宗旨、趣向、体用、功夫四方面解释三教之异同。概而言之，德清认为三教在宗旨、趣向、体用、功夫上都有相通之处，所异者只在于施教者之慧根高低，以及具体效用之深浅大小。

在宗旨上，德清以佛教《楞严经》解释老子之道：

> 老氏所宗，以虚无自然为妙道，此即《楞严》所谓“分别都无，非色非空，拘舍离等，昧为冥谛”者是已。此正所云八识空昧之体也，以其此识，最极幽深，微妙难测，非佛不足以尽之，转此则为大圆镜智矣。菩萨知此，以止观而破之，尚有分证。至若声闻不知，则取之为涅槃。西域外道梵志不知，则执之为冥谛。此则以为虚无自然妙道也。①

“分别都无，非色非空”，即摒弃一切外在分别，至于非色非空的境地，德清以此比作老子虚无自然之道，佛教所言八识空昧、大圆镜智皆为亦此虚无之道。后又以“识精元明”详细解释老子之道的特性：

> 此言识精元明，即老子之妙道也，故曰：杳杳冥冥，其中有精，其精甚真。由其此体至虚至大，故非色。以能生诸缘，故非空。不知天地万物皆从此识变现，乃谓之自然。由不思议熏，不思议变，故谓之妙。至精不杂，故谓之真。天地坏而此体不坏，人身灭而此性常存，故谓之常。万物变化，皆出于此，故谓之天地之根，众妙之门。②

① （明）憨山德清：《老子道德经解》，载《老子集成》第7卷，第393页。

② （明）憨山德清：《老子道德经解》，载《老子集成》第7卷，第393页。

《楞严经》认为诸多修行者不能得成大道，其根本原因在于不知二种根本，所谓二种根本："一者无始生死根本。则汝今者与诸众生，用攀缘心为自性者。二者无始菩提涅槃，元清净体。"① 一种为众生陷入生死轮回之根本，一种为众生本具之菩提涅槃清净光明的本体。众生误将攀缘心认为自性，故轮回不止，唯有以众生本具之光明本体勘破虚妄，方能脱离苦海："则汝今者，识精元明，能生诸缘，缘所遗者。由诸众生，遗此本明，虽终日行，而不自觉，枉入诸趣。"② 老子之道至虚至大，故非色，能生诸缘，故非空。道之体不坏不灭，化生万物，故名之天地之根，众妙之门，此即为众生本具之菩提涅槃清净光明的本体。由上，德清认为老子之趣向亦在于教人勘破虚妄，虚怀处世。

> 愚谓看老庄者，先要熟览教乘，精透《楞严》，融会吾佛破执之论，则不被他文字所惑。然后精修静定，工夫纯熟，用心微细，方见此老工夫苦切。然要真真实实看得身为苦本，智为累根，自能隳形释智，方知此老真实受用至乐处。更须将世事一一看破，人情一一觑透，虚怀处世，目前无有丝毫障碍，方见此老真实逍遥快活、广大自在，俨然一无事道人。然后不得已而应世，则不费一点气力，端然无为而治。观所以教孔子之言，可知已。③

德清注《老》，援佛解老，以佛为本，互相体证，并言"身为苦本，智为累根"，其所谓"虚怀处世"亦具有了佛教出世色彩，故在论述功夫与体用之时，德清对三教经世之异同做了详细说明。

德清认为三教皆有经世之心。儒家经世自不待言，至于佛教，德清认为佛教亦有经世之心："佛若不经世，决不在世间教化众生。"④ 而佛教修行之法亦不离世间，而是在平常日用之中，于万物之上体悟佛理："子之禅，

---

① 常济乘一：《楞严八十分义》，宗教文化出版社，2011，第 20 页。

② 常济乘一：《楞严八十分义》，第 20 页。

③ （明）憨山德清：《老子道德经解》，载《老子集成》第 7 卷，第 393 页。

④ （明）憨山德清：《老子道德经解》，载《老子集成》第 7 卷，第 395 页。

贵忘言，乃哓哓于世谛，何所取大耶？予曰：不然。鸦鸣鹊噪，咸自天机。蚁聚蜂游，都归神理。是则何语非禅？何法非道？”[①] 老子经世之心亦甚明：“老以无用为大用，苟以之经世，则化理治平，如指诸掌。”[②] 德清认为儒家专于经世，老子专于忘世，佛教专于出世。孔子以心正意诚为体，以修齐治平为用，欲以教化去人之私心，其所利者止于中国。老子以无名为体，无为为用，“常善救人，故无弃人”，以尧舜与人同，此无我经世之心何尝忘世，而其道利生范围超出中国，道大难容，故老子远去流沙。而佛之体用最大，教被三千世界，至广至大，无所拣择，无所不包，经世之心由此可见。

> 或曰：三教圣人教人，俱要先破我执，是则无我之体同矣。奈何其用有经世、忘世、出世之不同耶？答曰：体用皆同，但有浅深小大之不同耳。假若孔子果有我，是但为一己之私，何以经世？佛老果绝世，是为自度，又何以利生？是知由无我方能经世，由利生方见无我，其实一也。……是知三圣无我之体，利生之用皆同，但用处大小不同耳。以孔子匡持世道，姑从一身以及家国，后及天下，故化止于中国，且要人人皆做尧舜，以所祖者尧舜也。老子因见当时人心浇薄，故思复太古，以所祖者轩黄也，故件件说话不同寻常，因见得道大难容，故远去流沙。若佛则教被三千世界，至广至大，无所拣择矣。[③]

三教经世之法虽有浅深大小之不同，但其修行功夫第一步皆为破我之执，此入道功夫是相同的：“以孔子专于经世，老子专于忘世，佛专于出世。然究竟虽不同，其实最初一步，皆以破我执为主，工夫皆由止观而入。”[④] 破我执之法犹如佛教之止观。止观是佛教的修行功夫，止为定，其作用在于断惑，止息后天种种妄念；观为慧，其作用在于策发神解，观智通达，破除烦恼妄见，获得种种真谛，产生种种智慧。止观两者相互作用，达到

---

① （明）憨山德清：《老子道德经解》，载《老子集成》第 7 卷，第 392 页。
② （明）憨山德清：《老子道德经解》，载《老子集成》第 7 卷，第 391~392 页。
③ （明）憨山德清：《老子道德经解》，载《老子集成》第 7 卷，第 394~395 页。
④ （明）憨山德清：《老子道德经解》，载《老子集成》第 7 卷，第 394 页。

历历明明，万象森然："若夫泥洹之法，入乃多途，论其急要，不出止、观二法。所以然者，止乃伏结之初门，观是断惑之正要；止则爱养心识之善资，观则策发神解之妙术；止是禅定之胜因，观是智慧之由藉。若人成就定、慧二法，斯乃自利利人，法皆俱足。"① 德清以佛教止观思想贯通儒释道修行方法，三教止观皆以破我之执为首要功夫，然三教功夫深浅不同，"孔子乃人乘止观，老子乃天乘止观"。孔子为名教宗主，其教化对象为中下之人，不能轻言破我执，故只能以正心、诚意、修身教之，以此成父子君臣之道。在上之者，如颜子则教以"克己""毋意、毋必、毋固、毋我"，老子则教以绝圣弃智，无我之旨，教人尽破我执之弊，与圣人同心。

> 若夫老子超出世人一步，故专以破执立言，要人释智遗形，离欲清净。然所释之智，乃私智，即意必也；所遗之形，即固我也；所离之欲，即己私也。清净则廓然无碍，如太虚空，即孔子之大公也。是知孔、老心法未尝不符，第门庭施设，藩卫世教，不得不尔。②

德清认为孔、老是佛的化身，后世学佛者，若不知老，恐陷入空虚，难以勘破世间名相；若不知孔子，则不知世道人情，其经世只会谈禅论道，毫无用处："孔老即佛之化身也。后世学佛之徒，若不知老，则直管往虚空里看将去，目前法法都是障碍，事事不得解脱。若不知孔子，单单将佛法去涉世，决不知世道人情，逢人便说玄妙，如卖死猫头，一毫没用处。"③ 由此德清认为三教圣人行迹虽异，其经世之心相同："是知三教，圣人所同者心，所异者迹也。"④ 心迹相忘，三教本质自明，其相同处亦由此可见。

（二）性命论

德清认为老子之道以修身为本，身修自然国治："所谓真以治身，绪余以为天下国家信，信非诬矣。"⑤ 他的性命论，亦延续这一思想，以性为本，

① （隋）智顗著，李安校释《童蒙止观校释》，中华书局，1988，第1页。
② （明）憨山德清：《老子道德经解》，载《老子集成》第7卷，第394页。
③ （明）憨山德清：《老子道德经解》，载《老子集成》第7卷，第395页。
④ （明）憨山德清：《老子道德经解》，载《老子集成》第7卷，第395页。
⑤ （明）憨山德清：《老子道德经解》，载《老子集成》第7卷，第392页。

性为生之主，命不过是性之暂时居所，人之养生当以养性为主，而非逞私欲以养口体。

德清认为："人之所以有生者，赖其神与精气耳。……且此三者，以神为主，以精为卫，以气为守。故老子教人养之之方，当先养其气。"① 人之生命由神、精、气组成，以神为主，以精为卫，以气为守，德清此处所言神即众人身中所具之道。道即一，一生阴阳二气，二气相合而生万物，故万物各具一道："谓道本无名，强名之一，故曰道生一。然天地人物，皆从此生，故曰：一生二，二生三，三生万物。是则万物莫不负阴而抱阳也。所以得遂其生，不致夭折者，以物各含一冲虚之体也。"② 生命以神为主，即以道为主。道本虚无，化生万物，乃为万物之根，故物本无也，德清此处又以佛教色空思想解释老子之"虚"："虚，谓外物本来不有。静，谓心体本来不动。"③ 外物既为虚无，人心不应为此所扰，保持寂然不动的状态，这样生命就恢复到本然状态，进而返观内照，见真常之性，领悟大道之妙。

> 夫物芸芸，各归其根。意谓目前万物虽是暂有，毕竟归无，故云各归其根。根，谓根本元无也。物既本无，则心亦不有，是则物我两忘，寂然不动，故曰：归根曰静，静曰复命。命乃当人之自性，赖而有生者。然人虽有形，而形本无形，能见无形，则不独忘世，抑且忘身。身世两忘，则自复矣，故云：静曰复命。性乃真常之道也，故云：复命曰常。人能返观内照，知此真常妙性，才谓之明，故云：知常曰明。由人不知此性，故逐物忘生，贪欲无厌，以取戕生伤性忘身败家之祸，故曰：不知常，妄作凶。④

德清以性为真常之道，命因道而有，性因命而显，若能因命而见性，就能忘世忘身，与道为一。在性与命的关系中，德清认为性才是人之永恒居所，命不过是太虚之一尘，微小不足贵也："且吾性之广大，与太虚同

① （明）憨山德清：《老子道德经解》，载《老子集成》第 7 卷，第 426 页。
② （明）憨山德清：《老子道德经解》，载《老子集成》第 7 卷，第 420 页。
③ （明）憨山德清：《老子道德经解》，载《老子集成》第 7 卷，第 404 页。
④ （明）憨山德清：《老子道德经解》，载《老子集成》第 7 卷，第 405 页。

体，乃吾之真宅也。苟以性视身，则若大海之一沤，太虚之一尘耳，至微小而不足贵者。人不知此，而但以蕞尔之身，以为所居之地，将为至足，而贵爱之，则狭陋甚矣。"[①] 圣人知性之可贵，尊性而遗形，然世人则以身为至贵，嗜欲以养身，故其心与外物相接，很难保持寂然不动的状态，要么动而不知归静，要么静而不知动，此皆不知抱一之道，魂魄分离之结果。魂动魄静，人不知抱一，动则乘魂，动而不知归静；静则乘魄，静而不知动。动而不知归者，沉溺于外物，静而不动者，滞于空虚，若要魂魄不离，动而常静，静而常动，"动静不异，寤寐一如",[②] 抱一无离，就要"专气致柔"之功夫。

德清既以外物为空，肉身也包括其中："然人赖气而有生，以妄有缘气于中积聚，假名为心。"[③] 人执迷此假象，气随心动，心愈动而气愈刚，气刚则心益动，如此循环，心离道愈远，故"学道工夫，先制其气，不使妄动以薰心，制其心，不使妄动以鼓气。心静而气自调柔"。[④] 气随心动，故制心先于制气，心静则气自柔："故善养者，当先持其心，勿使妄动。心不妄动则平定，心平则气和，气和则精自固，而神自安，真常之性自复矣。"[⑤] 此即"专气致柔"。至于制心之功夫，即在一念未动之前制之，善则容，恶则止，早早着力，复其真性，若于念之发动后用功，机巧智谋之心已生，持此心而为，不仅费力，且不能成。

> 谓圣人寻常心心念念，朗然照于一念未生之前，持之不失。此中但有一念动作，当下就见就知，是善则容，是恶则止，所谓早复，孔子所谓知几其神乎。……常人不知著力于未然之前，却在既发之后用心。为之则反败，执之则反失矣。圣人见在几先，安然于无事之时，故无所为，而亦无所败。虚心鉴照，故无所执，而亦无所失。以其圣人因理以达事耳。常民不知在心上做，却从事上做，费尽许多力气，

---

① （明）憨山德清：《老子道德经解》，载《老子集成》第 7 卷，第 437 页。
② （明）憨山德清：《老子道德经解》，载《老子集成》第 7 卷，第 401 页。
③ （明）憨山德清：《老子道德经解》，载《老子集成》第 7 卷，第 401 页。
④ （明）憨山德清：《老子道德经解》，载《老子集成》第 7 卷，第 401 页。
⑤ （明）憨山德清：《老子道德经解》，载《老子集成》第 7 卷，第 426 页。

且每至于几成而败之。此特机巧智谋，有心做来，不但不成，纵成亦不能久，以不知听其自然耳。①

圣人复真常之性，学道功夫并不由此终止。抱一、专气的功夫做到纯熟处，不可拘泥于动静、刚柔之名，还要有“涤除”之功夫，忘心绝迹，方为造道之极：“若将此境览在胸中，执之而不化，则反为至道之病。只需将此亦须洗涤净尽无余，以至于忘心绝迹，方为造道之极。”② 若得此道体之妙，以此爱民治国、应事接物，物我两忘，自然可得道用之妙：“学道工夫做到如此，体用两全，形神俱妙，可谓造道之极。其德至妙，可以合乎天地之德矣。”③

德清的这一性命思想落实到具体修身思想上，表现为重精神轻外物。德清直接点出“身为苦本，贵为祸根”，④ 重形体者舍本逐末，追逐外在之名利富贵。人之本在于精神，在于真长之性，然世人通常重其形体，而忘形体之主：“是皆但知养生，而不知养生之主。苟不知养生之主，皆为不善养生者也。摄，养也。盖闻善养生者，不养其生，而养其生之主。然有其生者形也，主其生者性也，性为生主。性得所养，而复其真，则形骸自忘。”⑤ 以形体为贵，故沉溺于外物，以致戕生伤性亡身败家之祸，而不知人若能复真常之道，自然体会天地同根，万物一体，人心广大如此，施之于内则为圣，用之于外则为王，圣人知此之机，淡然无欲，不求于外，却能德无不备，事无不知：“圣人性真自足，则智周万物，无幽不鉴。故天下虽大，可不出户而知；天道虽微，可不窥牖而见。以其私欲净尽，而无一毫障蔽故也。”⑥ 世俗之人却偏偏远道贵物，驰求于外物，性被物蔽，其知昏昏：“若夫人者，沉瞑利欲，向外驰求，以利令智昏，故去性日远，情尘日厚。尘厚而心益暗，故其出弥远，其知弥少。”⑦ 可见德清认为性命之要，

① （明）憨山德清：《老子道德经解》，载《老子集成》第7卷，第432页。
② （明）憨山德清：《老子道德经解》，载《老子集成》第7卷，第401页。
③ （明）憨山德清：《老子道德经解》，载《老子集成》第7卷，第401页。
④ （明）憨山德清：《老子道德经解》，载《老子集成》第7卷，第402页。
⑤ （明）憨山德清：《老子道德经解》，载《老子集成》第7卷，第423页。
⑥ （明）憨山德清：《老子道德经解》，载《老子集成》第7卷，第422页。
⑦ （明）憨山德清：《老子道德经解》，载《老子集成》第7卷，第422页。

本性之足，不假外求，外在之名利、物欲皆有害于本性。

对于名，德清认为孝慈仁义乃万物固有之性，不待教而后能，后之统治者推崇仁义之名，反而启民争盗之心：“仁义本为不孝不慈者劝，今既窃之以为乱，苟若弃之，则民有天性自然之孝慈可复矣。此即《庄子》所谓虎狼，仁也，意虽虎狼亦有天性之孝慈，不待教而后能，况其人为物之灵乎？且智巧本为安天下，今既窃为盗贼之资，苟若弃之，则盗贼无有矣。”[①]世人执于名利而不知归，多因圣智之学，然世人所谓圣，不过是虚名，所谓知，不过是世俗之知。世人之知是物我分别之知，与圣人之知不同：“然世人之知，乃敌物分别之知，有所知也。圣人之知，乃离物绝待，照体独立之知，无所知也。”[②] 世人之知，乃强妄之知，或不知强以为知，或错认无知为断灭，而圣人之知乃无分别对待之知。有分别对待之心，就会有争心。扬圣贤之名，启智巧之利，世人遂劳神焦思，争名夺利，逐物而忘道，故圣人提倡绝圣弃智、绝学无忧。去圣智、仁义、智巧之事，复归于朴素混全之道。外在之名皆虚名，它会因时而逝，唯有道长久不灭，故外在之名不足贵，所贵者道也。

> 谓世间众美之名，自外来者，皆是假名无实，故其名易去。惟此道体，有实有名，故自古及今，其名不去，以阅众甫也。阅，犹经历。甫，美也。谓众美皆具。是以圣人功流万世而名不朽者，以其皆从至道体中流出故耳。其如世间王侯将相之名，皆从人欲中来，故其功亦朽，而名亦安在哉?[③]

有道之人，和气集于中，英华发于外，不期功而功自至，不期名而名不朽。至于世人之学，亦当绝去，以远物离欲为学：“圣人虽绝学，非是无智，但智包天地而不用。顺物忘怀，澹然无欲，故无忧。世人无智而好用，逐物忘道，汩汩于欲，故多忧耳。”[④]

---

① （明）憨山德清：《老子道德经解》，载《老子集成》第 7 卷，第 406 页。
② （明）憨山德清：《老子道德经解》，载《老子集成》第 7 卷，第 436 页。
③ （明）憨山德清：《老子道德经解》，载《老子集成》第 7 卷，第 408 页。
④ （明）憨山德清：《老子道德经解》，载《老子集成》第 7 卷，第 407 页。

对于物欲，德清并没有要求禁欲，而是提倡节欲，有而不用，知足知止。有而不用者，即啬也，此亦为圣人复性之功夫：“然啬，即复性工夫也。谓圣人在位，贵为天子，富有四海，其子女玉帛、声色、货利，充盈于前。而圣人以道自守，视之若无，澹然无欲，虽有而不用。”① 圣人有此复性功夫，才能知足知止：“圣人知物欲之为害，虽居五欲之中，而修离欲之行，知量知足。如偃鼠饮河，不过实腹而已。不多贪求以纵耳目之观也。”② 世人往往沉溺于外在之声色、饮食、货利。沉溺于物欲者，形气粗鄙，固执不化，贪得不足，新得之物不久便见损坏，旧有之物又失，以此愈贪愈无。有道者知天道忌盈，故知足知止，于已有之物持而不失：“惟有道者，善知止足，虽无新成之名利，而在我故有现成之物，则可常常持之而不失矣。”③ 可惜世人重视外物，日以心斗，劳神伤身，忘身殉物，颠倒生命之轻重本末。

> 然重字指身，轻字指身外之物，即功名富贵。静字指性命，躁字指嗜欲之情。意谓身为生本，固当重者。彼功名利禄，声色货利，乃身外之物，固当轻者。且彼外物必因身而后有，故重为轻之根。性为形本，固至静者。彼驰骋狂躁，甘心物欲，出于好尚之情者，彼必由性而发，故静为躁之君。世人不知轻重，故忘身徇物，戕生于名利之间，不达动静，故伤性失真，驰情于嗜欲之境。……圣人游行生死畏途，不因贪位慕禄，驰情物欲，而取戕生伤性之害者，以其所保身心性命为重也。④

德清尤为重视不争，他认为：“谦虚不争之德最为上善。”⑤ 圣人之所以能与道为一，就在于圣人有不争之德。圣人不与人争，后其身而人反推而不厌，不爱身而丧道，外其身则肉体虽亡，道存千古。圣人委曲以御世、

---

① （明）憨山德清：《老子道德经解》，载《老子集成》第 7 卷，第 428 页。
② （明）憨山德清：《老子道德经解》，载《老子集成》第 7 卷，第 402 页。
③ （明）憨山德清：《老子道德经解》，载《老子集成》第 7 卷，第 404 页。
④ （明）憨山德清：《老子道德经解》，载《老子集成》第 7 卷，第 411 页。
⑤ （明）憨山德清：《老子道德经解》，载《老子集成》第 7 卷，第 400 页。

曲己从人、谦虚居下、忘形去智、忘知绝学，故圣人不自见、不自是、不自伐、不自矜，“圣人委曲如此，故万德交规，众美备具”。[①]

（三）无为经世

德清认为道体至虚，化生万物，万物各具一全体之道，故要重视于寻常日用之中体会道之实际。

> 徼，犹边际也，意谓全。虚无之道体既全，成了有名之万物，是则物物皆道之全体所在，正谓一物一太极。是则只在日用目前事事物物上，就要见道之实际，所遇无往而非道之所在，故《庄子》曰：道在梯稗，道在屎尿。如此深观，才见道之妙处。此二观字最要紧。[②]

此“观”字最要紧，德清认为“观”要注意两点。第一，不能将有、无分作两端，所谓“观有”“观无”不是单纯地只观有或无，而是要于无之中体会生化之妙，于有之中体会虚无妙道，有、无皆是道，有无并观，既有以观无，有无一体：“我观无，不是单单观无，以观虚无体中，而含有造化生物之妙；我观有，不是单单观有，以观万物象上，而全是虚无妙道之理。是则有无并观，同是一体。”[③] 第二，观有、观无之后还有涤除玄览之功夫。观有观无不是功夫终点，有、无虽是道妙，但大道至虚，观有、观无之时，不能滞于有、无之名，还需忘心忘迹。

> 老子又恐学人工夫到此，不能涤除玄览，故又遣之曰：玄之又玄。意谓虽是有无同观，若不忘心忘迹，虽妙不妙。殊不知大道体中，不但绝有无之名，抑且离玄妙之迹，故曰：玄之又玄。[④]

不能有、无同观，就会有分别之心，动静相离。有分别之心者以可名为常。可名，非常名，道本无分别之心，善与不善之迹，所谓美丑，善恶

---

① （明）憨山德清：《老子道德经解》，载《老子集成》第7卷，第409页。
② （明）憨山德清：《老子道德经解》，载《老子集成》第7卷，第396页。
③ （明）憨山德清：《老子道德经解》，载《老子集成》第7卷，第396页。
④ （明）憨山德清：《老子道德经解》，载《老子集成》第7卷，第396页。

“良由人不知道，而起分别取舍好尚之心”,[①] 不知道体至虚，执于己意而起分别对待之心，故有美恶之名。道为万物之宗，君主若能效法道之无为，自然天下臣服：“人主当守道无为，则万物宾而四海服，天地合而人民和，自然利济无穷也。”[②]

德清在论述君主无为而治举措时，没有只着眼于君主无为治民的举措，而是更重视对为君者的道德要求。德清认为老子之道主要是对为君者而言，老子“伤世人之难化，欲在上者当先自化，而后可以化民也”。[③] 在上者自化之道就是内圣外王，自然无为：“盖老氏之学，以内圣外王为主，故其言多责为君人者，不能清静自正，启民盗贼之心，苟能体而行之，真可复太古之治。”[④] 施行无为之治，君主要率先垂范，以身作则。

> 凡民之欲蔽，皆上有以启之，故上有好者，下必有甚焉者也。故圣人在上，善能以斯道觉斯民，当先身以教之。上先不用智巧，离欲清净，一无所好，若无所知者，则民自各安其日用之常，绝无一念好尚之心，而黠滑之智自消，奸盗之行自绝矣。[⑤]

故德清认为无为而治，首先是对统治者的要求。为君之道，要而言之，只慈、俭、不敢为天下先三者而已：“慈者，并包万物，覆育不遗，如慈母之育婴儿。俭者，啬也，有而不敢尽用。不敢为天下先者，虚怀游世，无我而不与物对。”[⑥] 此三者，以慈为本，慈故能俭，慈故不争。

慈，即大仁不仁，具体表现在善行、善言、善计、善闭、善结。善行者无人我之分，“虚己游世，不与物忤，任物之自然”。善言者不立是非，“圣人无意、必、固、我，因人之言”。善计者无得失利害之心，“圣人无心御世，迫不得已而后应，曾无得失之心”。善闭者本无机巧之心，唯“忘机

① （明）憨山德清：《老子道德经解》，载《老子集成》第 7 卷，第 397 页。
② （明）憨山德清：《老子道德经解》，载《老子集成》第 7 卷，第 414 页。
③ （明）憨山德清：《老子道德经解》，载《老子集成》第 7 卷，第 439 页。
④ （明）憨山德清：《老子道德经解》，载《老子集成》第 7 卷，第 406 页。
⑤ （明）憨山德清：《老子道德经解》，载《老子集成》第 7 卷，第 432～433 页。
⑥ （明）憨山德清：《老子道德经解》，载《老子集成》第 7 卷，第 434 页。

待物，在宥群生，然以道为密，不设罗网，而物无所逃”。善结者不仁，“大仁不仁，利泽施乎一世，而不为己功，且无望报之心，故使人终古怀之而不忘”。[①] 这就是圣人之慈，大仁不仁，无施仁之心，其仁乃是应物而动的自然之为：“然慈，乃至仁之全德也。所谓大仁不仁，以其物我兼忘。内不见有施仁之心，外不见有受施之地。故凡应物而动，皆非出于有心好为，盖迫不得已而后应。”[②] 所谓“迫不得已而后应”，即慈通常是在必争之地中发挥作用，即物我相对之时，圣人慈爱万物，故不与万物争，此即以慈为本之意。

> 兵者对敌必争必杀以取胜，今乃以不争不杀而胜之，盖以慈为本故也。足见慈乃不争之德。施于必争之地，而以不争胜之，岂非大有力乎？用之于敌尚如此，况乎圣人无物为敌，而以平等大慈，并包万物，又何物而可胜之耶？[③]

俭，即淡然无欲，知足知止。君主赖民之税以食，若不知养生之重在于养生之主，取于民者必多，上行下效，以至于驱民为盗，此时即便以智术法令治之，亦难以禁止：“君人固当躬行节俭清净无欲，以正人心可也。且在上之人，犹然不知止足，而虚尚浮华，极口体之欲。而服文采，带利剑，厌饮食。而积货财。且上行下效，捷如影响。故上有好之，而下必有甚焉者。”[④] 故君主之治理天下，亦当淡泊无欲。天子富有四海，若不知足，虽富却不以为富，贪得无厌，必有祸殃，而知足者便如鷦鷯偃鼠，即便只有一枝安身，一腹之水解渴，亦将乐而有余：“老子意谓道大无垠，人欲守之，莫知其向往。苟能知斯数者，去彼取此，可以入道矣。侯王知此，果能自知自胜，知足强行，适足以全性复真，将与天地终穷，不止宾万物、调人民而已。又岂肯以蜗角相争，以至戕生伤性者哉？”[⑤]

① （明）憨山德清：《老子道德经解》，载《老子集成》第7卷，第411~412页。
② （明）憨山德清：《老子道德经解》，载《老子集成》第7卷，第435页。
③ （明）憨山德清：《老子道德经解》，载《老子集成》第7卷，第435页。
④ （明）憨山德清：《老子道德经解》，载《老子集成》第7卷，第425页。
⑤ （明）憨山德清：《老子道德经解》，载《老子集成》第7卷，第415页。

不争，即无我也。君主之治理天下要有无我之德。无我，故虽尊为天子，而不以为尊；虽富有天下，而淡然无所嗜好。无我之至，就是不争之德的体现。

> 故君天下者，尊为天子，圣人虚心应物，而不见其尊，故凡出言必谦下，如曰孤寡不榖，不以尊陵天下也。……君天下者贵为天子，天下推之以为先。圣人忘己与人，而不自见有其贵，故凡于物欲，澹然无所嗜好，不以一己之养害天下也。……盖无我之至，乃不争之德也。此争非争斗之谓，盖言心不驰竞于物也。[①]

至于君主无为治民之举措，德清详细列出："凡有为，谓智巧。有事，谓功业。有味，谓功名利欲。此三者，皆世人之所尚。然道本至虚而无为，至静而无事，至淡而无味。独圣人以道为怀，去彼取此，故所为者无为，所事者无事，所味者无味。"[②] 所谓智巧、忌讳、利器、技巧、法令之类，皆奇巧也，"治天下国家者，当以清净无欲为正，而不可用奇巧以诱民也"。[③]以无为治天下，盖因祸福转化循环不已。若动机为善，则祸可转为福；若动机不善，福则转为祸。人机心不止，循环不已，但世道衰微，人心不古，善恶不辨，圣人以正示之，却转为奇诡，教之以善，却变而为邪，故圣人和光同尘，以无为治民。

> 盖祸福之机，端在人心之所萌。若其机善，则祸转为福。若其机不善，则福转而为祸。此祸福相倚伏也。由人机心不息，则祸福旋转如循环之无端，人孰能知其止极耶？……然祸福循环之如此，岂无真人而以理正之耶？但世衰道微，人心不古，邪正不分，善恶颠倒。本示之以正，则彼反以为奇诡。本教之以善，而彼反以为妖怪。正所谓未信而劳谏，则以为厉谤，此人心之迷固已久矣。纵有圣人之教，亦不能

① （明）憨山德清：《老子道德经解》，载《老子集成》第 7 卷，第 433 页。
② （明）憨山德清：《老子道德经解》，载《老子集成》第 7 卷，第 430~431 页。
③ （明）憨山德清：《老子道德经解》，载《老子集成》第 7 卷，第 427 页。

正之矣。……是以圣人游浊世以化民，贵在同尘和光，浑然无迹。……此圣人有所长，而能养其所长，故为天下贵。此所以无为而治，好静而自安，无为而民自化矣。①

所谓功业，政令刑罚也。圣人治国，以安静无扰为主，任民安居立业："凡治大国，以安静无扰为主，行其所无事，则民自安居乐业，而蒙其福利矣。"② 德清认为老子之自然无为就是物我两忘，任万物各安其性："忘于物者，物亦忘之，故物各得其所而无不安。物物相忘而无竞，故无不平。暖然如春，故无不泰。此所谓万物宾，而天地合，人民和。"③ 若有为，也是顺万事自然之势而为，以柔弱自处："天下之物，势极必反。""老子所以观天之道，执天之行是已，殆非机智之端也。"④ 圣人之于百姓，不强以己意整齐之，而是顺百姓之性，以百姓之心为心："圣人之心，至虚无我，以至诚待物，曾无一定之心，但以百姓之心为心耳。"⑤ 以百姓之心为心，故不以善恶区别对待百姓，而皆以浑厚之德待之，则天下无不可教化之人。

所谓功名利欲，仁义礼乐也。德清认为名与礼都是大道凿破后的产物，道为体，德为用，"道尊无名，德重无为"。⑥ 道无伪，而德则有真伪之别，真德为上德，与道冥一，与物同体，使万物各遂其性，故虽为之而无心于德，功成事遂不居功。反之，则为下德，乃是德之伪也，仁义是也。仁义者不免有为之心，但上仁虽为却无恃为之心，乃真仁义；下仁则以虚名为尚，不复知仁义，是为礼也。当名与道为一，大道未凿，道不偏爱万物，万物各得其所，及其有仁义，有礼乐之名，名与大道分而为二，此类仁义、智慧、孝慈之名愈多，民与大道愈远，但以口体为贵，重利禄，嗜物欲，此时欲以刑罚杀之，亦难以禁止："以愚民无知，但为养生口体之故，或因利而行劫夺，或贪欲而嗜酒色，明知日蹈死亡，而安心为之，是不畏死也。

① （明）憨山德清：《老子道德经解》，载《老子集成》第 7 卷，第 428 页。
② （明）憨山德清：《老子道德经解》，载《老子集成》第 7 卷，第 429 页。
③ （明）憨山德清：《老子道德经解》，载《老子集成》第 7 卷，第 416 页。
④ （明）憨山德清：《老子道德经解》，载《老子集成》第 7 卷，第 416~417 页。
⑤ （明）憨山德清：《老子道德经解》，载《老子集成》第 7 卷，第 423 页。
⑥ （明）憨山德清：《老子道德经解》，载《老子集成》第 7 卷，第 417 页。

如此者众，岂得人人而尽杀之耶？”[①] 天之生者，天自杀之，民嗜欲害生，自有天杀，人主以刑罚杀之，不唯代天行杀，且有伤天慈。人君之治，应敬天保民，不可尚杀，当以无为而镇之：“方今若求复古之治，须是一切尽去，端拱无为，而天下自治矣。”[②] 当物欲之源已塞，此无名之朴亦将绝去：“然无名之朴，虽能窒欲，若执此而不化，又将为动源矣。”[③] 此即涤除玄览之功夫。

德清对《老子》的注解，在正文中很少出现以佛教概念比附老子思想的注解形式，而是在具体注解中，于无形中以佛教之色空思想重新解释老子之性命思想，又以此统摄其经世思想，使佛老思想浑然一体。

① （明）憨山德清：《老子道德经解》，载《老子集成》第7卷，第438页。
② （明）憨山德清：《老子道德经解》，载《老子集成》第7卷，第406页。
③ （明）憨山德清：《老子道德经解》，载《老子集成》第7卷，第417页。

第五章

明代官员群体注《老》现象

第一节　明代官员群体注《老》的原因

对明代注《老》者身份进行统计后，可以发现一个独特的现象：官员成为明代老学发展的主力。明前期 14 人中身份为官员者 7 人，明中期 41 人中官员有 37 人，明后期 109 人中官员有 68 人，每一时期官员都超过了注者总数的一半。就整体而言，明代注《老》者共 164 人，官员有 112 人，官员占注《老》者总数的 68.29%。[①] 这里所统计的官员人数是指能查到其具体为官史料，身份为进士、举人、贡生、诸生者，没有查到其为官具体史料的，尚未计算在内。由上可见，注《老》者中官员占据三分之二强，而整个明代，道士注《老》者只有何道全、陆西星、王嘉春、王一清、程以宁、白云霁 6 人而已。

一　明代文人多从科举出

《老子》一书，辞简意丰，玄妙高古，这一特点要求其受众必须具有一定的文化水平，而明太祖朱元璋的文人政策及明代的教育与科举结合的文人培养模式，使得文人出路单一，科举入仕成为读书人的首要选择。这条出路在明初时可能有被迫的成分，但随着明代科举制度的完备，出仕则成

① 见本书第一章。

为读书人自然而然的选择。《明史·隐逸传》中记叙了这种变化：

> 明太祖兴礼儒士，聘文学，搜求岩穴，侧席幽人，后置不为君用之罚，然韬迹自远者亦不乏人。迨中叶承平，声教沦浃，巍科显爵，顿天网以罗英俊，民之秀者无不观国光而宾王廷矣。其抱瑰材，蕴积学，槁形泉石，绝意当世者，靡得而称焉。由是观之，世道升降之端，系所遭逢，岂非其时为之哉。①

从明初文人不为君用到中后期主动投身科举，出现这种变化，是因为科举成为文人提升社会阶层、实现个人奋斗目标的最重要途径。明代科举制使得“道路永远向社会开放，上升通道比较好。这是一种优选法成功的结果。这是上下都能接受的最为理想的模式。国家治国目标与个人奋斗目标，奇妙地结合在一起，深受社会各阶级的支持”。②

赵翼在《廿二史札记》中有“明初文人多不仕”条，记叙明初文人因不忘故国，或因明初用重典，故多不乐入仕。黄宗羲却言：“有明之文莫盛于国初。”③ 钱穆先生亦言：“历代开国，士儒之盛，唐初以外，亦首推明初。”④ 出现这两种相矛盾的观点，与明太祖对文人的政策及元末明初文人心态有关。

就明太祖对文人的政策而言，他必须任用文人，却又一直防备文人。明太祖在元末群雄相争之时，特别注重延揽文人儒士：“明太祖起布衣，定天下，当干戈抢攘之时，所至征召耆儒，讲论道德，修明治术，兴起教化，焕乎成一代之宏规。”⑤ 及朱元璋定鼎金陵，仍多次令人厚币访求遗贤于天下，并于洪武三年（1370）开科取士，一时间前元朝故官、张士诚故官与吴中文人、方国珍旧部及浙东儒士、因洪武初修《元史》及礼乐诸书而被

---

① （清）张廷玉等撰《明史》卷298《隐逸传》，第25册，第7623页。

② 钱茂伟：《国家、科举与社会——以明代为中心的考察》，第148页。

③ （清）黄宗羲：《南雷诗文集》序类《明文案序上》，载吴光主编《黄宗羲全集》第19册，第16页。

④ 钱穆：《晚学盲言》中篇《帝王与士人》，载《钱宾四先生全集》第48册，联经出版事业股份有限公司，1998，第797页。

⑤ （清）张廷玉等撰《明史》卷282《儒林一》，第24册，第7221页。

征辟入京的文士、参加科举者皆会聚金陵,[①] 故而出现“有明之文,莫盛于国初”的局面。但明太祖又难以真正与文人建立信任关系。明太祖起于寒微,依靠神秘宗教起家,最终推翻元朝建立新政权,自谓拥有“恢复中华”之功,其政权合理合法,但这种取得政权的方式与文人尊奉的君臣之道相悖,根源上即与文人处于对立面。因此文人在明政权建立过程中没有掌握实权,只起到谋士的作用,新政权建立之后,明太祖对文人也没有表现出应有的尊重。洪武九年(1376),叶伯巨上疏太祖,直言太祖对文人征召如解囚,为官动辄得咎。

> 其始也,朝廷取天下之士,网罗捃摭,务无余逸。有司敦迫上道,如捕重囚。比到京师,而除官多以貌选,所学或非其所用,所用或非其所学。洎乎居官,一有差跌,苟免诛戮,则必在屯田工役之科。率是为常,不少顾惜。[②]

叶伯巨大胆直言,落得下狱而死的结局。明史料中关于明太祖用刑太繁的记载比比皆是。解缙在洪武二十一年(1388)上万言书《大庖西封事》,直言:“国初至今将二十载,无几时无变之法,无一日无过之人。”[③] 洪武二十五年(1392),山东太学生周敬心上疏曰:“臣又见洪武四年录天下官吏,十三年连坐胡党,十九年逮官吏积年为民害者,二十三年罪妄言者。大戮官民,不分臧否。”[④]《廿二史札记》中亦言:“时京官每旦入朝,必与妻子诀,及暮无事,则相庆以为又活一日。”[⑤] 可见明初官员无所适从、战战兢兢、如履薄冰的生存环境。叶伯巨描述洪武初年官员的心态:

> 古之为士者,以登仕为荣,以罢职为辱。今之为士者,以溷迹无

---

① 贾继用:《元明之际江南诗人研究》,齐鲁书社,2013,第59页。

② (清)张廷玉等撰《明史》卷139《叶伯巨传》,第13册,第3991~3992页。

③ (明)解缙撰,(清)解悦编《文毅集》卷1《大庖西封事》,载《景印文渊阁四库全书》第1236册,第599页。

④ (清)张廷玉等撰《明史》卷139《周敬心传》,第13册,第3999页。

⑤ (清)赵翼著,王树民校证《廿二史札记校证》(下)卷32《明祖晚年去严刑》,中华书局,1984,第744页。

闻为福，以受玷不录为幸，以屯田工役为必获之罪，以鞭笞捶楚为寻常之辱。①

为其所用者尚且如此，那些无意于功名者，在朱元璋看来，就是对新朝的不满，这让其对文人更加防范。贵州名士夏伯启叔侄断指以示拒绝出仕新朝的决心，及被押解到京师，朱元璋问其元末战乱之时居于何处，夏伯启答曰："红寇乱时，避居于福建、江西两界间。"朱元璋听后言："朕知伯启心怀忿怒，将以为朕取天下非其道也。"② 面对士人的不合作态度，明太祖采用了重典治国政策。钱穆以"疏隔"描述明太祖与文人的相处状态："在中国历史上，开国之君与其同时之士最疏隔者，在前为汉高祖，在后为明太祖，而明太祖尤甚。"③ 这种"疏隔"状态表现在明太祖的文人政策上，就是采用软硬兼施的手段对待文人：一方面采用铁腕手段，强制文人屈服；另一方面将科举与教育相结合，为新朝培养驯服人才。

明太祖对文人的强制主要表现在"寰中士大夫不为君用"的设立。明初时，出仕新朝者已不可随意辞官。洪武六年（1373），王佐被举荐为给事中，欲告归，"时告者多获重谴，或尼之曰：'君少忍，独不虞性命邪？'佐乃迟徊二年，卒乞骸归"。④ 贵溪儒士夏伯启叔侄断指不仕，苏州人才姚润、王谟征召不至，此四人被诛后，⑤ 明太祖以此为契机，于洪武二十年（1387）在《大诰三编》中正式颁布"寰中士大夫不为君用"科，强制文人出仕。

率土之滨，莫非王臣，成说其来远矣。寰中士大夫不为君用，是外其教者。诛其身而没其家不为之过。⑥

"寰中士大夫不为君用"科设置之后，有明一代，一直没有废除。洪武

---

① （清）张廷玉等撰《明史》卷139《叶伯巨》，第13册，第3991页。

② （明）朱元璋：《大诰三编》，载吴相湘主编《明朝开国文献》第1册，学生书局，1966，第330~331页。

③ 钱穆：《晚学盲言》中篇《帝王与士人》，载《钱宾四先生全集》第48册，第797页。

④ （清）张廷玉等撰《明史》卷285《文苑一》，第24册，第7332页。

⑤ （清）张廷玉等撰《明史》卷94《刑法二》，第8册，第2318页。

⑥ （明）朱元璋：《大诰三编》，载吴相湘主编《明朝开国文献》第1册，第343~344页。

二十六年（1393），“寰中士大夫不为君用”被列入明律“真犯死罪”类。[①]“真犯死罪简称‘真死’，与‘杂死’对称。‘真犯死罪’，指影响严重的死罪，为常赦所不原，减一等仍为流刑，且执行‘决不待时’。”[②]洪武三十年（1397），朱元璋颁布《大明律诰》，即“将《大诰》内条目，撮其要略，附载于《律》，其递年一切榜文禁例，尽行革去，今后法司只依《律》与《大诰》议罪”。[③]“寰中士大夫不为君用”被附于《大明律诰》“不准赎死罪”条目之下。[④]《大明律》等同于明朝的“宪法”，在此威胁下，官员之去留皆无自由。正德四年（1509），王云凤被擢为国子祭酒，不欲就职，自留遗书，遗书中言执政者曾以“寰中士夫不为吾用者，当杀身灭家”之话相威胁。王云凤的父亲也劝告他：“吾老矣，汝置我何处死耶？”[⑤]王守仁被贬谪贵州之时，也萌生过远遁的念头，然有人告诫他曰：“汝有亲在，万一瑾怒逮尔父，诬以北走胡，南走粤，何以应之？”[⑥]

明初部分文人士大夫多少对前元还有一定的感情，有些甚至忠于前朝，如丁鹤年（1335～1424）、戴良（1317～1383）、秦裕伯（1295～1373）、陶凯（？～1377）、王逢（1319～1388）等。即便是被称为明开国文人之首的宋濂及其代表的浙东文人集团，亦对前朝念念不忘。钱穆先生在读宋濂诗文集时发现，浙东诸儒陈旅（1288～1343）、欧阳玄（1283～1357）、刘基（1311～1375）、孔克仁（生卒年不详）、赵汸（1319～1369）等人为宋濂诗文集《潜溪集》所作的序文反映了这种情况：“辞旨似不出两途。一则夸元之文统……一则溯浙东学术文章之传……世运大变，迫在目前，且诸儒已身仕新朝，纵不然，亦已在其号令统治之下，亲为其疆域之子民，而更无一言及之。彼辈之意态，究不知将置其亲身所在之新朝于何地？”[⑦]及至在朱

---

① （明）李东阳纂，（明）申时行重修《大明会典》卷 173，第 5 册，第 2897 页。

② 张晋藩主编《中华法学大辞典：法律史学卷》，中国检察出版社，1997，第 577 页。

③ （明）朱元璋：《御制大明律序》，载怀效锋点校《大明律》。

④ 杨一凡：《论〈大明律〉与〈大明律诰〉的关系》，载《法学论集》，法学杂志社，1981，第 69 页。

⑤ （清）谷应泰撰《明史纪事本末》卷 43《刘瑾用事》，第 649 页。

⑥ （明）王守仁著，吴光等编校《王阳明全集》卷 33《年谱一》，第 1227 页。

⑦ 钱穆：《中国学术思想史论丛》（六）《读宋学士集》，载《钱宾四先生全集》第 20 册，第 109 页。

元璋教育政策下新的文人成长起来，这一状况才发生了改变。

在强硬手段之外，明太祖还采用学校与科举相结合的怀柔手段，消除前朝影响，为新朝培养、选拔顺服人才。朱元璋十分重视以学校培养人才，早在为吴王时的至正二十五年（1365），朱元璋攻下应天府后就设立国子学，为其培养储备人才。吴元年（1367），朱元璋晓喻群臣曰："治天下当先其重且急者，而后及其轻且缓者。今天下初定，所急者衣食，所重者教化。衣食给而民生遂，教化行而习俗美。足衣食者在于劝农桑，明教化者在于兴学校。"① 洪武十五年（1382）改国子学为国子监，朝廷对监生资助较厚，节日有过节钱，每年还赐给布帛文绮、衣服、靴子。京师国子监之外，朱元璋还在府、州、县各设学校，配备教员。洪武二年（1369），朱元璋告谕中书省诸臣曰："朕惟治国以教化为先，教化以学校为本。京师虽有太学，而天下学校未兴。宜令郡县皆立学校，延师儒，授生徒，讲论圣道，使人日渐月化，以复先王之旧。"② 于是大建学校，要求："府设教授，州设学正，县设教谕，各一。俱设训导，府四，州三，县二。生员之数，府学四十人，州、县以次减十。"③ 后来人数逐渐增多。明代学校之盛，远超唐、宋。

除重视学校建设外，朱元璋还将教育与科举结合，学校成为科举的附庸，《明史·选举志》曰："学校以教育之，科目以登进之。……明制，科目为盛，卿相皆由此出，学校则储才以应科目者也。其径由学校通籍者，亦科目之亚也，外此则杂流矣。"④ 学校就是为科举培养储备人才，有学者言，明代教育的一个突出特点是，"它从学校学习内容到科举考试内容的学习、科举考试方式方法的培训及各级学校教育的教学、管理、考核、奖惩以至通过科举入仕等诸多方面，都充满了浓厚的为科举考试服务的色彩"⑤，学校成为科举制的附庸，为朝廷延揽了大部分读书人。

明代科举制与学校的发展是同步的。吴元年，朱元璋在发布兴学诏书

① 《明太祖实录》卷26"吴元年冬十月癸丑"，载《明实录》第1册，第387~388页。
② （清）张廷玉等撰《明史》卷69《选举一》，第6册，第1686页。
③ （清）张廷玉等撰《明史》卷69《选举一》，第6册，第1686页。
④ （清）张廷玉等撰《明史》卷69《选举一》，第6册，第1675页。
⑤ 王凯旋：《明代科举制度考论》，沈阳出版社，2005，第36页。

时，亦开始开文、武二科取士。洪武三年（1370），正式开科取士，并下诏曰：

> 汉、唐及宋，取士各有定制，然但贵文学而不求德艺之全。前元待士甚优，而权豪势要，每纳奔竞之人，夤缘阿附，辄窃仕禄。其怀材抱道者，耻与并进，甘隐山林而不出。风俗之弊，一至于此。自今年八月始，特设科举，务取经明行修、博通古今、名实相称者。朕将亲策于廷，第其高下而任之以官。使中外文臣皆由科举而进，非科举者毋得与官。①

由上面诏书可见，明太祖此时开科举的目的是招揽那些“甘隐山林而不出”者，然而科举并没有达到预期目的。自洪武三年始，连试三年，所录取的士人多是后生少年，前元遗民、隐逸山林者应试者少，明太祖怒而暂停科举，“乃但令有司察举贤才，而罢科举不用”。直至洪武十五年（1382）才恢复科举，并在洪武十七年（1384）正式规定科举的程序，“命礼部颁行各省，后遂以为永制，而荐举渐轻，久且废不用矣”。②

而对于学校之外的读书人，科举制也没有遗漏。洪武十七年，朱元璋制定科举定式时规定有司推举参加科考之人包括“国子学生及府、州、县学生员之学成者，儒士之未仕者，官之未入流者，皆由有司申举性资敦厚、文行可称者应之”③。科举资格的开放使得尽可能多的文人获得入仕的机会，这就是《明史》中所言：“进士、举贡、杂流三途并用，虽有畸重，无偏废也。”④ 进士、举人自不必言，贡生是指各类学校培养的贡生与监生，这些人构成了明代入仕的主体，“舍此之外，诸如儒士、荐举、恩荫、上疏、技艺、吏员、医士、买官、献粟等别途入仕者，皆被视作‘杂

---

① （清）张廷玉等撰《明史》卷70《选举二》，第6册，第1695~1696页。

② （清）张廷玉等撰《明史》卷70《选举二》，第6册，第1696页。

③ 《明太祖实录》卷160“洪武十七年三月戊戌”，载《明实录》第1册，第2467~2468页。

④ （清）张廷玉等撰《明史》卷69《选举一》，第6册，第1675页。

流’”。[①] 取士范围如此广泛，天顺三年（1459），倪谦主持顺天府乡试，在《顺天府乡试录后序》中自豪地说：

> 国家立贤无方，广延英乂，于开科取士，不惟简拔于学校，凡贵游、民秀、兵校、吏胥，皆得抱艺来试，诚欲尽天下之才，虑有遗珠之惜也。士生斯世，抑何幸与![②]

朱元璋在设科举之初就规定“使中外文臣皆由科举而进，非科举者毋得与官”。[③] 国家对科举的重视，为读书人尤其是平民阶层向上流动提供了可能。明朝对平民阶层的录取率可以说是科举史之最，据何炳棣先生研究，“从洪武四年至弘治九年（1371～1496），这些寒微举子占了进士总数的大半”。[④] 这里的寒微举子是指“其祖宗三代未有一人得过初阶科名的生员，遑论更高的功名与官位或官衔”。[⑤] 后来随着官员家庭的积累，他们的后代能够享受更多的有利条件，平民在科举中所占的比率呈下降趋势，但整个明代，平民进士的录取率高达46.7%，这一数目远高于清朝的19.2%。[⑥] 何炳棣先生只统计了进士的人数，若加上举贡、“杂流”，数量只会更多。虽然后两者不如进士出身者前途远大，但也不失为一条上升途径。在科举的推动下，明朝形成了一个“科举社会”。

> 明代实行科举取士，由此也就形成了一个独特的“科举社会”。科举社会的最大特点，就是社会流动的频繁，用明朝人的话语来概括，就是当时的社会是一个“善变”的社会。[⑦]

---

① 陈长文：《明代“杂流”登科现象考略》，载刘海峰主编《科举学的形成与发展》，华中师范大学出版社，2009，第339页。

② （明）倪谦：《倪文僖集》卷21，载《景印文渊阁四库全书》第1245册，第434页。

③ （清）张廷玉等撰《明史》卷70《选举二》，第6册，第1695～1696页。

④ 何炳棣著，徐泓译注《明清社会史论》，联经出版事业股份有限公司，2013，第138页。

⑤ 何炳棣著，徐泓译注《明清社会史论》，第134页。

⑥ 何炳棣著，徐泓译注《明清社会史论》，第141页。

⑦ 陈宝良：《明代社会生活史》，中国社会科学出版社，2004，第3页。

其“善变”主要体现在上下阶层的流动上，贫寒之家可由科举而改换门庭，簪缨之家亦可因经营不善而致贫。但对于平民而言，科举的高录取率保障了他们向上流动的可能性，这使国家得以最大限度地网罗读书人，如此，明代时学者自然也多从官员中产生。有学者对明代理学家、心学家、文学家、史学家的出身进行统计后，将明代学者分为官僚学者与职业学者。官僚学者是指长期居官，业余做研究者。而职业学者亦非脱离科举，专职做研究者，而是居家时间多于为官时间者，具体可分为“升上去又退下来者”与“升不上去者”。“升上去又退下来者”即考进却主动退下来者，有入仕却被动退下来者，有时仕时隐者。“升不上去者”是指升不上进士的举人、秀才、童生，从数量上看，明代学者“官员多，纯学者少”，且取得成就更大者多为官僚学者，出现这种现象是由当时中国的社会、政治状况决定的。

> 古代中国是一个官本位国家，入仕是唯一的名利双收并实现自我价值的途径。在中国这个社会，只有官僚兼学者，从政与治学兼备，才能实现自身价值的社会化，才能成为社会上的名人。实践证明，出名的学者，也总是那些能处理好科举考试与学术研究的人。没有取得较高学历的职业化学者，由于未能进入主流学术圈，所以，成为全国著名学者的机会也少。明朝可以说是一个职业化学者难以独立生存的时代。①

由上述可知，在科举制高度发达的情况下，明代的读书人基本都被囊括在学校与科举体制之内，科举出仕成为明代文人实现自身政治抱负、学术理想的最快捷途径。而《老子》本身的语言、思想特点，决定了它难以成为民间通俗读物，只能首先为文人接受，这是明代注解《老子》者多为官员的原因之一。

二　三教会通风气盛行

明代官员以儒学入仕，却纷纷注解《老子》，这和明代的三教会通思想

① 钱茂伟：《国家、科举与社会——以明代为中心的考察》，第225~226页。

是分不开的。三教会通思想自牟子《理惑论》发其端。东汉末牟子多引儒道之说以证佛经，也间有论述儒道关系的言论。

> 久之，退念以辩达之故，辄见使命，方世扰攘，非显己之秋也。乃叹曰："老子绝圣弃智，修身保真，万物不干其志，天下不易其乐，天子不得臣，诸侯不得友，故可贵也。"于是锐志于佛道，兼研《老子》五千文，含玄妙为酒浆，玩《五经》为琴簧。世俗之徒，多非之者，以为背《五经》而向异道。欲争则非道，欲默则不能。遂以笔墨之间，略引圣贤之言证解之，名曰《牟子理惑》云。[①]

牟子认为儒道虽有矛盾，却同属中国固有文化，而佛教则是来自蛮夷之地的宗教和文化，不容易为中土之人所接受，故在《理惑论》中以儒道为同一阵营，努力寻求儒佛道之间的共同点，开后世三教会通的先河。魏晋时期，玄学发展，《老子》《庄子》成为玄学理论的来源，士大夫极力调和儒道矛盾，从道家思想中为名教的合理性寻找新的根据，许多士人都呈现出"儒玄并宗"或"儒玄双修"的特征。自隋唐以后，主张会通三教的人逐渐增多，到北宋时更是形成了一种时代思潮。如王安石认为："老子之言可谓协于《易》矣。"[②] 王雱认为："孔老相为终始。"[③] 苏辙认为："天下固无二道，而所以治人则异。"[④] 还有司马光、吕惠卿等都是主张调和儒道的。当然北宋时也有反对会通三教的人物，如朱熹、张载、程颐激烈批判佛老，然他们虽然斥佛道为异端，建立理学思想却又不得不吸收佛道思想，这是无可争议的事实。黄绾在《明道编》卷一中说："宋儒之学，其入门皆由于禅：濂溪、明道、横渠、象山则由于上乘；伊川、晦庵则由于下乘。"[⑤] 同时佛道之中，倡导三教合一者也大有人在。如道教张伯端认为："教虽三

① 周叔迦辑撰，周绍良新编《牟子理惑论》，载《牟子丛残新编》，中国书店，2001，第2页。

② （宋）王安石著，张鹤鸣整理《道德经义说》，载《王安石全集》第3册，崇文书局，2020，第101页。

③ （宋）王雱著，张鹤鸣整理《老子训传》，载《王安石全集》第9册，第53页。

④ （宋）苏辙：《道德经解》"后记"，载《老子集成》第3卷，第32页。

⑤ （明）黄绾撰，张宏敏编校《黄绾集》卷34《久庵日录卷一》，上海古籍出版社，2014，第658页。

分，道乃归一。奈何后世黄缁之流，各自专门，互相非是，致使三家宗要，迷没邪歧，不能混一而同归矣。”① 王重阳更是以三教合一为宗旨创立全真教，以全三教之真为立教宗旨：“儒门释户道相通，三教从来一祖风。”②

在明代，三教会通论进一步发展。朱元璋以统治者的身份支持三教会通思想，他提出“天下无二道，圣人无两心”的三教会通观点。朱元璋反对三教互相排斥，在对佛道二教严格管理的前提下，强调三教调和，后来统治者对释道二教的态度基本延续了这一政策：“释道二教，自汉唐以来，通于民俗，难以尽废。惟严其禁约，毋使滋蔓。”③ 明中后期，社会危机严重，而程朱思想陷于僵化，知识分子面对严酷的社会现实，只能继续在中国传统文化中寻求出路，儒释道三教已不足以挽救危机，只能另辟蹊径，这就是三教折中调和之路。而这一时期阳明心学的出现又为三教会通者提供了新的思想方法。阳明学流行之时，三教会通风气不再遮遮掩掩，而成为民间、知识分子公开的主张，以至于凡心学流行之地通常也是三教会通思想盛行之所：“盖心学盛行之时，无不讲三教归一者也。”④ 何心隐直言：“昔儒道释三大教门，孔子、老子、释迦已经做了，今只有三教合一，乃第一等事业，第一大教门也。”⑤

然明代三教会通风气不唯儒家主导，释、道二教也积极加入，以至于“三教之间几乎完全消除了思想壁垒，原来为某家所独有的思想竟成为三家共同的主张。理学家谈禅理、论内丹，佛教徒谈正心诚意、讲治国平天下，道士们说天理、谈解脱，皆已成为普遍现象而不足为怪了。其结果是使三教各自的个性几近泯灭，思想面貌彼此混同，以至于你中有我、我中有你而难辨彼此”⑥。如陆西星著《老子道德经玄览》，以三教思想构造其性命双修思想：“若夫溯大道之宗，穷性命之隐，完混沌之朴，复真常之道，则孰

① （宋）张伯端：《悟真篇》“自序”，载李一氓主编《道藏》第 2 册，第 914 页。

② （金）王重阳：《重阳全真集》卷 1，载李一氓主编《道藏》第 25 册，第 693 页。

③ （明）李东阳纂，（明）申时行重修《大明会典》卷 104，第 3 册，第 1575 页。

④ （清）永瑢等纂《四库全书总目提要》卷 132，载王云五主编《万有文库》（第一集），第 25 册，第 79 页。

⑤ （明）陈衷瑜：《林子本行实录》，载北京图书馆编《北京图书馆藏珍本年谱丛刊》第 49 册，第 570 页。

⑥ 郭武：《道教与云南文化：道教在云南的传播、演变及影响》，云南大学出版社，2011，第 137 页。

先《老子》？昔者虞庭精一，爰开道统。孔门一贯，杳绝名言。非以所阐者微，所操者要乎？得一之贞，老圣盖屡言之。人生而静，天之性也，感物而动，性之欲也。经曰：常无欲以观其妙，常有欲以观其徼。”① 明代高僧德清撰有《老子道德经解》《观老庄影响论》《庄子内篇注》，他“尝言为学有三要，所谓不知《春秋》，不能涉世；不精老庄，不能忘世；不参禅，不能出世。此三者，经世出世之学备矣，缺一则偏，缺二则隘”②。三教人士于他派观点都是摇笔即来，可见其熟悉程度。嘉靖中后期，林兆恩吸收释道二家思想，创立“三一教”，在福建和长江以南地区产生了较大的影响。“三一教”提倡以儒家纲常伦理立本，以道教修身养性入门，以佛教虚空本性为极则，循序渐进，最终至于三教同归于心。林兆恩的思想对三教会通思想影响很大：“他以王守仁心学为指导，对儒、佛、道三教经典进行重新诠释，克服三教之间的严格差别，冲破三教间门墙壁垒”③，使其思想成为明代三教会通思想的高峰。

三教会通思想影响之大，在民间也引起了反响：“明代的三教合一论不但流行于士大夫和僧尼之间，而且在民间传播开来。”④ 据林国平考证，在英宗朝，就出现了老佛孔三像并祀的三教堂，明中后期又出现了大量以三教会通思想为教义的民间宗教。

三教会通思想长期流行为官员接受《老子》做了思想上的准备，而朱元璋亲自注解《道德经》，以皇帝之尊宣扬三教会通，这一著作对官员起到了引导示范作用。洪武八年（1375），明太祖将《御注道德真经》颁行于世，太祖对人明言重视佛道之原因在于其“益王纲而利良善，凶顽是化”。⑤ 朱元璋《御注道德真经》颁行之后，对明代官员注《老》起到了引导与规范的作用。所谓上行下效，何良俊在《四友斋丛说》中就记载了这种现象：

---

① （明）陆西星：《老子道德经玄览》，载《老子集成》第6卷，第568页。

② （明）憨山大师著，曹越主编《憨山老人梦游集》（下册），北京图书馆出版社，2005，第205页。

③ 何孝荣：《明朝宗教》，南京出版社，2013，第357页。

④ 林国平：《林兆恩与三一教》，福建人民出版社，1992，第56页。

⑤ （明）何乔远：《名山藏》卷3，载《续修四库全书》第425册，第474页。

昔吕申公当国，申公好禅学，一时缙绅大夫競事谈禅，当时谓之禅钻。今之仕宦，有教士长民之责者，此皆士风民俗之所表率。苟一倡之于上，则天下之人群趋影附，如醉如狂。然此等之徒，岂皆实心向学，但不过假此以结在上之知，求以济其私耳。①

当然，不能说所有官员都是为了结上所好，但毕竟会有一定的引导作用，特别是思想方面的引导。朱元璋注解《老子》，并在序言中评价《老子》曰："惟知斯经乃万物之至根，王者之上师，臣民之极宝，非金丹之术也。"② 从后来老学发展来看，明注《老》者从官员到学者、道士，都有受其思想影响，如田艺蘅在其《老子指玄》序言中反驳前人对《老子》的误解，引《御注道德真经》以证其说。

今之大圣人以道德而君天下者，莫如我太祖，太祖尝序之曰：朕虽菲材，惟知斯经乃万物之至根，王者之上师，臣民之极宝，非金丹之术也。至哉！孔子之言盖见而知之者也。大哉！太祖之言盖闻而知之者也。③

朱得之在《老子通义》中言：

草莽微臣朱得之，粤仰稽我太祖高皇帝《御制道德经序》，有曰：……于戏休哉！天纵至圣，乘时御天，从善好古，不徒空言，若决江河，永世无愆。敢为我太祖此《序》颂。利世而溥，浩浩惟天。亦又何求？仁人之言。慈母婴儿，不见其愆。敢为《老子》此章颂。④

沈一贯在《老子通》中引用朱元璋《御注道德真经》的序文，并曰："高皇帝天纵大圣，知言之奥，宗社无疆之庆，实本于此。抑老子所谓仁人

① （明）何良俊：《四友斋丛说》卷 4，中华书局，1997，第 31 页。
② （明）朱元璋：《大明太祖高皇帝御注道德真经》，载《老子集成》第 6 卷，第 2 页。
③ （明）田艺蘅：《老子指玄》，载《老子集成》第 6 卷，第 340 页。
④ （明）朱得之：《老子通义》，载《老子集成》第 6 卷，第 426 页。

之言其利溥哉。”① 郭子章在“民不畏死”章后亦引用了朱元璋的《御注道德真经》序言，并赞之曰：“呜呼！太祖真知老子矣。罢极刑而囚役之，是真能行老子之道矣。老子曰：吾言甚易知，甚易行，天下莫能知，莫能行。谁谓数千年后，有吾太祖知而行之耶？”② 正一派第四十三代天师张宇初在为危大有《道德真经集义》所作的序文中开篇即言：“太上《道德》上下篇，凡五千余言，内而葆炼存养之道，外而修齐治平之事，无不备焉，此所谓内圣外王之学也。”③ 诸如此类，不再列举。从明初至明后期，太祖的注解可以说影响了整个明代老学发展，也成为明代三教会通思想发展的推动力。

三　明代道教趋于世俗化

对于明代道教的整体状况，目前学术界有两种不同的观点。一种认为明代道教处于衰落状态，缺乏创新能力。

> 宋元两朝是道教的大发展时期，到明代，道教在派别上没有新的著名宗派出现，在理论上也没有值得称道的发展。④
>
> 从总体上看，道教却因丧失了理论上的创造力，导致道团内部的腐败日趋严重、社会声望逐渐降低，再加上宋明理学的独尊和民间宗教的兴起，道教的发展进入了衰微期。⑤

一种则持反对意见，认为明代的道教不仅没有衰微，反而进入了发展的活跃期。

> 然而在整个中国思想史中，道教的势力之大，道教空气弥漫笼罩于上下各阶层、各方面，却没有比这三百年更浓厚、更盛的了。⑥

---

① （明）沈一贯：《老子通》，载《老子集成》第 7 卷，第 53 页。
② （明）郭子章：《老解》，载《老子集成》第 7 卷，第 665 页。
③ （明）危大有：《道德真经集义》，载《老子集成》第 6 卷，第 31 页。
④ 南炳文主编《佛、道、秘密宗教与明代社会》，天津古籍出版社，2002，第 133 页。
⑤ 孙亦平：《道教文化》，南京大学出版社，2014，第 34 页。
⑥ 柳存仁：《和风堂文集》（中），第 814 页。

学者们都倾向于认为明代是道教走向衰落的时期，然而正好相反，这一时期应该视为道教发展繁盛的时代，甚至是道教（在中国历史上）最具活力的时代之一。因为在这一时代，道教得到社会中庞大人群的信奉。①

持“衰微论”者，是从道教的理论建设方面评价；而持“繁盛论”者，则是从道教的世俗化方面着眼。两者都各有道理，然持“繁盛论”者有意忽略了明代道教理论建设方面的不足，而理论建设是宗教长久发展的支撑。南炳文先生认为明代道教理论缺乏创新是由于以下原因：

一是道教到明代已发展到了较高层次，在此基础上一时难以有突破性的发展；二是明政府对主张符箓、法术为主的正一道多予扶持；三是受到了当时社会风气如由于商品经济的发展而出现的奢靡生活的影响。②

道教发展到明代之后，出现了理论创新缺乏的问题，而统治者的宗教管理政策又进一步限制了道教的理论发展。

明太祖的道教政策以扬正一而抑全真为前提，朱元璋认为全真只顾个体修行，而正一派注重斋醮科仪，以宗教仪式导民向善，有益于世道教化，可为儒教之辅翼。但朱元璋重视正一，不是因其理论，而是重视其外在之斋醮仪式。正一派斋仪繁芜，他又以政治力量对其进行简化、统一，使之符合国家教化群黎的需要。

今之教僧教道，非理妄为，广设科仪，于理且不通，人情不近。其愚民无知者，妄从科仪……敕礼部会僧道，定拟释道科仪格式，遍行诸处，使释道遵守。庶不糜费贫民，亦全僧道之精灵，岂不美哉。③

---

① Pierre Henry de Bruyn, “Daoism in the Ming（1368-1644）,” p. 594, In Livia Kohn, ed. *Daoism Handbook*, E. Brill, 2000. 转引自张广保《明代的国家宫观与国家祭典》，载赵卫东主编《全真道研究》第 2 辑，齐鲁书社，2011，第 2 页。

② 南炳文主编《佛、道、秘密宗教与明代社会》，第 133 页。

③ （明）宋宗真等编《大明玄教立成斋醮仪范》，载李一氓主编《道藏》第 9 册，第 1 页。

正一派成为官方宗教，其教派活动、教义发展受到限制，全真教在上层生存空间萎缩的情况下，转换发展方向，向民间渗透。如学者所言，总体而言，明代道教仍在发展之中，但主要关注点在于扩大民间影响力方面，教义层面鲜少创新。

> 进入明代，全真教的政治生存空间出现相当程度的萎缩。像元代那种依据政治权威的支撑，以掌教大宗师的行政权威来维持教门一统的格局发生改变。明王朝统治者虽然对道教总的来说仍然很重视，但只重视其所承担的国家祭祀的功能。因此明代的国家宫观像神乐观、灵济宫、朝天宫就取代了元代长春宫、崇真宫等所担负的政治角色。这一新的政治形势无疑直接影响全真教各宗系的发展，促使它们积极向社会下层渗透，以补偿其丧失的上层空间。①

全真派较正一派更为重视理论建设，此一时期，全真派的理论建设尚有所发展，陈兵先生言："与同期的正一道相比，明代全真道士的著述尚为客观，何道全、王道渊、阳道生、伍守阳等的著述，对内炼之学尚不乏进一步的发挥，表现出将内丹学通俗化、明朗化、系统化的特点。"② 显然，全真派理论建设也是为其世俗化服务。总体而言，这一时期道教理论不受重视，"除了承袭宋、元旧说以外，至多加上一些诸宗融合、三教合一等内容，殊少发展"。③ 在这种情况下，道教经典《道德经》自然被忽视，刘固盛教授在《道教老学史》中总结明清时期道教老学的发展概况，认为："明清时期，道教老学进入总结集成阶段，这一时期的老学成就虽然总体上没有超越前代，但在某些方面仍有自己的特色。"④ 这些特色是通过少量道士的《老子》注体现出来的，但和占据明代注《老》者总数三分之二强的官

---

① 张广保：《明代全真教的宗系分化与派字谱的形成》，载赵卫东主编《全真道研究》第1辑，齐鲁书社，2011，第203~204页。

② 陈兵：《道教之道》，今日中国出版社，1995，第111页。

③ 南炳文、何孝荣：《明代文化研究》，人民出版社，2005，第310~311页。

④ 刘固盛：《道教老学史》，华中师范大学出版社，2008，第271页。

员群体相比，明代道教中人对《道德经》的忽视于此表现得很明显了。

然而道教的世俗化增强了它在民间的影响力，《老子》中蕴含着丰富的性命思想与治国思想，这与明中后期思想转化方向一致，《老子》一书自然受到文人的追捧。明代以程朱思想作为官方意识形态，在明前期，佛老思想被摒弃在主流思想之外，成为“异端”。随着社会环境的渐趋复杂，严肃、空洞的程朱思想已不能桎梏士人逐渐觉醒的主体意识，复古派、白沙之学、阳明心学等重视个体精神的学说渐次兴起，《老子》一书再次回到士人视野，并以其性命思想受到士人的重视。道家性命双修思想与儒家的修身养性思想相结合，为士人指出了一条精神超越之路，这也是士人关注《老子》的一个重要原因。如薛蕙自言其注《老》主旨就在于“扬榷本旨，发挥大义，明圣人之微言，究性命之极致”。[①] 有人甚至直接摒弃《老子》中的无为治国思想，认为《老子》专言性命思想，如赵宋在为陆西星《老子道德经玄览》所作的序言中曰：

> 《道德》五千，本于《阴符》三百，继之则《参》、《悟》诸家，又皆副墨之子，洛诵之孙也。是作会意群经，履影先觉，发徼妙重玄之秘，明盗机逆用之巧，指阴阳相胜之术，末转数语，旨趣悠长，媲美群籍，所谓百不为多，一不为少者。[②]

赵宋，嘉靖三十八年（1559）进士，官至宁武兵备副使、山西行太仆寺卿，归里后与陆西星研讨丹法，陆西星的著作多赖其资助方能刊行。他不赞同以儒解《老》，认为《阴符经》《参同契》《悟真篇》都是沿袭《老子》而来，基于这一认识，赵宋非常欣赏陆西星以性命双修思想注解《老子》：“惜也，章句腐儒，未能尽读玄圣之书，为长庚赞一辞，而以耳目睹记，似当准此梓传海内具正法眼者，求印可云。”[③]

内圣外王才是中国传统知识分子的终极追求，与《老子》中的性命思

① （明）薛蕙：《老子集解》，载《老子集成》第6卷，第279页。

② （明）陆西星：《老子道德经玄览》，载《老子集成》第6卷，第568页。

③ （明）陆西星：《老子道德经玄览》，载《老子集成》第6卷，第568页。

想相比，其治国思想尤其受到士人重视。甚至仙解《老子》的著作，亦注重发挥《老子》的治国之理。刘固盛教授指出明清时期出现了大量托名神仙解《老》的著作，它们大都托名八洞先祖或纯阳吕祖，这正是道教民间化和吕祖崇拜在老学中的反映。这类著作虽然托名神仙，却以性命之理与治国之道为诠释重点。

> 大致说来，此类特殊的老学著作均以宣扬道教教义为主，虽托名神仙之作，但在内容上神仙气味并不浓厚。在具体的诠释上，一般不太重视对老子道论的哲学发挥，而是集中言性命之理与治国之道。[①]

如杨宗业托名纯阳道人注的《道德经解》。杨宗业（？～1621），历任浙江、山西总兵，天启元年战死沙场，这样一位武将，却“不言兵而言道，言道而以《五千言》为宗”[②]。书成之后，高举、张惟任、郑继芳纷纷为其作序。高举（？～1624），字鹏程，号东溟，万历八年（1580）进士，官至浙江巡抚、都察院右佥都御史，张惟任曾任贵州道监察御史，郑继芳曾任浙江道御史，这三位官员都对《道德经解》高度赞扬。他们所赞扬的不是《老子》中的神仙思想，而是《老子》中的用兵之道。张惟任曰：“汉之曹将军，今之杨将军，皆手提大刀，口诵《五千言》，深于兵矣。……余不习神仙术，何能为之赞？第知杨将军意，非欲率天下归杨，欲吾日言兵而人不吾知焉耳。以是知善哉，杨将军之为将也！”[③] 可见明代老学对《老子》修身治国思想的回归。

第二节　明代官员群体老学的特点

对明代老学各阶段的官员注《老》者人数、分布地域进行分析，可以发现明显的时空特点。在时间上，明代官员群体老学呈现出上升发展势头；

① 刘固盛：《道教老学史》，第 284 页。

② （明）纯阳道人：《道德经解》“张惟任序”，载《老子集成》第 8 卷，第 57 页。

③ （明）纯阳道人：《道德经解》“张惟任序”，载《老子集成》第 8 卷，第 57 页。

在空间上，注《老》官员集中在科举发达省份。上述两个特点与官员成为明代老学发展主力密切相连。

一　明代官员群体老学的阶段性特点

明代官员群体注《老》大约可以划分为三个阶段：正德以前处于沉寂期，正、嘉、隆时期老学开始复兴，万历之后老学迎来了发展的繁荣期。官员群体老学的这种发展趋势是由政治、文化、经济等多方面原因造成的。

明前期属于官员老学的沉寂期，虽然朱元璋以帝王之尊亲自注解《老子》，对《老子》评价极高，称之为"王者之上师，臣民之极宝"，但朱元璋的三教并立政策毕竟是以儒学为主，释、道为辅，四书五经和程朱思想才是官方统治思想，释道只是辅翼。成祖尊崇程朱思想的力度更甚，《四书五经大全》《性理大全》的颁布，正式确定了程朱思想的权威地位，并继承程朱以老子为异端的观点，老子以异端形象被收入《性理大全》。太祖、成祖截然相反的态度，使得太祖时期稍有发展的老学又沉寂下来。整个明前期持续一百三十余年，几乎是明王朝一半的时间，然而明前期仅有 14 本老学著作，身份为官员者 7 人（包括皇帝 1 人）。

明中叶是官员群体老学的迅速发展期，这与阳明学的兴起、传播密切相关。大批王阳明弟子及其信徒通过科举步入仕途，并有如徐阶、李春芳、聂豹等位居高位者以政治权力推广王学，阳明学在官员中的信徒增多。王学对待佛老的会通态度，使得信奉王学的官员基本认可三教会通思想，从明中期官员老学的发展状况可以证明此论断。以有注《老》著作存世的官员为例，明中期有张邦奇、薛蕙、王道、湛若水、杨慎、归有光、万表、田艺蘅、朱得之、徐宗鲁、张之象、沈津，共 12 人，其中徐宗鲁、张之象只校刊《老子》，未知其学术主张。剩下的 10 人中，王道、万表、朱得之都是王门中人。薛蕙倾向王学，并成为明中期倡导王学并以之注解《老子》的第一人。沈津《老子类纂》大部分引用薛蕙《老子集解》的内容，可见与薛蕙的老学立场相似。湛若水与王阳明一见定交，但对佛老态度迥异，其《非老子》专为驳斥儒道会通而作。归有光点评《老子》虽为伪作，但其本人吸收王学思想，对佛道亦不排斥，钱谦益称其"少年应举，笔放墨饱，一洗熟烂；人惊其颉颃眉山，不知其汪洋跌荡，得之庄周者为多”。“曾尽读五千四十八卷之经藏，精求第一义谛，至欲尽废其书，而悼亡礼忏，笃信因果，恍然悟珠宫贝阙生天之处，则其识见盖韩、欧所未逮者。”①田艺蘅亦倾向王学。杨慎代表气论学派对王学及佛老之学持批判态度。张邦奇与王阳明有私交，虽然不赞同王阳明的学术思想，但他并不排斥《老子》。可见明中期老学著作，或为以王学解释《老子》，或为倾向王学，或为批判王学及佛老之学而作，王学处于明中期老学发展的核心地位，推动了明中期老学的复兴。相比于明前期，明中期注《老》者数量增长到41人，其中官员37人。

明后期是明代老学的繁荣期。这一繁荣不仅表现在数量上，更表现为注《老》者的社会覆盖面扩大。明后期109人中官员有68人，其他参与者有僧人、道士、刻书家、学者，还出现了一批托名吕祖的解《老》著作，明后期老学的繁荣是社会多阶层参与的结果。

僧人、学者、托名吕祖之作，都有明显的身份印记，如释德清注解《老子》是为了将孔、老思想纳入佛教体系。印玄散人作为学者，他注《老》是为了会通《老子》之旨，故取诸家注解，间述己意，会为一家，名为《老子尺木会旨》。道士王一清由儒入道，其注文兼有道教与儒学思想，其曰：“五千文不只专言炼养，盖亦兼言治道。”② 此一时期官员注解《老子》亦以修身治国为主题，但在明后期特殊的社会与政治环境下，官员老学增加了新的主题。万历四十四年（1616），秦继宗在为归有光《道德经评注》所写的序文中揭示了《老子》流行的原因：

> 则此二书（《老子》与《庄子》）久为帝王所尊礼，岂徒野修之辈相与肄习之也。……晁文元曰：古今名贤好读老庄之书，以其无为无事之中，有至美至乐之理。似矣而未也。学者诚能想其玄机，测其至理，可以出世，可以入世，身心性命，共得游于安养之天。若制举

① （明）归有光著，周木淳校点《震川先生集》“钱谦益序”，上海古籍出版社，1981，第7~8页。

② （明）王一清：《道德经释辞》“叙道德经旨意总论”，载《老子集成》第7卷，第274页。

艺，窃其绪余，则参入渊微，不可思议。故二书在盛明之世，即不崇诸黉序。而至学士大夫，以逮咿唔占哔之士，莫或离也。①

晁迥学贯三教，他认为老学流行是因为其精微之理，这一情况也许符合宋代的实情，但到了明后期，老学流行远非这一个原因所能涵盖，秦继宗言“似矣而未也”。秦继宗生活在明后期，其本人为万历三十八年（1610）进士，当时正是明老学繁荣期。他对明代老学流行的原因深有体会，习《老子》，可以出世，可以入世，可以科举，故即便《老子》未被纳入学校，士人仍主动学习《老子》。学子习《老子》为功名，士大夫学此则为探寻救世思想，会通出世入世。救世派以《老子》为救世良药，发掘其无为治国理念，如李贽、赵统、周宗建，他们或偏重于治国，或偏重于修身。还有部分明后期官员面对繁荣的城市经济、黑暗的政治环境及儒家治国平天下的经世理想，陷入了进退维谷的境地，思索如何在经世和出世之间寻找一个平衡点。他们发挥老子的无为治国思想，以《老子》的“有”“无”观念为形上依据，提倡以无为之心行经世之事，这一理论既消解了现实环境对他们的影响，也缓和了他们面对现实时的紧张焦虑感，为他们开出了一条既不遗落经世之志亦可享受出世之乐的安身立命之法，如沈一贯、张位、徐学谟。但是，“以无为之心行经世之事”，“无为”和“经世”之间的分界难以界定，过于强调无为，就容易流入虚无的境地，如洪其道、洪应绍。还有一部分官员，如彭好古、龚修默，注解《老子》以发挥道教的性命双修思想。这些不同的注解目的显示出明末官员面对复杂境况时的思考与选择，他们都求助于《老子》，说明对《老子》修身治国思想主旨的认同，主流思想界的认同推动了整个社会认同，才有了明末老学的繁荣。可惜明末积弊难反，非《老子》之力可以挽回。

由上可见，明代官员老学的发展状况与当时的政治、文化变迁密切相关，官员老学既是明代政治、文化变迁的一面镜子，亦是积极的参与者。老学是明代思想文化的一部分，了解明代老学，才能对明代思想文化有更全面、深入的理解。

① （明）归有光：《老子道德经评注》“秦序”，载《老子集成》第6卷，第445~446页。

二　明代官员群体老学发展的空间特点

对明代老学文献目录中注《老》者的籍贯进行统计，明代 164 位注《老》者，籍贯分布如下（见表 5-1）。

表 5-1　明代注《老》者籍贯分布

	省份	明前期（位）	明中期（位）	明后期（位）	合计(位)/比率(%)
1	浙江	4	9	24	37/22.6%
2	江苏	0	11	17	28/17.1%
3	福建	0	8	13	21/12.8%
4	江西	2	3	9	14/8.5%
5	安徽	3	1	9	13/7.9%
6	湖广	0	2	6	8/4.9%
7	山东	0	1	6	7/4.3%
8	河北	1	0	2	3/1.8%
9	四川、重庆	1	1	1	3/1.8%
10	广东	0	1	2	3/1.8%
11	河南	0	2	1	3/1.8%
12	陕西	0	1	2	3/1.8%
13	云南	0	0	1	1/0.6%
14	山西	0	0	1	1/0.6%
15	北京	0	0	1	1/0.6%
16	籍贯不明	3	1	14	18/11%

说明：因上海、江苏在明代属于南直隶范围，故将江苏省官员与上海市官员合并计算，而湖北、湖南与明代的湖广布政司相当："明代的湖广布政司是在元代河南江北行省南部和湖广行省北部基础上形成的，大致相当于今日湖南、湖北二省，地域辽阔，治于武昌府。"① 故此二省官员人数合并计算。

由表 5-1 可知，明代注《老》者多集中在浙江、江苏、福建、安徽、江西，这五省共有 113 位注《老》者，占注《老》者总数的 68.9%，这个

① 周振鹤主编，郭红、靳润成著《中国行政区划通史（明代卷）》，复旦大学出版社，2007，第 132 页。

数字和注《老》者中官员的数量相近。当然这并不是说注《老》官员都集中在这五省，但可看出这五省之人在官员中所占的比例是最大的，出现这样的现象和中国南北文化差异有关。

“东南财富地，江浙人文薮”，江南成为中国的经济、文化重心经历了一个漫长的过程，简而言之，历史上三次大的南迁促成了这一变化。第一次南迁是永嘉之乱和晋室南渡。在永嘉之乱以前，黄河流域一直是汉文化发展的中心，其经济、文化发展程度远超江南；永嘉之乱以后，北方大量的劳动力和知识分子南迁，这一格局开始发生变化。第二次大的南迁是安史之乱。安史之乱一方面加速了唐王朝的衰败，另一方面与作为主战场的黄河流域相比，南方经济、文化则稳步发展。第三次大的南迁是金人入侵，宋室南渡。宋室南渡之后，北方由游牧民族掌控，中国的经济、文化中心彻底南移，及明成祖迁都北京，明朝形成了政治中心在北而文化中心在南的局面。

以经济为依托，南方重视文化教育。以文试为选拔人才的标准，南方人在科举上自然胜过北方，南北士子之间矛盾累积，洪武三十年（1397），爆发了“南北榜案”。当年会试主考官为刘三吾、白信蹈，刘所录取的51人中，无一人为北人，下第士子不服，上告刘三吾徇私，因为刘是湖南茶陵人，所以偏向南方人。朱元璋大怒，令张信等重新阅卷，张信乃浙江定海人，故又有人告刘三吾私嘱张信以陋卷进呈。朱元璋益怒，亲策诸生，重新选定61名进士，皆为北人，而张信、白信蹈被杀，刘三吾因年老而被罚戍边疆。这是明代科举考试分南北卷的开始，洪熙元年（1425），仁宗正式确定科举分南卷、北卷与中卷。

> 会试取士，临期请旨不过百名。南卷取十之六，北卷取十之四。后复以百名为率，南北各退五卷为中卷。浙江、江西、福建、湖广、广东、应天、直隶松江、苏州、常州、镇江、徽州、宁国、池州、太平、淮安、扬州十六省府，广德一州，为南卷。山东、山西、河南、陕西、顺天、直隶保定、真定、河间、顺德、大名、永平、广平十二省府，延庆、保安二州，辽东、大宁、万全三都司，为北卷。四川、

广西、云南、贵州、庐州、凤阳、安庆七省府，徐、滁、和三州，为中卷。①

浙江、江苏、福建、安徽、江西五省，皆为南卷范围。此后朝廷围绕着南北录取比例问题多有争论，但科举南北分卷的制度一直没有变。

朝廷采用南北分卷的制度以平衡差异，但这并没有从根本上解决问题。南北地区的文化差异早已形成，两地的文化氛围也差别很大，朝廷却只靠科举选拔人才，不能兼顾地区文化差异。谢肇淛在《五杂组》中提出了“五方之性”的说法，一方水土养一方人，中国地域广阔，每个地区的人性格各不相同，故为官者治民要因地制宜。

天下推纤啬者必推新安与江右，然新安多富而江右多贫者，其地瘠也。新安人近雅而稍轻薄，江右人近俗而多意气。齐人钝而不机，楚人机而不浮。吴、越浮矣，而喜近名；闽、广质矣，而多首鼠。蜀人巧而尚礼，秦人鸷而不贪，晋陋而实，洛浅而愿，粤轻而犷，滇夷而华。要其醇疵美恶，大约相当。盖五方之性，虽天地不能齐，虽圣人不能强也。今之官者动欲择善地，不知治得其方，即蛮夷可化，况中国哉！②

为官者治民要因地制宜，统治者取材又何尝不该如此。但现实是明朝时读书人都视科举出仕为正途，南北都挤在一条路上。南方的文化水平胜于北方，这在当时是事实，且南方的学风淳正，学习氛围浓厚，凡此造就了南方科举人数胜于北方。对于南北学风的差异，顾炎武在《日知录》中有过描述：

今制，科场分南卷、北卷、中卷，此调停之术，而非造就之方。夫北人，自宋时即云：“京东西、河北、河东、陕西五路举人，拙于文

① （明）李东阳纂，申时行重修《大明会典》卷77，第3册，第1234页。
② （明）谢肇淛：《五杂组》卷4《地部二》，上海书店出版社，2009，第74页。

辞声律。”况又更金、元之乱，文学一事不及南人久矣。今南人教小学，先令属对，犹是唐、宋以来相传旧法，北人全不为此，故求其习比偶、调平仄者，千室之邑几无一二人。而八股之外一无所通者，比比也。愚幼时《四书》、本经俱读全注。后见庸师窳生欲速其成，多为删抹，而北方则有全不读者。欲令如前代之人，参伍诸家之注疏而通其得失，固数百年不得一人，且不知《十三经注疏》为何物也。间有一二《五经》刻本，亦多脱文误字，而人亦不能辨，此古书善本绝不至于北方，而蔡虚斋、林次崖诸经学训诂之儒皆出于南方也。故今日北方有二患，一曰地荒，二曰人荒。非大有为之君作而新之，不免于“无田甫田，维莠骄骄”之叹也。①

南北方文风不同，南人重文辞声律，故注重从小培养学子对偶、音韵，而北方却不学此内容，这如何能应对八股文呢？且南人学习并非全为科举而学，亦注重学问本身，故其学四书，经传皆习，北方人学四书则为应付科举，故其所学皆为节选本，甚至有学子习科举却不知《十三经注疏》为何物。从师资力量上看，南方亦胜于北方。从师资到学习方法，北方都不如南方，北方在科举中自然无法与南方抗衡，由此造成了恶性循环，形成了北方“人荒”的局面。而南方重视学习，学习氛围浓厚，张岱（1597～1689）为浙江绍兴人，他叙述家乡的习俗曰：“余因想吾越，惟余姚风俗，后生小子无不读书，及二十无成，然后习为手艺。故凡百工贱业，其《性理》《纲鉴》，皆全部烂熟。偶问及一事，则人名、官爵、年号、地方，枚举之未尝少错，学问之富，真两脚书橱。”②“百工贱业”者都学比“两脚书橱”，可能有夸大的成分，但亦可见南方学习氛围之浓。林俊（1452～1527）描述江西的学习氛围亦是如此：“江西大省也。人秀而服儒，吾伊占毕，连东西家焉。田叟村氓，下逮执役之贱，亦口掇书吏，援章条以相挤轧。”③ 这样的学习氛围可以形成良性循环，前辈提携后辈，父子兄弟相互

① （明）顾炎武著，黄汝成集释《日知录集释》（中）卷 17《北卷》，第 984～985 页。
② （明）张岱著，云告点校《琅嬛文集》卷 1《夜航船序》，岳麓书社，1985，第 48 页。
③ （明）林俊：《见素集》卷 2《送任宗海序》，上海古籍出版社，1991，第 14 页。

激励，以致明代科举之盛往往集中在一府或一地：“且概观寓宇内，若南都之苏、松、常，浙之杭、嘉、湖、宁、绍，豫章之南、吉，闽之漳、泉，乡、会入彀之士，迂往一邑而当一郡，一郡而当数郡，岂官禄支干尽产东南诸郡哉？正以东南诸郡，家弦户诵，父兄师友之所渐磨，虽中材亦易成就。”① 科举人才集中在江浙闽赣，明代老学又以官员为主体，老学在这些地方兴盛也是可以想见的。

明代注《老》者以官员为主体，且呈现出很明显的空间分布特点。从空间上看，注《老》者中超过三分之二的人分布在浙江、江苏、福建、安徽、江西五省，而这五省正是明代科举人才集中的地方，可见官员是推动明代老学发展的主力，明代官员老学成为明代老学的主体，并引领着明代老学发展的主题。

三　明代官员群体老学的解《老》宗旨

明前期，迫于朝廷的政治态度，官员老学相对沉寂，但朱元璋《御注道德真经》对明代官员老学影响很大，特别是朱元璋以“王者之上师，臣民之极宝，非金丹之术也”定性《老子》，这一定性为整个明代官员老学确定了诠释基调。从《御注道德真经》颁行之后，终明一代，官员老学的主旨就是修身、治国，两者可能有所偏重，但并没有出现偏离这一范围的情况。

明中期，官员老学与王学的发展密切相连，可以从正反两方面把握这一情况。首先，从王学角度看，王学与老学互相融摄。王阳明以“一屋三间”比喻三教关系，受此影响，王门弟子亦反对以老子为异端，他们对宋儒批评老子的观点一一进行了反驳，进而吸收老学以发明己说。王阳明吸收道家的形上思想创立“体用一源”的良知学说，以“圣人之心以天地万物为一体”作为其经世理念。王门诸人或赞同王学者吸收王阳明“穷理尽性至命”的心本论及“体用一源”思想，以寂感之理或中和之说与老子之有、无相沟通。以寂、喜怒哀乐之未发与无相对，此为心之体；以动、喜怒哀乐发而皆中节与有相对，是为心之用。心之体本静，无善无恶，及其

① （清）黄宗羲编《明文海》卷108《命说》，第1073页。

感物而动，可能流于人心，故需要复性之功夫。性体混全，就可实行无为而治，并实现精神对生死的超越。王学派官员老学在关注心性思想的同时，并没有一味追求高远的玄理，而是将老子之道落实在治国修身上。其次，从王学批判者的角度看，他们对王学持批评态度，与王学形似的《老子》亦是他们的批评对象，王学批判者对《老子》的批评集中在“虚无之弊”上，在此基础上发挥其经世主张。王学及其反对者只是救世主张不同，其经世之心一致。

明后期，老学不再作为一面镜子被动地折射政治、文化的变迁，而成为官员探求救世与修身治国之道的自然选择。救世与会通的最终目的都是经世，只是两派侧重点有所不同。救世派着重发挥老子的无为而治思想，而会通派则侧重于会通出世与入世，为他们寻求一条既可以经世又不为现实所累的安身立命之道，他们提出了“以无为之心行有为之事”的处世哲学与无为而治思想。“以无为之心行有为之事”，若过于强调无为，就容易落于虚无的陷阱，在会通派中就出现了这样的状况。但在经世思潮下，他们并没有完全沦为虚无，只是因为过于强调自然或强调有无之“同”而有落入虚无的倾向。

明代老学以官员老学为主体，从中我们可以看出明代老学对《老子》修身治国思想的重视。每个时代有每个时代的老学，对于老学主旨的变迁，王明先生总结西汉至三国时期，老学凡三变：

> 一、西汉初年，以黄老为政术，主治国经世。二、东汉中叶以下至东汉末年，以黄老为长生之道术，主治身养性。三、三国之时，习老者既不在治国经世，亦不为治身养性，大率为虚无自然之玄论。[①]

刘固盛认为自魏晋到宋元，中国老学又经历了三次重要的转变：

> 王弼注释《老子》阐发玄学宗旨，建立了宇宙本体论的哲学新体系，这是对《老子》哲学思想解释的第一次重要发展；唐代成玄英、

① 王明：《道家和道教思想研究》，中国社会科学出版社，1987，第293~294页。

> 李荣等人借《老子》以明重玄之趣，丰富和发展了玄学的内涵，这可以看作是对《老子》哲学思想解释的第二次重要突破；而从唐代的重玄本体到宋元时期心性理论的探讨，则可视为对《老子》哲学思想解释的第三次重要转变。①

从上文老学主旨变迁可以看出，自魏晋之后，义理阐发成为老学的主题，自心性论与老学结合之后，以心性思想解《老》成为老学诠释的重要方面。在明代官员老学中，心性思想仍然占有重要的位置，但是作为官员，他们心性论的最终落脚点在于经世，心性论只是发挥其治国思想的哲学前提，无为治国思想成为老学诠释的主流，即便是僧道也未能例外，如张宇初、危大有、王一清等。班固称道家为“君人南面之术”，然观后来的老学发展，各代注解者更注重发挥《老子》中的哲理思想，明代官员群体的老学可以看作是对《老子》治国思想的回归，而这一思想一直持续到清代：“清代老学中体现了强烈的经世致用倾向。”②

① 刘固盛：《宋元老学研究》，巴蜀书社，2001，第53页。

② 王闯：《清代老学研究》，华中师范大学出版社，2016，第337页。

结　语

杜道坚言："道与世降，时有不同，注者多随代所尚，各自其成心而师之。"[①] 然而思想的发展不仅具有时代性，也具有连续性。明代老学的发展，与明代社会、思想相交融，具有明代特色，也在中国老学史中起到承上启下的作用。

有学者研究元代老学发现："元代老学已经渐显边缘化的发展特点。老学文献数量是逐步递减的，出现了明显的下滑态势。""对比元代前期老学的盛况，不管是单纯从文献数量，还是著作影响来看，元代老学后期发展是非常惨淡的，而这一状况直接影响了明代老学的发展轨迹。"[②] 杨秀礼认为元代老学在这一时期的思想主流中处于被动接受的地位，没有承担起引导时代思潮的角色，且其世俗化也影响了老学理论品质的发展，由此认为元代老学发展逐渐走向学术思想的边沿。我们观察中国思想演变史，会发现汉初黄老思想盛行，儒道之争激烈，"世之学老子者则黜儒学，儒学亦黜老子"。[③] 自汉武帝"罢黜百家，表彰六经"，确立了儒学的统治地位，并为此后历代统治者遵从，老学从此隐入了幕后，潜滋暗长，但中国思想演变中的每一次重大发展，都有老学的参与，从董仲舒新儒学[④]、魏晋玄

---

① （宋）杜道坚：《道德玄经原旨》，载《老子集成》第5卷，第534页。

② 杨秀礼：《走向边缘——元代老学研究》，华东师范大学博士学位论文，2011，第233~234页。

③ （汉）司马迁：《史记》卷63，第2143页。

④ "儒学之所以能'独尊'，在一定程度上是它适应形势的变化而有了新的面貌，它吸收了各家思想，实现了一次以儒家为主体的新的思想上的大融合。"董仲舒新儒学综合阴阳、名、法、道家思想而成。参见熊铁基等著《中国老学史》，第143页。

学[①]，到宋明理学[②]的创立、发展，都从老学中汲取养分，然而随着新思想的完善，老学又退居幕后，反向吸收新思想以丰富自家理论。前文中王明先生总结的汉至三国时期的老学三变——黄老治国之术—黄老道—玄学，刘固盛先生总结的魏晋到宋元时期的老学三变——玄学本体论—重玄学—心性论，儒道思想之互哺于此体现明显，因此元代老学以三教会通的方式着重发挥《老子》的心性论与经世思想，并注重以世俗化思想阐释吸引更多民众的支持。此一时期，与其说是老学的边缘化，不如说是理学、佛教思想对老学的反哺期，或老学的发展期。至于老学的世俗化，这是自宋代开始，甚至更早从唐代就开始的中国文化世俗化的一部分，这种世俗化是商品经济发展的必然趋势。随着城市的发展，市民阶层不断壮大，文化不再是某一阶层的专属，而发展出雅俗共赏的特点，这一特点在文学、思想、宗教、戏曲、艺术等各个领域都有体现。老学的世俗化暂时影响了它的理论发展，却使它获得了更大的发展空间。

明代老学接续元代老学，从纵向发展来看，与元代老学愈益沉寂相比，呈现出逐渐上升的趋势。明前期，受元末老学没落的影响，关注《老子》者不多，加之明太祖、明成祖父子不断强化程朱思想的统治地位，及至《四书五经大全》《性理大全》颁布，程朱思想的统治地位正式确立。程朱思想以老子为异端，因此明前期虽有朱元璋《御注道德真经》对老子修身治国思想的高度评价，但此后老学发展还是一直处于沉寂之中。明中期，政治环境、社会经济、士人心态都发生了变化，非程朱思想可以牢笼，在思

① 魏晋玄学以《老》《庄》《易》为主体，儒道兼综。汤用彤认为："王弼为玄宗之始，然其立义实取汉代儒学阴阳家之精神，并杂以校练名理之学说，探求汉学蕴摄之原理，扩清其虚妄，而折衷之于老氏。"（汤用彤：《魏晋玄学论稿》，上海古籍出版社，2005，第19页）汤一介则直接定义曰："魏晋玄学是指魏晋时期以老庄思想为骨架企图调和儒道，会通'自然'与'名教'的一种特定的哲学思潮。"（汤一介：《郭象与魏晋玄学》，北京大学出版社，2000，第13页）熊铁基认为玄学"是对儒学统治的反动，但兼收并蓄，多方汲取营养，活跃了思想，开了新风气，可与'百家争鸣'媲美，在哲学上及在整个思想文化的发展上意义都是很大的"。（熊铁基：《汉唐文化史》，载《熊铁基文集》第3卷，华中师范大学出版社，2021，第171～172页）

② 道家哲学与理学的关系、渊源，可以参见陈少峰《宋明理学与道家哲学》（上海文化出版社，2001）、朱晓鹏《王阳明与道家道教》（中国人民大学出版社，2009）。

想界形成了批判程朱的思潮。这一思潮，一方面表现为以王阳明及其门人为代表的心学，另一方面表现为以罗钦顺、王廷相、杨慎等为代表的气论学派的兴起。王阳明及其弟子在阐明其学说时，吸收了道家思想及思辨方式，故王阳明弟子注解《老子》时，将心学思想引入其中，借老学以阐明师说。气论学派对程朱思想虽有批判，但并未完全超出程朱思想的范畴，对于心学及老学，气论派将其视为异端，对两者的虚无之弊尤为关注。在这一批判思潮中，老学也从沉寂走向复兴。明后期，政治环境日趋复杂，商品经济却迎来了大发展，士人在现实与理想之间寻求平衡，在严肃的义理思考外，他们开始更为重视个体思想、情感的表达，加之宗教的世俗化，科举的推动，明末形成了官员、学者、平民、僧道共同关注《老子》的盛况，老学迎来了发展的繁荣期。

从老学主旨来看，心性论、经世思想仍然是老学研究的重点，但又显示出明代的特色，即对老子经世思想的重视。元代老学已经比较重视发挥老子的经世思想，及至明代，更为强调老子的经世作用，即便是心性论也是以经世思想为落脚点，并未停留在心性修炼层面。对老子修身治国思想的重视，与明代注《老》者的身份密切相关。明代注《老》者中，身份为官员者占比达到三分之二强，且每一时期官员占比都在一半以上，这在老学史上是空前的，官员的特殊身份，使得他们在注解《老子》时天然地更为关注老子的经世思想。即便是被程朱学派讥为“虚无”的心学众人，他们也并非单纯地阐发心性思想，而是以“体用一源”的良知学说将老学的落脚点放在了经世治国之上。明中后期，商品经济空前发展，专制社会发展到后期，各种矛盾凸显，对士人心态造成了很大影响，中国知识分子又习惯性地从中国传统文化中寻求答案。加之宗教的世俗化进一步发展，僧道众人在注解《老子》时更加注重发掘其对现实的作用，而非宗教义理的建设，这使得修身治国成为明代老学的主旨。

有学者认为，明代老学在当时处于边缘地位：“明代注《老》者虽多且杂，但深研《老子》书以阐扬其老学思想者并不多。……后人所认可的明代著名的思想家中，也很少有去注解《老子》的。……以上迹象，从某种程度上反映了明代时期老学的边缘化特征。《老子》书在成为大众化作品的同时，其哲学思想价值似乎也被淹没了。”[①] 老学的义理经过从魏晋到宋元的发展，已经达到了发展的高峰，且明代时老学的主旨为修身治国，故在义理阐发上难以有创新点，这是事实。但老学绝没有被边缘化，后世所认可的著名思想家，如李贽、焦竑等都有非常优秀的《老子》注传世。还有一些没有直接注解《老子》，但仍然关注老学的官员，如王阳明、罗钦顺等。明代老学中并不缺少后世著名思想家的身影，且官员对《老子》的重视，代表了主流社会对《老子》的接受，这自然不能说《老子》被边缘化了。李庆对明代老学评价甚高，他认为：“明代人，如果说对于‘五经’，对于其他诸子，用力不多的话，对于《老子》则恐怕是一例外。此外，有明一代，对道家、道教文献也多加整理。”如正统年间编成的《道藏》、焦竑的《老子翼》，由此，李庆得出结论：

> 无论是从对于道家、道教的研究，还是从对现存的有关《老子》和道家的文献资料来说，明代都是一个不可忽视的时期。可以说是近代以前，《老子》研究的总结性时代。实际上，明代的研究，反映了各种思潮流派对《老子》的认识。直到现代，对《老子》一书的诠释的流派，基本上都可以在那时找到其端绪。这个时代的老子研究，并不具有令人激动的“闪耀性”或“轰动效应”，明代也不是什么特别具有独创性的时代，但如果读一下这一时期的解《老》之作，却可以感到其中有着不少学者对问题的认真思考和细腻探讨。而平实冷静的探讨，不正是深入研究的必要条件吗？我以为，正是在这样的角度上，明代的老子研究，有着值得重视的必要。[②]

李庆先生以“总结性时代”评价明代老学，这是很准确的。从注释方法看，有以程朱理学解《老》者，有以良知解《老》者，有以佛教思想解《老》者，当然还有以道教内丹思想解《老》者，还有关注文字音韵训诂

① 韦东超：《明代老学研究》，华中师范大学博士学位论文，2004，第37~38页。

② 〔日〕李庆：《明代的老子研究》，《金泽大学外语研究中心论丛》1997年第1辑，第304页。

者，且会通思想成为明代解《老》的主流，不仅儒释道思想可以用于老学研究，其他子史之书亦在其中出现，如《韩非子》《管子》《汉书》等。由此看来，明代老学不仅是对前代老学的总结，更是开启了清代老学的考据学，而以新思想注解《老子》，则要等待晚清西方思想传入之后了。

参考文献

一　古籍文献

[1]（汉）司马迁：《史记》，中华书局，1959。

[2]（宋）程颐、程颢著，王孝鱼点校《二程集》，中华书局，1981。

[3]（宋）朱熹著，朱杰人等主编《朱子全书》，上海古籍出版社，2002。

[4]（明）朱元璋：《明太祖御制文集》，吴相湘主编《中国史学丛书》（22），学生书局，1965。

[5]（明）宋濂著，黄灵庚辑《宋濂全集》，人民文学出版社，2014。

[6]（明）胡广等撰《性理大全》，《景印文渊阁四库全书》第711册，商务印书馆，1987。

[7]（明）薛蕙：《约言》，《四库全书存目丛书·子部》第84册，齐鲁书社，1995。

[8]（明）崔铣：《洹词》，《景印文渊阁四库全书》第1267册，商务印书馆，1987。

[9]（明）黄润玉撰《海涵万象录》，张寿镛编《四明丛书》（第3集），第46册，扬州古籍刻印社，1935。

[10]（明）万表：《玩鹿亭稿》，《四库全书存目丛书·集部》第76册，齐鲁书社，1995。

[11]（明）王守仁撰，吴光等编校《王阳明全集》，上海古籍出版社，1992。

[12]（明）王世贞撰，魏连科点校《弇山堂别集》，中华书局，1985。

[13]（明）李东阳纂，申时行重修《大明会典》，文海出版社，1986。

[14]（明）李贽著，张建业主编，邱少华注《李贽全集注》，社会科学文献出版社，2010。

[15]（明）沈德符：《万历野获编》，中华书局，1959。

[16]（明）查继佐撰《罪惟录》，北京图书馆出版社，2006。

[17]（清）钱谦益撰《列朝诗集小传》，上海古籍出版社，2008。

[18]（清）永瑢等纂《四库全书总目提要》，上海古籍出版社，1987。

[19]（清）夏燮：《明通鉴》，中华书局，1959。

[20]（清）张廷玉等撰《明史》，中华书局，1974。

[21]（清）黄宗羲著，沈盈芝点校《明儒学案》，中华书局，1986。

[22] 中国地方志集成工作委员会编《中国地方志集成》，江苏古籍出版社，1991。

[23]（清）黄虞稷撰，瞿凤起、潘景郑整理《千顷堂书目》，上海古籍出版社，2001。

[24]（清）龙文彬：《明会要》，中华书局，1956。

[25]《明实录》，“中央研究院”历史语言研究所，1962。

[26] 熊铁基、陈红星主编《老子集成》，宗教文化出版社，2011。

[27] 方勇编《子藏·道家部·老子卷》，国家图书馆出版社，2018。

[28] 黄明同主编《湛若水全集》，上海古籍出版社，2020。

二　现当代著述

[1] 王重民：《老子考》，中华图书馆协会，1927。

[2] 严灵峰编著《周秦汉魏诸子知见书目》，正中书局，1975。

[3] 容肇祖辑《王安石老子注辑本》，中华书局，1979。

[4]〔日〕赤冢忠等著，张昭译《中国思想史》，儒林图书公司，1981。

[5] 陈鼓应：《老子注释及评介》，中华书局，1984。

[6] 余英时：《历史与思想》，联经出版事业公司，1987。

[7] 王煜：《新儒学的演变》，香港中文大学出版社，1990。

[8] 周振甫译注《周易译注》，中华书局，1991。

[9] 柳存仁：《和风堂文集》，上海古籍出版社，1991。

[10]〔美〕牟复礼、〔英〕崔英德编，张书生等译校《剑桥中国明代史》，中国社会科学出版社，1992。

[11] 刘泽华主编《士人与社会》（秦汉魏晋南北朝卷），天津人民出版社，1992。

[12] 张岂之主编《中国思想史》，西北大学出版社，1993。

[13] 宋志罡主编《明代思想与中国文化》，安徽人民出版社，1994。

[14] 廖可斌：《明代文学复古运动研究》，上海古籍出版社，1994。

[15] 陈宝良：《中国的社与会》，浙江人民出版社，1996。

[16] 刘泽华主编，乔治忠等撰稿《中国政治思想史》（隋唐宋元明清卷），浙江人民出版社，1996。

[17]〔美〕艾尔曼著，赵刚译《从理学到朴学》，江苏人民出版社，1997。

[18] 刘韶军：《唐玄宗　宋徽宗　明太祖　清世祖〈老子〉御批点评》，湖南人民出版社，1997。

[19] 孙琴安：《中国评点文学史》，上海社会科学院出版社，1999。

[20] 刘泽华：《中国的王权主义：传统社会与思想特点考察》，上海人民出版社，2000。

[21] 唐大潮：《明清之际道教“三教合一”思想论》，宗教文化出版社，2000。

[22]〔日〕冈田武彦著，吴光等译《王阳明与明末儒学》，上海古籍出版社，2000。

[23] 刘固盛：《宋元老学研究》，巴蜀书社，2001。

[24] 董恩林：《唐代老学：重玄思辨中的理国理身之道》，中国社会科学出版社，2002。

[25] 南炳文主编《佛、道、秘密宗教与明代社会》，天津古籍出版社，2002。

[26] 吕锡琛：《道家、道教与中国古代政治》，湖南人民出版社，2002。

[27] 钱明：《阳明学的形成与发展》，江苏古籍出版社，2002。

[28] 刘固盛：《宋元时期的老学与理学》，陕西人民出版社，2002。

[29] 刘晓东：《明代士人生存状态研究》，吉林文史出版社，2002。

[30]〔加〕卜正民著，方骏等译《纵乐的困惑：明代的商业与文化》，生活·

读书·新知三联书店，2004。

[31]〔法〕费尔南·布罗代尔著，顾良、施康强译《15至18世纪的物质文明、经济和资本主义》，生活·读书·新知三联书店，2002。

[32] 汤纲、南炳文：《明史》，上海人民出版社，2003。

[33] 杨国荣：《王学通论——从王阳明到熊十力》，华东师范大学出版社，2003。

[34] 姜广辉主编《中国经学思想史》（第一卷），中国社会科学出版社，2003。

[35] 劳思光：《新编中国哲学史》，广西师范大学出版社，2003。

[36] 钱茂伟：《国家、科举与社会：以明代为中心的考察》，北京图书馆出版社，2004。

[37] 左东岭：《王学与中晚明士人心态》，人民文学出版社，2004。

[38] 鲍世斌：《明代王学研究》，巴蜀书社，2004。

[39] 李瑞良编《中国出版编年史》，福建人民出版社，2004。

[40] 唐克军：《不平衡的治理：明代政府运行研究》，武汉出版社，2004。

[41] 尹志华：《北宋老子注研究》，巴蜀书社，2004。

[42] 陈宝良：《明代儒学生员与地方社会》，中国社会科学出版社，2005。

[43] 李明辉：《儒家视野下的政治思想》，北京大学出版社，2005。

[44] 刘泽华、汪茂和、王兰仲：《专制权力与中国社会》，天津古籍出版社，2005。

[45] 周齐：《明代佛教与政治文化》，人民出版社，2005。

[46] 熊铁基等：《中国老学史》，福建人民出版社，2005。

[47] 龚鹏程：《晚明思潮》，商务印书馆，2005。

[48] 曹之：《中国古籍编撰史》，武汉大学出版社，2006。

[49] 陈时龙：《明代中晚期讲学运动（1522-1626）》，复旦大学出版社，2007。

[50] 赵前：《明代版刻图典》，文物出版社，2008。

[51] 郭培贵：《明代科举史事编年考证》，科学出版社，2008。

[52] 陈长文：《明代科举文献研究》，山东大学出版社，2008。

[53] 赵子富：《明代学校与科举制度研究》，北京燕山出版社，2008。

[54] 刘固盛：《道教老学史》，华中师范大学出版社，2008。
[55] 吴琦主编《明清社会群体研究》，中国社会科学出版社，2009。
[56] 费孝通著，赵旭东、秦志杰译《中国士绅》，生活·读书·新知三联书店，2009。
[57] 王尔敏：《明清社会文化生态》，广西师范大学出版社，2009。
[58] 黎业明撰《湛若水年谱》，上海古籍出版社，2009。
[59] 陈文新主编《明代科举与文学编年》，武汉大学出版社，2009。
[60] 瞿冕良编著《中国古籍版刻辞典》（增订本），苏州大学出版社，2009。
[61] 宗韵：《明代家族上行流动研究》，华东师范大学出版社，2009。
[62] 刘海滨：《焦竑与晚明会通思潮》，华东师范大学出版社，2010。
[63] 林庆彰主编《中国学术思想研究辑刊》（第10编），花木兰文化出版社，2010。
[64] 章宏伟：《十六—十九世纪中国出版研究》，上海人民出版社，2011。
[65] 陈玉女：《明代的佛教与社会》，北京大学出版社，2011。
[66] 钱新祖著，宋家复译《焦竑与晚明新儒思想的重构》，大学出版中心，2014。
[67] 刘固盛、刘韶军、肖海燕：《近代中国老庄学》，福建人民出版社，2014。
[68] 刘泽华主编《中国政治思想通史》（综论卷），中国人民大学出版社，2014。
[69] 陈宝良：《明代社会转型与文化变迁》，重庆大学出版社，2014。
[70] 〔日〕井上进著，李俄宪译《中国出版文化史》，华中师范大学出版社，2015。
[71] 邓志峰：《王学与晚明师道复兴运动》（增订本），复旦大学出版社，2020。

后　记

2010年秋，我来到桂子山，跟随刘固盛教授学习中国思想文化，开始与《老子》结缘，迄今已经十二年了。这十二年里，我从桂子山来到佘山，从学生变成了老师，身份的转变，生活阅历的增加，时时让我感慨《老子》之于现代生活的意义，它既是一盏指引前进道路的灯塔，更是慰藉心灵的清风。

感谢桂子山的求学时光一直为我提供前进的给养。华中师范大学历史文化学院底蕴深厚，名家辈出，学风浓厚。我所在的专门史学科，老师们研究方向不同，风格各异，如德高望重、风趣幽默的熊铁基先生，注重启发学生的王玉德教授，温文敦厚的姚伟钧教授，美丽温柔的梅莉教授，善解人意的肖海燕副教授等，不同的学问进路与研究风格，开阔了我的学术视野，让我受益终生。在这里，我尤其要感谢我的硕士、博士导师刘固盛教授。刘老师重点研究道家道教思想文化，接续张舜徽先生、熊铁基先生开创的道家研究传统，以华中师范大学道家道教研究中心为依托，推出了一系列高水平学术著作。跟随刘老师学习的这些年，有幸见证了刘老师《中国老学通史》《近代中国老庄学》等著作的完成与面世，有幸见证了刘老师和熊铁基先生共同主持的《老子集成》的出版。我个人的学习与研究，也在刘老师的指导下确立以明代老学作为重点方向，从硕士阶段关于王道的个案研究，扩展到博士阶段的明代官员群体老学研究，及至工作之后继续扩大至明代老学整体研究，这一路走来，离不开刘老师的悉心教导，耐心引导。特别是在有人认为女生不适合学习思想史的时候，刘老师一直对我充分鼓励和肯定，才有了这本小书的问世。

来到佘山，当我站在三尺讲台，面对懵懂稚嫩的学生，从开始的紧张、不知所措，到现在可以稍微自如一些，这些年的工作经历，使我充分体会到教学相长的益处。一次次的备课、讲课，不仅是给学生答疑解惑，也加深了我对相关问题的思索。“纸上得来终觉浅，绝知此事要躬行”，此点对于人文学科尤其重要。当思想学习从书本扩展到现实，切实为我理解现实问题、解答人生疑惑提供指引的时候，思想就从纸上文字变成了鲜活的精神，再将鲜活的精神放到历史中去理解，历史与现实的距离就由此缩短了。这一奇妙的体验，时时让我感动，并庆幸选择了中国思想史专业，选择了老学作为自己的研究方向。

一路走来，感谢亲人的支持、师长的鼓励、朋友的慰藉，感谢学院的支持，感谢社会科学文献出版社各位编辑老师的辛勤工作，言不尽意，前路漫漫，我将带着大家的祝福沿着这一方向继续前进。

涂立贤

2022 年 12 月 21 日于佘山

图书在版编目（CIP）数据

明代老学研究 / 涂立贤著. - 北京：社会科学文献出版社，2024. 1

ISBN 978-7-5228-1652-4

Ⅰ. ①明… Ⅱ. ①涂… Ⅲ. ①老子-哲学思想-研究-中国-明代 Ⅳ. ①B223. 15

中国国家版本馆 CIP 数据核字（2023）第 060680 号

明代老学研究

著　　者 / 涂立贤

出 版 人 / 冀祥德
组稿编辑 / 袁清湘
责任编辑 / 郑凤云　芮素平
责任印制 / 王京美

出　　版 / 社会科学文献出版社 · 联合出版中心（010）59367202
地址：北京市北三环中路甲 29 号院华龙大厦　邮编：100029
网址：www. ssap. com. cn
发　　行 / 社会科学文献出版社（010）59367028
印　　装 / 三河市东方印刷有限公司

规　　格 / 开　本：787mm×1092mm　1/16
印　张：23. 75　字　数：363 千字
版　　次 / 2024 年 1 月第 1 版　2024 年 1 月第 1 次印刷
书　　号 / ISBN 978-7-5228-1652-4
定　　价 / 98. 00 元

读者服务电话：4008918866